U0860060

本书编辑委员会

主　编： 李广平

成　员：（按姓氏的汉语拼音排序）

毕光忠　陈宝公　陈康寅　崔　丽　富华颖

郭继鸿　李宝成　梁爽霖　刘长乐　刘恩照

刘克强　刘墨义　刘　彤　王寒松　王　林

王玉君　翁铭庆　徐延敏　杨桂华　尹　力

袁如玉　张承宗　张　萍　张祖茂　周长钰

人物

石毓澍，男，汉族，原籍天津杨柳青，1918 年 1 月生于北京，1945 年毕业于法国里昂大学医学院，获医学博士学位。石毓澍教授为天津医科大学终身教授，是我国医学界德高望重的老前辈，我国首批博士生导师之一，国家级有突出贡献专家。他是天津医科大学第二医院心脏科和天津心脏病学研究所的创始人，我国心血管病学的奠基人和开拓者之一。曾经先后担任过中华医学会副会长、中华医学会天津分会会长、《中华内科杂志》副主编、中华医学会心血管病学分会常委、《中华心血管病杂志》常务编委、天津市医学会理事长、天津市医学会心血管病分会主任委员、《天津医药》杂志主编等三十余种学术职务。现任天津心脏病学研究所名誉所长、天津医科大学第二医院名誉院长。为天津市乃至国家的心血管病学事业培养了大批学术骨干，为心血管病事业的发展作出了卓越贡献。

石毓澍长期致力于内科心血管疾病的临床与实验研究工作，在国内最早开展心导管检查术、人工心脏起搏技术等。20世纪50年代起，他在国内最早从事急性心肌梗死的临床研究，开展心导管技术。60年代初，他对充血性心力衰竭和水电解质平衡失调作了系统研究，并提出独特见解，受到国内外学者的高度重视，具有重大的临床价值。70年代，他开始潜心于心律失常的电生理学临床与实验研究，创建了电生理实验室，发表了有关心律失常和电生理方面的论文百余篇，其中包括《房室结双通道与阵发性室上性心动过速》等论文十余篇，在国内外医学界产生较大影响。

1980年以来，石毓澍主持和指导了各项研究课题十余项，著书立说，出版学术著作十余部，其中《心律失常的诊断与治疗》是我国第一部全面论述心律失常诊断与治疗学的专著，令广大医务工作者受益匪浅。1987年，他对该书进行大幅度修改与补充，后再版发行，在国内产生了很大影响。1989年，他主编的《临床心脏电生理学》出版，是我国第一部根据作者自己的临床资料完成的关于心电生理学的专著。1994年，他总结了临床经验和最新进展出版的《临床心律学》，成为我国临床心律学领域的重要著作。

石毓澍携夫人于1996年定居澳大利亚，但他仍关注着我国心血管事业的发展。

天津心脏病学研究所暨天津医科大学第二医院心脏科

学科发展与学科文化

天津心脏病学研究所暨天津医科大学第二医院心脏科是由我国著名心脏病学专家石毓澍教授于1980年创建的，是我国首批博士、硕士研究生授权点，也是我国最早的国家临床心血管药物研究专业机构、首批卫生部心律失常介入诊疗培训基地和冠心病介入诊疗培训基地、国家首批内科医师和心血管内科医师规范化培训基地、天津市心血管病离子与分子机能重点实验室，天津市临床医学重点学（专）科、天津医科大学重点学科和临床重点专科、天津市卫生系统重点学科和天津市临床医学重点学（专）科、天津市“‘十三五’综投”心血管与代谢疾病学科一流学科引领计划建设学科及国家“双一流”建设心血管与代谢疾病特色学科群的建设学科。

学科临床部于20世纪70年代初开展心脏起搏器安装术，自1980年开展临床和实验电生理检查，1991年在全国率先开展了室上性心动过速的射频消融术。自80年代末开展急性心肌梗死静脉和冠状动脉内溶栓治疗及二尖瓣球囊扩张成形术，于1992年开展了冠心病介入治疗，随后开展了冠状动脉支架技术和旋磨技术，在冠心病复杂病变的支架、旋磨等介入治疗等方面积累了丰富经验。2002年以后，开展了三腔起搏器治疗心力衰竭、埋藏式自动电复律除颤起搏器治疗恶性心律失常、心房颤动及室性心动过速的射频和冷冻消融术等。近年来在国内较早开展了无导线起搏、左心耳封堵、肺血管疾病、心肌病、结构性心脏病、经导管主动脉瓣置换术（TAVR）、左心室辅助装置（LVAD）及心力衰竭脱水治疗等心力衰竭临床和介入诊疗技术，开展了长程和植入式动态心电图（Holter）等技术、心肺运动试验、心内膜心肌活检术等先进的临床诊断技术。拥有国际上最先进的全套冠心病和心律失常介入治疗的设备，包括血管内超声（IVUS）、光学相干断层成像检查（OCT）、血流储备分数测定（FFR）、主动脉内球囊反搏（IABP）、体外膜肺氧合（ECMO）等先进设备，以及三维心脏电解剖标测系统（CARTO）和电生理标测仪（EnSite Velocity）及先进的多导电生理记录仪、经胸实时三维与经食道心脏超声心动图、最新型的X光造影机和中央监护系统等，临床诊疗技术处于国内先进水平，是国际和国内知名的心血管病中心之一。跟随国家心血管病建设的发展，通过了国家胸痛中心、房颤中心、高血压达标中心、心力衰竭中心、心源性卒中中心、晕厥中心和肺血管病中心的审批。

天津心脏病学研究所设有冠心病、介入性心脏病学、高血压、实验电生理、心脏起搏与临床电生理、心电信息学、心力衰竭与心血管功能、心血管超声与影像、临床流行病学与循证医学、心房颤动临床诊治与研究中心、动物实验中心等研究室，拥有分子生物学、细胞学、病理和病理生理学、机能学、电生理学等完备的实验室平台。学科总人数120余人，拥有高级职称人员30余人，博士生导师8人，硕士生导师26人，已毕业博士、硕士研究生500余人。研究中心近5年共发表论文400余篇，其中SCI（科学引文索引）收录论文200篇，主编和参编的学术专著40余部；承担国家级和省部级等各级科研课题90余项，获科研成果60余项。学科成立以来，获得包括国家科技图书二等奖、省部级科技进步一等奖在内的各级科技奖20余项。学科重视国内外学术交流，主办国际及全国性会议，邀请国内外知名学者讲学和学术交流，主办的海河之滨心脏病学会议（简称“海河会”）为推动国内的学术发展、提高心血管及相关疾病的诊治水平作出了贡献。

天津心脏病学研究所暨天津医科大学第二医院心脏科于1980年从大内科中独立建科至今，在石毓澍教授、黄体钢教授和笔者的带领下，心血管病学科全体医护研技同事辛勤工作与付出，使学科在医疗、教学、科研与人才培养等领域取得了瞩目的成就。2010年以来学科在新发展阶段实现了新的起飞，打造了学科建设和发展新的平台，为国家培养了大批优秀的博士、硕士研究生，引进了以副所长、国家“杰青”艾玎教授为代表的一批中青年杰出人才，他们正在成为或已经成为心血管疾病防治与科研的主力军和生力军。学科培养了后备学科 / 学术技术带头人和一批学科骨干力量，人才辈出，已经形成了优秀的临床、教学和科研学术梯队。在现任所长和科主任刘彤教授的带领下，心血管病学科将提升新的高度，创造医教研新的辉煌，为我国的心血管病事业的发展贡献更多力量。

用我们学科创始人，我国德高望重的老前辈，国际知名心血管病专家、医学家、医学教育家石毓澍教授对学科建设的寄语，作为学科文化和学科发展理念的概括，也作为结束语：“天津心脏病学研究所暨天津医科大学第二医院心脏科要始终秉承学术与技术共同发展的思想，注重人才与学科建设为根本的理念，重视科研与教学对学科发展的带动作用，坚持医学理论与临床实践相结合的方向，为我国心脏病学事业作出贡献。”

李广平

前　言

石毓澍教授是我国医学界德高望重的老前辈，是我国心血管病事业的开拓者之一，为我国心血管病事业的发展作出了卓越贡献。我主持编撰这本书，是让岁月留痕，记住大师，也要留住过往的点点滴滴；让实物留痕，留给后来者一份宝贵的财富。2024年甲辰龙年正月十二，是石老106周岁的生日，他是最高寿的尚健在的我国老一辈医学家、医学教育家、心血管病专家，他的经历就是一本医学“教科书”，是中国近百年医学史的见证，也是对历史人文和人生感悟者的最好启迪。这本书不仅蕴含着医学与临床专业知识，更向读者展示了部分石毓澍教授留给我们的人文财富和历史资料，也为愿意从事医学人文研究和大师思想研究的人提供最真实可靠的资料。这就是我编纂出版《百年风雨　医路前行——石毓澍教授学术与医学人文思想》一书的初衷。

资料的搜集。本书中几乎所有的实物（书中的照片）均是石毓澍教授于1996年移居澳大利亚后交给我的。石毓澍教授移居澳大利亚后，有一次回医院视察，恩师说：“我的办公室不要再留着了，这些东西我不带去澳大利亚了，你看着处理吧。”我一看文件柜子里满满地堆放了很多资料、书籍和证书等。后来我发现文件柜里面是非常珍贵的资料和实物（部分我编撰到书里面了），于是每天用几个小时，花了几个月的时间来整理这些资料和实物，将浮尘清理掉，能清洗的一一清洗，然后归类，整理到几个大纸箱子里，重新保存好。2009年我再次整理石毓澍教授的办公室，准备将他的办公室设为学科的文化室，他用过的打字机、幻灯机、投影仪和幻灯片等我也一一整理好并保存。在心脏学科成立30周年前，我对天津心脏病学研究所做了大规模的整修。此后，我在研究所（原来石毓澍教授的办公室）建立了学科文化室（2010年），挑选了部分材料和实物展示在文化室里。我搜集到了石毓澍教授主编的（可能是）全部著作，把可找到的从20世纪50年代以来石主任发表的论文（单行页）或杂志，各类聘书、证书、奖状、奖杯，以及工作证、借书证等，永久保留在文化室，让后来者能够感受到学科的历史文化与发展。

感悟。很多人把自己获得的聘书、证书、奖状（杯）等视若珍宝，而石毓澍教授去澳大利亚后把它们留下让我处理掉，我从中得到的感悟难以言语，或许淡泊名利和放得下的豁达心胸才是老人家事业成功和健康长寿的秘诀。现在看来，这件事对我来说则是一次考试，这不是34年前（1990年）我参加的博士生统招考试，而是20多年前恩师对我做人、做事和人生观、价值观的一次考试，我通过了考试，这对我来说是一次更为重要的考试。

尊师重道。“浮生甘为迂叟忙”这句话是中国近代书法大师吴玉如（迂叟）老先生的弟子、我国著名学者、书法家韩嘉祥先生说的，他也是这样做的，令我由衷钦佩。中国近现代书法家中有南沈（尹默）北吴（玉如）之说，我与韩先生交往30年，韩先生对吴老的尊重和为其所做，使我汗颜，“浮生甘为迂叟忙”之言令我折腰。韩先生对老师的尊重也是我们学习的楷模。吴玉如老先生与周恩来总理同岁并为天津南开中学的同学，长石毓澍教授20岁。2010年，我为石毓澍教授从医执教65周年举行了专题学术会议，并出版了纪念邮票册。2017年12月29日，石毓澍教授百岁华诞前，我组织召开了“庆祝石毓澍教授百岁华诞学术思想研讨会”并编印了相关资料和纪念册。2024年，在石毓澍教授106周岁之年，能够出版《百年风雨　医路前行——石毓澍教授学术与医学人文思想》一书，也是我的心愿。我也愿进一步整理我现存的石毓澍教授的资料和实物并能够将其出版见书，这是作为学生应该做的一点事情，我也定会从中得到学术和人文思想上的升华。本书未写任何总结性的文章，一是自认为我没有那个水平，二是留给明者自悟更好。

我自诩为“石门一丁”，已过耳顺之年，故无所求，但愿能为传承恩师石老的学术和医学人文思想，做点儿力所能及的事情。恩师已过期颐之年，当他已经不能再为你做些什么而他人也无须再从他那里索取什么的时候，你仍能甘为恩师做点滴事情，既是个人的修为，也是境界，更是对你人生观和价值观的再一次拷问。

遥祝恩师健康长寿，万事如意！

李萍

甲辰正月十二于天津

2024年2月21日

目录

时光的记忆，岁月的足迹

泛黄的纸页，历史的记录

实物留痕，传承思想

结束语

学习医学人文，
传承大师学术思想

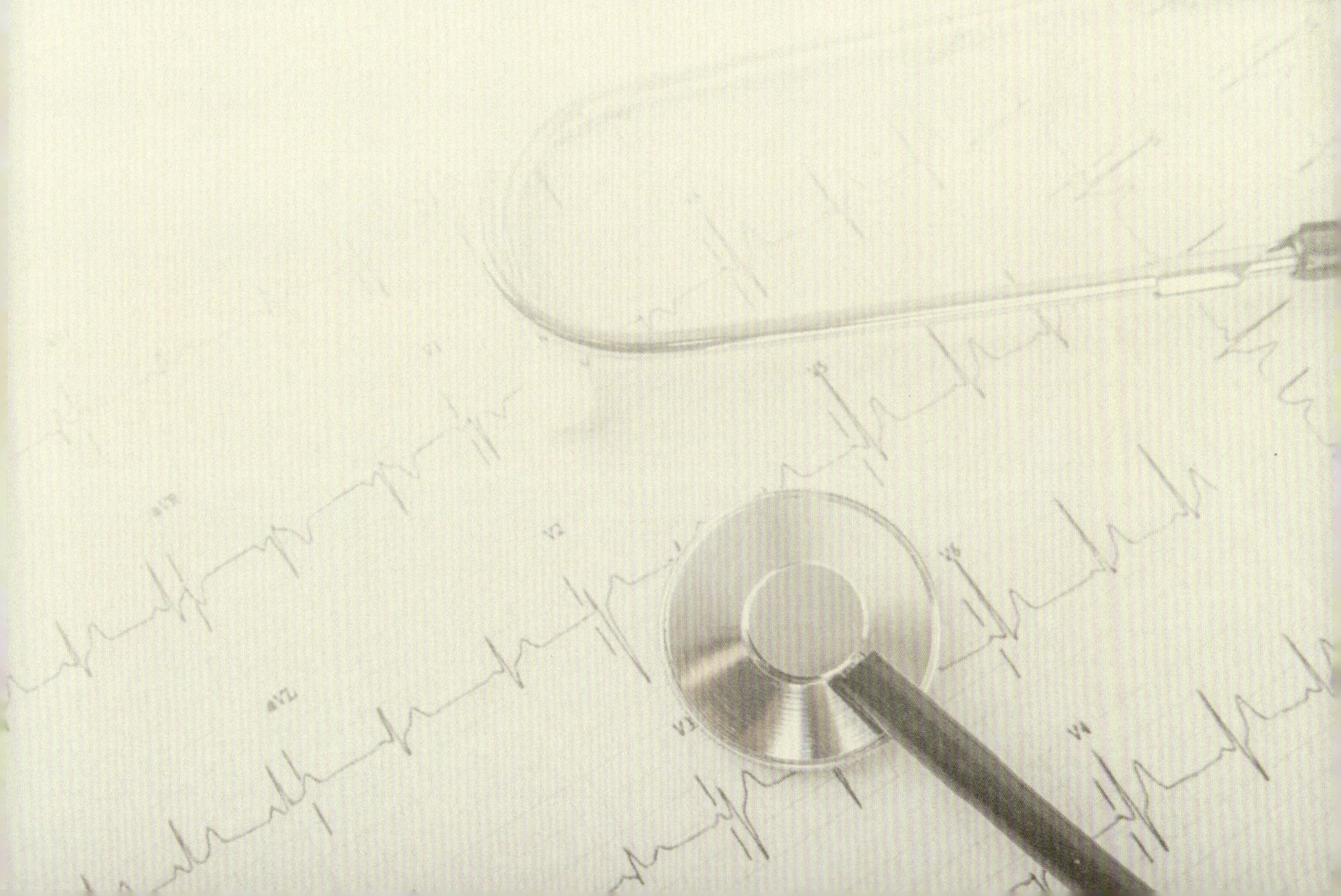

百岁心脏病学专家：石毓澍教授

李广平

石毓澍教授1918年生于北京，1937年进入法国里昂大学医学院学习，1944年毕业并获得医学博士学位，于1945年回国。20世纪50年代初在天津医科大学总医院内科从事临床、教学和科研工作。于1974年在天津医科大学第二医院创立心脏科，任心脏科主任、心血管疾病研究室（现称天津心脏病学研究所）主任，后担任天津心脏病学研究所名誉所长、天津医科大学第二医院名誉院长、天津医科大学终身教授。90年代退休后，在国外致力于编写《临床心脏病学讲义》一书。

著名心脏病专家石毓澍教授
（20世纪80年代）

石毓澍教授长期致力于内科心血管疾病的临床与实验研究工作。

石毓澍教授是我国心导管检查的先驱者之一。1956年，他与周金台大夫及李润耀大夫在天津医科大学总医院为天津率先开展心导管检查术。20世纪50年代后期从事心内膜下心肌梗死、裴德拉心肌炎和阵发性心动过速等研究。60年代初，对充血性心力衰竭和水电解质平衡失调进行系统研究，并提出自己的独特见解，具有重要的临床价值。70年代开始潜心于心律失常电生理学的临床与实验研究，创建了临床电生理实验室，开始了整体和离体心脏电生理、心肌细胞动作电位、电压/膜片钳实验研究。他在国内较早将希氏束电图、窦房结电图等记录技术及房室程序刺激等研究手段应用于临床。石毓澍教授发表了多篇有关心律失常和电生理方面的论文，其中包括《房室结双通道与阵发性室上性心动过速》等有影响力的论文数篇。石教授是我国人工心脏起搏事业的开拓者之一，20 世纪 70 年代初，他就著文介绍并在京津冀及宁夏等地开展埋藏式起搏器植入术。1975 年他在国内首次报道了经病理证实的心脏左侧纤维支架硬化症（Lev 氏病）。1980 年以来，石教授主持和指导了各项研究课题十余项，发表的有关论文曾获国家和天津市优秀科技论文奖。他主编多部专著，其中 1980 年出版的《心律失常的诊断与治疗》是我国第一部全面论述心律失常的专著。石教授编写了我国第一部根据自己临床资料完成的关于心脏电生理学的专著《临床心脏电生理学》，该书于 1989 年出版，并获全国科技图书二等奖。1980—1994 年，石教授组织国内有关专家出版和再版《冠心病》一书。1994 年石教授在总结其临床经验和最新进展的基础上，主编了《临床心律学》，并获国家科技图书二等奖。他在 98 岁高龄出版并于 100 岁时再版《临床心脏病学讲义》，为青年学生及医生提供了最新的学习材料。

石毓澍教授为我国心血管病学的发展作出了杰出贡献，是当之无愧的临床医学家、心血管病学家和医学教育家。石毓澍教授是我国医学界德高望重的老前辈，学生遍及全国和海外，桃李满天下。他的为人处世，他的高瞻远瞩和大家风范，值得后来者学习。

著名心脏病学专家石毓澍教授迎来百岁华诞

天津医科大学

2017 年 12 月，“聚焦海河会心血管疾病高端论坛暨庆祝石毓澍教授百岁华诞学术思想研讨会”在天津召开。与石毓澍教授一起工作过的老同事、老朋友，天津市各医院心内科专家、学者，以及学校、第二医院领导等参会。会议发行了《庆祝石毓澍教授百岁华诞纪念册》。

石毓澍教授在澳大利亚通过视频向大会致辞，他热情洋溢的讲话引起与会人员的强烈共鸣。原中华医学会心血管病学分会主任委员、中国工程院院士高润霖，中华医学会心血管病学分会主任委员、中国科学院院士葛均波，中华医学会心血管病学分会前任主任委员霍勇均发来视频，祝贺石毓澍教授百岁华诞。

校长颜华，名誉校长、中国工程院院士郝希山，中国医学科学院阜外心血管病医院教授刘力生，天津医科大学教授周金台分别致辞，他们从不同角度回顾了

2010 年天津心脏病学研究所成立 30 周年部分领导与专家合影

石毓澍教授等老一辈心血管病专家与团队共同努力，克服重重困难，为发展我国心血管病学和心电生理学事业，努力拼搏和奋斗的历程，并祝福石毓澍教授身体健康、百岁华诞幸福快乐。

在随后举行的学术报告会上，天津医科大学副校长朱毅教授、阜外心血管病医院刘力生教授、北京大学人民医院郭继鸿教授分别就高血压、动脉粥样硬化、心电学的发展现状与未来等主题做了精彩的学术报告。

秉承大师学术思想与学科建设理念：庆祝石毓澍教授百岁华诞

李广平 *

石毓澍教授是天津医科大学第二医院心脏病学科创始人、天津心脏病学研究所名誉所长、天津医科大学第二医院名誉院长、天津医科大学终身教授，是我国心导管检查和人工心脏起搏技术的先驱者和开拓者之一，他长期致力于内科心血管疾病的临床与实验研究工作。适逢石教授百岁华诞，我们的心中洋溢着对石教授学问、人品与师德的景仰之情，于是写就成文，以待后辈们记取、深思与弘扬，希望他们在心血管病研究与临床工作中传承老一辈心血管病专家严谨踏实的治学精神、谦逊低调的处世风范，不断推动心血管病学科研与临床诊疗事业取得新的进展。

一、德才昭彰，风华砥砺

石毓澍，祖籍天津杨柳青，1918 年生于北京，1937 年入法国里昂大学医学院学习，1944 年获医学博士学位，次年回国。20 世纪 50 年代初在天津医科大学总医院内科从事临床和教研工作，是我国首批博士研究生导师。1974 年在天津医科大学第二医院任心内科主任，1980 年创建心脏科和心血管疾病研究室（现天津心脏病学研究所）并担任主任；后担任天津心脏病学研究所名誉所长，天津医科大学第二医院名誉院长，天津医科大学终身教授，于 20 世纪 90 年代退休。

石毓澍教授是我国心导管检查的先驱者之一，长期致力于内科心血管疾病的

* 刘彤、刘恩熙为共同作者，文章原载于 2018 年《实用心电杂志》。

临床与实验研究工作。1956 年，石教授与周金台教授、李润跃教授在天津医科大学总医院开展了天津首例心导管检查术。20 世纪 50 年代末，石教授从事心内膜下心肌梗死、裴德拉心肌炎和阵发性心动过速等研究；60 年代初，他对充血性心力衰竭和水电解质平衡失调进行了系统研究，并提出了独特的见解，具有重要的理论与临床价值。20 世纪 70 年代起，他潜心于心律失常电生理学的临床与实验研究，创建了临床电生理实验室，开始了整体和离体心脏电生理、心肌细胞动作电位、电压／膜片钳实验研究。他在国内较早将希氏束电图、窦房结电图等记录技术及房室程序刺激等研究手段应用于临床。石毓澍教授发表了多篇有关心律失常和电生理方面的论文，包括《房室结双通道与阵发性室上性心动过速》等数篇颇具影响力的论文。

石教授是我国人工心脏起搏术临床应用的开拓者之一，20 世纪 70 年代初，他就著文介绍并在京津冀及宁夏等地开展埋藏式起搏器植入术。1975 年，他在国内首次报道了经病理证实的 Lev 氏病。1980 年以来，石教授主持和指导了科研课题十余项，发表的多篇论文获国家级和天津市优秀科技论文奖。石教授编写了多部专著，其中 1980 年出版的《心律失常的诊断与治疗》是我国第一部全面论述心律失常的专著；1989 年，他基于自己的临床资料出版了我国第一部心电生理学专著《临床心脏电生理学》，荣获国家科技图书二等奖；1980—1994 年，石教授组织国内相关专家编写了《冠心病》一书，并两次再版、多次重印，深受读者欢迎；1994 年，石教授结合多年临床经验和最新研究进展，主编了《临床心律学》，再次荣获国家科技图书二等奖。石教授 98 岁高龄时，又将临床经验点滴汇成《临床心脏病学讲义》一书，100 岁时该书再版。他著书立说、笔耕不辍，医道传承、生生不息，为青年学生及医生提供了宝贵的学习资料。

石毓澍教授是我国医学界德高望重的老前辈，为我国心血管病学的发展作出了杰出贡献，是当之无愧的临床医学家、心血管病学家和医学教育家。他曾先后担任过中华医学会副会长、天津市医学会会长、中华医学会内科学分会常委、中华医学会心血管病学分会常委、《中华内科杂志》副主编、《中华心血管病杂志》常务编委、《天津医药杂志》主编等学术职务。他是我国首批博士生导师之一、国家级有突出贡献专家，为我国培养了第一批博士和硕士研究生，如今已是桃李满天下。他的为人与做事，他的高瞻远瞩和大家风范是后来者学习的楷模。

2017 年石毓澍教授在家中

二、领略大师风采，庆祝百岁华诞

为庆祝德高望重的老一辈心血管病学家石毓澍教授百岁华诞，弘扬石毓澍教授学术思想和学科建设理念，2017 年 12 月 29 日，天津心脏病学研究所、天津医科大学第二医院心脏科举办的“聚焦海河会心血管疾病高端论坛暨庆祝石毓澍教授百岁华诞学术思想研讨会”在天津成功召开，我主持了会议。会议发行了《庆祝石毓澍教授百岁华诞纪念册》。中华医学会心血管病学分会主任委员、中国工程院院士高润霖教授，中华医学会心血管病学分会前任主任委员霍勇教授，中华医学会心血管病学分会现任主任委员、中国科学院院士葛均波发来视频，祝贺石毓澍教授百岁华诞。远在澳大利亚的石毓澍教授发来视频向与会嘉宾致辞，视频中，石教授精神矍铄、神采奕奕，与会者对石教授的讲话报以热烈的掌声。天津医科大学校长颜华教授发表了热情洋溢的讲话，向石毓澍教授百岁华诞送上真挚的祝福，并祝愿天津医科大学心血管学科繁荣进步、蒸蒸日上。天津医科大学名誉校长、天津医科大学肿瘤医院名誉院长、中国工程院院士郝希山教授，中国医学科学院阜外心血管病医院刘力生教授，天津医科大学周金台教授致辞，他们回顾了石毓澍教授等我国老一辈心血管病专家带领同道和学生们共同努力，克服重重困难，为发展我国心血管病学和心电生理学事业而努力拼搏和奋斗的光辉历程，并祝福石毓澍教授身体健康、百岁华诞幸福快乐。

聚焦海河会心血管疾病高端论坛随后举行。阜外心血管病医院刘力生教授、天津医科大学副校长朱毅教授、北京大学人民医院郭继鸿教授分别带来了有关高血压、动脉粥样硬化、心电学的发展现状与未来等相关主题的精彩学术报告。来自天津医科大学、天津市各医院和研究院所的老中青专家二百余人参加了学术研讨会。专家学者们齐聚一堂，共叙友情，学习石毓澍教授爱国敬业、为人师表、严谨治学、淡泊名利的精神和胸怀。

三、秉承学术思想和学科建设理念

20 世纪 50 年代，石教授在天津医科大学总医院与李润耀教授、周金台教授一起进行心导管技术的探索。他们于 1955 年开始心导管的动物实验，1956 年成功进行了对室间隔缺损患者的导管检查，检查中采用了泌尿科提供的一支分侧导尿管，并用测脑脊液的压力表测压、用斯克兰德（Scholander）管测氧。患者的缺损修补手术是由技术高超的张天惠医生在低温、无体外循环的条件下用两分半钟完成的，手术非常成功。自此以后，石教授正式将心导管技术运用于临床并不断积累经验，使技术运用日臻成熟。在石毓澍教授等老一辈心血管病学家和临床医学家的共同努力奋斗下，天津的心脏病学诊疗水平在一个时期走在我国前列。到 20 世纪 80 年代，近 70 岁高龄的石教授指导开展了天津市第一例冠状动脉造影和经皮冠状动脉介入治疗，有力推动了天津冠心病介入诊疗的开展与普及；1991 年，73 岁高龄的他指导开展了天津市第一例心动过速射频消融术；1992 年，他开展了天津市第一例冠状动脉旋磨术。常言“人生七十古来稀”，然亦有云“老骥伏枥，壮心不已”。他始终保持着敏锐的思想，关注学术与临床技术前沿；他的学术生命长青，矢志不渝地推动我国心血管病事业和学科的长足发展。

1990 年，我有幸跟随石教授攻读博士研究生，与他日常接触较多，他对于学术的孜孜追求、一丝不苟的治学精神和谦逊低调的处世态度深深感染着我，如春风化雨，润物于无声处。石教授在治学研究中，凡是能亲力亲为之事，绝不假手他人。在计算机还远未普及的 20 世纪 90 年代初，石教授坚持自己用老式机械打字机打字。有一次，在他的办公室，我亲眼看到他戴着老花镜剪心电图，旁边放着他自己打印好的注释纸片；然后，他用小镊子夹住纸片，仔细地涂好糨糊，小心翼翼地粘到心电图上。我劝

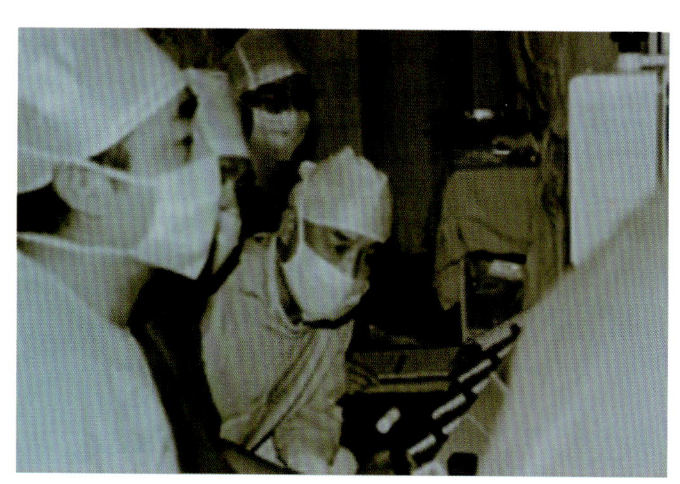

石毓澍教授指导心脏手术

他说：“您平时的研究和临床工作已经这么忙了，这些小事您交给我们就行了！”他却坚持道：“能不麻烦别人的尽量就不麻烦别人，别人也有自己的事要做。”同时，他还叮嘱我平时应该注意临床病例资料的积累、整理和归纳。后来我听石教授说起，《心律失常的诊断与治疗》一书就是用他在“文化大革命”期间积累的大量心电图资料写成的。

石教授踏实认真、身体力行的治学态度深深印在我的脑海里，而他旺盛的求知欲、勤奋好学的精神和坚韧的意志品质也给我留下了深刻的印象。20 世纪 90 年代初，单位刚刚开始普及计算机，石教授很快意识到计算机在信息获取和利用上的便捷性，于是 70 多岁的他居然报了计算机技术培训班，与年轻人同班学习，并很快学会了用计算机打字写材料、上网查文献资料、发电子邮件等。对于一位 70 多岁高龄、从未学过汉语拼音的老人，学习打字的艰辛可想而知！只要科研和临床工作需要，他始终努力汲取新知识、掌握新技能。如今在百岁高龄，他仍坚持用计算机打字、发电子邮件、查阅文献、著书立说，是我们学习的楷模！

让我印象很深的还有一件事，每次我经过石教授的办公室时，经常看到他伏案工作的身影。那段时期，石教授正在撰写《临床心律学》和修订《临床心脏电生理学》，这两部书可能是他倾注了最多心血的著作，尤其是《临床心脏电生理学》，是我国第一部用著者积累的临床资料写就的心脏电生理学专著，很多年轻医生和初学者就是通过这本书入门心脏电生理临床和研究的。尽管石教授很少直接教导我应该如何治学、如何工作，但他伏案写书和查阅资料的勤奋身影分明已经告诉和影响了我很多，恐怕这就是言传身教的力量吧！

石教授到研究所上班的时候，每次都按时参加科室活动。我记得有一次，他作为老教授在科里做示教查房，下午 2 点，他便准时坐在教室里。我注意到，只要是石教授参加的活动，他从不迟到，体现了对自己的严格，也体现了对别人的尊重。

石毓澍教授在 2004 年海河之滨心脏病学会议举办十周年之际，曾写了一段话，对天津心脏病学研究所暨天津医科大学第二医院的学科发展寄予厚望，也从一个侧面反映了他的学科建设的基本思想。他写道：“天津心脏病学研究所暨天津医科大学第二医院心脏科要始终秉承学术与技术共同发展的思想，注重人才与学科建设为根本的理念，重视科研与教学对学科发展的带动作用，坚持医学理论与临床实践相结合的方向，为我国心脏病学事业作出贡献。”

在文章的最后，让我们怀着无比崇敬之心和无上真挚之情，敬祝石教授：阖家幸福，万事如意，健康长寿！

期颐之年的
幸福与殷殷期望

本部分为视频内容，请扫描二维码观看具体内容。

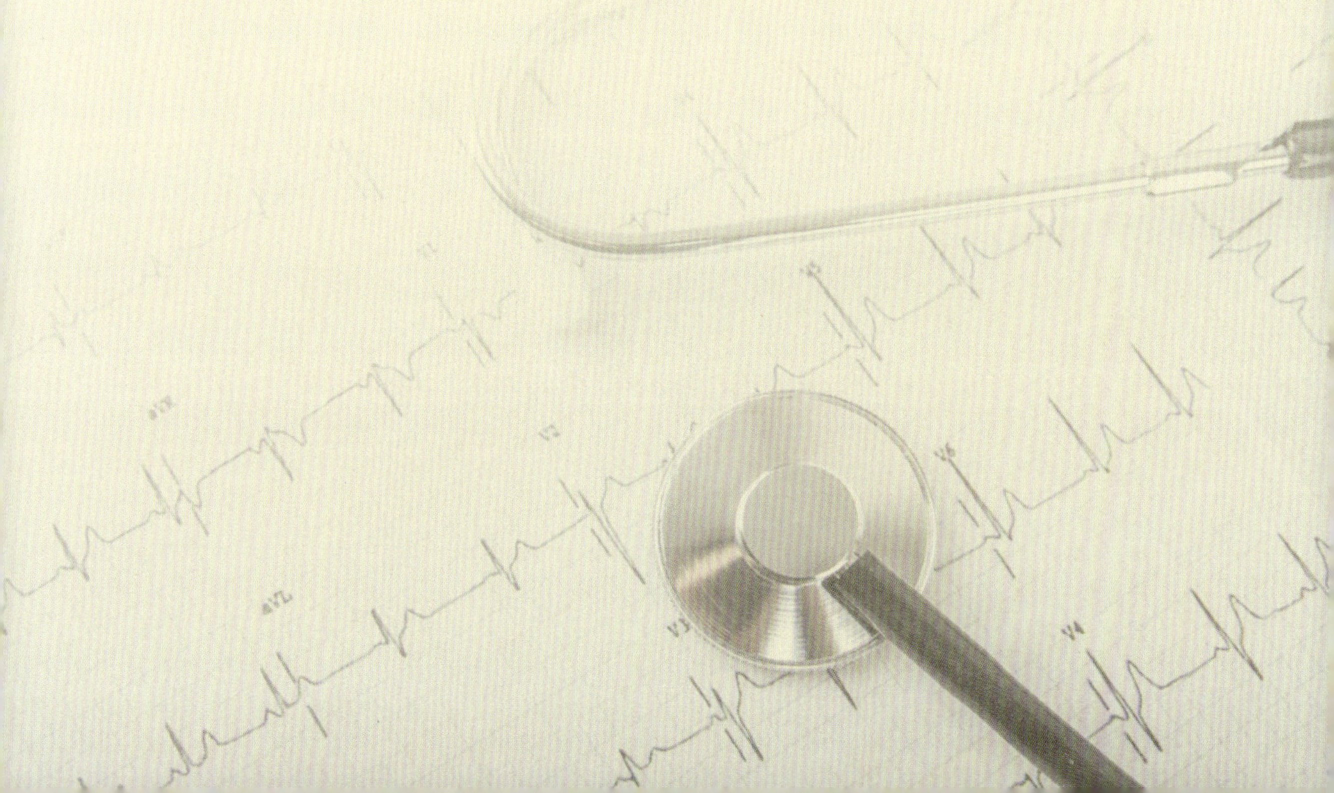

◇李广平在建院 50 周年前夕应邀谈学科建设与人文（录像）

◇ 2020 年石毓澍教授为学科建立 40 周年发来的殷切祝福（录像）

◇他是医学大家，也是世纪老人，更是慈祥的父亲——石伟和石路的幸福记忆（录像）

◇学科建设，不忘恩师——李广平谈学科建设与发展（录像）

◇人生最大的幸运是有一个正确的人引领你：回忆与恩师的二三事（录像）

与大师相遇，感悟医学与人文

本部分文章遵循原作者的写作风格，原则上不对原文作出重大修改。各篇文章以作者姓氏拼音字母排序。

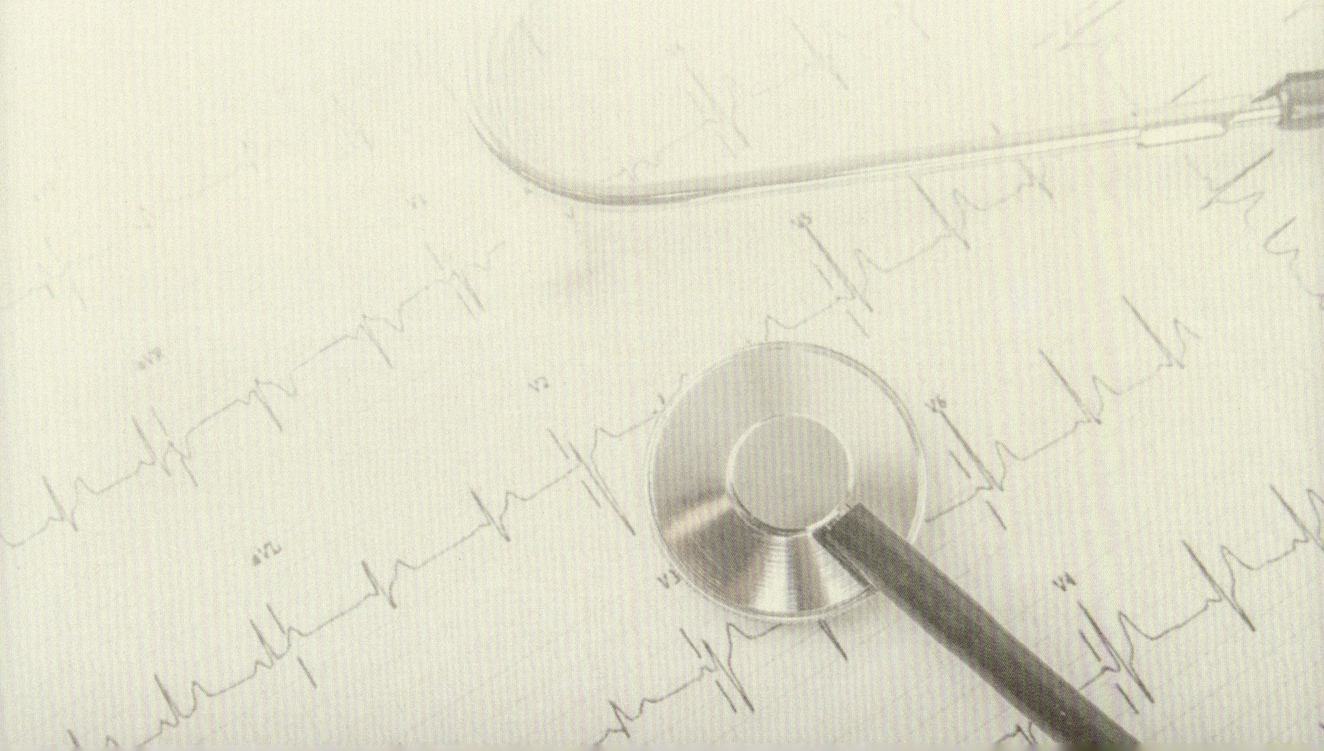

立德树人的楷模

毕光忠

回顾半个世纪的建设与发展历程，天津医科大学第二医院（以下简称“二院”）处处都体现着一种奋勇争先的精神，尤其是老一辈的专家们对医院的学科建设与人才培养方面的理念和执着精神令人肃然起敬。石毓澍教授就是这些老一辈专家中的典型代表。

石毓澍教授是全国知名的医学专家，他在医院建设发展的不同时期讲得最多的是学科建设和人才梯队建设。在这方面使我至今记忆犹新的，是 20 世纪 80 年代教学办公室邀请石教授给医大本科生作一次讲座，当时二院阶梯教室里挤满了人，就连教室最后面都站满了前来听课的人。只见石教授在黑板上写了“勤奋”两个字，他对学生们讲，各行各业的人要想进步都离不开“勤奋”二字，工人如此，农民如此，作为医学生更是如此，没有勤奋好学的精神和努力就不可能成功。整个阶梯教室里鸦雀无声，石教授还提一些问题和学生们互动。讲座结束后很长一段时间，这次讲座的内容都是学生们的主要话题，有的学生见到我说他的父母都是医务工作者，当他们听说了石教授的讲座后，感慨他们在医大学习了五年都没有机会听过石教授讲课，现在的学生们是何等的幸运啊！

石教授十分重视年轻人的培养工作，每年欣然参加二院毕业生的毕业合影，学生们都为有这样的知名专家和他们一起合影而感到骄傲。总之，石教授的学术水平及他以海纳百川的宽广胸怀对社会的巨大贡献是永远值得我们学习的。

恩师不拘一格选人才

陈宝公

在学生时代我就是石老的崇拜者，在阶梯大教室听他讲述心内科——从生理、病理到临床表现与诊治方案，清晰明了，无一句多余的话。他经常说："我的话虽然不是金科玉律，但废话我是不多说的。"这句话深深记在我心里。石老的授课方法让我受益终身，也模仿至今，因此受到年轻医生的好评。

20 世纪 70 年代，有一次我得了感冒，一个月症状不缓解，同科室师兄蔡裕胜带我去了石老家。当时石老风趣地说："我用接待外宾的客厅招待你们。"经仔细检查和临床资料分析，最后确诊为心肌炎。石老建议我休息三个月以上。我遵照石老的嘱咐，慎重地休息了半年之久，最终得以痊愈，很是感恩石主任。

1973 年 9 月，我被选派到非洲刚果医疗队，在那里学习了两年法语。之后，我又利用业余时间参加了天津市外国语学院的法语培训班和耀华中学的法语班。1982 年 5 月，天津市卫生局挑选曾去过非洲医疗队的部分队员到医学情报站参加法语水平测试，第一遍听一段法语录音，然后逐句听写，最后翻译成汉语。后来卫生局通知我并转告天津市口腔医院窦焕林医生，说明石老已选派我们两人赴法国进修。我亲自到口腔医院请他们科主任转告窦焕林医生。后来我问及窦焕林，他居然不知道此事。原来是一位小肚鸡肠的科主任扣下此事，后来经我追问，他才无奈听从了卫生局的安排。至此，我和窦医生成了中华人民共和国成立以来首批被选送到法国进修临床专业的幸运儿，成了 Mallet Guy 教授接待的两个天津医生。是石老在改革开放以后打开了中法医学交流的大门。石老是 20 世纪留法学成归国的顶级医学人才，之前他并不认识我们，只凭听写测试的结果选中了我们两人，这就是石老不拘一格选拔和培养年轻人的准则。

到法国后，我被分配到法国里昂北大学附属医院知名肝胆外科教授 Jean Chabal 手下，Jean Chabal 亲传亲授，在手术台上，我跟他学会了左手探查胰头及胰腺癌行根治性手术、十二指肠切除术的技巧。Jean Chabal 在台上表扬了我，并夸赞我双手打结的技巧。后来 Jean Chabal 教授把他学生时期的博士论文及发表的论著赠送给我，我回国后装订成册，摆在我的书架上。

Jean Chabal 教授的寿诞日我受邀到他家做客，就坐在他的上宾席（由于我当时没有多少生活费，就亲自包了饺子去祝寿）。

在法国里昂进修期间，正逢石老和天津医学院朱宪彝校长访问，我有幸陪同两位导师到大型超市，我们驻足在图书专区，石老看到一本关于现代足球技术、配合与训练的书籍，当场让我买下并翻译出来。回国后，我通宵达旦，将它翻译成中文。石老亲自修订这 21 万多字的书稿，并于 1986 年由天津人民出版社出版。

此外，我为总结自己学习与从医之路，于 2010 年 12 月出版了个人专著。我自信是个十分敬业的医生，曾在 73 岁时，写下“人生三万六千日，自笑功德亦相当，恳请上苍明慧眼，乐天知命归去来”。

感谢恩师石老不拘一格提携了我，使我受益终身。衷心祝愿恩师及师母健康快乐，福寿康宁！

天津市第一中心医院外科陈宝公顿首、叩拜！

高山仰止 景行行止

——我心中的石毓澍教授形象

陈康寅

我于2000年毕业于天津医科大学临床医学系，同年考取了内科学心血管病专业的硕士研究生，于2001年2月来到天津医科大学第二医院心脏科参加研究生阶段的临床实践，一直到现在都在心脏科工作，一晃已经23年了。我来医大二院的时候，石主任已经远赴澳大利亚生活多年，尽管期间石主任也曾多次回国，我也见过石主任两次，但都是在会议上，很遗憾没有机会向石主任请教并深入交流。所以，我对石主任的印象大多是间接的，来自身边同事们的谈论，也来自在心脏科工作多年的体会。尽管如此，随着时光的积淀，亲身的经历让很多模糊的印象和体会相互印证，使得石主任的形象在我心中反而慢慢清晰起来。接下来，我想从个人的视角谈谈我心目中石主任的形象。

一、高瞻远瞩，创建心研所

我身边很多人都在讲，天津的发展受限于北京，天津离北京太近了，由于马太效应，天津的人才被北京虹吸了。但我并不完全这么认为，而是觉得天津的发展也受益于北京，至少在清末、民国时期是这样的，天津的医学尤其受益。晚清天津开埠，吸引了很多医学人才来到天津。到了民国时代，尤其是抗日战争爆发后，一大批北京的医学专家为躲避战乱，拖家带口来到天津，他们创建了很多诊所、医院。专家们的创业氛围和活跃的学术思想使天津成为当时国内重要的医学高地，很多专家都成为国内本专业重要的奠基人。直到今天，天津的老百姓依然受益于此，包括天津市肿瘤医院、天津医院、天津市第一中心医院等知名医院都是那个时代的重要产物。但我们也观察到天津的一些医院发展慢慢落后了，究其原因，我个人的思考是，天津的医学院创办偏晚，很多优秀的医院没纳入医学院附属医院系统，没能做好科学研究及后继人才的培养工作，随着老一代专家的离开，后继乏力甚至无人是很常见的情况。到了中华人民共和国成立后早期，天津的医学大家仍然灿若繁星，天津医科大学总医院更是群星闪耀。在众多医学专家中，石主任是非常重视科研和人才培养的专家，他先知先觉，早在20世纪60年代就开始培养研究生，是天津医学院中很少的几位研究生导师之一。70年代末，石主任来到二院以后，在天津市率先创建了独立的心脏科。1978年石主任成为“文化大革命”后首批研究生导师，当时天津医学院总共才两名导师——朱校长和石主任。石主任并不满足于此，他在1980年创建了心脏病研究室，而后顺势成立了天津心脏病学研究所（以下简称“心研所”），为学科长远发展奠定了重要基石。此后，一批又一批有才华、有抱负的青年成为心脏科研究生，为学科发展提供了源源不断的新鲜血液，使学科获得了快速发展。尽管心脏科发展过程中也有起伏，但正是有了心研所，有了研究生培养机制，心脏科的传承才不至于中断，才能扛住前行道路上的风风雨雨，才能一路走来一直引领天津市心血管病诊疗事业的发展。

二、眼光超前，建设心外科

在心脏科工作，常常听到同事们抱怨：心脏科仅仅是心内科，没有心外科支撑，学科不完整，发展受限，很多高精尖的诊疗技术难以开展。但来二院心脏科工作不久，同事们就告诉我，二院是有心外科的，早在20世纪80年代石主任就创建了心外科，而且有过辉煌时刻，很多先心病、风心病、冠脉搭桥手术都能开展。心外科也曾人才济济，年轻医生都是医大八年制毕业的佼佼者，年轻护士也都是医大本科毕业生，医院现在的护理部主任付丽教授就是这一批护士的优秀代表。在80年代，这样的学科实力毫无疑问是国内一流的。石主任在80年代就倡导心内、心外一体化协同发展，所以他当时给学科起的名称叫心脏科，而非心内科，希望建设一个囊括心内、心外的心脏病综合学科。90年代末，胡大一教授在国内倡导建设心脏中心，包括心内科、心外科，两个科室的医生形成心脏团队，相互协商、相互配合，共同为心血管病患者提供最佳诊疗方案。石主任早在80年代就考虑到了心脏团队的重要性，并亲自创建了心外科，延请了心外科顾主任团队，开展了出色的工作。此外，为了支持心外科的发展，石主任还聘请了国内知名的麻醉专家邓迺封教授作为心血管手术的麻醉医生，为二院麻醉专业的发展壮大贡献了巨大力量。而后硕士毕业于中国医学科学院阜外医院的薛玉良教授也脱颖而出，成为国内知名的心血管手术麻醉专家和天津医大二院麻醉科主任。尽管后来二院的心外科发展并不顺利，几经波折，科室一度消失，但石主任曾经的努力和追求已然成为每位心脏科同仁们的梦想和追求。王林院长、李广平主任都曾经为重建心外科付出了巨大的努力和心血。多年后，当我成为二院的副院长，重建心外科就成为我的梦想和追求，不为其他，就为了实践心中的那一份情怀，和石主任一样的学科建设情怀。

三、居安思危，对联警后人

石主任曾在20世纪30年代留学法国，毕业于里昂大学医学院，获得博士学位，学成归来报效祖国。几经辗转，在近60岁时，石主任亲手创建了天津医科大学第二医院心脏科。花甲之年，他带着一众弟子创建了心研所，他选贤任能，选派优秀学生赴法留学，瞄准国际前沿技术逐项攻克，学科很快就呈现出欣欣向荣、人才济济的盛况。天津医大二院心脏科成为天津市乃至全国心血管医生和学子们向往的学习、进修圣地。石主任花甲之年创建心脏学科，并在短时间内让学科成为天津市乃至全国的一流学科，充分显示了他非凡的眼光、魄力和才能。同事们口中的石主任对学科怀有常人难以企及的热爱和情怀，在他的治理下，心脏科各项工作井井有条，优秀人才齐聚，人尽其才、才尽其用。尽管如此，石主任仍居安思危，他在心研所挂了一副对联：“创业难守业难知难不难，教学好科研好似好非好”，希望后来者们能够戒骄戒躁、居安思危，时时牢记学科发展的使命。我思考石主任当时可能看到什么、想到什么才提出要在心研所会议室悬挂这副对联。时移世易，很多时候我们的任务会发生变化，石主任提出这副对联的时候，作为创业者他担心守业难的问题，但现在我们可能需要从另一个角度理解对联的深意。我们的学科发展经历了起伏，面对着国内心血管领域强者如云的激烈竞争环境，我们面临的是二次或三次创业，绝不可以满足于现状。前路阻且长，还需要我们具备石主任居安思危的紧迫感，做好学科建设、发展工作。

石主任是我们后辈敬仰的高峰，他杰出、睿智、豁达。尽管他现在遥居海外，空间上距离我们那么遥远，但他的精神力量、人格魅力始终伴随着我们，成为一代又一代二院心脏科学子们心中自觉追随的榜样。此刻，我想起一首歌《长大后我就成了你》，歌颂的正是学生对老师的崇敬和追随。我今年46岁了，无论眼界、魄力、学识还是能力都无法成为自己心中的那个“石主任”，但我时刻警醒一定要学习石主任的创业精神和高尚品格，可以允许自己不够杰出，但一定要让自己成为一个有用、明理、豁达、智慧的人。

庆祝天津医科大学第二医院石毓澍教授百岁华诞学术思想研讨会成功举办

崔　丽

天津心脏病学研究所、天津医科大学第二医院心脏科举办的“聚焦海河会心血管疾病高端论坛暨庆祝石毓澍教授百岁华诞学术思想研讨会”于 2017 年 12 月在津成功召开。与石毓澍教授一起工作过的老同事、老朋友，天津市各大医院心内科专家、学者及校、院领导等莅临参会。天津心脏病学研究所所长、天津医科大学第二医院心脏科主任李广平教授主持会议。

庆祝石毓澍教授百岁华诞研讨会现场

为弘扬石毓澍教授学术思想和学科建设理念，庆祝我国著名心血管病学事业的开拓者之一、天津医科大学第二医院心脏病学科创始人、天津心脏病学研究所名誉所长、天津医科大学第二医院名誉院长、天津医科大学终身教授、德高望重的老一辈心血管病学家石毓澍教授百岁华诞，会议发行了《庆祝石毓澍教授百岁华诞纪念册》。

原中华医学会心血管病学分会主任委员、中国工程院高润霖院士，中华医学会心血管病学分会前任主任委员霍勇教授，中华医学会心血管病学分会现任主任委员、中国科学院葛均波院士发来视频，祝贺石毓澍教授百岁华诞。远在澳大利亚的石毓澍教授录制视频给大家致辞。石教授精神矍铄、神采奕奕，与会专家学者对石教授的讲话致以热烈的掌声。

天津医科大学校长颜华教授发表了热情洋溢的讲话，祝贺石毓澍教授百岁华诞，并送上真挚祝福，祝学校心血管学科繁荣进步、发展蒸蒸日上。天津医科大学名誉校长、中国工程院院士郝希山教授，中国医学科学院阜外心血管病医院刘力生教授，天津医科大学周金台教授致辞，他们回顾了石毓澍教授等我国老一辈心血管专家带领同道和学生们共同努力，克服重重困难，为发展我国心血管病学和心电生理学事业努力而拼搏和奋斗的过程，并祝福石毓澍教授身体健康、百岁华诞幸福快乐。

聚焦海河会心血管疾病高端论坛学术报告会随后举行。中国医学科学院心血管病医院刘力生教授、天津医科大学副校长朱毅教授、北京大学人民医院郭继鸿教授分别带来了高血压、动脉粥样硬化、心电学的发展现状与未来等相关研究领域的精彩学术报告。来自天津医科大学、天津市各医院和研究院所的老中青专家共二百余人参加了学术研讨会。大家齐聚一堂，共叙友情，回忆学习石毓澍教授爱国敬业、为人师表、严谨治学、淡泊名利的精神和胸怀。

天津医科大学校长颜华教授

天津医科大学名誉校长、
中国工程院院士郝希山教授

难忘的经历

——拜望石毓澍教授

富华颖

最近，李广平老师在整理石毓澍教授学术和人文思想，我和石教授虽然只有一面之缘，但就是这次见面及李广平老师作为榜样的潜移默化，让我了解了什么是精神和思想传承。

2014 年“五一”劳动节前，我的博士导师李广平教授通知刘彤、刘长乐和我，我们的论文被世界心脏病大会（world cardiology congress，WCC）接受，我们作为代表要在大会上发言。李老师说带我们一起去澳大利亚参会，同时拜望师祖石毓澍教授，得知这个消息我们欢呼雀跃！石教授德高望重，但是我们从未谋面，能够见到大师，我们实在太幸运、太激动了。

“五一”假期，老师带我们出发，在机场候机时，我与刘彤、刘长乐一起讨论幻灯片、论文、文稿，老师不说什么，只是微笑地听着，听我调侃刘长乐的幻灯片做得好，听刘彤说我文稿的格式奇怪。老师不在场的时候，我们三个人，虽然我年龄大些，但还是比较幼稚，和两位年龄小的师兄有说有笑。长乐说：“看咱们师徒四人，是不是有点像唐僧取经？嘿，真是有点像，那刘彤是孙悟空吧，本领大、脑子灵。”刘彤也学了唐僧的模样，装作不苟言笑，不吱声。“那长乐你是谁？”刘彤问。长乐说：“我是猪八戒！”我笑：“哈哈哈，确实，论心思，你还真和八戒很像，不过你可能是史上最帅八戒。那我只能是沙僧了，又傻反应又迟钝，憨厚，能耐不大，但是稳重。”老师一回来，我们马上不敢乱说，立即闭嘴。

当时的天津已经很热了，但是正值澳大利亚的秋天，去之前我特意查看天气，最高气温 15 度，在炎热的天津我不能想象 15 度应该是个什么温度。至今还记得下飞机的当天，下着秋雨，空气非常清爽，树叶一片金黄，地上也铺着一层厚厚的落叶，仿佛进入了金色的童话世界。堪培拉地广人稀，街道非常安静。李广平老师在我们眼里一直不苟言笑，德高望重，我们都非常敬畏。但是在澳大利亚，基本都是女士优先，进门或就餐总是让我在先，总感觉有点不合适，因为我们已经习惯师长在前，再说，我是“沙师弟”啊！可是没有办法，入乡随俗吧！

转天一早，我们从宾馆出发，乘车去看望石老，我特意穿了正式的服装，李老师、刘彤、刘长乐也都穿得非常正式，看出大家内心对石老非常敬重。一路上我心里都很忐忑，想着石老会不会问问题？我该怎么回答？很快就到了石老家，小院环境优美，阳光明媚，进了门，石老的夫人，张主任就给我们拿出来棉拖鞋，穿着裙子冻得瑟瑟发抖的我一下子温暖了很多。第一次看到石老，很亲切，因为他和我祖父年龄相仿，谈吐和声音都很像，所以一下子放松了。我和石老说：“您和我祖父年龄相仿。”石老惊讶地说：“是吗？我已经和你祖父年龄那样大了。”我们都笑。李老师把我们介绍给石老，还说我们三个人都有大会发言，石老很高兴。石老记忆力很惊人，他记得超声室的每一个人，对于医学进展，石老也是紧追前沿。老人家侃侃而谈，精神矍铄。李广平老师在石老面前恭恭敬敬，如同我们在老师面前一样。我们和石老、张主任及李老师一起合了影，同三位大咖、前辈、长者合影留念，我的内心十分激动！

石老谈起来之前科里面前辈的往事，睿智的目光中带着慈祥的笑容，他声音洪亮，谈吐间透露着清晰的思路和豁达的心态。

中午，石老和夫人特意请我们吃了午餐，餐后，张主任去冲咖啡，我陪她一起去，我们边说边笑边冲咖啡，我想帮石老也冲一杯，张主任很清楚石老喝咖啡的习惯，一一告诉我，我把咖啡递给石老，说是在张主任的指导下特意帮他冲的，他很高兴。午餐后，我们在他家门口合了影，留下了师徒三代珍贵的照片。愉快的时光很快就过去了，石老和夫人与我们分别拥抱告别，石老轻拍我的肩膀说：“好姑娘。”

接着我们乘机去墨尔本参会，李老师和两位师兄在我前面登机，而我被拦了下来，空姐说要给我换座位，我不是很清楚，就问了问为什么，乘务员解释说我刚好选了紧急逃生出口边的座位，他们担心由于女性的力量较弱，同时怕因为语言沟通问题影响逃生，了解了之后我同意更换座位。因为沟通时间有点长，当我往机舱走的时候，看到李老师和师兄们匆忙往外走查看，当看到我走进来时，他们松了一口气，回到座位上，我心里满满的感动。

由于要在公共场合进行英文发言，我非常紧张，晚上在宾馆我一遍一遍地熟悉我的幻灯片，直到不看幻灯片就能想起所有的内容才休息。上午的发言很顺利。

美好的时光总是非常短暂，我们很快登机返程了，而这一段难忘的经历会永远留在我心底。

回来后的多年，石老的言谈举止一直在我脑海中。在石教授百岁华诞的庆祝会上，李老师播放了我们一起看望石老的照片。我仔细想了想石老长寿、优秀的秘诀。

第一，豁达。

人生不可能只遇到顺心的事情、总是让自己舒服的人，要试着去理解，尝试去接受，这样就是放过了别人，也放过了我们自己。这一点李老师也提醒过我。

第二，保持好奇心。

对一切新鲜事物保持童心，才能紧跟时代潮流，不断学习新鲜事物才能与时俱进。我们要保持热烈奔放、勇往直前，因为这是年轻人才有的性格，所以拥有这样特质的人会永远年轻有活力。

石教授的思想，已经传承给了我的老师，而我的老师，正以他独有的方式——鼓励我们积极进取、给予润物细无声的帮助、在人生节点为我指点迷津等，教会我怎样为人、怎样为师，以及怎样做更好的自己。

居高道远 名师儒见

郭继鸿

数月前，收到天津医科大学第二医院李广平教授的约稿函，盛情邀请我参加人文研究课题“石毓澍教授学术与医学人文思想”的撰稿工作，我欣然允诺。

从年龄和资历而言，至今仍然思路敏捷、学术思想活跃、精神抖擞的石毓澍教授（106 岁），一定是当今国内心血管学界的学者与各位翘楚的尊师了，对于我更是如此。我是 1985 年从武汉随导师高浴参加李忠诚的博士论文答辩，首次见到石毓澍老师。此后近 40 年的交往中，我们既是亲如父子的师生情，又是相濡以沫的忘年交。

回望石教授精彩的过往，他以超人的睿智，将他高深莫测的学术理论、医学理念、人文思想都融进他的言行举止中。他从不说教，从不海阔天空，却用自己的一言一行潜移默化地教化和影响着周围的一代又一代。

人们常把老师定格为传道、授业、解惑者，而司马光在《资治通鉴》中说，做到上述者仅能称为经师，而比之境界更高者被称为人师。人师不仅为你传道授业，还教诲你如何修身做人。石毓澍教授就是一位受人称道的人师。

一、学术精湛，百岁宣言

当今百岁老人屡见不鲜，但还和年轻人一样，思路敏捷、精神抖擞、笑谈古今、纵横评阅世纪风云的百岁老人则属凤毛麟角了。而让人难以相信的是，百岁之时还要出版自己的学术新著的，恐怕就属人类奇观，古今罕见了。

百岁教授石毓澍

我最崇敬的石毓澍教授就是这样一位古今传奇式人物。

1918 年，他出生在北京宣武区（现属西城区）校场口的家中，随后，历经百年而成为中华人民共和国成立后的第一代心血管病专业的领军人物、中华医学会的副会长。2018 年在澳大利亚悉尼的家中，他健康幸福地度过了百岁华诞。

届时，英国女王伊丽莎白二世为他送来了生日贺卡，澳大利亚的总督皮特先生也给他发来了贺信和贺卡，一时间他成了中国和澳大利亚两国的新闻人物，而更让人震撼的是 2018 年这位百岁学者正式出版了他的一部大型专业新著《临床心脏病学讲义》。

英国女王伊丽莎白二世的贺卡

澳大利亚总督皮特先生的贺卡

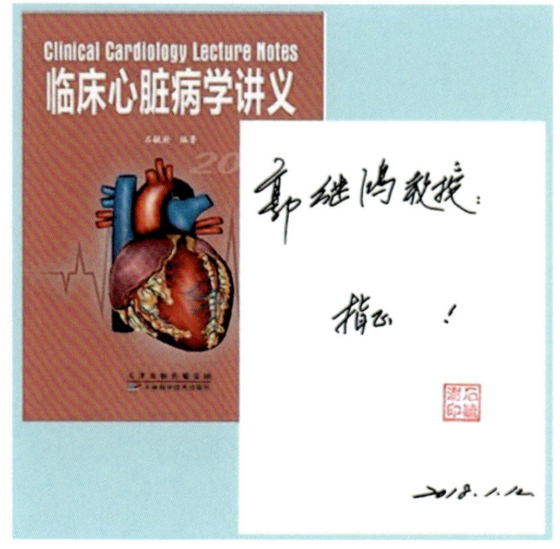

百岁学者石毓澍教授的新著

我将《临床心脏病学讲义》称为石老人生的“百岁宣言”。他用这本书向世人宣布，在他人生百岁时，仍然酷爱着他为之奉献一生的心血管病专业，年轻时选定这一专业，他从未动摇和放弃过，而是操守一生，孜孜不倦，从未怠慢与停歇。这种“以不变应万变”的精神怎能不引起世人的震撼和肃然起敬呢！这部新著还表明，虽已百岁，但他求知、求索的脚步并没驻足，他仍在崎岖不平的科学道路上继续攀登；他仍是一名战斗在一线的战士，一位生命不止、前行不息的学者。

我与石毓澍教授和张季鸿老师（2018 年）

2018 年 2 月初，我专程赴悉尼看望石老和其夫人张季鸿老师。我曾好奇地问石老，侨居澳大利亚已然 20 载，为什么还能撰写出如此前沿、如此博大浩瀚的心脏病学专著。他神秘地笑了，并用他一贯的幽默向我解释他的秘密武器就是电脑和网络。

原来石老和他学医学专业的外孙共用着“uptodate”这一网站，白天外孙上学、上班，没时间上网，这时电脑归石老专用，晚上归外孙使用，这给石老节省了昂贵的上网费用。就是这个“uptodate”网站，专门邀请世界各国的精英发表心脏病学最前沿的综述，每篇文章不长，却讲得透彻，内容又新，石老就紧追不放地跟着学，边学边做笔记，再参考其他文献，内容与观点就愈加完美而前沿了。就是这样日积月累成就了这部实用的心脏病学专著。我彻底折服了，这就是“冰冻三尺非一日之寒，水滴石穿非一日之功”的最新演绎了！更可贵的是，实现这一奇迹的主人翁并不是一位胸怀大志的中青年，而是一位至今还谈笑风生的百岁老翁。

石毓澍教授上网查资料

听罢石教授的一席话，你会突然彻悟并大声疾呼：这绝对就是中国版的“浮士德”！

如众所知，德国的歌德与荷马、莎士比亚、但丁并列为人类史上最伟大的四大诗人，歌德前后耗用61年时间，直到去世的前一年，82岁的他才完成了《浮士德》这部世界名著。书中描写和塑造了一位以歌德本人为原型的老人浮士德。浮士德在八十多岁时，依然壮志满怀、斗志昂扬，依然不畏困难、不惧失败，依然在人生与理想的道路上跌宕前行、进取不息。《浮士德》这本书刚一面世，就被誉为德国的“圣经”，因为不断进取、永不言败一直被视为一种超凡的精神。但是今天，当你捧起《临床心脏病学讲义》时，当你欣赏和学习这本心脏病学巨著时，你会毫不犹疑地说，石毓澍教授就是依然健在的“浮士德”，是伟大中华民族的奇葩与骄傲。

行文至此，让我想起了歌德的另一句名言:“因年事已高，常有人劝我停歇下来，但我深信，只有不断的远航才能发现新大陆。”

二、生命不止，前行不息

现在年轻的心脏病和心电图医生很少有人知晓石毓澍教授，更不了解他极富传奇的一生。

1918年石毓澍出生在北京，与哥哥石开、石挥一样，自幼受到了严格的家教，并在北师大附小和潞河中学完成了中小学教育。

（一）年轻的反法西斯战士。1937年，19岁的石毓澍只身来到法国里昂医学院攻读医学专业。最初几年，他沉浸在学习的乐趣中，后来第二次世界大战爆发，前线大量的伤病员挤满了医院的病房和走廊，医学生此时就成为抢救伤病员的主力军，石毓澍更是冲锋在前。回忆这段经历时，他说：“战争使我提前成为一名救死扶伤的医生，那几年我做了很多手术，因此外科技术十分娴熟。”战争推迟了他的毕业时间，直到1945年战争取得胜利，石毓澍才毕业并荣获了医学博士学位。八年的同甘苦、共命运，使石毓澍与法国人民结下不解之缘。1981年，天津与里昂结为友好城市，他重返里昂，参加了协议的签署；1983年，他与朱宪彝院长回访里昂；1985年，他因参加世

里昂“荣誉市民”的颁授仪式

朝鲜战争的见证者

界卫生组织初级医院常规管理条例的制定而再次回到里昂；1988 年，里昂市政府授予这位二战“老战士”、著名心脏病学家石毓澍为里昂市的“荣誉市民”。

（二）朝鲜战争的见证者。朝鲜战争又给石毓澍增加了另外的传奇经历。1950 年朝鲜战争爆发，在沈阳发现了美军使用细菌战的证据，中国政府决定向全世界揭露美国细菌战的行径。33 岁的石毓澍成了中国政府代表团的一员，他先后到苏联、匈牙利、奥地利、捷克、德国（当时的东德）等国家，最后在柏林召开的世界和平大会上揭露美国细菌战行径，成为朝鲜战争的见证者。

（三）一代宗师建树良多。石毓澍致力于心血管病的研究长达 60 年。20 世纪 50 年代初，他在天津开展了右心导管的工作，50 年代中后期，他致力于心内膜下心肌梗死、裴特拉氏心肌炎的研究，并在 1958 年首次以大系列病例报告了心内膜下心肌梗死，得到国外学者的高度评价。60 年代初，他对充血性心衰、高血压和电解质紊乱都做了系统性研究，提出了自己独到的见解，有着重要的临床价值。

20 世纪 70 年代，他开始了心律失常的临床电生理学和基础研究，在国内他率先在动物的整体和离体心脏进行动作电位、电压钳、膜片钳的研究，先后发表论文百余篇。石毓澍还是我国人工心脏起搏器事业的开拓者之一，早在 1970 年，他就撰文介绍心脏起搏器的基本知识，并在京津冀及宁夏等地开展埋藏式起搏器技术。

石毓澍重视并痴迷于心血管病的临床工作，在几十年的临床工作中，自我要求极为严格。天津心研所的年轻人都喜欢这位风度翩翩、幽默爽朗的老师，但又有几分惧怕这位一丝不苟、要求严格的上级医生。

科研与教学的精英

石毓澍是著名的心电学专家，不论体表心电图还是心脏电生理，他都造诣很深。1952 年他在天津首先倡导与普及单极导联心电图；1955 年他在《中华内

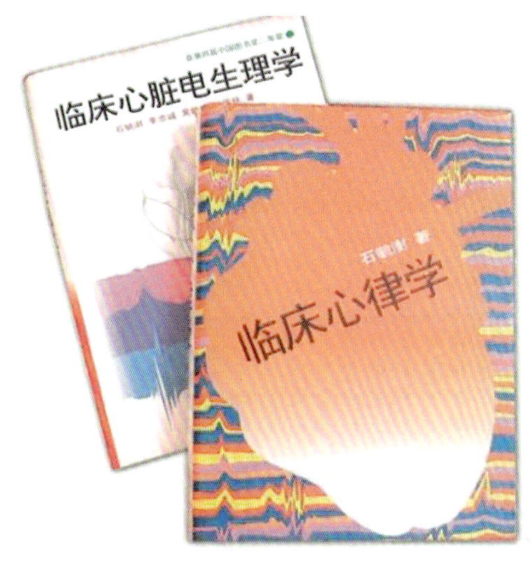

有独到见解的“心律失常”专著

科杂志》发表了《完全性心脏传导阻滞》一文；1975 年，他在国内率先报告了经病理学证实的首例 Lev 氏病。50 年来，他为中国心电学的发展呕心沥血、贡献巨大。他主编的《心律失常的诊断与治疗》和《临床心脏电生理学》是我国为数不多并有独到见解的“心律失常”专著，荣获全国科技图书的二等奖。

步入 20 世纪 80 年代后，他更加重视国际学术交流，多次邀请国外专家到天津讲学指导，并主办了多次国际学术会议。

石教授始终关注中国心电学的发展，深知心电学的提高与推广有其重要的临床价值。他身先士卒，组织成立了天津心电学会，还为起搏电生理学会的成立摇旗呐喊。

（四）悬壶济世的丰碑。60 年来，石教授用意志与睿智、用勤勉的汗水构筑了人生与事业的丰碑。他的人生丰碑高大、多彩与辉煌。1984—1990 年他担任中华医学会副会长、天津分会会长。1988 年，他成为天津医学院的终身教授；1986 年，他被评为天津市特等劳模，是全国五一劳动奖章获得者。一位著名大学的教授荣膺劳动奖章，这在国内还属首次。高龄的石毓澍教授依然前行不息，壮志不已。虽然侨居澳大利亚已经 20 多年，但他仍魂系中国，经常回国讲学，指导医疗和科研工作。他是大智大德的一代心脏病学宗师。

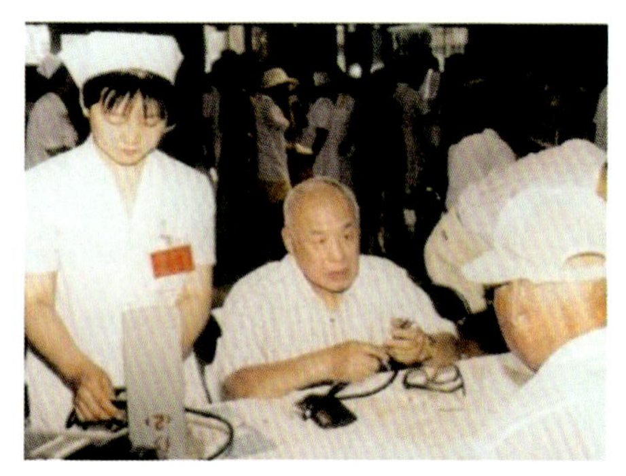
义诊时的石毓澍教授

三、永远的楷模，永远的忘年交

我与石毓澍教授相识、相知，又成为相见恨晚的忘年交已近四十载，他一直是我崇拜的偶像，是对我一生影响最大的老师之一。

1985 年的师生合影

前排左起：方圻、高浴、傅世英、石毓澍；后排左起：郭继鸿、李忠诚

第一次见到石毓澍教授是在 1985 年，正值他的一位高足李忠诚博士的论文答辩会。那个年代，博士研究生凤毛麟角，论文答辩也常兴师动众、格外隆重。参加李忠诚博士答辩会的除天津的周金台、李润耀等著名教授外，从外地专程前来的有北京协和医院的方圻教授。当时方教授已是《中华心血管病杂志》的总编辑，中华内科学学术委员会的主任委员。哈尔滨医科大学的傅世英教授、同济医科大学（现为华中科技大学同济医学院）的高浴教授也特地前来。我当时正在高浴膝下攻读博士学位，而高教授年事已高，我则陪同高教授参加了答辩会。

那时天津心血管研究室刚刚创建，新建的小楼惹人喜爱和羡慕。楼道的墙壁上贴满了心脏科医生在国内外发表的学术论文，设计独特的学术报告厅让人驻足欣赏。一对十分考究的藏羚羊角悬挂在报告厅后墙，有人介绍说，这是石教授亲自选择和设计的。

那年石教授已近七旬，但他那风趣幽默的话语，折射出他过人的睿智，他那和蔼真诚的微笑，渗透出他宽广的胸怀与谦和的为人。在高浴老师介绍后，他紧紧握住我的手说“欢迎，欢迎，你们是我们的未来和希望”。短短一句话，就把我们之间 30 岁的年龄差化为乌有，而互相融合在一起了。确切地说，我被石老的个人魅力融化了。就是那次晤面与相识后，我和石教授成了名副其实的忘年交，经常见面并且无话不谈。

说来也巧，石教授和高浴都是北京潞河中学的高才生，两人都喜欢运动。高教授喜欢篮球和田径，百米径赛是他的强项。而石教授喜欢足球，直到现在他还是一位狂热的足球迷，经常在半夜转播的世界杯足球赛他一场不落。一次讨论科研问题时他说：“临床医师搞科研就像足球赛场的前卫，其位置比前锋靠后，比后卫靠前。所以，我们搞的科研要比一般临床医师强，而与基础研究人员相比肯定要差得多。”

当他知道我还兼搞杂志时，语重心长地告诫我说：“对于作者的文章不能任

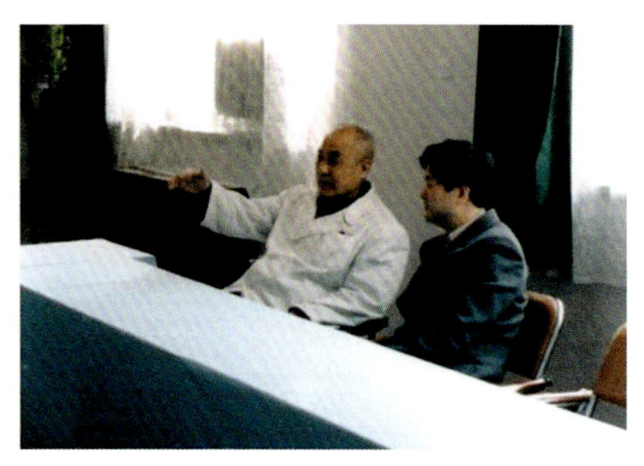
与石毓毓澍教授一见亲如故（1985 年）

意删砍，绝对不能要求文章像电报文一样精简，要让作者言尽其意，使读者更易理解和吸收。”

谈到工作一定要态度认真时，他给我讲了一个故事：“二战期间，我正在法国读书和工作，一个血气方刚的法国小伙子一怒之下把正与德国青年谈恋爱的法国姑娘漂亮的长发剪断了，但这个案子在法国尚无前例，没有具体法律条文为依据，所以执行法官不知如何给这个小伙子量刑。为此，法官从全世界的法律条款与案例中寻找依据，最终找到一个同类型案例，根据该案例的判决，又测量了这位姑娘长发被剪的长度，最终按长度比例对此案作了判决。”

石教授对新生事物、对学术的交流与传授格外重视，并鼎力支持。我从同济医科大学调回北京后，先后举办了多次学术活动，每次举办研讨班或讲习班时，年事已高的石教授对我的盛情邀请从不推辞。令人感动的是，他经常在活动当日从天津驱车而来，参加完活动后不顾劳顿又当日返津。他是天津医科大学的终身教授，又担任过中华医学会的副会长，高居要职却如此平易谦和，怎能让人不敬佩！

他的学术造诣让人仰止，他写的专著不仅能将深奥且难懂的内容深入浅出地表述出来，而且书中不乏他多年珍贵的个人资料及经验。每出新书，他总要赠我一本，除在扉页写上激励题词外，还会叮嘱我：“只要学术需要，书中内容都可引用，不必再征求我的意见。”石老的厚爱我一直铭记心头。国内很多学术专著的主编常是该书撰写的组织者而不是主笔者，石教授却不然，虽然他早已是耄耋之年，但仍是主笔者。他是真正意义上的主编，一位真正的学者，这也是他人生具有传奇性和受人爱戴的根本原因。

诙谐与幽默是石教授给人最深的印象。2005 年他从澳大利亚回国，那年正是他 86 岁高寿，又是从医从教 60 年。在北京几位好友聚集一堂，为他贺岁。为使聚会更加儒雅、更富情调，我特地选择了位于中山公园内的“来今雨轩”，“来今雨轩”曾是中国近代史上名流文人的聚会之地。那天，肖梓仁、周金台、孙瑞龙、顾复生等都赶来助兴叙旧。

中国中青年心律失常研究会的高层会议（1992 年）
左起：周金台、陈新、石毓澍、王静毅、徐成斌、郭继鸿、张宏恺

顾复生笑着问石教授："著名影星石挥是您的族兄，解放前夕，我正在上海读大学，而且是石挥的铁杆粉丝，我和一位女同学打听到石挥住址，一个周日的早晨我们赶到他家门口请他签字，敲门后，开门出来的竟是上海一位女影星！一看此景，我们转身就跑。"石教授听罢笑着风趣地说："这个世界什么样的事情都可能发生。"为了助兴，我特地从西安买了一幅水晶画，是齐白石 86 岁画的一幅名为"一唱雄鸡天下白"的国画。那年石教授也恰好 86 岁。

那几年，年近九旬的石毓澍教授仍然步履稳健、笑声常在、妙语横生，他每年都要往来于澳大利亚与津、京两地，看望老朋友，参加国内心血管病的学术会议。

近几年，石教授和张老师的年事更高，行动有些不便，故很少回国了。虽然谋面畅谈的机会少了，但我们仍不断有书信来往。2017 年，在天津医科大学为石教授举办行医 60 年及百年华诞的庆贺会上，我与刘力生和天津医科大学的朱毅校长分别作了专题报告，受到与会者的称道。

石毓澍教授生日庆宴，大家欢聚一堂
前排左起：徐成斌、周金台、石毓澍、张季鸿、王思让、肖梓仁；后排左起：张海澄、万征、张宏恺、郭继鸿、李广平、张承宗

2017 年底，石老的高足李广平赴澳看望他，闻讯后，我特意请广平教授给石老带去了一枚刻有"冰流"两字的寿章。寿章上"冰流"两字意指

钟情两代人

石老的学问与人品都厚积如冰川，其融化而成的冰流一直不断滋润着后人。2018年2月，我亲赴悉尼拜望石教授和张老师，席间我请百岁的石老给中国年轻一代的心脏病医师和心电图医师题写一句勉励之语，石老欣然允诺，提笔写下“勤奋就是聪明”的题词。虽然石老的笔迹有些颤抖，但仍然字字隽秀、刚劲和饱满，字里行间都充满对年轻学者的热望与厚爱。

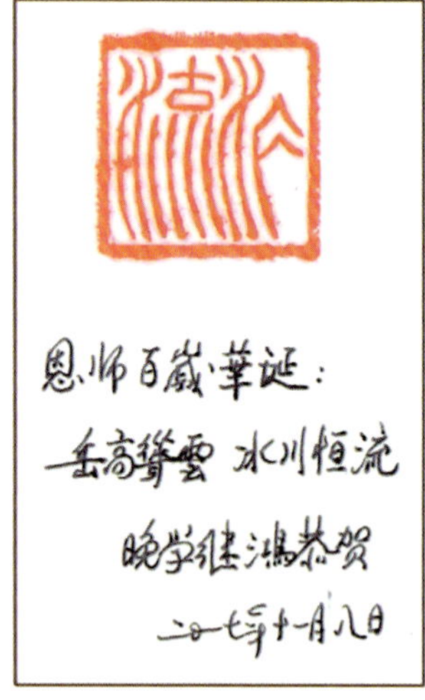

送给石毓澍教授的寿章

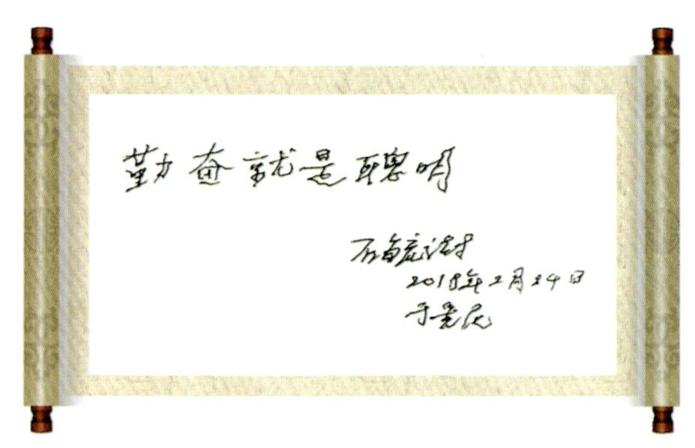

百岁石毓澍教授给年轻一代的题词

看望石老和张老师后，在从悉尼返回北京的飞机上，我一次又一次回忆着与石老交往的幕幕往事，思索着石老与众不同的人生轨迹。突然，法国文豪福楼拜的一句名言跃上心头：“一位真正的贵族，不在他生来就是个贵族，而是他的一生都保持着贵族的风采和尊严。”我终于明白了，石毓澍教授的一生都彰显着贵族的尊严和风采！

细微之处见风范

李宝成

石毓澍教授是著名的心脏病学专家、医学教育家、临床医学科学家。我曾两次陪同石毓澍教授到北京接受膝关节治疗，一次与他共同接待法国南锡医学院心脏内外科讲学团，两次分别与王林院长、院办魏东主任赴澳大利亚接石毓澍教授回医院参加活动。我有幸能够多次近距离接触石毓澍教授，其间很多事情给我留下了深刻的印象，他那平易近人、风趣幽默、睿智机敏、亲力亲为、淡泊名利、严于律己的为人处世风格，无一不体现了大家风范。

一、谈学科的布局

一个学科的定位、布局十分重要，它决定着学科的主要研究方向以及重点科研项目的选题和人才培养的目标。学科平台建设至关重要，医疗、教学、科研之间密切相关。石主任在谈到这个问题时，十分风趣地说，“这就像是场足球赛，场上有前锋、中锋和后卫，临床就是前锋。心脏病学科重点就是发展前锋，加强前锋的建设”，要将学科建设成一个“以高学位医生为基础的集医疗、教学及研究为一体的学科”。从临床出发，开展临床诊断及治疗的新技术、新方法等临床应用研究，以及临床急需的实验室基础研究，研究成果再回归到临床中去，提高临床的诊断治疗水平，目标就是要“进球”。石主任生动形象的比喻，明确了学科的目标和布局。石主任认为，一个现代化的心脏科一定要发展介入性心脏病学，首先要建立心脏科独立的导管室，开展各种有关导管的检查及治疗。石主任千方百计，通过艰辛努力，终于在天津市建立了第一个导管室，相继购置了 B 型超声心动图机、平板运动试验设备等。20 世纪 80 年代中期，射频消融技术在心脏科的应用刚刚起步，但是没有经费购置射频消融设备。有一次天津市科学技术委员会的梁肃主任到医院请石主任看病，事后石主任提出，科委能否协助引进一台射频消融设备，提高天津市的医疗技术水平。梁主任建议，心脏科可以找一家天津市的医疗设备厂共同申报一个合作项目，立项后可以引进一台射频消融的样机，进行消化吸收研制，这样射频消融设备问题就解决了。医大二院在天津市率先开展了射频消融治疗阵发性室上性心动过速及预激综合征，开创了天津市心律失常非药物临床治疗的先河。

石主任就是这样立足学科前沿，择高处立，向宽处行，亲力亲为地完成了心脏病学科的布局。

二、对外交流合作

20 世纪 80 年代初，由于学科建设发展的需要，石毓澍教授积极开展了对外学术交流活动。美国、法国、荷兰、日本、加拿大等国家多个医学代表团、医学专家相继来医大二院心脏病学研究所进行学术交流、讲学，研究所与相关大学及医院签订合作协议，共同培养心脏病学高层次人才。在改革开放初期，这些活动推动了天津市医疗领域的对外交流与合作。

1992 年，法国南锡医学院派出了由 7 人组成的心脏内外科讲学团来天津作学术报告，并进行冠脉搭桥手术示教。代表团从法国带来了示教手术的全部器械和相关医疗用品。在代表团即将到来时，这批手术器械和医疗用品却被搁置在天津机场，无法取出。最初通过联系天津机场的负责人，答应这批医疗物品一到机场马上转运到仓库就能提货，但是仓库物品是由海关监管的，需要办理报关手续，还需要缴纳一定的关税，报关手续十分繁杂，许多相关清单还在对方手里，但是法国讲学团很快就要到了，时间十分紧迫。石主任经过考虑，认为这是一个对外交流项目，可以找天津市外事办公室（以下简称“市外办”）帮助解决问题。石主任亲自与市外办汇报沟通，市外办十分重视这次对外交流活动，因为当时改革开放刚刚开始，天津市对外交流活动也刚刚起步，市外办经研究告诉石主任，将这批医疗物资办理赠予手续是最简便快捷的解决办法。石主任马上与法国南锡医学院沟通，对方同意手术示教后将全部医疗物品留给医院，这样既简化了报关手续，又可免除关税。经海关现场办公，全部医疗物资在代表团到达前顺利运送到了医院。法国讲学团那次在天津共举办了 4 场学术报告，在医大二院及天津医科大学总医院进行了 7 次冠脉搭桥手术示教。

从上述事件中我深深地感悟到石主任遇到困难时，在处理问题上沉稳、机敏的性格和极强的协调能力。

三、严于律己

1991 年，我和骨科的盛锡堃主任陪同石主任第一次到北京大学人民医院去做关节置换手术。在住院前，石主任就和我们“约法三章”：一是治疗费用应该自费的部分自己拿钱，不允许在医院报销；二是不要给北医人民医院提出什么特殊要求，按医院正规流程办事。石主任住在一间十几平米的普通病房里，开始做术前各项准备。因手术采用自体血回输，每天都要抽一次血储备血源，另外还需要准备新鲜血备用，本来二院心脏科已经做好了献血人员献血的准备工作，但是石主任不让通知心脏科领导。石主任的夫人，年近 70 岁的张季鸿主任悄悄地为石主任的手术抽了自己的血后，才告诉我们备用血已经准备好了。我深感失职，忙询问张主任，怎么这么大年纪医院还给抽血，她说将年龄说小一些就是了。为了加强石主任和张主任的营养，我们准备给他们买一些营养品，石主任不允许。张主任就是每天白水煮肉蘸酱油吃。手术准备期间，发生了一件意想不到的事情，北医人民医院在国外订购的人工关节不能如期到货。大家都十分焦急，医院在积极地想办法，也让我们帮助想办法。石主任让我回天津找一下光电设备厂，请合作多年的老朋友帮帮忙，但是双方经过努力都没有成功。这时北京大学人民医院关节病中心的杜丽茹主任告诉了我们一个好消息：北京近期有一个骨科学术会议，香港的一位教授要来参加会议，他可以从香港带来适合石主任的两个相邻型号的人工关节，手术时选用一副，不用的另外一副人工关节他可以带回去，这样还可以省下一副人工关节的费用。但是香港医院的教授有一个条件，手术必须由他主刀。我们因为不知如何与关节中心主任吕厚山副院长讲而为难，就向石主任汇报了这件事情。石主任闻讯后也是十分高兴，但是提到由谁主刀的问题时，他沉思片刻后说，吕院长会答应的。当我们直面吕厚山副院长讲这件事时，吕院长十分大度，直爽地说：“没有问题，我十分敬重石老，香港教授没办理在北京行医的手续，手术单上就由我签名，台上由他主刀，我们两人共同给石老完成手术。”吕院长还特意到病房看望了石老，并请他放心。手术后，需要在病床上借助器械进行康复治疗，盛主任和我商量，让北京大学人民医院骨科派来一位年轻医生，帮助石主任做康复治疗，以便恢复得更快些，这事没有提前和石主任讲。当骨科大夫到达医院后，盛主任同石主任讲了这事，石主任坚决不同意，没有让骨科大夫进病房。当石主任知道我代表医院买了件小礼品答谢香港教授时，讲这钱应该由他自己拿才对。

石毓澍教授就是这样公私分明，在小事、细节上严格要求自己。他在工作、生活中严于律己的品格，令人仰止。

人生最大的幸运是有一个正确的人引领你

——在天津医科大学第二医院工作32年的一点感悟

李广平*

花甲之年的人自然会对人生和自我有较深刻的认识和感悟。人生在历史的长河中是非常短暂的，但一个人的几十年也是会有很多可圈可点的回忆的。五十知天命，我觉得不是说你什么都懂了，而是说你再想改变自己的人生轨迹已经来不及了，只能“认命”了。但实际上决定你人生走向和终点的只有关键几步，而人生最大的幸运是有一个正确的人引领你，而你又能够领悟得到。悟，在中国传统文化中是非常重要的元素。我从1990年夏天来到医大二院工作和学习，如今已整整32年了，这是我职业生涯最重要的阶段，也是我感悟最深刻的阶段。

一、与对的人相遇

我于1990年来二院工作，同年通过国家统招考试在此攻读博士研究生，毕业后一直在二院工作至今。这32年，我也从毛头小伙，经历了而立之年、不惑之年、知天命之年，进入花甲之年。每当我想起跟随恩师石毓澍教授学习和工作的日子，仍然有一种暖暖的幸福感，在二院工作和学习的这段时间永远是我美好的记忆。

我第一次听石教授讲课，是在1988年。我于1987年在天津医科大学总医院跟随恩师周金台教授攻读硕士研究生。那时候，周教授组织了一次心律失常诊治学习班，地点就在天津医科大学（原称天津医学院）的图书馆（现已拆除，在原址上新建了图书馆），我们在门口迎候石教授，并聆听了石教授的授课。石毓澍教授和蔼可亲，面带微笑同我们打招呼（那之前，石教授并不认识我）。那次授课，石教授讲的是心动过速的诊断和处理，深入浅出，他结合板书把室上性心动过速的电生理现象用非常简单的方式讲得非常透彻。那时候没有电脑

* 文章写于2022年9月。

制作的 PPT，都是用反转胶片拍摄的一张张幻灯片，一张张地播放，结合板书讲课。石教授讲课，没有一句多余的话，解释的概念和原则清晰而易懂，结合板书，突出了重点。而且，他讲课时间掌握得非常准，当他讲完课的时候，正好是 40 分钟。我当时作为年轻的研究生，真有一种意犹未尽的感觉，感觉还没有“解渴”，真希望石教授接着再讲一课。不知什么时候，我突然萌生了继续深造，跟石教授读博士的想法。

第一次与石教授谈话是 1990 年 3 月。我那时正跟周金台教授攻读硕士研究生，1990 年 5 月初我的答辩论文已经写完，我当时纠结毕业以后是继续深造还是去工作。当年国内仅有为数不多的几位教授带博士研究生，天津仅有石教授有资格带博士。为了了解石教授招收博士的信息，我就咨询学校研究生处（现研究生院），得到的回答是石教授还没有决定是否招生，石教授的招生信息还没有下来。我问周教授我该怎么办，周教授说你可以先争取留在总医院。于是，我就给总医院的人事部门递交了入职简历和申请。为了问清楚石教授当年是否招博士生，我壮着胆子来到石教授的办公室门口。门是开着的，我犹豫了一会儿，再次鼓起勇气，敲了一下那扇开着的门。石教授应了一声，让我进去。石教授问我：“你是哪位？”我说：“我是天津医学院的硕士研究生，周金台教授是我的导师，我今年毕业，想考您的博士研究生，不知道您今年招不招生？”石教授说：“还没有定，你回去问研究生处等消息吧。”（后来招生简章上公布石教授招收 1 名统招博士研究生）我问：“我能有机会报考，跟您读博士吗？”石教授说：“可以，那要看你考试的情况定。”我问：“报考您的博士都考什么课程？”石教授说：“你去问研究生处就行，按招生简章报名就可以了。”我回去以后加紧准备博士研究生统招考试，最终如愿以偿。

与石毓澍教授的相遇，改变了我的人生轨迹。

二、来二院工作和学习

1990 年的 5 月，是我忙碌和有收获的一个月。我参加了博士研究生的考试，通过了硕士论文答辩，接到了总医院（心内科）录用我的通知。

但是博士考试和录取结果还不知道。我拿着医学院人事处给我的录用通知，领了人事关系派遣手续，到总医院的人事科（现人事处）报到，将人事手续交给了人事科的老师。但是，没过几天接到了博士研究生的录取通知书。我该怎么办呢？我问周教授，周教授说你应该去读博士，到石教授那里读博士，多好的机会呀！（周金台教授的推荐让我至今心怀感激）我拿着博士研究生录取通知书，再次到了石教授的办公室。石教授说："录取了好，你要是上博士呢，就把人事关系转过来吧。"我说："我已经把人事关系报到单交给总医院人事科了。"石教授说："你去办就是了。"于是，我把人事关系派遣证又从总医院取出来，退回医学院，医学院人事处又给我重新发了派遣手续，交到二院人事科。我就这样成了石教授的学生，也成了一名二院人。

来到二院的三十多年间，我晋升了主治医师、副教授、教授和主任医师，做了 18 年的心脏科主任和心研所所长（2003—2022 年）。自 1991 年起，我获得了心脏科和心研所的第一项省部级（青年）基金、第一项省部级科技发展重点项目基金、第一项国家自然科学基金、第一项省部级科技进步奖；我发表了近 600 篇学术论文（其中包括 100 多篇 SCI 论文），出版学术专著 95 部（其中担任主编的 15 部），获得了包括天津市科技进步一等奖在内的科技奖励 12 项；我本人获得了十几项全国的和省部级的各类荣誉称号；开展了临床新技术 40 余项、实（试）验新技术 20 余项。我作为研究生导师培养了 100 多名硕士和博士研究生，为心脏病学科培养了优秀的学科队伍，建立了重点实验室和重点学科的平台，创办了海河之滨心脏病学会议……为二院心脏学科的临床、教学、科研和人才培养作出了自己应有的贡献。回想起来，特别感谢石毓澍教授和周金台教授的培养，也非常感谢我当年在胸科医院心内科工作时梁爽霖主任和倪士珍主任的心脏病学启蒙（当年跟随他们学到的临床基本功受用一生）。二院心脏科和心研所的平台是国内非常难得的，学科的人文环境和文化积淀也是极其难得的，这里特别应该永远记住心脏学科创始人石毓澍教授当年的贡献和对学科的发展定位。我们的成长，离不开医院和学科的平台，这是我们应该心怀感恩的，没有石毓澍教授当年创建的心脏科和心研所，我们所有人都是微不足道的。心怀感恩使人快乐。

三、学术引领

石教授作为国内和国际知名的心血管病专家，博大精深，但又十分平易近人、谦虚谨慎。当我们向他请教某个问题时，他有时说他不是十分清楚，希望我们问某位专家更好，有时他会为我们推荐一些书籍或文献。记得在 1992 年，国内开始进行特发性室性心动过速的射频消融治疗，我对特发性室性心动过速的认识还十分肤浅。一次，我拿着一份特发性室性心动过速患者发作室速的心电图找到石教授请教，他告诉我这就是典型的特发性室性心动过速，并为我讲了这种心动过速的诊断特点，告诉我可以通过静脉注射维拉帕米终止其发作。他还特别强调推注维拉帕米的过程中，心动过速的频率会有减慢，心动过速频率的减慢常常是有效和终止前的表现，通常心动过速的频率降低到每分钟 100 次左右时，心动过速就要终止了。同时，他告诉我，有一本由著名心脏电生理学专家 Zipes 主编的心动过速专著，书里详细地描述了特发性室性心动过速的临床特点、解剖定位和电生理机制，建议我看一看。当我给病人静脉应用维拉帕米终止心动过速时，病人的临床变化过程完全如石教授所说。我到图书馆借到那本书后，仔细阅读，受益匪浅。第二天，在我查房前，石教授来到病房，给我带来了 3 篇有关特发性室性心动过速的英文文献，但是他什么都没有讲，只让我看看。在石教授的指导下，我充分地认识了这种特殊的室性心动过速，并顺利地开展了特发性室性心动过速的射频消融工作。

大约是 1992 年，石教授应天津医科大学第二医院的邀请，为全院的年轻医生做一次示教讲课，这是我第二次听石教授讲课。我们都想听石教授的课，早早就往大教室跑，到那里一看，前三排已经被医院的各科室主任坐上了，其中还不乏白发苍苍的老者。我等年轻之辈只能坐在后面了。那天，石毓澍教授讲的是急性心肌梗死的诊断。他依旧是那样，准时地开始，准时地结束，把心肌梗死的心电图、心律失常、心室重构、泵功能衰竭等讲得清清楚楚，把我一直以来似懂非懂的问题一下子讲明白了，使我搞清楚了很多关键的概念性问题，知其然，更知其所以然。他对临床问题的理解和看法，总是能够先人一步，对事物的把握总是那么恰到好处，总是能够更深入、更清晰地看到临床现象的本质。课后，很多老主任们跟我们讲，听石教授讲课是一种享受，他讲课是一种艺术。

2005 年，我到澳大利亚接石教授回国参加首届海河之滨心脏病学会议和庆祝石毓澍教授从医 60 周年学术报告会。在澳大利亚石老师家中，我和石教授夫妇、石伟（石教授的女儿）共进晚餐，我们谈到了一年来学科的发展，石教授十分高兴。他向我讲了他年轻时如何赴法国学习、在法国学习时遇到的事情、回国后早期进行的开创性工作、20 世纪 50 年代开展心导管术的艰难、“文化大革命”期间参军的经历、在二院开展电生理工作的那段历史，也谈到了他对人生、社会、理想、信念、做人、做事和事业的看法。他特别谈了对心脏学科发展的一些想法和学科建设中需要解决的一些重要问题。

他的教导使我终身受益。石教授对我在学科建设和学术方向上进行引领，从细微之处进行言传身教。

四、细微之处的影响

20 世纪 90 年代，石教授的办公室在研究所的一楼，我除了进行临床工作以外，也在研究所的三楼做研究生课题，总要经过石教授的办公室。石教授在研究所办公和上班的时候很少关门，我经过他的办公室门口时，经常自觉和不自觉地向他的办公室里望一眼，每次看到的都是他伏案工作的身影。那时候石教授正在著书立说，写《临床心律学》和修订《临床心脏电生理学》。石教授的这两本书可能是他投入心血最多的，他的《临床心脏电生理学》是我国第一部用自己积累的材料写成的心脏电生理学专著，很多人就是通过这本书学习和从事心脏电生理临床和研究的。那时候石教授并没有直接教导我应该如何学习、应该如何治学，但是他伏案写书和查阅资料的身影已经告诉了我一切。

90 年代初，计算机还不普及，我在图书馆打字室里多次看见石教授自己用机械打字机打字。一次，石教授找我，我走进他的办公室时，他正在工作，他要我等一下。我看见他戴着老花镜，正在自己用剪刀剪心电图，旁边是他自己打好的注释字符，他用小镊子夹住那些打有字符的小纸片，涂好糨糊，粘到心电图上。我说这事儿让我们干就行了，石教授坚持自己的事情应该自己做。他告诉我，平时应该注意积累，事情要从点滴开始，自己能动手做的，就要自己动手做。后来听石教授说，他所著的《心律失常的诊断与治疗》一书就是用他在“文化大革命”期间积累的大量心电图资料写成的。石教授踏踏实实、严肃认真、一丝不苟的治学精神，深深印在我的脑子里。本来他可以让别人做诸如贴图、打字之类的事情，但是他没有，石教授的身教告诉我们要尽量自己动手，告诉我们身体力行的重要性。

20 世纪 90 年代中期，计算机开始进入家庭，工作单位也开始普及计算机，尽管那时的计算机不外是“286”“386”的，但也改变了人们的行为方式。石教授意识到计算机的重要性，年过 70 岁的他居然到计算机学习班上参加学习，并很快掌握了计算机使用技术，自己可以打字写材料、上网查文献资料和发电子邮件等。在计算机班里，石教授是年龄最长的学员。对于一位 70 多岁高龄，又没有学过汉语拼音的老人，学习打汉字所要付出多大的努力是可想而知的。直到现在，石教授已经是 106 岁高龄了，我与石教授联系，大多是通过发电子邮件。他对新知识和新技术的渴求、他的探知精神，特别是他坚强的意志力、极强的自我约束力，深深地感染和教育了我。

石教授到研究所上班的时候，每次都按时参加科室的活动。记得有一次他作为老教授在科里做示教查房。下午 2 点，他准时坐在教室里。我注意到，只要是石教授参加的活动，他从来不迟到，不让别人等他，安排几点开始就是几点开始，从不拖沓，体现了他对自己的严格要求，也体现了他对别人的尊重。他在办公室上班也是准时到达，午休后 2 点准时上班。我们都知道，他的办公室门开着，说明他在工作，而办公室的门总是那样有规律地开着。他严谨、守时、严格要求自己的工作作风无声地教育着我们每一个人。

恩师石毓澍教授给我的印象是博学而谦虚，身教胜于言传，严谨而幽默，严格而慈祥。我到恩师身边读博士研究生时，他已经 70 多岁高龄。第一次见到石教授，在我看来他是一个极其普通的老人，言语不多，却让忐忑不安的我感到心里很踏实，直到今天他仍然让我心存敬畏。和他在一起工作、学习，总能感受到他的思想和气场，也会被他的人格魅力所折服。

我感受到了石教授的引领，这种引领更多的不是语言上的。

五、人生轨迹的改变

我于 2000 年到美国纽约州立大学医学中心（SUNY）进修做高级访问学者，师从著名心电生理专家 Nabil El-Sherif 教授，后来又到新泽西医学与口腔大学（UMDNJ）的 Robert Wood Johson 医学院（现并入 Rutgers 大学）做博士后研究工作，承担了一项心肌功能方面的研究课题。我的指导教授是 Joseph Kedem，他聘请我做三年的研究工作，交给我和家人签证表格，给我很好的工资待遇。这次难得的机会使我有幸以独立第一作者的身份在国际知名杂志（*Cardiovascular Research*）发表了研究论文。随后，我的太太和儿子都到了美国，太太在大学的药理系做心血管药物研究工作，担任助理研究员，年薪也不菲，儿子在新泽西海兰帕克（Highland Park）的学校上学。

当时，我的工作生活开始稳定，周围的朋友也相处很好，每周工作五天，周末开车出去郊游。但是，问题也摆在我的面前：将来是回国，还是留在美国？我有些迷惘。说心里话，我并不像有些人那么渴望留在美国，但是在美国经过努力得到的一切也确实有诱惑力，这正是我当时迷惘的原因。我正处在人生的十字路口上。这时候，我通过电子邮件给石老师写了封信，希望听听他的意见，得到他的指点。石老师很快于2001年2月26日给我回了一封信，信中他写道："你（在美国）得到现在的工作，我很为你高兴，这是对你能力的大肯定。……我看你还是回国好，天津（二院）心脏科虽然小，但……，自己努力工作，那还是很好的天地。……我们要为有志于心脏病学的人建立一个正规的科室工作。"看到恩师的信，我开始倾向于完成研究工作后回国。2001年11月，我又给石教授发了电子邮件，告诉他完成在美国的研究工作后，我决定回国。石老师十分高兴，马上又给我回了信，他说："……我想二院心脏科也欢迎你回国工作。但我则陷于矛盾之中。……希望你回去使心脏科的工作赶上去，……我知道你对事业的重视超过对生活的享受。人生很短，贪图富贵很无聊。……对孩子的学习要重视。"不久，在2001年12月14日，恩师再次给我发来电子邮件，他说："……得知你已决定回国，继续心脏病学的工作，我为你的决定高兴。……事实上在自己的国家才好发挥，才会实现自我的价值。……可能遇到的困难总是人为的，办法就是不要理会。我和周（金台）大夫都遇到过，但最终我们都完成了工作。我希望你把电生理学搞起来，要正规，不追求数字，不要为金钱所诱。……我特别希望你在房颤领域做些研究。一个人真正有效的工作也就做到65岁，希望珍重年华。"2012年的新年我与石教授通电话，我更感受到了石教授对国家心血管事业的关心、对我们未来的殷切希望、对晚辈的关心和爱护。由于石教授的教诲，经过与家人商量，我终于下决心回国发展，在国内从事心脏病学工作，就这样我们一家人于2002年一起回国。我对2002年的选择无怨无悔。石毓澍教授的感召力和人格魅力，就像磁石一样，吸引着我这个小小螺丝钉，我坚信他的引领、他的决断和他的思想。我告诫自己，绝不能辜负恩师的厚望和信任。

这是石毓澍老师第二次改变我的人生轨迹。

石老师与我的第一次长谈是在2003年的金秋10月，在我从北京机场接石教授回天津的路上。那天我见到石教授时，他精神非常好，不顾从澳大利亚飞到北京的辛苦，一路上与我谈了学科、学科建设、人才培养、医教研的关系、学科发展的方向，以及心脏科今后应该如何发展等。石教授说，学科建设首先是人才培养和梯队建设，一定要有科学研究，坚持学术引领作用，坚持学术与技术并重。他还就如何选人、识人、用人谈了许多观点和看法。他结合心脏科和研究所当时的实际情况，谈了对学科发展的一些具体意见。他对培养人才十分重视，反复叮嘱我要做好人才梯队的长远设计。近年来，他也经常跟我谈起科室的人才培养。他不仅仅是谈科室，更强调为国家培养人才，经常说培养出好心脏科医生，是我们为国家做的贡献。

石教授到我家做客也是2003年的金秋十月。石教授回津后的一天下午1点多，说他要和夫人张季鸿老师到我家里看看。我诚惶诚恐，来不及准备。下午2点半，石教授和张老师来到我家，看看我的书房，跟我聊了近一个小时，跟我谈了心脏病学发展的趋势、学科建设和人才培养，尤其谈了人才的重要性，他特别谈到了我们大学教学医院学科建设的优势和注意的问题。石教授说："书是窗户，有足够的书、读足够的书，才能有大的窗户。窗户足够大，才能看清楚外面的世界，才能有全面的认识，才能不夜郎自大。我看了你的书房，你有较大的窗户，不要松懈。"他像慈父那样和我谈起了家庭和教育，还特别提到了孩子，他反复叮嘱我，要把孩子教育好、带好，工作再忙也不要忽视了对孩子的教育。谈到家庭和孩子时，他就像长辈一样用慈祥的目光看着我，让我心里暖暖的。我想到中国人常说的"一日为师，终身为父"，那一刻我切身体会到了恩师对晚辈的关怀和期望。

随后，石教授非常认真地谈起了我的工作问题，给我讲了他的经历，他对事业和工作的看法，也谈到了我在二院工作的意义和我今后的发展。他还谈到了二院心脏科的优势、不足和今后应该如何办。他对问题的深刻认识、对问题的透彻和缜密分析、对解决问题和克服困难的总体看法、对现实存在问题的把握等都令我佩服。他说："心脏病学事业的发展需要一批志同道合的人，需要一批甘于奉献的人，需要一批具有宽广胸怀的人，需要一批刻苦钻研的人。我希望你今后能在二院继续工作，担当重任，把心脏科的工作搞上去。"他还说："我们过去的工作是国内同行们认可的，我们的工作是走在国内前沿的，我们有这样的基础，我们有人才培养的优势。"随后，石教授还就科室建设和管理的一些具体问题谈了想法。我望着恩师，心里充满了感激，当时已是86岁高龄的他和夫人一起到我家里“做客”，我没有任何理由推脱，我们必须要将石毓澍老师开创的心脏病学事业做好。

我的人生轨迹第三次因石毓澍老师而改变。以后所有的迷惘，都曾因有过的一诺千金而不再改变。

六、坚持学术技术学科发展并重，秉承临床科研教学育人为本

石毓澍教授始终关心着心脏病学事业的发展和我们心脏科的建设，我每次向他老人家汇报学科的发展和建设时，他都非常关注，及时回信（邮件），让我把我们新发表的文章和研究成果发给他，他也经常把搜到的文献和英文原版书籍的电子版发给我，让我了解新的学术动向，还经常提起我们应该做哪些研究、临床应该加强哪方面的工作。他经常说：“一个医生一定要做些研究，没有研究就不能使知识升华，就不能促进和推动临床进步，也不能很好地培养人才。”

这些年，石教授在与我的通信中反复强调了学科人才梯队和学科后备带头人培养的重要性。他指出，抓好人才梯队和后备带头人的培养是学科持久发展的重要环节，也对年轻的后来人寄予了殷切希望。他说：“为国家培养心脏病学人才、发展好心脏病学科，就是我们对国家最大的贡献，我们就对得起国家，也就问心无愧了。”2017 年冬，在我去澳大利亚庆贺石教授百岁华诞的时候，我们谈得最多的还是心脏病学的发展和学科建设。我能真切体会到一位期颐之年的老人，对事业、对国家、对年轻人的关心和一份责任。

几年前，石教授虽已 90 多岁的高龄，依然查阅文献、阅读心脏病学的专著，把一些非常好的原版心脏病学的书（电子版）通过电子邮箱发给我，让我和科室的医生学习参考。他在 98 岁高龄的时候，还结合自己的经验，参考心脏病学的经典专著，编写出版了一本心脏病学讲义，并再版。当我收到石教授编写的讲义时，心情难以平静，更有对恩师的敬仰。我每次与恩师的通信，几乎都要谈到学科建设和人才培养。他总是说为国家培养一批心脏病学的专门人才，就是对国家和心脏病学事业最大的贡献。我几次专程去澳大利亚看望恩师石教授时，谈得最多的也是科室的学科建设和人才梯队建设。我每次都能感受到他对事业的关注、对年轻一代的殷切希望和对心脏病学事业的执着。2022 年元旦、春节和石教授 104 周岁生日时，我与石毓澍老师通信，他依旧关注着二院心脏学科的发展并告诉我应

该如何做好今后的工作和如何发挥好应有的作用。

七、引领与感悟

我多次去澳大利亚看望老人家。我们一起去堪培拉的国会大厦，一起去小西餐厅品牛排，一起品尝堪培拉和悉尼中国餐馆的中餐，在石教授家的小院子里一起晒太阳、聊天……2015 年 9 月，石教授由堪培拉搬到悉尼，我专程去悉尼看望了他。我们在他家的小院子里谈古论今，谈世间杂学，谈心脏病学发展，谈家庭和孩子，这场景像学生汇报工作，更像与长辈唠家常。随着年龄的增长，我越来越能够感受到与老人在一起聊天时的幸福感，就像周末跟父母一起唠家常一样。母亲还在的时候，当我周末在她那里，握着她的手坐在沙发上，聊的都是柴米油盐和天南海北，甚至是牢骚和唠叨，但每每留下的都是幸福的回忆。

2017 年恩师石毓澍教授已 99 岁高龄。11 月，我去悉尼看望他老人家，提前祝贺他 100 周岁华诞。我们在一起的几天里，既是师生，更如同父子，我们更多的话题是心脏病学，也谈到了他老人家当医生的经历。后来我收到了石毓澍老师撰写的回忆录。他是一面镜子，更像是灯塔，引领着我们，这种引领绝不是说教，而是需要你感悟。回忆在石教授身边学习和工作的日子，我深深感受了他的言传，但更多的还是身教。石教授，不仅他的博学、精湛的医术让我为之折服，他对事业、家庭、做事、做人的态度和点滴，他对传统和现代观念的完整合一，更教会我如何面对生活和事业，如何做人、做事。

他的大家风范、渊博的知识、幽默的语言、鲜活的人格魅力、博大而宽阔的心胸、淡泊名利的人生态度、高瞻远瞩的视野及对问题的深刻洞察力和预见力，都深深地影响着我的一生，值得我永远学习。我为有这样的老师感到自豪与荣耀，我感悟着他的引领，激励着我做好自己、努力前行。

大医风范帮助和提携

梁爽霖

我生于1934年11月13日，今年已近90岁。1959年8月，我毕业于位于沈阳的中国医科大学医疗系，毕业后分配到青海省西宁市青海医学院附属医院内科工作。1962年11月，我因为工作关系调回天津，分配到天津市第一结核病防治院（现称天津市胸科医院）内科工作；1963年3月转入该院新成立的附设心血管内外科，任心内科住院医师，另一位住院医师是和我同时从青海省调来的倪士珍医生，马景荣和沈作孚两位为主治医师，陈树勋医师为心内科主任。建科时重点任务是发展心血管外科，业务量不大，1976年后，情况逐渐好转。

1972年医院结核病部分迁到柳林成立肺科医院后，原西安道院址改名为天津市和平医院，实际是胸病专科医院，心血管内外科都有了更好的发展。由于陈树勋主任去了宁夏，心内科工作先后由倪士珍和李润耀主持。幸运的是，著名的心血管病学家、医学教育家石毓澍教授应聘为我们心内科顾问，每周二上午来我们科做一次查房和工作指导，持续十年时间，对我们学科的发展和建设做了突出贡献。

天津市口述史研究会组织编写了《世纪回眸：石毓澍自传》一书，石毓澍教授赠予我一本，我写了一封致谢电子邮件，对他赠书的感谢之词就是我真实的切身感受。我在邮件写道："谢谢赠书，我正在拜读，您是我尊敬的偶像，您的人生经历值得我学习。您对我的帮助和提携，我终身受益，永志不忘。"

石毓澍教授有大医风范，他医术精良，不仅精通心血管病业务，也通晓其他内科病业务，对人文社会科学知识也很熟悉，学问渊博。他高超的医技和渊博的学识，在每次查房时我们都能感受到。他医德高尚，可以说是毫不利己、专门利人。曾经有一位瓣膜病心衰、低血压休克的病人，病情危重。我们凌晨两点请石教授会诊，他也毫不犹豫地来院会诊，认真细致地了解病情，检查病人，提出处理意见。那个年代会诊都是义务的，没有报酬。他对所有病人一视同仁，不看病人身份。他从不只是针对某种疾病，而是看重病人整体健康和康复。他尊重病人，善于和病人交流沟通，耐心倾听病人的陈述和要求，态度和蔼，从而使病人感到亲切和关怀。在每次查房时我都能感受到石教授对我的帮助和提携，虽然他从来没有当面对我表示过，但是在我同石教授生活和工作接触中能够切身体会到。石教授在自己的学术和医学实践中充分表现出以人为本的思想，强调医生要重视实践，首先要会看病，要一切从病人利益出发，以病人为中心。

我不是石教授的亲传弟子，但我个人认为，在我从住院医师到主任医师和天津市胸科医院心血管内科学科带头人的成长过程中，石毓澍教授的言传身教、帮助和提携有重要作用，他是我最好的老师。我通过认真仔细的临床观察和体检，最终正确诊断和治疗的病例很多，举两个印象深刻的例子：

一个是年轻的先天性心脏病术后患者，他住在特护病房，当时没有任何监护设备，主要靠专门护士监护。傍晚时分，患者出现呼吸困难并逐渐加重。我参加了心内外科的急会诊，并观察到病人胸腹部呼吸运动不协调。胸外科李永春主任根据病人胸部切口有胸骨横断，决定按胸骨骨折处理，采用皮牵引方法，解决了矛盾呼吸导致的呼吸困难，并最终挽救了病人的生命。

另一位 20 岁男性病人，由宝坻县（2001 年改称宝坻区）医院转来，由于胸闷气短、反复晕厥入院。当时没有超声心动图设备，我依据病人的心脏症状及栓塞和免疫现象，疑诊为左心房黏液瘤。张天惠主任派他的两位高级助手孙惠庆和鄢盛尧对病人进行了检查，同意该诊断并将病人转到天津医科大学总医院心外科，实行手术治疗。可惜的是术前一天，病人猝死于病房。张天惠主任亲自做了尸检，证实了左心房黏液瘤的诊断。

随着现代科学技术的快速发展，新的医学诊疗技术和设备不断应用。石教授在跟踪先进医学，特别是心血管学科发展方面，无疑是走在全国前列的一位杰出的学科带头人。但是在我和石教授的实际工作接触中我深刻地体会到，石教授始终坚持临床实践是第一位的，先进设备是第二位的。当然，有条件的时候，要尽量争取先进设备。这种临床实践第一位的理念，帮我建立起从医几十年信守的准则。

在《世纪回眸：石毓澍自传》“家世”一节中，我注意到了石教授关于“毓溥”的记述。石毓溥是年长石教授 6 岁的堂兄，1977 年因心肌梗死病逝，享年 65 岁。我当时的职称还是住院医师，但实际做的是主治医师工作。李润耀主任分配我管理刚建立不久的心脏监护室，石毓溥就是急诊收入的一位急性心肌梗死病人。因为当时没有监护和抢救设备，主要靠医护人员加强监护和巡视。很遗憾，病人入院后不久就发生了心脏骤停和心性猝死。我们当时知道石毓溥是天津财经学院（现称天津财经大学）的教授、石毓澍教授的堂兄，相关医护人员都很重视，但那个年代，溶栓和介入疗法还都没有开展，急性心肌梗死病死率还是比较高的。我感觉石毓澍教授能让嫡堂兄长入住我们病房，也是对我们工作的认可、帮助和支持。

我感受到石教授对我的帮助和提携还包括帮我发表学术论文。中华医学会第一届全国内科学术会议于1980年12月4日至10日在广州召开，这是中华人民共和国成立三十余年来，我国内科学的第一次全国综合性学术会议。我没有作为代表参加会议，但我撰写的《急性心肌梗塞211例近期及远期预后分析》的论文，通过了以石教授为主的审稿组评审，入选为参会论文。中华医学会第二届全国心血管病学术会议于1983年5月23至27日在成都召开，石教授到北京参加了参会论文评审，我的两篇论文入选，其中《基于血清CK动态变化估计梗塞量的新生理模型及其临床意义》为大会交流论文，《急性心肌梗塞435例预后分析》为分组交流论文。

石教授推荐我出国访问，参加中法医学日活动，这是中华医学会持续时间最长的双边医学交流项目。这种交流，让我国医学工作者开阔了眼界、了解了世界最新医学成果，培养了学术人才，对临床医学和科研水平的提高和发展都有深刻影响。中法医学日的主办机构法方为施维雅国际公司和法国航空公司医务部、中方为中华医学会，第一届中法医学日活动开始于1980年，在中国举办，法国选派了一个15人代表团来北京和上海进行了多次参访和学术交流。中法双方约定，此项活动以后每年进行一次，由两国轮流举办。我参加的是于1985年3月8日至22日举办的中法医学日参访交流活动，这是我有生以来第一次出国访问，开阔了眼界，看到了现实的发达国家、现代化的医院和先进的医疗技术。这次访问和交流对我以后的医学学术和专业成长有很大帮助。当时天津市胸科医院刘昌起院长告诉我，这个名额原是给石教授的，因为他刚出国访问回来不久，便推荐我作为代表参加访问，对此，我内心对石教授充满感激之情。当然，这也是石教授学术人文思想的具体体现，虽然我不在医学院系统工作，但石教授从全市大局出发，这样做更有利于全市心血管病系统和相关医学科学的发展和传承。

推荐我参加学会工作。虽然我从事心血管内科专科工作，但天津医学会心血管内科分会名额已满，我不是委员。天津市和平医院于1983年更名为天津市胸科医院，1987 年我晋升为主任医师，其后不久天津医学会通知我出任内科学会委员，主任委员是消化病专家黄象谦教授，其他委员也多为消化科医师。我感觉有能力支持我参加内科学会活动的只有石教授，当然这只是感觉和猜想。在学会期间我做过一次关于布鲁戈登（Brugada）综合征的学术讲座，参加了 1990 年 11 月 1 日在郑州举行的中华医学会第六次全国内科学术会议。以后石教授又推荐我参加筹备中华医学会天津分会心电生理与起搏学分会，并连任两届学会副主任委员，主任委员是周金台教授。参加学会工作让我的学术水平和学术地位有了很大提高。

邀请我参加博士论文答辩。1991 年秋末，石教授的两位博士研究生王林和李志安将他们的博士论文送交给我评审，并转达了校方要我参加他们论文答辩的邀请。这是我第一次参加博士论文答辩，很高兴，也很紧张。高兴是因为我的学术水平获得了石教授的认可，这也是对我今后更好发展的鼓励。紧张的是我本人没读过研究生，也没有正式带过研究生，怕不胜任。不过通过认真准备，在马腾骧教授的带领下还是很好地完成了任务。

我到天津后，始终在一个医院，就是现在的天津市胸科医院的心血管内科工作，直到退休。1980 年晋升副主任医师以前，职称依然是住院医师，但 1970 年以后实际做的是主治医师工作。1987 年晋升主任医师，并调离心内科任急诊科主任。1991 年又受聘担任心血管内科主任到 2001 年，这十年我是天津市胸科医院心血管内科的学科带头人，也是一位在天津市有一定影响的心血管内科学科带头人。受石毓澍教授学术与医学人文思想的影响，为了更好地为病人服务，医院必须有良好的技术，因此我安排心内科的五个分科各有侧重，特别是在介入治疗方面，这样人才和技术才可能发展得更快些、更多些、更好些。在此期间，通过外出进修和请外院专家帮助指导，天津市胸科医院心内科在冠心病介入治疗、心律失常射频消融治疗、先天性心脏病和瓣膜病介入治疗，以及经皮心包穿刺、活检、引流、灌洗治疗心包积液等方面，均有较快的发展和完善。这些看来都是医疗技术层面，但实际上医疗技术和医学人文是密切相关的。正是石毓澍教授大医精诚精神的感召，启示我做出这样的安排。

2014 年天津市胸科医院迁到津南区台儿庄南路后，其在以人为本的办院宗旨引领下，不断引进新人才、新设备、新技术，加强国内外学术、人才和技术交流，使医院各学科有了更多、更好和更快的发展。现在医院的心血管内科是天津市重点学科，医院成为卫生部冠心病介入诊疗培训基地、心律失常（导管消融和装置植入）培训基地。感到欣慰的是，我担任科领导期间，在石毓澍教授大医精诚精神的感召下，加强了心血管内科的发展，为后来学科的更好和更快发展做了一些基础工作。

石毓澍教授学术与医学人文思想研究，对促进现代医学健康发展、造福病人、建立和谐社会有重要现实意义。医学人文精神对医学发展和人类生存意义深远，是医学的魂和根。新设备、新技术、新疗法如果应用不当可能会对接受者造成伤害。只有对病人的疾苦感同身受，设身处地为病人着想，才能科学合理应用技术。我没有能力论述更多医学人文思想这个大课题，只是把我和石教授在生活和工作接触中对他的大医风范、精湛医术、高尚医德及他的帮助和提携的一些深切感受写出来，表示我对他的衷心敬仰和感谢!

敬仰的先生 成长的楷模

刘长乐

20 多年前（2003 年），我考取了天津医科大学的硕士研究生，师从李广平教授，从而走进了心血管病学的广袤领域。伴随着学业的不断深入，我与李老师的交流逐步深入起来，得知李老师的博士生导师是誉满津城、全国知名的石毓澍教授。在师生传承关系的促使下，我有机会阅读了关于石老先生的个人成长、学习工作、医学业绩等方面的文章和资料，对老先生丰富的人生阅历、崇高的人文精神有了深入的了解。

石老先生是我国医学界德高望重、备受崇敬的前辈。他出身家教良好，作为有志青年早年赴法国求学，毕业于法国里昂大学医学院并获得博士学位。石老先生曾担任天津医科大学第二医院院长、天津心脏病学研究所所长，并先后任职中华医学会副会长、中华医学会天津分会会长、中华医学会心血管病学分会常委、《中华内科杂志》副主编、《中华心血管病杂志》常务编委、《天津医药》杂志主编等。石老先生更是我国首批博士生导师之一、国家级有特殊贡献专家，为我国培养了大批博士、硕士研究生，可谓桃李满天下。

在堪培拉石毓澍教授家门前合影

石老先生厚德载物、业精于勤，在早年的医学研究和临床工作中，他不断探索进取、科研产出，为我国心血管病学的发展作出了巨大贡献。他真诚热情、精益求精，对待患者高度负责，体现了高尚的人格魅力和医学品德。他工作认真、诲人不倦，在几十年的职业生涯中孜孜以求、身体力行，成为当之无愧的心血管医学家、教育家。石老先生是我们后辈永远敬仰的榜样和楷模。

在堪培拉石毓澍教授家中合影

2014 年世界心脏病大会（WCC）在澳大利亚墨尔本召开，我受邀作关于心房颤动上游炎症机制的专题发言，因此有幸跟随我的导师李广平教授、刘彤主任、富华颖主任赴澳大利亚参加会议，同时专程前往堪培拉看望石老先生。老先生的居住地风景秀丽，石老和爱人过着深居简出的质朴生活，虽是已年近百岁的老人，可先生本人仍然神采奕奕、思维敏捷。

拜访石老住所时发现，石老书房的电脑屏幕上英文文献的界面还未关闭，他仍旧实时跟进最前沿心血管研究进展、关注国内外会议及指南的更新内容、查阅新近发表的英文文献。他关心天津心血管病学的现状和发展，关心我们这些晚辈的科研工作现状。在交谈中，石老询问我博士课题的研究方向，得知是心房颤动的上游机制，便马上询问具体研究的通路和因子、实验结果及 SCI 文章发表情况，并提问肺静脉肌袖易诱发房颤的可能机制，从中我感受到石老严谨、细致、认真的科研态度。能聆听先生的教诲，让作为晚辈的我备受感动、受益匪浅，更进一步感受到先生的大家风范。

已到四十不惑的我，从当年的硕士生“小白”一步一步晋升成为主任医师、博士生导师。今后我决心以石老的精神鞭策自己并作为前进的动力，成为年轻医生的榜样，耐心带教心研所新一代的博士、硕士研究生，将“孜孜以求、诲人不倦”的教学精神传承下去。

回忆石毓澍教授给我指导和帮助的二三事

刘墨义

我是 1976 年由天津医学院附属医院（现称天津医科大学总医院）调到天津医大二院工作的。当时方喆院长让我找石教授研究成立皮肤科的事情。我到内科办公室见到和蔼可亲的石教授，他亲切地对我说："以后就由你负责皮肤科的工作。如果没有办公室就在内科主任办公室给你加一张办公桌，在此办公。"我想我是一名年轻医生，怎能和老教授平起平坐呢，出于对石教授的尊敬，我没有接受。

当时皮肤科没有病房，对重症病人无法进行系统治疗。石教授就在内科床位很少的情况下，给了皮肤科三张床位。石教授严肃地说："如果重症病人不能收住院治疗，病人会认为你医疗水平不高，没有能力。收重症病人入院治疗能学到很多临床知识，能提高科室的医疗水平，前来看病的人就会逐渐增多。"石教授站在全局高度看待问题，促进了医院的全面发展。

另有一事，难以忘怀。石教授问起我是否给学生讲大课，我说讲，但有时背不下来，就照稿念。石教授认真地说："首先把讲稿写好并背下来，讲课时不要看稿，但可以看标题，要重点突出、声音响亮、口齿清楚，讲课中发现学生精神不集中时，可以说两句幽默风趣的话，把学生的思维再引导过来。并且在黑板上要少写字，这样学生听课效果会更好。"

许多年过去了，他的谆谆教导让我记忆犹新，历历在目。石教授对青年医生的关爱使我终身受益。

回忆石老二三事

刘 彤

记得第一次见到石毓澍教授是在2005年举办的首届海河之滨心脏病学会议暨庆祝石毓澍教授从医60周年、天津心脏病学研究所成立25周年学术报告会上，我作为一名博士研究生全程参与了首届“海河会”的会务工作。在会场上见到了仰慕已久、精神矍铄的石老，虽然会议上和石老接触不多，几次见面时间很短，但脑海中总能浮现石老和蔼可亲的面容。因为我是晚辈学生，也没有勇气和石老深入交流，记得在天津心脏病学研究所学术交流会上，我做了有关心房扩大对兔心房电生理参数影响的报告，石老特别感兴趣，专门询问我有关动物实验的具体细节，指出需要改进的内容，深入讨论今后的研究计划，至今让我记忆犹新。

2007年7月，石老从澳大利亚回到天津，在校学术报告厅做了有关“致心律失常右室发育不良病因”的专题报告。石老师的学术报告深入浅出、活泼生动，让我这个刚刚博士毕业的年轻医生认识了法国枫丹（Fontaine）教授，了解了致心律失常右室心肌病（ARVC）和Epsilon波，对心脏电生理专业产生了浓厚的兴趣，多年后在美国学习期间更是有幸和Fontaine教授合影。

记得2011年石老回国参加“海河会”，李广平老师安排我送石老和石老夫人张主任回澳大利亚，当时我的心情既激动又紧张，生怕在路上照顾不好90多岁高龄的石老和张主任。想必石老也看到了我的紧张，在飞机上给我讲他年轻时在法国留学的故事，讲杨柳青石家的历史，也询问我今后的个人发展规划。这是我第一次面对面和石老聊天，完全没有了原来的拘束和紧张。时间过得很快，眨眼间几个小时过去了，为了不影响老人休息，我主动结束这次愉快的聊天，请石老和张主任早点休息，我在旁边守护，随时关注着二老的需求。飞机很快就到达了目的地，我也圆满完成了任务。到了堪培拉，石老一家还邀请我共进晚餐，聊起当地的生活和美食，待我如家人一样。

最后一次看望石老是2014年世界心脏大会（WCC）期间，我陪同李广平老师、富华颖主任、刘长乐主任一起到堪培拉石老家中看望石老。老人家还是精神矍铄、侃侃而谈，和几年前没有任何变化。石老还坚持每天用电脑查阅文献，和我们聊起二院心脏科前辈的往事、最新的国际心脏电生理进展、二院心脏科今后的发展方向，随后石老带我们去附近的咖啡厅用餐、聊天。我看到石老步行穿过草坪，完全不像是90多岁高龄的老人。我想石老豁达、开放、包容的人生态度，与时俱进、不断学习新鲜事物的学术追求或许是他长寿的秘诀之一。石老的学术和人文思想一直鞭策着我在成长的路上不断前行。

最后，祝石老健康长寿！

与石毓澍老师相处的日子

刘克强

1983 年我已三十有余，古语“三十而立”，而我们这一代人由于众所周知的那个 10 年，让我们的发展有些止步不前。直到恢复高考、读研……拜在石毓澍老师的门下，才让我的人生和职业生涯有了新的开端。追怀忆往，一晃 40 年了！

虽然老人家现在远居澳大利亚，但每每回忆起与他相处的日子，他幽默的言语、智慧的头脑、清晰的谈吐、深刻的见地、对学问的远见卓识和不懈追求，以及对我们的教导和帮助，所有的一切即刻会浮现在眼前。先生的言传身教，至今一直引领着我们、督促着我们，宛如先生就在我们身边。

一、淡淡君子之交，浓浓师生情谊

石老招收研究生条件很严格。在我通过全国硕士研究生统一考试后，石老即派人到我当时所在单位天津市第一中心医院私访，以了解我的人品；在招生条件里规定考生必须有内科工作的临床经历，因此在复试时有临床问诊、查体等环节，同时为考察动手能力，我们要自己完成血、尿、便常规的标本采集、检查和结果报告；在面试环节我们还要结合患者病情进行诊断和鉴别，以了解知识、技能和临床思维能力。足见在当时的年代，石老就十分重视对医生临床胜任力的培养，看看当今重提住院医师和专科医师的培训情况，十分佩服他的远见卓识。

石老堪称严师，我们有事情向他请示汇报，都是恭敬站立，力求以最简洁的语言描述事情的来龙去脉和我们的想法，他也会以最明晰的方式予以回答，久而久之，在不觉中就使得我们在语言表达和思维方式上有了很大进步。譬如他讲到如何思考和处理问题时，曾以中国电影和外国电影的区别打过一个比喻：

一个人到某家拜访，中国电影描述的镜头是先敲门，然后由管家出面迎接，再进入客厅，斟上茶水等候，而后主人方出来见面寒暄；而外国电影的镜头是叩门，然后即在客厅和主人交谈事情……

这样的比喻给了我深刻的印象，让我懂得思考既要符合逻辑又要简洁，省去了繁文缛节的中间过程是最佳选择。比如早年我们心脏科的晨间交接班，医护均是站着交接、讨论病情，这样才能说短话、说扼要的话。石老还曾打过比方：“培训研究生要像训练足球运动员一样。足球是圆的但球场是方的，可谓没有规矩不成方圆。一个成功的球员，不但理论要好，实践更重要，不但技术要好，还要懂战术，更要遵循规则，尊重对手，要有耐心和毅力，更要有全局观，不断寻找机会，最终要‘进球’（达标）。”因此在研究生期间，我们白班担任住院医师的角色，夜间值二班负责急诊和科间会诊，而课题则常常是“业余”完成的。正是这样一种近似严苛的训练使得我们的临床胜任力和科研能力都有了很大的提高。时至今日，我们都年过花甲，仍然孜孜以求，不知倦意地在医学上追求，实在应该感谢他老人家的言传身教为我们打下了良好的基础。

石老对我们是严厉的，但又是充满关怀和善意的。我们家中若有亲属患病，求医至老人家，他都欣然应允并细心诊治，这无疑是对我们工作和学习的极大支持。对于我们这些“小字辈儿”他凡事叮嘱，那真是宛如慈父。记得我出国之前去面见他老人家，他拿出一本航空公司的航线图，一一指示、讲解我的行程路线，并细心说明在国外的一些注意事项，特别讲到与家中通信时寄送信件的红色和绿色邮筒的不同区别（寄出和寄入邮件的不同），我至今记忆犹新。后来我告诉他，加拿大的培训很到位，有一个课程叫作“多技能”（Multi-Skill），其目的就是教会学员如何适应异国生活，并且我们到加拿大后先住在寄宿家庭，他才放心地点头说“那很好”。

记得那年我晋升高级职称时属于“破格”一档，评委们当然会提出诸多问题考察，以示严格和公正，石老会上并无任何袒护的表态，评审会结束以后，石老本可以即刻返回，但工作人员请他坐车回家时，他却一直等到我的投票结果公布才放心离去。当我们这些学生后辈，如李忠诚、付文栋、姜铁民和我离开他去其他医院工作时，恰逢《天津日报》记者为他做专访，石老在专访中逐一提及我们并寄予厚望以示对我们的支持。

石老的私事、家事从不要求学生去做。记得一年的初冬，由于煤气取暖出了问题，石老家中没有暖气，老两口在家都要披上冬衣御寒，但他却从未向学生提过半字。直到我们一位进修医生从侧面了解到情况，发动大家买了蜂窝煤送到他家才解决了问题。老人家对此感谢万分。

从这些点点滴滴的往事中透射出的是淡淡的君子之交、浓浓的师生情谊。石老就是这样，数十年如一日勤勉尽责“传道、授业、解惑”，让我们这些被爱的学生如沐春风。这就是石老的为师之道，薪火相传，至今我们仍然在效仿。

二、平凡与高尚完美统一

一天，病房外来了一位三轮车工人，直截了当地提出要找石大夫。正巧我见到就问：“你找石主任有什么事情？”他答道：“你告诉他，我来了就行。”我立即向石老请示是否让他进来。石老放下手头工作对我说：“快，请他来！”我看到他们二人如老朋友一样促膝交谈，十分融洽。事后石老对我说：这位老人是总医院的职工，在“文革”时期石老遇到困难时，受到过老人的帮助，而石老至今心存感谢。真所谓“滴水之恩当涌泉相报”。

石老是名专家，但院内同事，不论医护也不论年长年轻者，凡是遇到疾病问题，求到老人家，他都会帮助解决。在医院后勤工人眼中，他就是“石大爷”。这充分体现出他的“平民情怀”。

若遇官员相求，石老也一视同仁。记得当时天津市某领导上门求医且要求住院诊治，石老并未表现出一丝诚惶诚恐，更无逢迎谄媚，而是简单腾出一间病房，稍作整理后即安排住院。石老安排我负责这位官员的诊治工作，我当时犹豫不知如何询问病史和体检，他对我说：“和普通患者一样，一切如常”，一句简单的回答体现出了公平正义，堪为希波克拉底誓言的践行者和人文伦理学的典范。这位领导住院期间正值夏日，夜间蚊虫颇多，夜间由于办公室忘记喷洒药剂，蚊子叮咬难耐，我即坐到阳台写病历、开医嘱，而领导因为不耐暑热（当时病房均无空调），也起床乘凉，恰与我相遇，随即攀谈起来。他对医院的情况、科内的工作和我们个人的工作等向我逐一询问，我则一一作答，期间他也说了一些即时看法并表示或许能提供帮助。不觉间天已渐亮，领导言语之间显现出对我们医务人员的关怀，对医疗事业的关心，也表现出对石老的赞赏和尊重。纵观石老的行医生涯，更可以用得上盖伦的那句名言“若为良医，必为贤哲”形容。

这些点滴小事看似平凡，但透射出的是高尚品质。能够做到平凡与高尚完美统一，体现出石老这一代学人独特的人格魅力和高尚风骨。

三、笃学敏行，勤奋严谨，成就智者

石老每天的工作安排都很紧凑，读书、写作、查房、指导我们的科研。他的著作《临床心律学》和《临床心脏电生理学》，是由二院心脏科的研究结果和他自己的临床资料总结而成，两部书并获国家科技图书二等奖。他的著作从来不要求学生们代写，书中每一幅插图、每一句话他都仔细斟酌，每每读之，都能感受到其严谨遒劲之文风。直到晚年他移居澳大利亚时仍笔耕不辍，总结毕生经验写出《心脏病学》一书，终以一生传奇的心脏病学和心电学大师享誉海内外。

值得一提的是，石老 60 岁时还和我们大家一样骑自行车上下班，直到古稀之年，在领导和同事的劝说下才坐车上班。这种严格自律的专家风范，成就了石老学贯中西的“传奇”一生：他在 98 岁高龄时还出版了《临床心律学》，并于 100 岁时再版《临床心脏病学讲义》等，堪称学者的楷模。

在我读本科时，曾上过石老的课，他的课非填鸭式讲授，而是提出问题，引导学生认识、提问，教会学生思考。他讲课语言简练且不失幽默，表达清晰，逻辑缜密，简明扼要，重点突出。在他的课堂上学生们都十分专注，当时正值春末夏初，仿佛窗外吹来一股清凉的风，使得听者耳目一新，这也是我后来拜在石老门下的原因之一。

笔者陪同石毓澍教授在天津市人民医院参观

石老从不主张读死书，尤其注重临床实践，我在学期间，为课题研究需要，他要求我去天津医科大学总医院心内科学习一段时间以充实内科基础，去外科学习一段时间以练习操作技巧，直到进行课题研究也从未脱离临床。石老的讲课方式丰富多变，绝不以灌输为主，而是采用启发式、讨论式的学习。记得他曾组织大家以读书报告的形式学习英文原版《心脏病学》，要求每位学生读一个章节，翻译并提出自己的见解，这既提高了学生们英文文献的阅读水平、增长了知识，又培养了学生主动学习和分析问题的能力。当时微循环和血液黏度理论充斥于临床，某些不十分恰当和准确的治疗办法也很风行，石老则认为临床大夫不是搞基础研究的，基础工作应该交给基础研究人员去做，基础的东西用到临床要符合实际，临床科研则要从临床中发现问题，找出解决问题的办法……在科研上，石老一直追踪国际前沿研究，有着独特的眼光和敏锐的洞察力。当时我的课题“窦房结电图”在国外仅仅有一两名法国医生发表过相关论述，而具体的技术和资料研究均未有详细描述。在石老的指导下，经过我们的反复研究和不断实践，用普通二极标测导管在国内首次记录到窦房结电图，并进一步揭示了病窦综合征的机理：窦房结自律性低下和窦房结传导阻滞。当时天津医大二院心脏科的临床和细胞电生理研究在国内已然处于领先地位。

众人常评价石老是智者，他自己却常说：“天才中智力水平仅占很小的部分，而智慧的产生 90% 以上归功于勤奋。”他自己便是如此。石老正是通过自己的勤奋努力、善于思考、勤于总结，将智力水平发挥到极致，终成智慧达人。石老先生的言传身教使我认识到，当医生没有捷径可循，只有注重实践、善于思考和总结，才能形成临床智慧。石老先生的智慧与他的认知能力、知识、文化、思维及包容性密切相关。

四、淡泊名利，简朴生活

石老为我国心血管病学发展作出了杰出贡献，是当之无愧的临床医学家、心血管病学家和医学教育家。然而，石老对于“名利”二字却无所追求。记得他担任“中华医学会副会长”的学术职务即将到届时，石老毫不犹豫地交班给黄体钢，无任何留恋之意。他指导学生们完成的学术论文从不争先署名，为彰显论文的权威性学生们请他署名时，他也仅仅是放在末位（当时尚无通讯作者严格要求）。

每天中午他和我们一样用饭盒带饭，放在暖气片上热一热即可。平日里，他衣着非常朴素，也会像市井老人一样在街边理发……这一切使人很难将其和名专家、大教授这样截然不同的角色联系起来，而石老先生就是这样一个淡泊名利、生活简朴的“凡人”。正是石老于平凡中见高尚的人格魅力，让他的学生遍及全国和海外，桃李满天下。

石毓澍教授和吴咸中院士莅临天津市人民医院指导工作

石毓澍教授、高润霖院士和部分学生合影

石毓澍教授和部分学生合影

五、自信与包容，为心脏病事业的发展和创新注入原动力

石老1918年生于北京，1937年进入法国里昂大学医学院学习，1944年毕业获医学博士学位，1945年回国。20世纪50年代初他在天津医科大学总医院从事内科的临床、教学和科研工作；于1974年在天津医科大学第二医院创立心脏科后着手创立了心血管疾病研究室（现称天津心脏病学研究所），研究所成为国内首批博硕士点，在医、教、研均有诸多建树。但石老并非喜欢一花独秀，而是注重提携、奖掖后学。他曾先后将心脏科的黄体钢、付文栋、李志坚等送至法国学习，并培养黄体钢、李广平先后担任心研所所长。在众多弟子的努力下，石老创立的心脏科得以不断发展，其影响不仅仅局限于天津市医大二院心脏科，而是蔓延至全国甚至国外；在心脏科医学事业的整体规划上，也体现出了他的远见与务实，而今正所谓“春色满园关不住”！

石老做学问没有门户之见，他经常请天津市胸科医院的专家主任来科里查房。研究生论文评审或答辩时常邀国内知名专家、教授担任评委，王培仁、方琦、付士英、高裕教授等多次参加我们的论文答辩和评审，他们的评审意见或现场发言使我们能够博采百家之长，受益良多。

石老十分重视国际交流，在当时那个年代，外国学者来华不多，石老就曾邀请美国、法国等专家前来讲学。记得我在天津市第一中心医院工作时，石老十分关注天津心外科的发展，先后请美国、法国专家前来交流，这些交流与合作促进了我国心血管病学事业的发展。

如今虽然先生与我们在空间距离上相隔万里，而我们与他对事业不懈追求之心则紧紧相连。每每忆起往事，仿佛已达人瑞之年的智者、长者、寿者在默默地关注着我们、支持着我们，使我们不敢有丝毫懈怠。绵绵师恩，当以实际行动涌泉相报。

知者乐，仁者寿。让我们送上最衷心的祝福，恭贺石毓澍老先生健康如意，安享天伦，春晖永绽！

“忆往昔”人物系列（之一）
——石毓澍教授

天津医科大学第二医院

石毓澍教授早年在授课中

石毓澍教授，原籍天津杨柳青，1918 年生于北京。1937—1945 年在法国里昂大学医学院学习、毕业并获医学博士学位。1945 年回国，先后在天津及昆明工作。中华人民共和国成立后于 1951 年来天津市总医院（后称天津医学院附属医院，现为天津医科大学总医院）任内科主治医师、副主任医师、副教授职务，1957 年晋升为内科学教授。1974 年任天津医学院第二附属医院（现为天津医科大学第二医院）内科主任，后任心脏科主任。1980 年创建心血管研究室，1990 年改称为天津心脏病学研究所。

他于 1981 年被批准担任全国首批博士生导师，1978 年后成为天津市政协常委，1984—1990 年被选为中华医学会副会长、中华医学会天津分会会长，历任中华心血管学会常委、中华内科学会常委。1988 年他辞去行政职务，成为天津医科大学终身教授，同年被法国里昂市政府授予里昂市“荣誉市民”称号。石毓澍教授出版专著 8 部，发表论文 77 篇。

石毓澍教授于 1974 年 9 月从部队转业，回到天津工作，恰逢当时的天津医学院成立第二附属医院不久，遂向医学院党委主动提出要求到第二附属医院工作。

石毓澍教授在他给医院发来的信中曾回忆道，天津医科大学第二附属医院是在原河北省医院的旧址上建立，河北省政府迁往石家庄后，辗转于 1973 年交还天

天津医科大学第二医院旧貌

津。天津市委、市政府与天津医科大学党委决定在此基础上兴建天津医科大学第二附属医院。当时，在时任书记王效勤及院长王树彬的带领下，一大批党政干部、行政人员及医生、护士和技术人员来到这里，开展建院工作。

医院刚开始应诊时只设立了200多张病床，随着各类人员的陆续补充，各医疗科室不断充实提高，至1977年，医院进行了第一次扩建工作。扩建后，医院病床数达到了400张，职工接近千人，各医疗科室得到进一步完善。1980年，石毓澍教授亲自创建了心脏病学研究室，也就是天津心脏病学研究所的前身。与此同时，泌尿外科研究所、感染病学研究所也都相继开始了兴建工作。科研方面，各学科学术论文陆续在国家期刊发表。教学方面，医院负担起医学院临床授课及实习任务，同时每年接收华北地区一些省市的医生前来进修。1993年医院首批通过三级甲等医院的评审，1994年医院更名为天津医科大学第二医院。

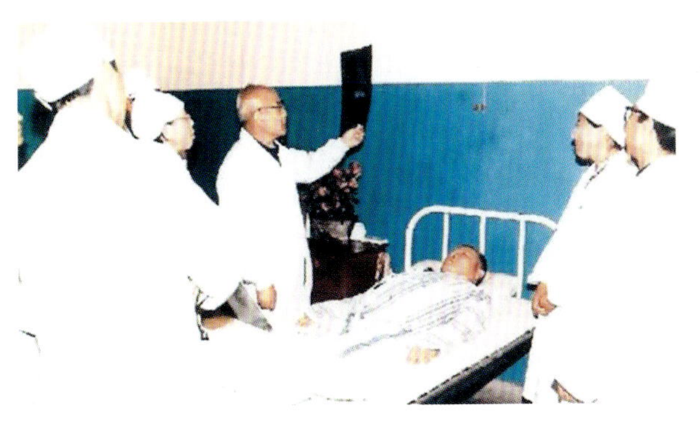
石毓澍教授查房

随着国家改革开放政策的实施，在21世纪的第一个十年，天津医科大学第二医院又有了新的发展，在市委、市政府、市教卫工委及医大党委的领导下，为了满足医疗、科研、教学的多方需要，医院再次扩建。扩建后的天津医科大学第二医院，占地面积8.6万平方米，建筑面积13.2万平方米，

与诺贝尔奖获得者耶洛教授交流

床位扩大到1000张。

1988年，石毓澍教授辞去行政职务，在1996年与夫人一同移居澳大利亚。虽人在异国他乡，但是石老时刻关心医院的发展。2012年医院建院40周年之际，94岁高龄的石老发来贺信，他在信中说："随着国家的发展、天津市的发展，医大二院也必定会有进一步的发展。预祝二院不断完善、充实、提高，跟上时代的步伐，在院领导班子的带领下，继续前进，争取更大的胜利！"

再悟石老

王寒松

十六年前，为庆贺石老九十寿诞，晚生们欲以文寄怀，亦约我动笔，后出合集，名《医风玉树》。其中收录我一篇短文，题为《我写石老》，文有四小段，为“智者石老”“仁者石老”“长者石老”“寿者石老”。文章开篇，我即叙谈写石老之难，大致意思是，由于与石老所处时代的疏离和对石老的高山仰止却又理解不深，因而感到很难。现如今，广平又找我约稿，且惟明弟（石惟明）也鼓励我写，说“爷爷还是爱看你写的文章，你的文笔好”。在此邀约和激励下，更在石老人生的感召下，我再次提笔写石老，且在标题上用了上次想用而未敢用的一个“悟”字。此番写三段话，“人瑞石老”“人杰石老”“人师石老”，以此表达当下我对石老人生的感悟。

期颐老人，风雨百年——人瑞石老。石老生于1918年，年在期颐，堪称人瑞。石老祖上乃天津八大家之一——“杨柳青石家”，所拥有的石家大院至今能让人体会出当初富甲一方的气派。其祖上自清乾隆年间，拥有良田数百顷，营船运粮行。至其曾祖，自立门户，曰“思德堂”，子孙中多有为官者。石老早年留学法国，在法国里昂大学修医科，历七年，获博士学位。老人家还有一位哥哥石挥，是那年代中国著名的“话剧皇帝”，被列为中国电影百年百人之一。如此看来，石老一生应是“口御金勺、锦衣玉食”，实则不然。至石老出生，已家道中落，在北京，曾几度换租便宜一些的房子，虽未举家食粥，却也难得温饱。石挥参加剧社，是为了有口饭吃。石老本人上中法大学预科，也是由于学费便宜，且有赴法留学的机会，这所大学是第一次世界大战之后，法国政府用公款所办，专门招收中国学生，且有资助。因此，石老以“坎坷人生”为其回忆录总名，且谈及幼年时分，题上即有“家道败落”“厄运”“挣扎在社会的最底层”等扎心的字眼。回忆录中更有家中生活艰辛的描述，特别是石老的三个姐妹因患结核得不到有效的治疗和必要的营养而先后离世，读来令人唏嘘。石老出生，恰值第一次世界大战结束，各国都在恢复战后秩序、发展自身。也有如苏联，发生了社会革命，使国家赢得新生。中国却是一个特例，虽在战胜国之列却仍遭列强欺凌，国内又因军阀争利而战乱频发，使国家更加贫弱、社会更加动荡，百姓的生活自然也就更加水深火热。在这样的大背景下，石老一家更是挣扎在社会最底层。及至石老本人进入求学之年，又值第二次世界大战爆发，中国已遭日寇侵略，石老千辛万苦、历险般地逃到上海，又远涉重洋到达法国开启求学之路，却不料德国法西斯的铁蹄又在不久之后踏上了法国土地。所以，石老在回忆录中称在法国求学经历是“生活在第二次大战的漩涡里”，具体故事我已在《我写石老》中述及。第二次世界大战结束后，石老回到祖国，开启了为祖国服务的历程，他在自述中说“在祖国工作半个世纪”，而定居澳大利亚后他依然关心着祖国的发展，关心着医院和学科的发展，关心着后辈的进步，并力所能及地做着事情。即使在那“半个世纪”里，石老也经历了各种政治运动。所以，石老的一生真的是风风雨雨、充满坎坷。他的人生精彩是在困顿中挣扎出来的，是在磨砺中打造出来的。

成就斐然，事业丰碑——人杰石老。2018 年 1 月，值石老百岁寿辰，同侪晚辈纷纷庆贺。英国伊丽莎白女王二世和澳大利亚皮特总督分别致以贺信。至今又有六年时光。一生风风雨雨，石老却驾风驭雨，不废时光；半世坎坎坷坷，石老却披荆斩棘、矢志不渝。中华人民共和国成立后，石老先后在天津医科大学总医院、中国人民解放军 305 医院和天津医科大学第二医院工作。他业务扎实，学养深厚，眼界开阔，做了大量具有开创性、奠基性的工作。特别是进入改革开放新时期，他受邀参加了全国科学大会，受到科学的春天到来的激励，他再度焕发创造的热情。他开创性地开展了介入性心脏病学和心电生理学的研究和运用。他主持建立了大学医院集医疗、教学和科研为一体的独立心脏病科室，后又在此基础上创建了天津心脏病学研究所并亲自担任所长。他毕生致力于医学，却能自觉坚持以哲学方法论指导医学研究，认为“一切都是相对的”，辩证地看待医学的主体和客体。他学成于西方，应用于祖国，始终秉持开放的心态，毕生致力于中西学术交流。全国科学大会后不久，即推动实现了与美国相关机构的互认和交流。他还直接促成天津医科大学与中法学院合作，选派了七名年轻医生前往法国里昂进修。他主持心研所工作期间，延请美国、法国、荷兰、日本、加拿大等国专家前来讲学。他学风严谨、注重临床，以大胆创造、小心求证的态度提出问题、解决问题，以扎实的学术功底和丰富的临床经验，先后出版了《临床心律学》和《临床心脏电生理学》，并多次再版。尤为难能可贵的是，石老在98岁高龄时整理出版了《临床心脏病学讲义》，且在百岁高龄修订再版。石老的高尚品德和杰出贡献得到党和政府的肯定，得到业内同行的尊崇，更得到广大患者的爱戴。他于1983年担任天津医科大学第二附属医院院长，1984年当选中华医学会副会长及天津医学会会长。1988年被天津医科大学授予“终身教授”称号。1995年在中华医学会成立80周年纪念大会上，他被表彰为有突出贡献的医学专家。中华医学会心电生理和起搏分会还向其颁赠“中国开创心电生理学奖牌”。石老不仅将其智慧和才学贡献给了祖国，更将全部的情感和心血贡献给了人民，正所谓大医精诚，他为后学树立了一座事业丰碑。

言传身教，诲人不倦——人师石老。写到为师的石老，我倒是想起一件趣事。石老曾写过一篇议论文，题为《师道尊严》，该文写于十六七年前。中华民族有几千年的传统，又经历了激进的反传统，再到重新认识传统，在这个认识链条上，“师尊”与“道统”一直是一个焦点问题，再加上石老的身份，我先入为主地为这篇文章预设了主题——强调“师道尊严”。待讨来文章一读，却出乎意料。文章中石老用了许多特别常见的事例，表达了对中国某些传统教育观念和方法的不同见解，他认为老师要“尊重学生的独立人格，爱护学生自尊心，相信学生自己辨别是非的能力”，要“时时不忘给学生保留选择的余地，鼓励学生表达个人愿望”。尤其在此文篇末石老写道：“如果教育同样重视品德与知识教育，放下师道尊严的包袱，我国人民的素质会有很大的提高，但这不是几任老师所能办到的，要靠全社会的努力。”就这篇文章看，石老对中国的教育是有着深刻的、批判式的思考的，而且他的教育理念是十分时代化、开放式的。这一点，对于一位百岁的老医学教育家是十分不易的。

石老有自己的教育思想，更有自身红烛般的教育实践。他是学科创始人，中国首批博士生导师。前文述及，1980年他创办了医教研三位一体的心研所，在这个平台上，他带出了黄体钢、李忠诚、刘克强、李志坚、王林、李广平等一批优秀的医学人才，也使天津医科大学第二医院成为心脏病学科的“重镇”。我在《我写石老》一文中曾写道：“即便在石老移居国外之后，依然关心着各位后学的成长。”2002年后，老人家曾数度回国，其时我正在任天津医科大学党委书记和天津市卫生局党委书记，他每次回来都要与我谈起学科内几位中青年的情况，论及各自长短，并提出针对性的安排建议，真心扶持晚生后学。作为学人，每一代人都有自己的贡献，也一定有自己的局限；有所成就，也一定会有未竟之业。石老可贵可敬之处在于他很少讲自己的贡献和成就，却很坦诚地讲自己的局限和对晚学的期待。这是一位大先生的境界和胸怀，非现在许多人能比的。

写石老难，悟石老更难。写，乃是叙述；悟，方有心得。以我之浅薄，感悟一位堪称人瑞、人杰、人师的长者，定有所获，幸甚至哉！

忆恩师二三事

王　林

“所谓大学者，非谓有大楼之谓也，有大师之谓也。”天津医科大学之所以有 20 世纪五六十年代的辉煌，是因为有一批大师级的学者。我永远的恩师石毓澍就是其中一位学贯中西、杰出的、大师级的教授，老人家的医教研皆是上乘的。就医而言，他救人无数。他在授课时所传授的广博知识，他准确、严谨、诙谐、风趣的语言，博采众家之长的大师风采，被同道及学生们所津津乐道、交口称赞。他的临床研究涉及内科多个领域，在心血管方面尤为擅长，故石老曾当选为中华医学会副会长，由此可见老人家在同行中享有崇高威望。

大师亦生活在平常世界里，凡人忆及恩师生活的点点滴滴，更是有口皆碑，老人家在为人处世中发扬中华民族传统美德，彰显人格魅力。子曰：“夫孝，德之本也。”石老为人至孝，是人尽皆知的。“文化大革命”初期，石老本人也深受冲击，石老的母亲恰在此时身患心脏病，未能得到及时治疗病故于家中，那时老人的心愿是回归故乡入土为安，但在那个特殊年代谈何容易？大孝之石老，想尽各种办法找到亲戚，在夜深人静之时，将亡故之老母悄悄运到八里台聂公桥附近，用马车拉回杨柳青入土下葬，因当时根本立不了墓碑，只能将方位记好，便于日后查找。试想这在当时需要承受多么巨大的身心压力和风险，可石老全然不顾，毅然决然做了此事。时隔三十多年之后，石老之孙石惟明在他的嘱托下，经各方人士及相关领导帮助，费尽周折，找到了当初母亲下葬的地方，确认遗体，并于 2004 年 9 月 19 日在杨柳青寝园为其母亲和二哥石挥举行迁坟合葬，仪式简单，只邀请亲友及学生十余人，我有幸在其之列。墓地呈“品”字形，石太夫人之墓位于其中，石挥之墓位于右侧，左侧为一空穴，碑塑为“书和听诊器”的图案，是石老为自己预留的。石老毕生钟情于医学事业，尤其专注于心律失常领域研究，他在 1994 年出版的《临床心律学》一书的扉页上写道“献给我的慈爱的母亲”。

石老一生至孝，从中可见一斑，他不但在生前尽孝，就是在临终之时也要陪伴于慈爱的母亲身旁。石老的孝行深深地印在我的脑海里，身体力行地教育了我们这些后辈学子。

石老既是完美的孝子也是完美的长辈，老人家对于孩子的德智体美教育皆很重视。由于石伟（石老的大女儿）在外学习工作，她的大儿子钱丞则自幼由石老夫妇抚养教育，钱丞上小学时学校要求家长辅导孩子学习汉语拼音，石老当时已年逾七十，仍然坚持下班后去成都道小学学习汉语拼音。

2004 年石毓澍教授与李终成、王林、李广平在石挥墓前

我比较爱好体育活动，我的女儿与钱丞年龄相仿，当时我家尚住学校内，石老听说我女儿学会游泳后亲自到医大游泳池找到体育教研室的大孙老师，拜托他教外孙游泳，每日接送不辞辛苦，至今与那些体育老师相见，大家对此还津津乐道。石老对孩子各方面的发展也是循序引导，在我女儿八岁时，一次我带她去石老家，言谈之中说到高血压后遗症对人危害十分严重，应加强这方面的研究工作，在一旁的女儿突然插嘴说了一句“前列腺素和高血压”，石老夫妇很惊奇，忙问道：“小王璐你懂这事？”我答道：“可能我在家总说课题的事吧。”石老摸着我女儿的头亲切地说：“长大学医吧。”我女儿点头称是，但眼睛却望着他们家的钢琴，石老夫人见此景问道：“王大夫，她学琴了吗？”我答道：“我对音乐一窍不通，也没想让她学。”石老将我女儿领到钢琴旁，老夫人则手把手教她弹简单的发音，女儿表现出极大的兴趣。石老指着沙发示意我坐下：“让她在这玩会儿吧，咱接着说。”其间，石老反复强调要尊重孩子的天性，不能根据家长的意志去培养孩子，要用榜样的力量去影响她，不能只是说教，还谈到贝多芬曾经说过“音乐是比一切智慧、一切哲学更高的启示”。石老还告诉我：“哲学是科学之母，作为一名医生要懂得哲学。”时光飞逝，转眼三十多年过去了，我女儿至今仍保持着对音乐和读书的浓厚兴趣，真诚地感谢石老在她年幼时的启蒙教育。如今，钱丞和王

璐都成了医生且均已成家，我也当了姥爷了，但恩师对后辈的教育思想及方法依然深深影响着我。“经师易得，人师难求”，石老是我永远的恩师，他学贯中西，我辈望尘莫及，他的行医风范、为人品质值得我辈终身学习。

遥祝我的恩师石主任及张主任天天快乐、身体康健。

石主任的言传身教及传承下的科室护理人

王玉君

古训云："不为良相，则为良医。""医可为而不可为，必天资敏悟，读万卷书，而后可以济世。"医学之路并非坦途，一路走来充满着荆棘与挑战，无数挫折、无数未知都在砥砺着医者初心，磨炼着每一个探索医学之路求学者的意志。说起天津医科大学第二医院心脏内科创始人石毓澍教授这位世纪老人、传奇大家的点点滴滴，护理部的老同志钱俊、黄金香、王桂云、苏新华和高秀云等几位老师都提供给我很多素材。虽然她们都已经退休，离开了自己热爱的岗位，但是对石老领导下的工作仍感悟至深。老一辈医学家求真务实、无私奉献的高尚品格，随着故事渐渐烙在我的记忆里，石老的光辉形象和学者风范让我们仰慕，他的平易近人、温婉谦和让我们感受到人与人之间的温情。他是大家长，他用自己的行动影响着一代人又一代人，以一份不断开拓进取的求知信念引领着心脏学科不断向前发展。

一、言传身教，关爱护士队伍

1980 年天津医科大学第二医院心脏科正式从内科中独立成科，心脏科护理团队应运而生，来自内科的 7 名护理姐妹们在钱俊护士长的带领下组建成一个新的护理队伍，大家团结协作，年轻的成员们积极上进，努力学习更多的专业知识。建科之初，石老敢作为、勇担当，事无巨细，诸事亲为。他敏锐地观察到大家对了解工作方向、明确岗位职责的急迫心情，组织大家围坐在一起静下心来谈想法、说发展、讲困难、展前景。他真诚的话语、踏实的态度犹如一颗定心丸，安定温暖了每一位护理人的心，坚定了大家共同为科室发展添砖加瓦的信念。通过参与建科的几位老师的讲述，我更能真真切切感受到石老对于科室的影响、对于护理部工作的支持，从他身上看到了什么是低调做人、高调做事。

在山泉水清，出山泉水浊。好的环境可以让水变得干净明澈，人亦如此。与厚德之人同行，你会被他们的精神和品质感染，不知不觉地向他们看齐，石老亦是厚德之人。石老德才兼备，共事过的护理同仁对他都充满了仰慕之情，在大家的印象里他谦和有礼、勤奋爱学，对待任何人始终是一脸微笑、软语温言。每天迎着第一缕晨曦，病房里总会出现他的身影，关心、问候、交谈、聆听，每个病人都被石老挂在心上，每个病房都有石老忙碌的身影。他尊敬每一位护理老师，鼓励她们继续学习提升自己，工作中他耐心解答护士们的问题，帮助她们抓护理重点，有的放矢地和护士长一起加强护理团队专科建设，规划职业方向，寻找职业目标。生活中他关心护士们的思想动态，对有想法的护士耐心疏导，竭尽全力帮助大家解决实实在在的困难，他把护士们当作家人，也放在了心上，时隔多年再次回国他还能清晰地叫出每一个护士的名字。

石老和蔼可亲、平易近人，有问题同大家一起商量，从不搞一言堂，深受大家的敬爱。黄金香老师回忆说："团支部有重要活动邀请他时，他都积极参与，并且热情地指导工作。他也从不愿意给组织添麻烦，自己去水房打开水，有时我们大家看见了抢着帮他去打。石老住院做膝关节手术，我们支部党员每天晚上派两名同志去医院照顾老人家的生活，他都非常感动客气地说：'你们也都很辛苦，别来了'，很心疼我们。"生活中的每一个细节都能感觉到他的低调，他踏实做人、认真做事，是默默的耕耘者。

二、文化传承，学术氛围浓郁

"医护一体，大家都是一个团队、一家人，家人之间有问题就说，有困难一起想办法解决，只要团结一心，没有解决不了的事，没有迈不过去的坎。"石老的这种理念也一直传承至今，我清晰地记得多年前李广平主任在晨交班时对新入科的研究生提出要求："进入临床后遇到的每个人都是你的老师，要踏实学习、尊敬老师，哪怕是比你早一天入科的护士你也要尊敬她，她也是你的老师。"听到李主任说这样的话，作为护士我们很感动。只有医护和谐，科室才能有凝聚力，才会吸引更多更强的人才加入，科室才会持续发展壮大。这种科室文化一直在传承，医护精诚团结，定会无坚不摧。

医学之路，学无止境。几十年来，只要石老在医院，他总是把能利用的时间都用在工作和学习上，他不仅严格要求自己，也严格要求科室全体成员，这种对知识的渴望、对学习的执着影响着他，也影响着整个心脏科，整个科室学术氛围浓郁，大家学习热情空前高涨。他赠书给喜爱学习的护士，鼓励她们开阔眼界，激励她们在护理的一方天地也可以有所作为。退休护士长王桂云也回忆道："每天午休时间从石老办公室门口经过都能看到他认真伏案工作的样子，看到这位年近六十的老主任还这么认真学习、对工作充满热情，年轻人都觉得自己做得远远不够。"为了更快更好提升科室专业水平，除了亲自授课，石老还请来专家全面细致地为大家讲授心脏病学专业理论知识。退休护士长黄金香至今仍记得石老要求护士一同参与科室培训、病例讨论，甚至他还专门为护士们讲授关于心脏科患者静脉输液的相关细节、输液泵的应用，帮助护士们提升专业水平，因此赢得患者及家属对护理工作的认可，护理工作开展起来也更为流畅。时至古稀之年，石老依然对新事物充满浓厚的学习兴趣。在那个电脑还不普及的年代，他积极报名天津大学计算机培训班，从练习打字开始学习电脑，他敏锐地感知到信息化时代即将来临，学习计算机大势所趋，而作为时代洪流中的一员，他也要求自己像年轻人一样奋起直追，直面新时代的挑战。与凤凰同飞，必是俊鸟；与虎狼同行，必是猛兽。与胜己者同行，才会造就更加出色的自己，身为心脏科的一员，我们何其有幸。

三、德为人表，榜样力量无穷

立志言为本，修身行乃先。石老虽严于律己，但宽以待人。他自律守时，每次参加会诊、会议他都会安排好工作提前到达，从未因为自身原因影响他人。没有规矩不成方圆，守时不仅体现出一个人的观念，更能体现出一个人的道德修养。青春的光辉，理想的钥匙，石老从未在前行的道路上停下探寻的脚步。石老经历了我们年轻一辈不能体会的历史时代，也尝遍无数我们不曾经历的艰辛困苦，但他从未向困难低头。他风趣地自称："我是'运动'过来的人，场场'运动'都赶上，是'运动员'。经历这些也好，能警惕自己不犯错误，不占国家便宜，不随便拿医院东西，一个棉球、一块纱布也不行。"在导管室工作的苏新华老师听到这些话也感触颇多，告诫我们年轻人要时刻反省自己，防微杜渐。"不积跬步，无以至千里；不积小流，无以成江海。"从建章立制之初，石老的管理理念就已点滴汇集。多年来，他亲力亲为，小到一针一管，大到仪器设备，建本立册，账目清晰，从未出错，心导管室的耗材管理至今仍是全院学习的标杆。

与趣味者在一起会养人。古往今来，越是厉害的人，越是童心未泯。石老幽默风趣，有着丰富的灵魂，活得通透自如，有他参加的业务学习肯定是活跃的，大家踊跃发言、积极讨论，每个人脸上都洋溢着畅所欲言后的畅快。科室每一位成员都喜欢和他在一起，聊工作、聊生活，彼时石老就是一位大家长，而大家则是围坐一团的兄弟姐妹。过年一起包饺子永远是大家开心的记忆，全科人齐聚一起，大家亲自动手和面、搅馅、擀皮、包饺子、煮饺子，在欢声笑语的热闹中辞旧迎新，总结这一年的收获，反省一年的不足。伴着新年的钟声各自畅想未来，对新的一年提出希望，立目标、说愿望，其乐融融的温情景象现在想起都能感觉到家一般的温暖。

四、感恩遇见，护理向阳发展

与石老的两次见面我记忆犹新。2003 年石老曾到过科里，我那时还年轻，不知道石老的经历，只是看到大家脸上都洋溢着笑容，不仅像迎接一位老领导、老朋友、老同事，更像欢迎一位回家的亲人。当时一楼的大示教室布置成温馨的茶话会现场，全科上下忙里忙外，每个人脸上的自豪感溢于言表，所有人以最热情的方式迎接大家长的回归。石主任离开国内去澳大利亚后，多次回来指导科所工作，参加海河之滨心脏病学会议。2009 年“海河会”五周年之际，耄耋之年的石老回来参会，再见到他时，我已经从初出茅庐的小护士成长为一名病区的护士长，虽知石老平易近人、丝毫没有大专家的架子，但面对大家长的到来心里仍会惶恐不安，担心自己专业知识不扎实而不敢靠近。治学严谨的科风、学风已经在刻在我们小辈的心底，牢记在我们的脑海里。

不忘师恩，心怀梦想。一代代心脏人在石老精神的引领下不断前进，心脏科护理部和科室同呼吸共命运，老一辈护士长钱俊、黄金香、李素钧、高秀云、王桂云、韩冬萍，无一不是秉承前辈的创科理念言传身教，身体力行，从她们身上我看到了无私、看到了正直、看到了勤奋、看到了善良，也正是她们的无私付出，护理团队才能与科室发展同步、与时代发展同步。有着前辈的铺路，心脏科为大家搭建了一个大的平台，心脏科护理部更像是一个温暖的“家”，年轻有志的护理同仁们在这个平台上可以尽情地挥洒汗水施展抱负，我们不怕挫折、不怕失败，因为我们身后有着科室这样一个大“家”做坚强后盾。付出终有回报，在大家的共同努力之下，心脏科护理团队多年来获得荣誉无数，一面面锦旗、一座座奖杯见证了心脏护理人为科室发展付出的汗水与辛劳。天津医科大学最美白衣天使团队、院级优秀示范病区、优秀护理团队……高秀云护士长更是三次被评选为天津市人民满意的好护士，高新星、崔峥嵘、宋扬被评为天津医科大学最美白衣天使。多名护士因为理论强、技术硬被评为院级十佳护士、技术标兵，她们代表医院参加各种比赛，为二院争得了荣誉。

历经四十余载，现如今的医大二院护理团队更是一支年轻充满朝气的队伍，团队 69 人，83% 在 40 岁以下，整体青春洋溢、朝气蓬勃。护理团队在科主任带领下鼓励护士全面发展，创造学习机会，积极参加各项活动并取得优异成绩。能用众力，则无敌于天下；能用众智，则无畏于圣人。心脏科护理团队正是往此发展，大家心往一处想，劲往一处使，脚踏实地做好每一项工作，耐心细致地护理好每一位患者，从看病到持续护理，全程全面为患者提供优质、高效、满意、放心的服务，打造优质护理团队。

发白如雪，那是岁月沧桑撒下的鲜花；弯躯如弓，那是时间老人积蓄的能量；手如槁木，那是神农赐予不断收获的硕果；睛若黄珠，那是上苍赐予五彩缤纷的颜色。当岁月的触角爬满额头，当时间的河流淌过血管，穿越雪白，我们在成长，明天，我们都愿成为你。一袭白衣，一腔热爱，突破极限，换取生机；我们愿用青春肩负燕尾帽下的誓言，让医者大爱代代相传、生生不息。

石 老 大 夫

翁铭庆

（一）石老对胡立和我讲朱宪彝校长善意地批评过他：“你哪里来的那么多意见！”

（二）“文化大革命”后，要给专家装电话，那时电话尚不普遍，石老不愿装，怕受干扰，便睿智而委婉地对装电话的人说“你看我家哪里能放电话？”当即没装。

（三）胡立在医学情报所负责做心脏方面的资料研究，石老关心并筹划制定课题，胡立检索找寻文献写出综述。我常陪胡立（视力差）去石老家请教，石老没有架子，总是热情耐心地像对小朋友一样接待我们。

（四）《天津医药》杂志编辑部设立在医学情报所杂志室，石老任主编时曾有意建议所领导调胡立和我去杂志室工作，并和我们谈起，我们有很多顾虑不宜去，将理由倾诉给石老，他充分理解下情，不再提及。

（五）石老对我们内部刊《医学情报资料》也很关注。1979 年我综述一篇《人工心脏概况》，石老介绍给黄家驷院长，其时他正组团去日本考察人工心脏，要去数十本刊物作为参考。

石老还把该刊各期的心脏情报资料装订成册，并写了前言。由于经费问题，1992 年面临停刊，石老找了卫生局乔懋彬局长申请经费，乔局长批了一笔经费专为出刊之用，却被移为他用，未能续刊。

（六）石老提携年轻人。在评职称时，我所某领导（任中评委）卡我，石老了解到这个情况，特为我写了介绍信交给卫生局甄国才局长（任高评委主委），我持信得以见到局长，谈了好几次，他终于同意接受我的申报材料，我因此得以进入高评委议程，通过了正高的评定。

（七）某年政协会议期间，晚间有电影演出，全鸿宾与我经常请石老一起从宿舍走向剧场，一路上听石老讲笑话。

初识偶像，领略大师风采

徐延敏

1989年我毕业于天津医学院（现为天津医科大学）医疗系，并以优异成绩考取了天津医学院附属医院留校名额，当时我毅然报考了天津医学院第二附属医院心脏科，立志成为一名优秀的心内科医生。吸引我的不仅是二院心脏科在全国举足轻重的地位，更是一位德高望重、医术精湛、具有传奇经历的人物——石毓澍教授。

石教授是我国著名的心血管病专家，他早年留学法国，获得医学博士学位，回国后先后在天津总医院、天津医学院第二附属医院、北京305医院从事内科学和心血管内科学教学与临床工作。他曾担任中华医学会副会长、天津医学会会长、《中华内科杂志》副主编、《中华心血管病杂志》常务编委、中华医学会心血管分会常委，完成了很多开创性的研究和工作，为天津乃至全国心血管专业的发展奠定了方向。学生时代我曾聆听石教授讲授“慢性充血性心力衰竭诊断与治疗”课程，石教授授课严谨、细致、准时，深入浅出而又诙谐幽默，给我留下了深刻的印象，激励我也要成为像大师一样专业有术、惠泽黎民、悬壶济世、仁心仁术的白衣天使。走出校门后，来到大师身边，甚至与大师成为同事，使我心潮澎湃、夜不能寐。记得来到科里的第一天，黄体钢主任带领我和赵立凡、张梅医生特意到石教授办公室拜访老先生，那时他正在伏案整理即将出版的资料，见我们几个后生进来，笑呵呵地迎上来说：“欢迎你们加入心脏科，我们心脏科又有新鲜血液了。”我双手紧紧握住石老先生的大手，感受到一股无穷的力量传遍我的全身。石老虽然身材不高，但是非常健硕，他宽额头，脸上充满笑容，双眼炯烁，声音洪亮，总是乐呵呵的，待人非常和蔼可亲，还打趣我说“我们心脏科也终于来了一位帅气的小伙子”，这句话也让我自豪了好长一段时间。石教授还询问了我们几个人的年龄及来自哪里，教导我们说：“心脏学科在未来几年中会蓬勃发展，你们赶上了心脏学科发展的快车道，一定大有作为。”老先生还指出，人生有三命，即生命、性命和使命，生命是人的基本生理需求，人必须有一个健康的身体才能实现自己的远大抱负；使命是专业素养的体现，是完成理想的精神支柱。对一个医生来说使命就是报效祖国，有仁心仁术，用自己的知识服务于百姓，救百姓于疾病痛苦之中。甘于平庸的人只有性命，优秀的人则多了生命，而卓越的人不仅有性命、生命，更有使命。

虽然初次见面仅有短短二十几分钟，但我深深感受到老先生的睿智、豁达、和蔼、热情、幽默，也让我坚定了最初的选择，一定要以老先生为榜样，努力工作，努力学习，成为一名受人尊重、技术全面的心脏科医生。

20 世纪 90 年代初期，室上速的射频消融技术在国内刚刚兴起，石教授敏锐地注意到这将开启介入心脏病学的新时代，立即组织科内中青年医师进行这方面攻关，提升技术，学术交流，申请课题，我作为科里最年轻的医生有幸参与进来，回想起那段热火朝天的岁月，仍然心潮澎湃。当时受理论知识的限制，我在每次手术中思路总是跟不上老医生的分析，摸不到头脑。有一次石教授和李忠诚教授指着一堆电生理检查资料说：“你把这些电生理检查报告都写了，就有思路了，有问题和不明白的就问我们。”也就是在老先生和上级医生的指导及言传身教下，我的电生理知识突飞猛进，也终于能跟上老大夫的手术节奏了。

印象中石教授总是那么忙碌，勤奋。那时候石教授办公室的门总是敞开着，每次路过时，我总是不自觉地往里偷瞄一下，也总能看到他伏案疾书、写写画画，那时他在总结编撰《临床心律学》，是他一生的智慧结晶，也是我们学习电生理知识的“圣经”，许多医生也正是读着这本“圣经”走入了临床电生理的广阔领域。

那时我们一批年轻大夫最愿意跟着石教授进行大查房。石教授不爱批评人，待人和蔼，循循善诱，还特别幽默，所以年轻大夫跟着他不害怕、不紧张。石教授也给我们年轻医生传递了很多前沿知识，比如开展了天津市第一例急性心肌梗死大剂量尿激酶静脉溶栓治疗，从此开启了急性心肌梗死再灌注治疗的一个新时代。还比如确诊天津市第一例致心律失常右室心肌病（ARVC），石教授从疾病的流行病学特点、临床特征、影像学特征及国内外的研究进展为我们讲解，开阔了大家的思路，丰富了临床知识。石教授能和我们这批年轻人打成一片还在于共同语言多，石教授非常热爱足球，能把足球各个位置司职详细描述出来，对足球比赛的评论也有自己独到的见解，据说他还写了一本关于欧洲足球的论著，实在难能可贵。

跟石教授学习的短短几年时间给我留下了深刻印象，他睿智、勤奋、知识渊博、待人和蔼，不但在专业上，而且在做人做事上也让我受益匪浅。石教授高风亮节、淡泊名利、朴实无华，深深感染和教育着青年一代。

令人敬佩的终身探索者石毓澍先生

杨桂华

2004 年我来到天津医科大学工作，有幸认识了我国著名的心脏病学大家石毓澍先生。石老虽侨居澳大利亚，但他每次回来我们都有愉快的交流。随着话题的广泛深入，我逐渐了解石老，并从他身上学到了很多东西，从此和石老成为忘年之交，并通过他的学生和家人始终与他保持着联系。这次医科大学要研究石老的医学和人文思想，医大二院的李广平教授约我写篇文章，我特别高兴能有机会谈谈我从石老身上学到的宝贵东西。

石老是我们终身学习的榜样，他的自然生命和学术生命是一致的。无论是会议发言还是私下交流，但凡谈到医学发展，他总是站在学术的最前沿，对现代疾病谱的变化提出自己的真知灼见。每见如此，我都对面前这位精神矍铄的高龄老人感到十分敬佩和惊讶。他能做到这一点，不仅在于他是一位医学大家，更为重要的是他一直在探索、一直在学习，这样他在保持自己学术青春的同时，也给自己的生命注入了青春活力。石老一生学习、终身探索，他的自传《世纪回眸：石毓澍自传》证明了这一点，我通过观察也有真切的感受。2008 年之后，我离开天津医科大学到天津市委教卫工委工作，访问澳大利亚时，知道石老刚做完腿关节手术，因此专程到堪培拉去看望他，石老非常高兴。石老的家院落整洁、布置简朴，在书桌上放着许多医学外文文献。当时我就想，这样一位近百岁的老人一直关注着世界医学的发展，在学术上仍然孜孜以求，是何等的了不起！

石老在关注学术前沿的同时，一直坚守着学术精神，这就是求真的精神、宽容的态度、博采众长的心胸。这不仅体现在他对学生的学术指导上和日常的言谈举止中，还体现在他善于听取别人意见的生活态度上。有一件小事可以佐证。石老曾经送过我一本小册子《心脏病科会诊实案百例》，这是写给心脏病学专业师生的学习教材。我认真读了这个册子，并对册子的进一步修改提了一点意见，建议把百例的会诊问题和后面给的答案结合起来，便于师生掌握。石老很重视，告诉王林院长，修订时按这个意见复印。如此重视一个外行晚辈的意见，石老的求真精神、务实态度，由此可见一斑。

石老视野开阔，兴趣广泛，喜欢体育，关心政治、社会和文化。他知道我是学哲学的，平常交谈中自然离不开这些话题。记得有一次石老、王林和我讨论社会文化问题，依稀记得石老向我介绍了中华人民共和国成立初期的医患关系，并对现在的一些医患状况表示了忧虑。我们共同探讨了传统文化的继承问题，一致认为传统文化的传承十分复杂，文字上的和实际做的往往并不相符，如对父母的孝、对子女的爱。尊师也是如此，天地君亲师，实际上尊师没有达到尊亲的高度，尽管强调师徒如父子，但实际上没有达到父子的亲密程度。由此可见，文字材料强调的东西，不见得是在实践中真正做到的。对传统文化还需要更深入的分析。那晚讨论了很多话题，记不清楚了，但是石老探索社会问题的执着精神却深深印在了我的脑海中。

我一直以为，医学是科学精神和人文精神的天然统一体。探讨人体疾病的真实原因，需要科学精神；而治疗人体疾病，自然包含着对人关怀的人文精神。因此，要成为一个优秀的医学工作者，必须要终身学习，跟上时代的发展和科技的进步，让最新的医学成果惠及人民群众。在这方面，百岁贤者石老是楷模，是我们的光辉榜样。

石主任留下的财富

尹　力

我 1999 年考取了天津医科大学第二附属医院（以下简称“二附院”）心内科的硕士研究生。虽然我入科时石主任已经退休离开医院多年，但我耳闻了石主任的“传说”、目染了心脏科的“家风”，分享了石主任留给心脏科的“财富”。

在二附院心脏科工作后，特别是担任主诊工作后，我深刻感受到这里的氛围和我以前经历的科室不一样。在这里，同事关系简单舒服，相互之间有的性情相投，有的脾气不和，但是都没有必要刻意去维护或防范。大家平时都专注于自己的工作，各忙各的事，可一到关键时刻，就会全力以赴共同战斗。心脏科介入手术的意外事件是每一个介入医生都体验过的噩梦，我们把这称作“导管室噩梦”，如果处理稍有偏差，病人就会瞬间失去生命，这对于手术医生和患者都是不能承受之重。我经历“导管室噩梦”时，主任们，比如黄体钢、李广平、刘彤总是亲自到场指挥，科室的医生也到场出力献策，平时外表文静的女医生会像疯了一样地帮忙做心外按压。平时开玩笑时说“除非是刘德华，不然我才不给做口对口人工呼吸”的医生，会不顾一切地扑上去，扶住病人的头就开始口对口人工呼吸。像姜铁民、郑心田、邱久纯这样一些胆大心细的高手，还会默默地接替术者，完成手术。每当此刻，我心里都会升起一个念头：我真幸运能在这样的团队里工作，能和这样的同事共事。

在心脏科工作我不用担心自己的“后背”，因为我知道，一旦我的“后背”出现空档，会有同事立即帮我补上，不会眼睁睁地看着我遇到困难不管，等着看我的笑话。科里的同事都能彼此照看对方的背后，及时上前一步补台。我们拥有基本相同的价值观，拥有相同的行事风格，彼此配合，并肩战斗。我们共同拥有了一些无法对外人言传的人生经历，在这些经历里，我们见证了对方的勇敢、勤奋、斗志、创造力和牺牲精神。虽然我们存在着竞争的一面，但是无关输赢，无论结果如何都不会失去彼此之间的敬意，这是一种体面的君子之争。

我经常在想一个问题，心脏科同事的这些特质是怎么来的呢？这样的同事和这样的同事关系个人是很难寻觅的，因为从根源上来说，这不是同事之间可以决定的，它是在心脏科这片天空和土壤中自然而然长出来的，正所谓一方水土养一方人。而这样的一方水土也肯定不是一朝一夕能成就的。我的导师黄体钢和李广平告诉过我，当年的石主任平时就在自己的办公室里看书、写文章，从不指手画脚，而是让听得见炮火的人去指挥战斗。平时医生组、护理部、研究所、技术组默契合作，工作顺畅时你完全感觉不到石主任的存在，但一旦有“重大战疫”或遇到紧急危险，石主任总是坐镇一线，指挥抢救。二附院心脏科这方水土当年由石主任奠基，由后来的继任者不断培土加固。石主任就是心脏科这艘航船的“压舱石”。

在心脏科给我留下深刻印象的还有主任查房。黄体钢和李广平主任查房时，他们不仅会实实在在地分析病人的症状、体征、检查，得出诊断、鉴别诊断和治疗，还会结合该病人的情况扩展到最前沿的学科进展和相关指南，最后又会回来，把这些前沿进展和指南一一落实到病人的诊断治疗上。我没有机会听石主任查房，但是有幸读过他写的几本关于心脏电生理的书。心脏电生理知识是业内公认的最难啃的“硬骨头”，既枯燥又烧脑，可是读石主任写的书完全没有这种感觉，他把那些晦涩难懂的电生理知识深入浅出地娓娓道来，给人一种如沐春风的感觉。这就是医学大家的专业魅力，他们能够讲出精彩的内容，让我们觉得有趣、让我们有收获、让我们服气。

发表论文、申报课题是每个医生都必须要完成的工作。我的导师李广平讲过当年石主任写论文的事情。那时没有电脑，稿子都用手抄，如果抄错了字，就得将改正的字写在稿纸上，剪成和原来字迹大小一致的方块，用胶水粘到原来错字的地方。石主任不仅自己写论文、自己抄论文，就连改错字、粘贴这样的琐事都是亲自动手。他的学生想帮忙也会被拒绝。石主任说：“你们自己要做的事情已经很多了，做好你们自己的事吧，我自己能做的事让我自己做。”

现在主任不仅要自己申报课题、发表文章，还要给科里同事的标书提意见和建议，甚至帮忙修改。像我这个中年考硕、半路出家的人写标书和写论文就特别困难。幸好有刘彤主任手把手地指导我、逐字逐句地给我修改，帮助我在国内外期刊上发表了多篇 SCI 文章。有一年刚过完春节，正值申请国家自然科学基金的最后冲刺阶段。一天晚上我和几个同事正在科里写标书，李广平主任突然来看我们，在给我们的标书一一提出修改意见后，他拿出一个保温桶，里面装着热气腾腾的元宵，招呼我们大家吃元宵。我已经忘记当年所写标书的内容，但是永远记住了那晚的元宵。

正是石主任他们这种充分放权、勇于担当、从细微处关心员工的行事风格，给同事们心里注入一种内在动力。同事们把对领导的敬佩和感激之情，转化为对科室的认同感、依恋感和忠诚感。同事们常开玩笑说：我们心脏科的人都是“不待扬鞭自奋蹄”。

高山仰止忆石老

袁如玉

石老是心血管界德高望重的前辈，也是天津心脏病学研究所、天津医大二院心脏科的创始人。作为晚辈的我，拜读过他的著作，久仰他的大名。我于 2007 年调入医大二院后，石老从澳大利亚回津数次，有幸和他短暂接触，看到老人家健康矍铄、精力充沛，思维睿智、谈吐幽默，待人谦逊、和蔼，我感到十分亲切。我想：世上难有如此高龄而又这么健康的人，上下楼梯不用任何搀扶，走起路来足下生风，年轻人也不过如此。更为神奇的是，如此高龄却又思维敏捷、思想深刻、表达清晰，通晓古今，对当今的社会现象都能接受，对现今的医疗技术领域都能发表自己的见地，还是个超级球迷，世界杯比赛场场不落地看直播（包括半夜的比赛）。真是让我惊叹不已！

石毓澍教授和夫人张季鸿与王寒松、王林、李广平等在北京首都国际机场

“莫道桑榆晚，为霞尚满天。”夕阳在奔涌，生命如光。虽然时隔多年，回想起那些与大师接触的时光，有感而发，略记一二。

2010 年石毓澍教授与袁如玉、李广平在天津心脏病学研究所合影

2010 年“海河会”开幕式后，石老要赶去参加另一个活动。在送石老出门时老人家问我：“在这里工作感觉怎么样？待着还顺心吗？”我当即表示：“这里工作环境好、学风正、科研氛围浓厚，教学医院处处规范。”石老欣慰地微笑点头，我深深感受到石老的关心。

再一次是石老要看牙，口腔科彭主任请我去监护一下确保他的安全，我欣然接受了任务。提前为石老准备了两片硝酸甘油、一瓶矿泉水和几块干净纱布，石老夸我很细心。在等待修牙时因为离石老很近，我看了看他戴的手表，心想：石老这么大腕儿，戴什么表啊？石老看出我的心思，说：“这是很普通的表。我的生活很简单，简单就是幸福。”真是智者之言！在拔牙中无论是打麻药还是拔残根时的又敲又凿，石老从没皱一下眉，心率、血压也一直保持稳定，还总安慰彭主任：“没事儿，没事儿……一点儿不疼。”石老说：“住过‘牛棚’的人再经受世上所有的痛苦都不成问题了。”难怪石老心胸开阔、健康长寿，这是历经痛苦磨砺后的坚韧与豁达。“海纳百川，有容乃大”，心胸和格局是健康长寿的基石。想想自己平时遇到困难挫折和不公待遇就消极悲观、委屈、患得患失，真是十分汗颜。海纳百川的眼界胸怀，以及医者仁心的坚守与情怀，

袁如玉陪同石毓澍教授在天津医科大学第二医院口腔科

石老的大家风范让我深有感触，也为我树立了终身的榜样。

几次接触后，我对石老的“畏惧”减少了很多。石老其实是相当和善的老人，他总是亲切地招呼我“来啊”“坐啊”，也总是因为一点点帮助向我致谢。一次我送他下楼，帮他拿起一件学生送的礼物，老人家幽默地说：“我自己拿吧，我是怕你拿走啊。”当时我俩都开心地笑了。那一刻，我没把他当成众人仰慕的医学教授了，倒像自家的长辈，可爱的石老！

石老的夫人张主任也是非常慈祥的老人，她出身名门，有着极高的修养和素质。同时，张主任做事认真的态度给我留下了深刻的印象。有一次我随王林院长、李广平主任去北京送二位老人，一起吃了顿饭。她嘱咐吃剩的东西尽量打包带走，教育我们爱惜粮食、珍惜别人的劳动。她膝关节不好，走时想起借了西餐厅餐具放在酒店房间内未还，便亲自走到西餐厅与服务员交代，让服务员电话确认好后才放心离去。她办事有始有终，不给别人添麻烦，虽然事情不大，但能看出张主任做人做事认真，头脑清晰，办事严谨，真是细节决定人生！

百岁高龄的石老依然关心学科发展，关心年轻医师的成长，关心我们在国内是否能跟上国际学科发展的步伐。2016 年他亲自撰写了《临床心脏病学讲义》，并在 2018 年再版留给我们学习。从接触心脏病病人、细致查体、基本仪器检测、常用技术操作，到各个心血管疾病进展，字里行间凝聚着他对事业的执着和对病人的关爱，是老教授数十年工作的积淀、智慧的结晶，这本书也成为心血管医师学习提高的必备教材。

袁如玉和石教授夫人张季鸿合影

2008 年石毓澍教授 90 华诞时袁如玉向其献花

记得那年在心研所召开的研讨会上，石老认真倾听了几位年轻主任的近期科研汇报，不断肯定他们的研究成果，也将澳大利亚和欧美先进的技术发展介绍给我们，进一步指导他们进行深入的、持之以恒的研究。石老还引经据典、深入浅出地做一些比喻，将复杂的道理幽默诙谐地讲解出来，引来大家一阵阵开心的笑声。那天我特别开心，感觉弥补了之前未能在二院听石老查房讲课的遗憾，真正做了一回石老的学生……

高山仰止忆石老，一同回望岁岁年年。清风拂明月，山海有相逢。寒来暑往，秋收冬藏。虽然已历经多载，四季仿若刚经过一夜沉眠。在时光的洗练、时代的铿锵中凝聚的那份平凡和伟大，都因医者的付出从不计较得失，唯愿健康和快乐无处不在。岁月交织，人生汇聚。人的一生要学的东西很多，在与石老短暂的接触中给了我许多人生的启迪，让晚生受益匪浅。

我和石主任的历史情缘

张承宗

一、初知——和石主任的初识

我和石毓澍主任接触的时间比较长远，回忆往事有很多历史情缘。当时我就读于天津医学院，四年级下学期学习内科学，就有同学传闻说石教授讲课引人入胜，果不其然，他的课给我们留下了深刻的印象。

1964年9月毕业，我有幸被分配到天津医学院内分泌研究室（在附属医院）工作，刚报到完即通知我们参加农村“四清”运动，一直到1965年底才回内科报到。当时正值附属医院城市“四清”火热开展，但是还没有到非常激烈的程度，业务和医疗教学活动还算基本正常，我也有机会跟随朱校长和石主任等上级查房，算是有了初步接触。

二、分院建立内科——和石主任再遇

我于1973年3月从当时的天津医学院附属医院调到分院（后来改称天津医科大学第二医院）筹建内科，5月1日医院正式开诊，10月我即参加医大总医院和医大二院组成的蓟县（2016年以后改称蓟州区）医疗队。1974年9月，石毓澍教授从北京部队医院调回天津，到医大二院任内科教研室主任和内科主任，年底我结束医疗队任务回科见到石主任。印象深刻的是他为医院的内科系统带来了蓬勃发展的生机。他先在内科组建了心血管组，有张祖茂医师、钱俊护士长和我参加，还有做技师工作负责超声心动图的蔡金荣等。1974年首先开展了电转复治疗心房颤动的新技术，石主任亲自安排和操作，当时该技术已经达到国际先进水平。记得在十分简陋的条件下，医生们在旧的配膳室用旧的皮克X光设备初步进行心导管检查，石主任不顾身体损害，在暗室中趴在大量发生X线的荧光屏影像上开展心导管和人工心脏起搏术。对一例 III 度房室传导阻滞患者，安装了我院首例国产固定频率的一年期埋藏式永久起搏器，当时只有复旦大学电子系制造永久起搏器，石主任联系了那里的工程师方祖祥教授，请泌尿外科张祖诏医师协助起搏器囊袋的手术操作。1978 年，研究生考试制度恢复，首批考取石主任硕士研究生的黄体钢、傅文栋、范崇济和姜铁民医师也都是心血管组成员。这一年石主任参加了全国科学大会，精神振奋，准备加强心血管疾病的防治水平和科学研究。他带领我经过努力购置了一台岛津 B 型超声心动图和心电图踏车试验设备，一切以治疗患者为先。在以后的工作学习中，石主任无私奉献的精神一直激励着我。心血管组的建立，为日后心脏科和心脏病学研究所的成立奠定了重要基础。

三、心脏科成立——石主任引领新征程

1980 年，石主任取得院领导的支持和批准，成立了心脏科，并担任心脏科主任。在老楼一层建立病房，他以身作则，和医护人员一起动手做卫生、刷油漆，鼓舞了大家的干劲。由于是新组建的科室，从基础设备到人才赓续都是亟待解决的问题。在医院和石主任的大力推动下，由他牵头带着我联系天津市计委、市物资局和化工进出口公司，引进了首台日本光电心电监护仪和多导生理仪等设备。后来我们又将病房的阳光室腾出，建成监护室，形成初步的心脏重症监护室（CCU），用于急性心肌梗死患者的抢救。我们还建立了心电图室和超声心动图室等服务于临床、教学和科研，同时石主任亲自联系，购买法国 CGR 公司的 X 光机，节省了很多费用。后来正式建立了心导管室，又筹建了心血管研究室，经过上级领导支持和批准，发动群众集思广益，设计图纸，细致安排，在医院西面盖好了现在的天津心脏病学研究所，开展心脏电生理和心血管病临床基础等系列研究。虽然我的学术成绩和工作能力不高，又因为种种原因没有报考研究生，但也得到了领导和石主任的信任与培养，成为科室的骨干力量之一。20 世纪 80 年代，我还是副主任医师的时候，经过中华医学会同意，被石主任推荐担任《中华心血管病杂志》编委，该杂志是当时国内心血管病专业的最高水平杂志。晋升教授后，我又连续兼任了两届，尽管任职期间责任压力重大，但这段经历对我日后在学业和学术上的提高，起到了非常大的促进作用。

在石主任指导下，我不断参与开展新技术、新项目，不断进行国内外学术交

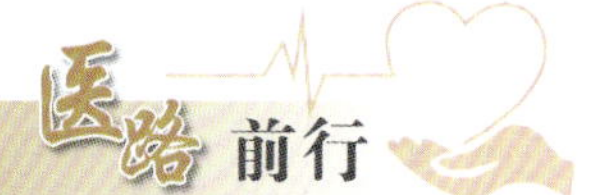

流来提升自己，成功进行了冠心病急性心肌梗死、高血压发生机制和室上性心动过速等方面的研究工作，并完成多篇水平比较高的论文。1983年，石主任带领的团队在心律失常的诊断和治疗方面已处于全国领先行列。留学法国的人员回科后，就开展了冠状动脉造影和电生理检查等项目，并处于国内领先水平。不仅如此，20世纪80年代和90年代石主任出版了许多论著、发表了多篇文章，心脏电生理机制研究在全国产生了深远的影响。1980年他编写了《心律失常的诊断和治疗》，基本内容现在仍然需要我们认真学习。

石主任十分重视教学，体会比较深的是除了他自己参加医学院的讲课外，还培养我们的教学能力。他要求我们全面掌握内科学教学内容，根据分工至少把心血管系统和泌尿系统的教学大纲内容合格地讲一遍。他强调不要照本宣科，不要念稿，标题和提纲可以看，要用自己的语言把专业内容讲清楚，黑板不要写字太多，应该生动、突出重点，要避免使用过多口头语和不必要的重复。通过他的指导和培养，虽然我差距还很大，但是在教学方面也得到了锻炼。

除了对大家的身教和言教以外，石主任热爱生活，热爱足球运动，常聊足球比赛，用球赛打比方提示我们要有突出的临床思维。这些内容同仁们在各自文章中叙述非常生动，我也有切身体会。周末我还参加过“医护技”的娱乐和游园活动。

工作中石主任严格要求自己，没外出任务时，他准时查房、出诊、讲课，参加全科讨论会和组织生活。他天天骑着旧自行车上班，周日上午带头来院看望危重和疑难患者，对患者认真负责。从领导干部到后勤工人他都热情接待，一视同仁，极具敬业精神。对我们更是给予充分的信任，他安排工作任务后，便放手分给各位弟子去做，他总是在各种场合反复强调“勤奋”二字。他注重人员的精干和工作效率，他的言行让学生和下级医师都深受教育。石主任细心积累心电图，那时候记录都是单导联，需要不厌其烦地剪贴，字母还需要打字后

20世纪80年代，我和研究所老师在水上公园
左起周丽娟、石毓澍、张承宗、倪燕平

裁剪，然后再粘贴，有的还需要墨绘模式图，我们常常看到他在办公室剪贴的场景。他的身教也让我永远铭记，有一位合并高血压的患者，治疗效果差，而我作为主治医师没有注意查找原因，石主任查房时发现我只测量了患者一侧的上肢血压（高达 190/120mmHg），他马上亲自测量了患者四肢的血压，发现患者下肢血压低，因此明确了病情是主动脉缩窄引起的继发性高血压，让我十分惭愧。还有一次塘沽碱厂医院在临近中午时请我会诊，我请示主任，他立即和我说“现在不能去，自己吃完饭再去”，使我深受廉洁教育。身教胜于言教，石主任的教导令我终身受益。

建科时石毓澍教授和我及部分人员合影

前排左起张承宗、平军、石毓澍、傅文栋，后排左起姜铁民、苏新华

四、石老的精神仍在鼓舞着我

1996 年石毓澍教授移居澳大利亚，颐养天年。2002 年我去悉尼参加亚太地区心血管会，并到堪培拉访问，石主任在澳大利亚国会大厦亲切会见了我们，还带领我们参观。他说澳大利亚建国时间很短，与中国传统文化和历史相比差很远，但是地广人少，科学技术发展水平和公民生活水平还是比较高一些。他关心和了解天津市及他创建的学科的发展情况。

在澳定居以后他经常回国参加由心研所主办的“海河会”，并且指导心脏科和研究所的学术工作。

2007 年石老九十寿诞，他的部分好友、学生和同事编写出版了《医峰玉树》

我在堪培拉和石毓澍教授合影

我在“海河会”期间到宾馆看望石毓澍教授

一书，遗憾的是我知道比较晚，没有来得及组稿，王林院长安排我和周长钰分别对第七章学术论文和第六章心脏病科100个实例进行编辑、校对和个别文字调整。这次经历让我有幸学习了石主任的丰富学术内涵，同时了解了他及家人的历史和情怀。后来也读过2018年出版的《世纪回眸：石毓澍自传》，感触颇深。

2011年93岁高龄的石教授回国，并参加了第七届“海河会”。如今石老已经106岁高龄，仍旧思维敏捷，身体非常健康。

石主任亲自推荐并得到上级领导和同仁广泛认可的李广平主任心胸开阔、谦虚谨慎，十分尊重老专家和长者，积极听取各位同仁的意见和建议。他经常通过互联网向石毓澍教授汇报工作情况，听取指导意见，对我也是给予充分尊重和信任。

2022年心血管病学科在党委领导下整合心脏内科、心脏外科、血管外科和心研所成立心血管病中心，李广平教授任中心主任，继续发挥学科引领作用。与此同时继续第四代传承，年轻一代博士生导师刘彤教授主持心脏科和天津心脏病学研究所的行政工作，石主任创建的二院心脏病学科一直后继有人。

在石主任的认可和李广平的安排下，我协助筹办海河之滨心脏病学会议。直到2021年7月，我共参与组织了十七届“海河会”，先后举办了庆祝天津心脏病学研究所成立三十、四十周年纪念活动，为学科和学术的发展继续尽自己的力量。

五、岁月不居，未来可期

建院以来，我先后在当时的内科及后来成立的心脏科工作，经历了老前辈石毓澍教授、兄长辈黄体钢教授和对我来说青年学生辈的李广平教授三代科主任的领导。在此期间，我努力做好本职工作，快速适应每一位科主任的不同管理风格，认真做好各方面协调工作，不计较个人得失，甘做配角，始终以科室发展为先，以医院利益为先。如今我已经进入耄耋之年，2022 年 11 月我还获得了中华医学会心血管病分会颁发的“鲐背奖”，然而这一切成绩的取得都离不开组织和石老对我的培养。春节之际我向石主任问候并汇报情况，他每次都通过邮箱及时回信鼓励。

收到我的贺年信后，石主任即刻回信：

承宗大夫及夫人：

接到来函，深为感谢。津医二院心脏科的工作多亏你的指导走上正轨，后继有人。希望继续关心，辅助后进，视为庆幸。

祝你们全家春节幸福快乐！身体健康！

石毓澍　张季鸿

我于 2023 年 1 月 23 日周一写道：

尊敬的石主任、张主任：

2023 年兔年春节好！一年来继续经历疫情，现在从管控到开放带来转机。您开创的心脏科、心研所在李广平和刘彤的具体带领下不断创新发展，他们都和您汇报。我今年已经 82 岁，新冠感染比较轻微，已经恢复。还力所能及地继续参加一点学术活动，接受继续教育吧。得知您二老身体非常健康，也看到你们的近影，关注心血管病学术动态，我们非常高兴和欣慰！在新年之际祝福你们及全家新春快乐，家庭幸福，身体健康！

承宗、素珍携全家敬上

2023-01-23

我现在仍然坚持学习，不断关注心血管病和医学进展，其中关于肺动脉高压、高血压、冠心病和心力衰竭等方面的研究一直是我关注的重点。我也积极参加医院和科所的学术活动及社会公益事业，希望通过自己的努力，为学科的发展、为医院的发展再添微薄之力。

致敬睿智而深邃的石毓澍教授

张　萍

我知道石毓澍教授始自于20世纪90年代初，那是在北京大学第三医院简陋的图书馆里，一个阳光灿烂的下午，我穿梭在狭窄的书架中，浏览着为数不多但经典的内科书籍，突然一本《临床心脏电生理学》跃入眼帘，在一众《内科学》《心血管病学》《消化病学》等书籍中显得尤为突出，四级学科的专著，在那个时代实属稀缺品。书的封皮上标注着作者石毓澍，对于那个时代的小住院医师来说这个名字有些陌生，出于好奇，我便不经意地翻开了这本书，不承想一发不可收拾，一直看到图书管理员提醒要闭馆了，我赶紧拿出最后一张借书卡把这本书借走，通宵达旦，用了两周的时间通读了全书。这本书由浅入深、循序渐进，从传导系统的解剖、生理、病生理到心律失常，系统地介绍了传导系统疾病，就像一位大师牵着懵懂少年徜徉在心脏电活动的海洋，游弋在千丝万缕的传导束中，令我茅塞顿开，从此我对心脏电活动领域产生了浓厚的兴趣，这也为我日后从事心脏电生理工作奠定了基础。2003年我调入北京大学人民医院，师从郭继鸿教授，郭教授对石毓澍教授十分敬重，每每谈起都会说“石毓澍教授是真正的学者，是中国心血管领域令人钦佩的大家”。

在石毓澍教授九十寿诞时，顾复生教授、郭继鸿教授等在北京为其贺寿，那是我第一次见到石教授，老人家精神矍铄、思维敏捷、幽默风趣，宛然年轻人的风貌。我记得石教授喜爱足球，90岁高龄依然追看世界杯。我也是在那次聚会上知道了20世纪30年代中国著名影星石挥先生是石教授的兄长，虽然石教授远在海外，但仍以其高尚的魅力和超然的心态绽放着人生璀璨的光芒，是中国心血管人永远敬佩的巨擘。

在石老的教导下成长

张祖茂

天津医学院第二附属医院（现天津医科大学第二医院）是 1973 年 5 月成立的，除天津医学院附属医院（现称天津医科大学总医院）调动过来的医务工作者，我是二院开院时第一批上班的医生。1974 年石老来二院工作后，他担任内科的主任，主持全科工作及心血管组的工作。从那时起我就在石老的教导下工作，直到 1985 年我从二院调到上海工作时，我已经在石老手底下工作了近十二年，在他的言传身教下，我从一个普通医生成长为一名专科医生。退休时我是科主任、教授，享受国务院特殊津贴的待遇，这些成绩均离不开石老的培养、教导，对此我感激不尽。虽然离开二院许多年了，但是石老的音容笑貌，和石老一起工作、生活的点点滴滴还历历在目。

一

石老没外出任务时每天准时上班，准时查房、出诊、讲课、参加全科讨论会等。他天天骑着旧自行车上班，有一次他骑车靠在了旁边的马车上，差一点就摔倒在地，非常危险，但是在这之后，他还是坚持骑自行车上班。平时石老在穿着方面非常朴素大方，他每天都自带午饭，在暖气片上热一下就吃了，不是很讲究吃喝。在院内他从不与人成帮结派到外面吃喝玩乐的，更不会接受病人的请客吃饭和红包。正因为有石老这样的榜样，二院的医护人员在医患关系处理中都做得很好。虽然石老自幼生活、学习环境非常艰苦，并且受到过各种不公正的对待，但是他在我们面前从来没有谈论过这些往事，只一心为做好工作而努力。

另外，石老非常平易近人，在院内无论医生、护士还是后勤人员都喜欢和他交谈，我从没见过他训斥过院内的医护和后勤人员。当有问题需要解决时，他总会真诚地帮助你。所以石老在医院里人缘很好，从医院领导到工人师傅都有他的朋友，平时可以一起聊聊工作和生活。石老还非常喜欢运动，尤其是足球，他经常和大家一起聊球赛。由于石老的医术精湛、医德好，很多外地同行都会经常打电话和他讨论一些医疗问题，很多周边地区医院常来咨询或者直接带病人过来会诊。当时天津市很多重要领导和各大医院的领导都曾经在石老病房住过院，最后都康复出院了。

二

石老来二院后，在心脏病治疗方面，于1974年首先开展了“电转复治疗心房颤动”的新技术，当时天津市其他医院还没做过这种治疗。其中病人选择、镇静方法、电击能量和电击次数均是石老决定的，在石老的指导下，由我操作这项电击治疗过程。截止到1978年已经做了近30例了，大多转复成功了，因此我也熟悉了这项技术，对我以后抢救心脏骤停病人奠定了基础。1981年我到美国进修时，看到美国医院的心脏科也是采用此电击转复房颤的方法治疗病人，由此看来，石老当时开展的这项工作是具有国际水平的。

石老在二院开展的关于心脏病方面的第二项工作是“人工心脏起搏术”。1976年唐山大地震刚过，8月初病房还设在地震棚里的时候，有一位70多岁的日本归侨突然晕倒在家，来二院急诊。心电图显示病人三度房室传导阻滞，可能是传导系统纤维化引起的。石老当时就决定进行临时人工心脏术抢救，使用现有的国产除颤起搏机器，做完导管消毒后，就冒险将病人转到病房大楼的X光室，由石老亲自在X光透视下插管操作，我也消毒上台做他的助手。他边做边介绍操作要点，最后顺利将导管插入正确位置，顺利开始人工心脏起搏，病人得救了。当石老安排好监护、值班工作后，我们一起下班回家，已经是满天星斗了。当时国内没有进口的永久起搏器，国产的只有复旦大学电子系制造的固定频率的一年期埋藏式永久起搏器。所以第二天我们马上和复旦大学联系好，由家属坐火车在3天内将起搏器从上海购买回来。在尽快做好消毒等各项准备工作后，我们冒着余震的危险将病人推到病房大楼X光室。因为是第一次做埋藏式的起搏器，外科手术操作请泌尿科张祖诏医生协助，导管就在石老的指导下由我来操作。当时的导管是塑料的，没有钢丝引导，插入体内后操作很困难。我运气还不错，在石老指导下，比较快地将导管置入正确的位置。测试成功后，连接好起搏器植入皮下，手术成功完成。患者术后也没有发生感染和移位等并发症，这位归侨及全家都十分感谢石老的救命之恩。自此，二院的人工起搏器技术就不断发展进步起来了。

1979 年石老提出并带领全科及心电图室开展了天津市的冠心病普查工作，包括询问病史、查体、做心电图及针对疑似冠心病患者做心电图二阶梯运动实验，共对周围工厂、农村等人群做了 4000 多例普查，反映了当时天津市冠心病的发病情况，并在天津市医学年会上进行了报告。

1979 年后，为了发展心脏病的检查方法，石老决定购买仪器，培训技术人员，建立超声心动图室，还安排我去北京进行了短期的学习。这项工作的开展，提高了心脏病的诊断技术，对心肌病、二尖瓣脱垂、左房黏液瘤、主动脉夹层瘤等病都能作出及时诊断和处理。

1980 年石老被批准成为第一批博士生导师，同时二院正式成立了独立的心脏科，硕士和博士也进入医院及心研所。石老还筹款购入了 C 型臂 X 光机，建立了导管室，在法国留学人员回来后，科里就开展了冠状动脉造影和电生理检查等项目，进入了新的更高水平的发展道路。

三

我再介绍一些讲课方面的情况。同事和同学们都认为石老讲课清楚，能深入浅出，课堂效果很好，且讲课时间也掌握得很准，基本都是准时结束的。记得有一次我的前同事到二院来找我，正好遇上石老下午在科里讲课，内容是“水电平衡”。我的这位同事听了石老的课后告诉我，他多次听过其他人讲“水电平衡”，从来就没完全弄明白过，这次听了石老的课总算弄明白了。我想这是对石老讲课的客观真实反映吧。

在讲课方面石老对我的培养和教导也是很多的。1977 年前后天津医学会曾经办过两期心电图培训班，招收全市的心电图工作人员报名学习，讲课的除了石老及各大医院的主任之外，石老还安排我和张承宗医生参加。每期大约讲六学时以上，这不仅使我们的心电图知识得到积累，还锻炼了讲课能力。

1978 年我升讲师后，石老又安排我给医学院学生讲授心脏病课程，每学期有十节课左右。讲课前石老特地教导我一定不要照本宣科，要用自己的语言把内容讲清楚。我后来每次讲课都是遵照他的教导做的，因此效果就好得多，这是我终身受用的。

最后要谈的是石老送我去美国进修的事。1980 年美国医学代表团访问中国后，给了去美国进修一年的名额，石老就将我申报上去，批准通过后石老又让我去申请了生活费，最终我于 1981 年 7 月到 1982 年 8 月在美国堪萨斯城圣卢克医院美国中部心脏病研究所完成一年的进修，之后回到天津二院工作。通过一年的国外学习，增加了我对现代医学的认识，同时也提高了英语水平。所以我的一切成绩都来自石老的教导和帮助，师恩难忘。

张祖茂教授参加“海河会”期间看望石教授

在石毓澍教授身边的点滴

周长钰

接到撰稿邀请，思绪被拉回到20世纪八九十年代，那些在石毓澍教授身边学习、工作的岁月，往事如烟，撷取一二。

一、有幸成为石毓澍教授的学生

39年前，在我迈出天津医科大学校门的第二年，终于如愿以偿地通过了仰慕已久的石毓澍教授的研究生初试。当时天津医科大学第二医院心脏科成立仅有短短的五年，除了石毓澍和另外两位当年并不算老的“老”主任，就都是研究生，本科生是够不到门槛的。因此要在这强手如林的科室占有一席之地，还要通过研究生复试这一关，兴奋之余不免忐忑。

复试在紧张和焦虑的等待中来临。这是我首次直面导师，过去虽然听过石教授几次大课，也深为他的授课艺术和演讲口才所折服，但彼时是“混迹”于上百名学生之中，而如今却是单枪匹马，心情可想而知。复试的主考官除了石教授外，还有心脏科元老之一张祖茂主任和石教授首届研究生之一傅文栋主任，阵容可谓强大。此后几十年过去，这“三堂会审”的场面一直定格在我脑海中。复试内容是为一位患者做视、触、叩、听的全套物理检查；采集指血做血常规化验，并对化验室老师选定的尿、便镜下涂片给出诊断；结合给出的胸部X光片，写出病历摘要及化验结果，提出诊断、诊断依据和治疗原则。石教授全程都在看和听，基本上没有提问，但他和蔼而不失严厉、不怒自威的气场深深震撼到我。复试内容更是体现出石教授对基础知识和基本技能的重视，这一点从研究生进科后必经的一年期大内科轮转和为期三个月的外科实习都得到了进一步证实，这些培养过程开阔了学生的眼界，扩大了知识范围，也为以后的心脏电生理检查、起搏器安置等小手术奠定了外科基础并树立起无菌概念，充分体现出石教授在学生培养方面的远见卓识和宏才大略。我为能成为石教授的学生而深感荣幸。

二、有幸加入石主任领导的心脏科

在校本部的研究生基础课学习结束后，我回到医院向石主任报到。半年来，除了研究生复试和确定选修课时见过他，这是我第三次面见导师。那时正值年终，石主任在了解了我的学习情况后，告诉我今日科室聚餐，让我到大教室去帮厨。说到这个大教室，不得不让人由衷佩服石主任的高瞻远瞩。据说当年心脏科从内科分出，在主楼一楼成立病房，石主任带领全科工作人员清理打扫，使原来脏乱的病房焕然一新，并开辟出这个令全院“医护技”都羡慕不已的大教室。此后三十多年，科室开会、学习、讲课、办班、聚餐、联欢等几乎全部活动都是在此进行，直至大楼拆除盖起新楼，在这里给我们留下了多少难忘的记忆。话题转回，当我进入大教室，欢乐的气氛扑面而来，年轻的男医生在揉面，护理部老师在拌馅，研究所老师在制作凉菜，一派忙碌的景象。很快一切就绪，热腾腾的饺子上桌。会餐在石主任的年终总结和新年祝词后开始。大家吃着，说着，笑着，其乐融融，真像一个温暖的大家庭。这场面在我实习、工作过的两家医院、若干科室都不曾有过。我觉得是石主任的感召力、凝聚力和人格魅力，方得如此团结，如此欣欣向荣。我为能成心脏科集体的一员而深感荣幸。

三、有幸领略石主任的为师之道

好像是在就读研究生的中后期，经石主任指导，科室和心研所各位主任、医生和老师的通力合作，一项科研课题终于获奖，除了获奖证书还得到了一笔奖金，尽管数额不大，也足以让人兴奋。我把奖金按照对课题的付出程度分成若干份，带着石主任的那份来到他办公室将奖金奉上。本以为这顺理成章的事情很容易办到，没想到却遭到了石主任的拒绝，任我再三申明这是他应得的，参与课题者人人有份，石主任还是执意不收。从他办公室离开，我想起过去常被教育的“在荣誉上不伸手，在物质上不伸手”，这何止是不伸手，是送到手边都坚辞不受啊！在被感动的同时我也暗下决心，如果有朝一日我也能身为人师，也要像石主任一样对待学生、对待物质和荣誉。石主任的为师之道永远是我学习的榜样，而榜样的力量必定是无穷的。我为能在这样高风亮节的师长身边学习、工作而深感荣幸。

四、有幸向德高望重的师长献花

记得有年我正在院外参加学术会议，接到医院通知，要求我参加石毓澍教授从医 60 周年的庆祝活动。医院直接通知本人而不是通过科里下达，几乎没有先例，当时虽有些奇怪，也并未深想。学术会一结束我就直奔会场。万没想到我的任务竟是在会议上向石主任献花。在石主任众多的弟子中，论学术、论能力、论成绩、论所有，我都只能排在队尾，这份殊荣竟会落到我头上，真的让人激动、兴奋，更多的还是紧张。这么多年过去了，如今想起来还不免一阵心跳。各项议程过后终于轮到我上场了，我手捧鲜花来到石主任面前，深鞠一躬，说道：“祝石主任健康长寿，桃李满天下。”主任慈祥地笑着，接过鲜花，和我握手。这是我第一次，也是此生唯一的一次献花，是献给我最最崇敬的恩师石毓澍教授。我为能获得这次难得的献花机会而深感荣幸。

常言道“名师出高徒”，但惭愧的是我充其量只是名师石毓澍教授的一名“低”徒，距离石教授合格学生的标准相距甚远。真希望能时光倒流，一切能够重新来过……

1991 年石毓澍教授的学生周长钰博士毕业答辩

时光的记忆，岁月的足迹

这部分照片没有收录完全，因篇幅限制选取了部分代表性的收录其中。部分照片的注释可能有不准确的地方，因时光久远而求读者原谅与勘误。

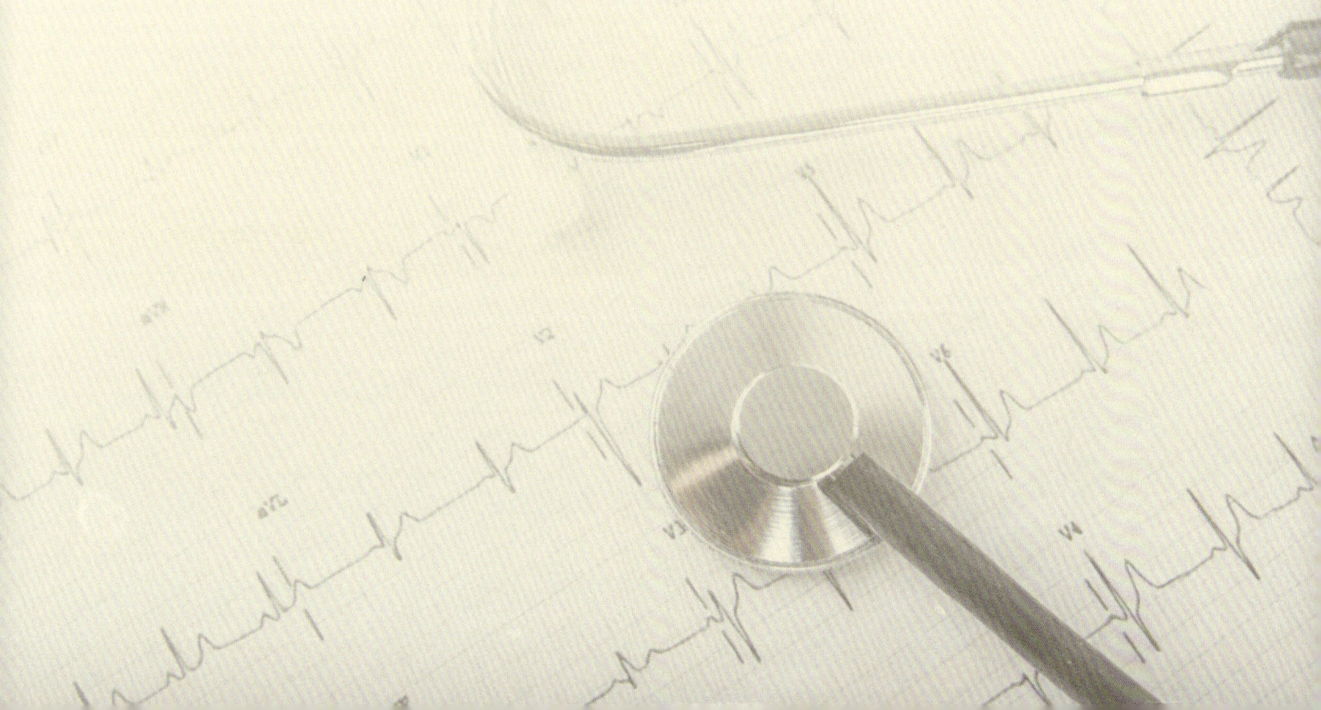

石毓澍教授的部分珍贵照片

◇ 20 世纪 50 年代石毓澍教授和朱宪彝校长等天津医科大学总医院专家集体合影

◇ 1960 年部分专家的合影

◇ 20 世纪 70 年代石毓澍教授和天津医科大学总医院同事合影

◇ 20 世纪 70 年代石毓澍教授与甘主任等内科医生合影

◇ 20 世纪 70 年代石毓澍教授主持学术会议

◇ 20 世纪 70 年代石毓澍教授和院党委副书记王效勤等合影

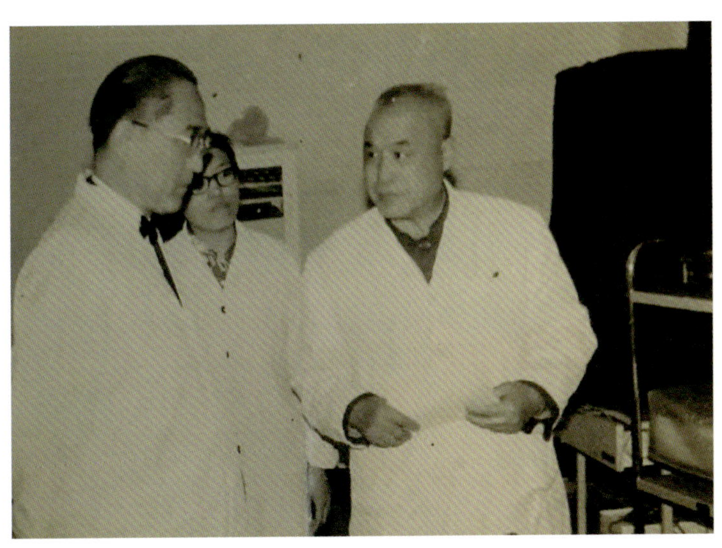

◇ 20 世纪 80 年代邓燕玲陪同石毓澍教授接待外宾参观超声心动图室

◇ 七七级学生与教师的合影

◇七九级学生与教师的合影

◇ 20 世纪 80 年代中期，石毓澍教授和心脏科技术骨干与外宾合影

◇ 八二级学生与教师的合影

◇ 建科初期的石毓澍

◇建科初期石毓澍教授与科室骨干研究工作

◇ 20 世纪 80 年代建科初期部分医生的合影

◇ 20 世纪 80 年代末石毓澍教授与黄体钢、陈文彬等接待日本学者

◇ 20 世纪 80 年代石毓澍教授与到访的美籍学者合影

◇ 20 世纪 80 年代石毓澍教授和医学院外办同志等与到访外国专家合影

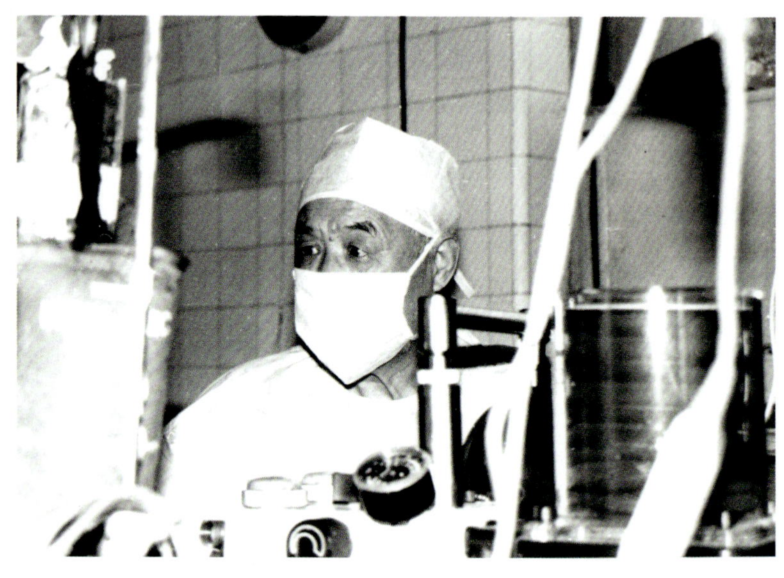

◇ 石毓澍教授在手术室指导心脏手术

◇ 欢送张祖茂调往上海工作

◇ 1978 年中华医学会心血管病学会第一次会议合影

◇ 1980 年 8 月心脏科成立时部分医生的合影

◇ 1983 年中华心血管病学会委员合影

◇ 20 世纪 80 年代心脏科成员合影

◇ 1984 年心脏科“医护技”合影

◇ 1984 年石毓澍教授和他推荐的赴法学者胡志林等在里昂合影

◇ 1985 年医大二院毕业班教学指导教师与院领导合影

◇ 1986 年心脏科合影

◇ 1986 年石毓澍教授等与来访荷兰外宾 Ruigror 合影

◇ 1986 年石毓澍教授和王金柱院长、黄体钢主任与美国学者 Becker 在心研所门前合影

◇ 1988 年石毓澍教授（右前 4）参加第四届中日心血管会

◇ 1990 年石毓澍教授在心脏科楼前

◇ 20 世纪 90 年代石毓澍教授和外科李庆瑞主任

◇ 20 世纪 90 年代石毓澍教授和赴法学习归来的学员合影

◇ 1991 年博士研究生周长钰论文答辩会后，导师石毓澍教授与答辩专家合影

◇ 1993 年博士研究生李广平论文答辩会后，导师石毓澍教授与答辩专家合影

◇ 2000 年心脏科建科 20 周年时石毓澍与黄体钢、张承宗、王林教授在一起

◇ 2000 年心脏科建科 20 周年时科室部分“医护技”合影

◇ 21 世纪初李广平赴澳大利亚看望石主任，与石主任在堪培拉家门口合影

◇ 21 世纪初石毓澍教授与吴咸中院士、马腾骧教授在一起

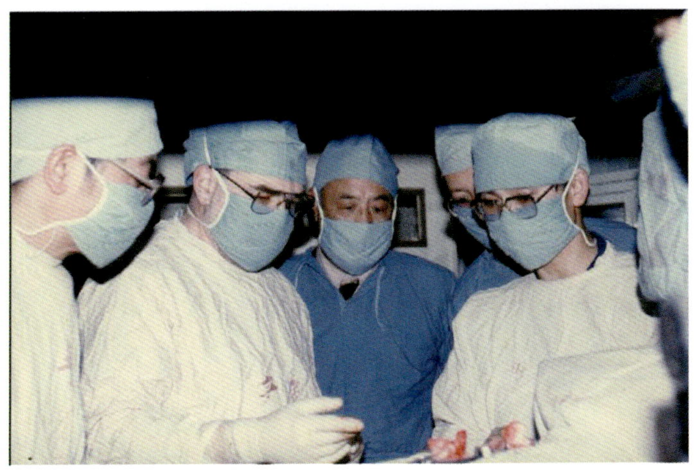

◇ 20 世纪 90 年代初石毓澍教授和外宾指导姜铁民等人做心导管手术

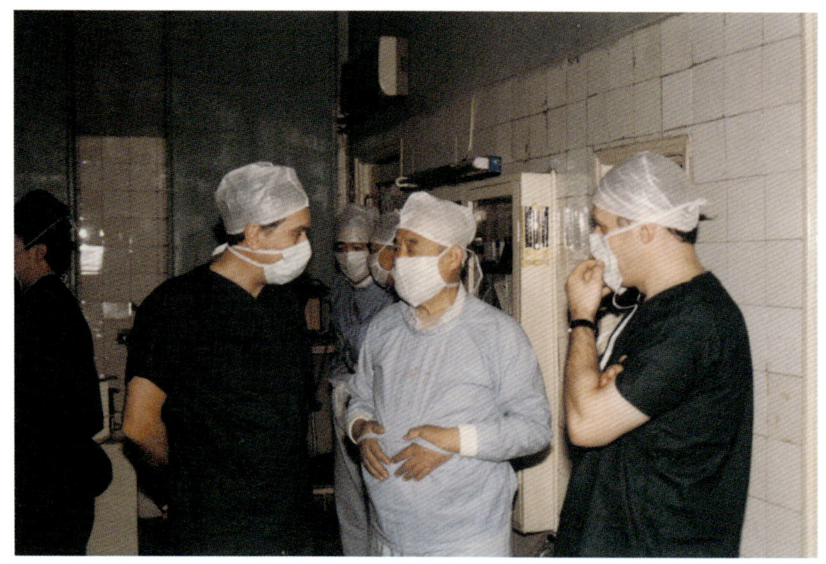

◇ 20 世纪 90 年代初石毓澍教授和外国专家在手术室

◇ 20 世纪 90 年代初石毓澍教授与到访交流的法国专家合影

◇ 20 世纪 90 年代初石毓澍教授与到访的法国专家在一起

◇ 20 世纪 90 年代石毓澍教授、卫生局乔懋彬局长、王树椿院长和外国专家合影

◇ 20 世纪 90 年代石毓澍教授与部分“医护技”及进修医师合影

◇ 20 世纪 90 年代石毓澍教授与部分医生和进修生合影

◇ 20 世纪 90 年代初石毓澍教授与参加电生理学习班的学员合影

◇ 20 世纪 90 年代石毓澍教授与心脏科部分“医护技”在心研所合影

◇ 20 世纪 90 年代石毓澍教授在办公室工作

◇ 20 世纪 90 年代石毓澍教授在心研所办公室与外宾交流

◇ 20 世纪 90 年代石毓澍教授主持与到访的法国专家的学术交流会

◇20世纪90年代石毓澍教授作德育报告

◇20世纪90年代石毓澍教授作示教讲课

◇石毓澍教授在澳大利亚家中上网查文献

◇石毓澍教授翻阅学生李广平的译著

◇授予石毓澍教授法国里昂“荣誉市民”称号

◇ 2002 年石毓澍教授在毕光忠书记陪同下参加建院 30 周年大会

◇石毓澍教授、黄体钢、李广平 2003 年在北京首都国际机场

◇ 2005 年 7 月石毓澍和周金台合影

◇ “海河会”期间，石毓澍教授与马腾骧教授在一起

◇ 2005 首届海河之滨心脏病学会议专家合影

◇ 2007 年 7 月 10 日石毓澍教授与学生们聚会

◇ 2007 年 7 月石毓澍教授和他的学生王林、李广平、张承宗在宾馆合影

◇ 2007 年 7 月石毓澍教授和张祖茂、张承宗在一起

◇ 2007 年第三届“海河会”石毓澍教授与部分专家和代表合影

◇ 2007 年“海河会”期间石毓澍教授与学生李广平在一起

◇ 石毓澍教授在医大二院建院 30 周年时给学生作报告

◇ 2009 年 7 月石毓澍教授和张承宗、李广平在心研所外

◇ 2010 年 7 月石毓澍教授与周金台、胡立、翁铭庆和王志毅合影

◇ 2010 年石毓澍教授与傅士英、孙瑞龙和周金台主任合影

◇ 2010 年 7 月石毓澍教授和周金台合影

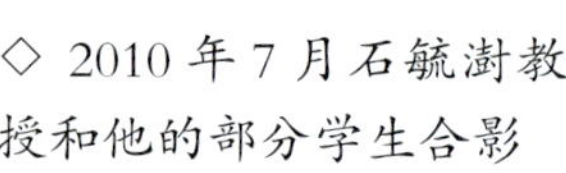

◇ 2010 年 7 月石毓澍教授和他的部分学生合影

◇ 2010 年心研所 30 周年所庆，石毓澍教授和黄体钢、李广平在研究所合影

◇ 2010 年心研所所庆石毓澍教授和李广平、钱俊在心研所

◇ 2010 年“科所庆”石毓澍教授和张承宗、李广平在研究所门前合影

◇ 2010 年“科所庆”石毓澍教授和心脏科及研究所人员合影

◇ 2010 年第六届“海河会”专家合影

◇ 2010 年石毓澍教授与范松岚、周长钰主任在心研所

◇ 2010 年石毓澍教授与学生李广平在心研所门前合影

◇ 2010 年石毓澍教授与郭继鸿教授在北京

◇ 2010 年石毓澍教授与王思让教授在北京

◇ 2010 年石毓澍教授夫妇与张承宗、李广平在北京

◇ 2010 年石毓澍教授与周金台教授，周教授送给石主任的祝贺字画

◇ 2010 年石毓澍教授与学生李广平在一起

◇ 2010 年石毓澍教授与袁如玉在一起

◇ 2010 年石毓澍教授与学生周长钰在一起

◇ 2010 年张季鸿主任与高秀云、周长钰在北京

◇ 2011 年 7 月石毓澍教授与傅文栋交谈

◇ 2011 年 7 月石毓澍教授与部分学生见面后的集体合影

◇ 2011 年 7 月石毓澍教授与傅文栋合影

◇ 2011 年 7 月石毓澍教授和傅士瑛、陈灏珠、苏庆立合影

◇ 2011 年第七届“海河会”石毓澍教授和胡立、翁铭庆、李广平合影

◇ 2011 年石毓澍教授与张雪宁合影

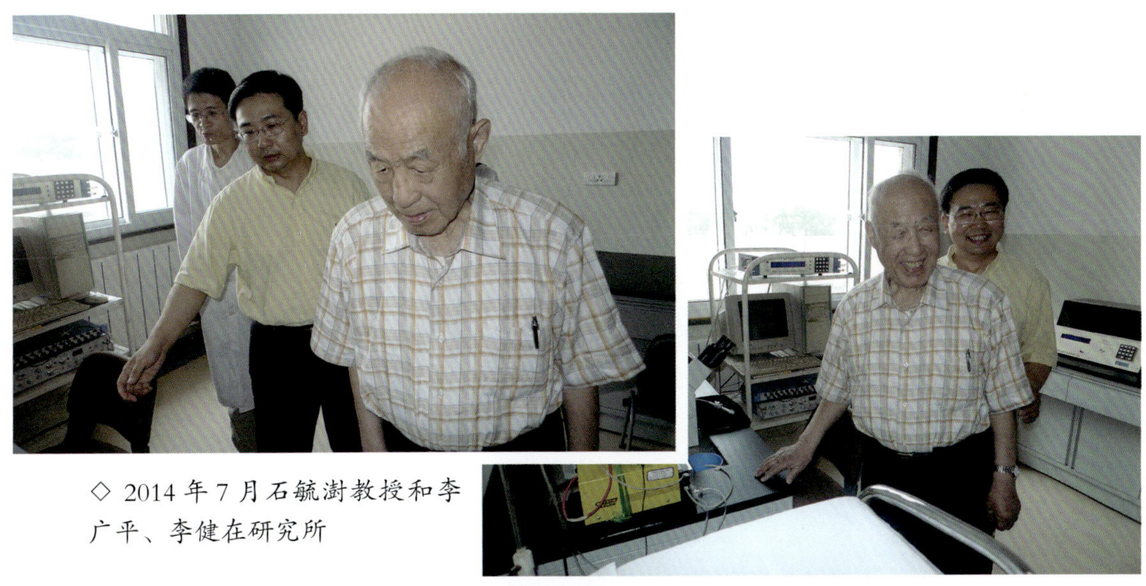

◇ 2014 年 7 月石毓澍教授和李广平、李健在研究所

◇ 2014 年 7 月石毓澍教授和李广平在研究所座谈会前

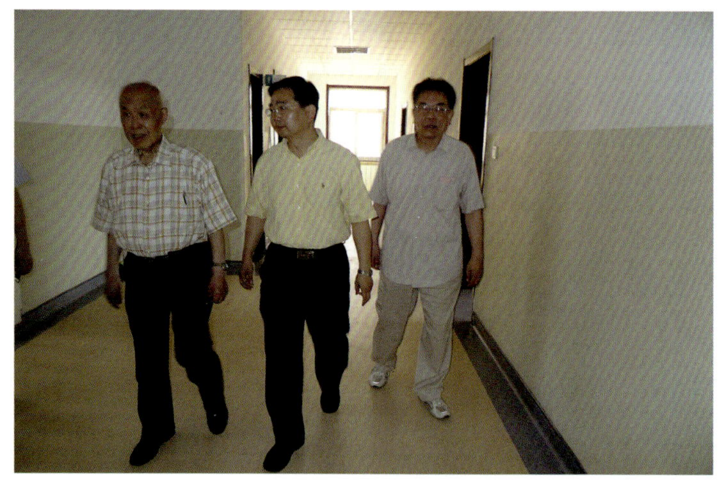

◇ 2014 年 7 月石毓澍教授和黄体钢、李广平在研究所

◇ 2014 年 7 月石毓澍教授在医院和黄体钢、范松岚等人交谈

◇ 2014 年 7 月李广平等人陪同石毓澍教授视察研究所

◇ 2014 年“海河会”前石毓澍教授与傅世英等专家和学生多人合影

◇ 2017 年 12 月周金台教授在“庆祝石毓澍教授百岁华诞学术思想研讨会”上致辞

◇郭继鸿教授在“庆祝石毓澍教授百岁华诞学术思想研讨会”上作报告

◇ 李广平教授主持“庆祝石毓澍教授百岁华诞学术思想研讨会”，并致开幕词

◇ 刘力生教授在“庆祝石毓澍教授百岁华诞学术思想研讨会”上作报告

◇ “庆祝石毓澍教授百岁华诞学术思想研讨会”上心脏科部分“医护技”人员合影

◇ 2017 年 12 月庆祝石毓澍教授百岁华诞会后合影

◇ 2017 年 11 月李广平夫妇去悉尼看望石毓澍教授，与石教授、石伟、钱丞在一起

◇ 2017 年 11 月李广平赴悉尼看望石毓澍教授，为恩师百岁华诞祝寿

◇ 2017 年 11 月石毓澍教授在悉尼家中

Mr Shi

I am pleased to hear that you are celebrating your one hundredth birthday. My sincere congratulations and best wishes on this very special day.

Elizabeth R

石先生：

获知您百岁华诞，甚为欣喜。在这个特别的日子，送上我最诚挚和美好的祝愿。

伊丽莎白

◇ 伊丽莎白女王祝贺石毓澍教授百岁生日

Dear Mr Shi

My wife Lynne and I send you our warmest congratulations for the occasion of your one hundredth birthday.

May this very special day be a happy and memorable one.

Yours sincerely

His Excellency General the Honourable
Sir Peter Cosgrove AK MC (Retd)
Governor-General
Commonwealth of Australia

亲爱的石先生：

在您百岁华诞之际，我和妻子琳恩为您送上最温暖的祝贺！祝您度过这个难忘和特别的生日。

澳大利亚总督 皮特·卡斯谷

◇ 澳大利亚总督祝贺石毓澍教授百岁生日

◇ 澳新校友庆祝石毓澍教授百岁生日邮票

津医澳新校友群(52)

@all 大家新年初五好🌹🌹祝大家在新的一年里心想事成❤️。2月2日是咱们尊敬的石毓澍教授105岁的生日，为庆祝石教授的生日，咱们齐会长亲力亲为代表大家给老寿星订购了鲜花💐和祝寿卡，鲜花💐和贺卡将于2月2日送到老寿星府邸。现将鲜花💐图片和祝词呈上请大家欣赏

◇ 石毓澍教授105岁生日，天津医科大学澳新校友群祝词

◇ 2018 年石毓澍教授一家和到访的林珊主任合影

◇ 2019 年 10 月石毓澍教授在悉尼会见天津市人民医院的解永贵、刘召兰夫妇

◇ 2019 年 10 月石毓澍教授及夫人与天津市人民医院的解永贵、刘召兰夫妇在悉尼家中合影

◇ 2019 年 11 月 13 日
石毓澍教授和天津医科
大学总医院林珊医生

◇ 2020 年 7 月心研所所庆石毓澍教授发来视频讲话

◇ 2021 年石毓澍教授及家人在悉尼

◇ 2022 年石毓澍教授 105 岁生日照片

◇ 庆祝石毓澍教授 105 岁生日家庭照片

◇ 2022 年石毓澍教授在家中

◇ 2022 年石毓澍教授在家里电脑前工作

◇ 石毓澍夫妇和女儿石伟在悉尼家门口送别学生

◇ 石毓澍夫妇在悉尼家中与到访的学生们合影

◇ 2024 年正月石毓澍教授 106 周岁生日聚会时，外曾孙女 Melissa 为他演奏“祝你生日快乐”

◇ 2024 年 2 月石毓澍教授 106 周岁生日聚会时，与夫人张季鸿的合影

泛黄的纸页，历史的记录

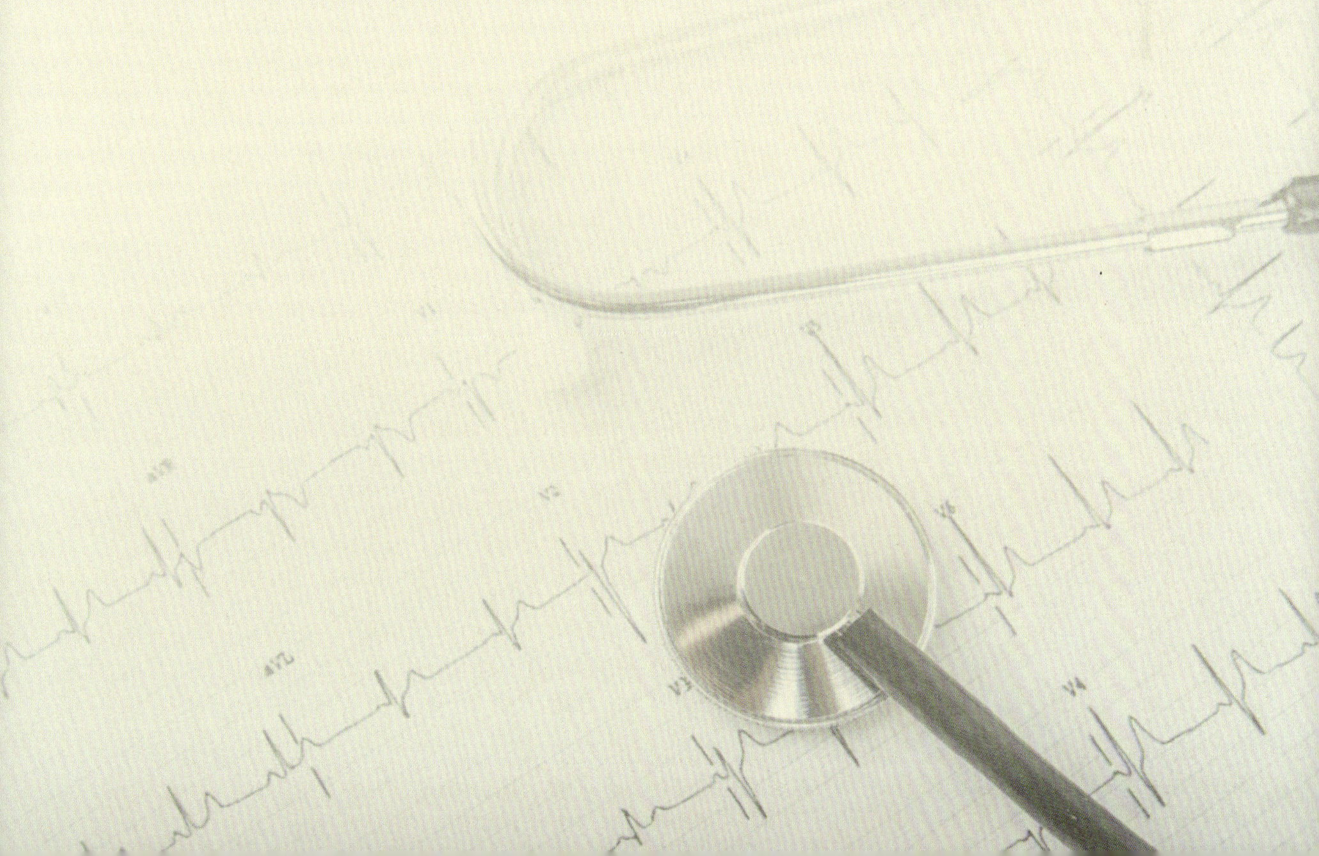

石毓澍教授的工作证、借书证等部分证件和工作文件

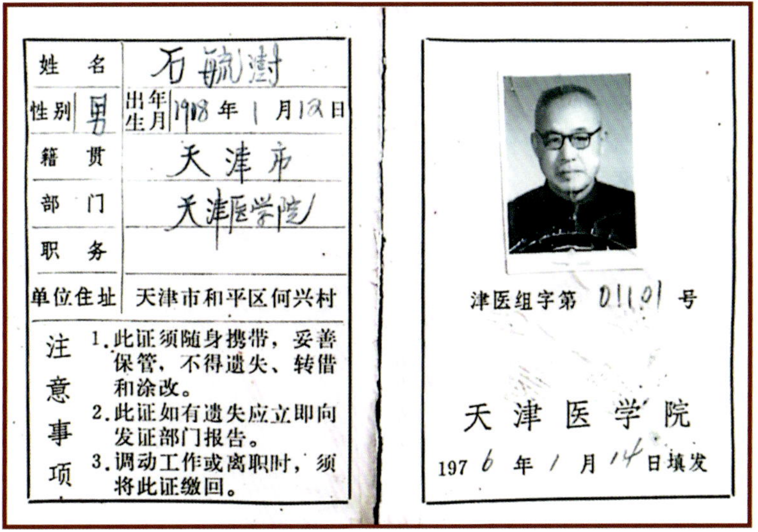

姓名	石毓澍		
性别	男	出生年月	1918年1月12日
籍贯	天津市		
部门	天津医学院		
职务			
单位住址	天津市和平区何兴村		

注意事项
1. 此证须随身携带，妥善保管，不得遗失、转借和涂改。
2. 此证如有遗失应立即向发证部门报告。
3. 调动工作或离职时，须将此证缴回。

津医组字第 01101 号

天津医学院

1976年1月14日填发

天津医学院工作证（1976）

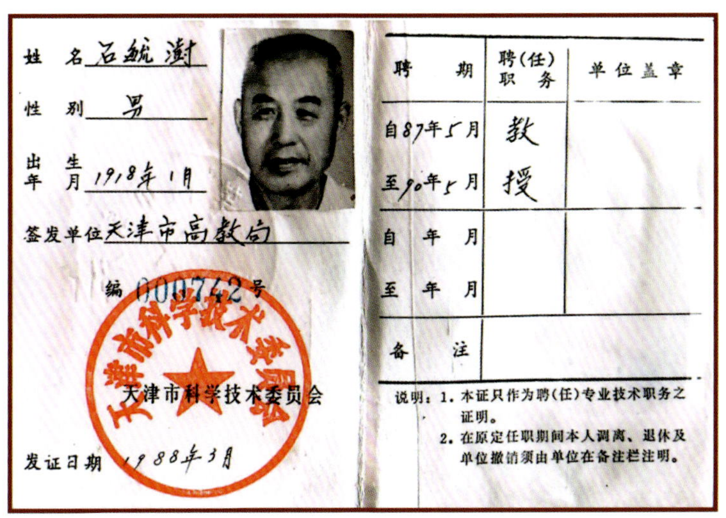

姓名 石毓澍

性别 男

出生年月 1918年1月

签发单位 天津市高教局

编 000742 号

天津市科学技术委员会

发证日期 1988年3月

聘期	聘(任)职务	单位盖章
自87年5月 至90年5月	教授	
自 年 月 至 年 月		
备注		

说明：1. 本证只作为聘(任)专业技术职务之证明。
2. 在原定任职期间本人调离、退休及单位撤销须由单位在备注栏注明。

天津市高教局工作证（1988）

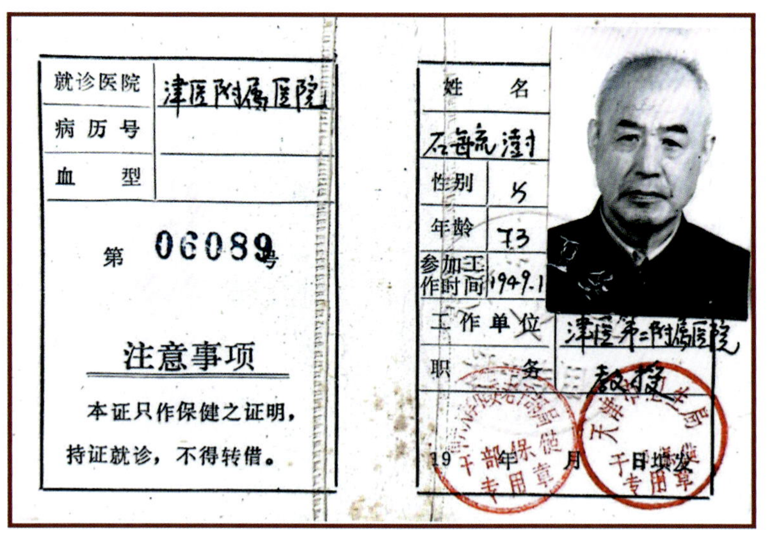

就诊医院 津医附属医院

病历号

血型

第 06089 号

注意事项

本证只作保健之证明，持证就诊，不得转借。

姓名 石毓澍

性别 男

年龄 73

参加工作时间 1949.1

工作单位 津医第二附属医院

职务 教授

19 年 月 日填发

干部保健专用章

天津市卫生局工作证（20 世纪 80 年代）

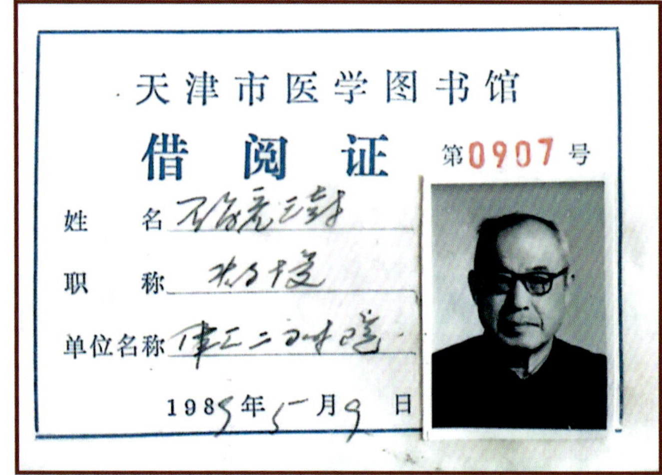

天津市医学图书馆

借阅证 第0907号

姓名 石毓澍

职称 教授

单位名称 津医二附院

1989年5月9日

天津市医学图书馆

期刊阅览证

第 0907号

姓名 石毓澍

职务 教授

单位 津医二附院

1989 年 5 月 9 日

天津市医学图书馆借阅证（1989）

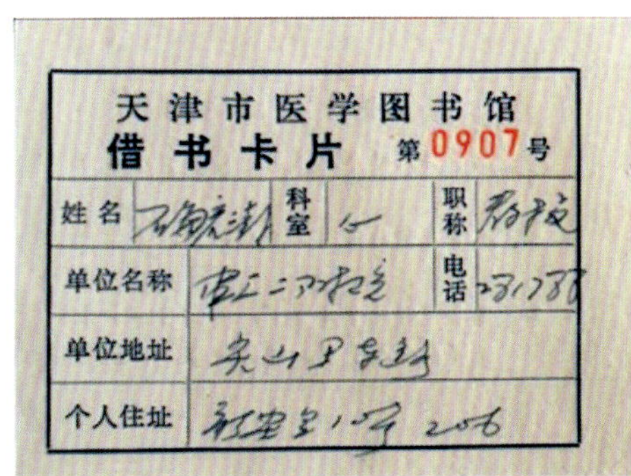

天津市医学图书馆
借书卡片 第0907号

姓名		科室		职称	
单位名称				电话	
单位地址					
个人住址					

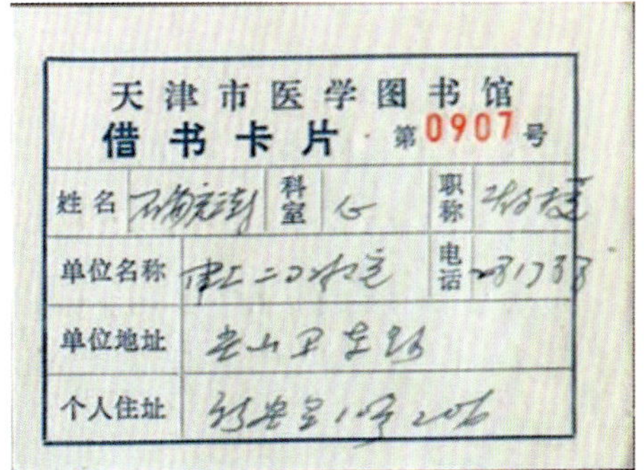

天津市医学图书馆
借书卡片 第0907号

姓名		科室		职称	
单位名称				电话	
单位地址					
个人住址					

天津市医学图书馆借阅证（20 世纪 80 年代）

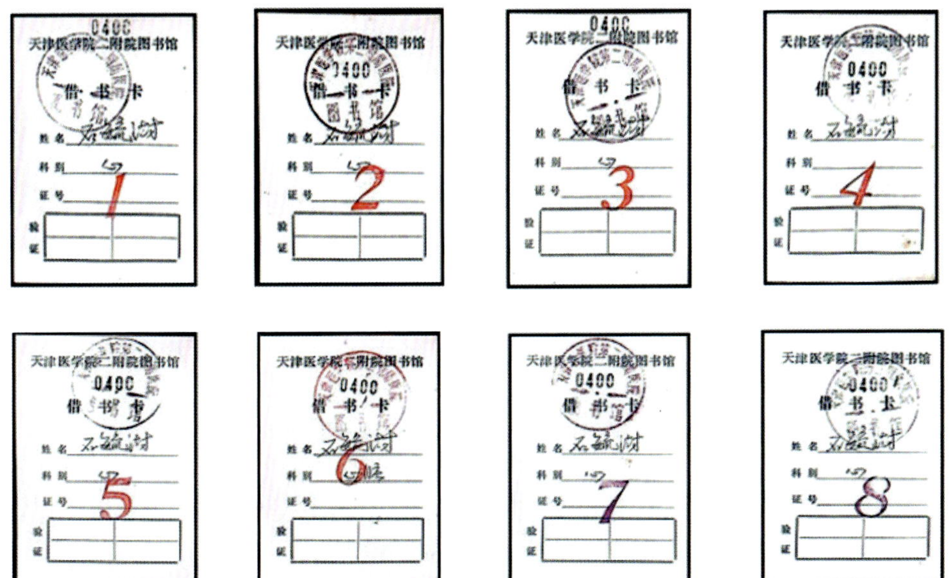

天津医学院二附院图书馆
0400
借书卡
姓名
科别
证号
验证

天津医学院二附院图书馆借书卡（20 世纪 80 年代）

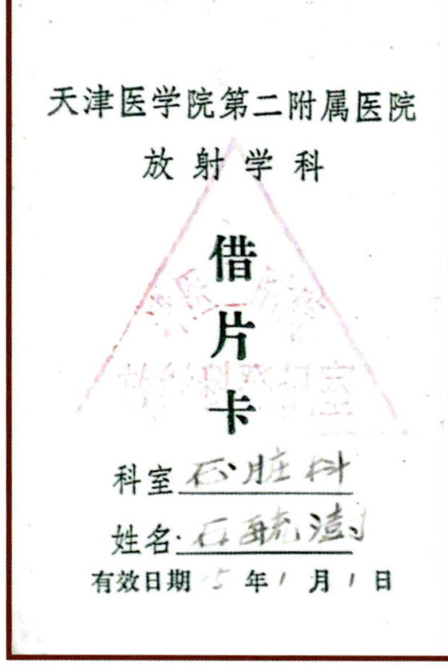
天津医学院第二附属医院
放射学科
借片卡
科室 心脏科
姓名 石毓澍
有效日期 5 年 1 月 1 日

天津医学院二附院借片卡
（20 世纪 80 年代）

天津医学院第二附属医院院长
天津医学院内科学教授
天津医学院第二附属医院心脏科主任

石毓澍

天津市河西区卫东路二号
电话：八·一七八八

个人名片
（20 世纪 80 年代）

石毓澍教授的部分学会任职证书和聘书

中华系列 ZHONGHUA

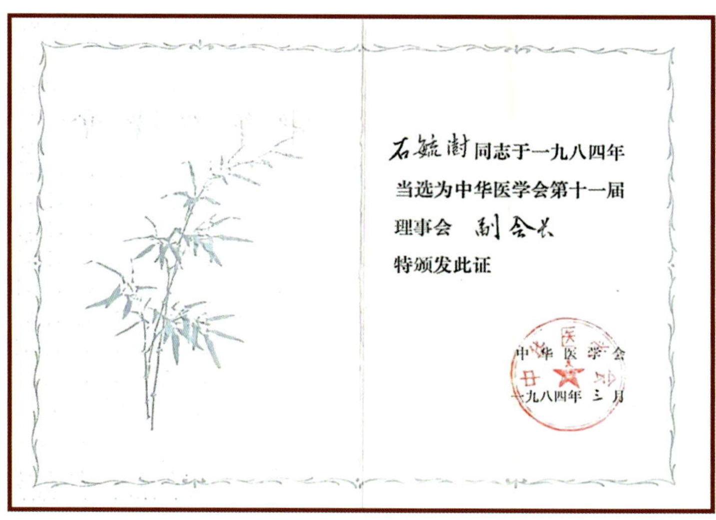
石毓澍同志于一九八四年
当选为中华医学会第十一届
理事会 副会长
特颁发此证
中华医学会
一九八四年 三 月

中华医学会第十一届理事会副会长（1984）

石毓澍 同志于一九八九年当选为中华医学会第二十届理事会 理事 特颁发此证

中华医学会

一九八九年三月

中华医学会第十二届理事会理事（1989）

聘书

兹聘请 石毓澍 同志为中华医学会第二十一届理事会名誉理事

中华医学会

一九九四年三月

中华医学会第二十一届理事会名誉理事（1994）

荣譽

證書

石毓澍 教授:

您在1994年9月至1998年9月任中华医学会心电生理和起搏学会第一届全国委员会顾问期间，为学会的发展浸透心血，无私奉献，这将永远记载在学会的发展史上。

鉴于对学会的杰出贡献，现授予您学会终生资深会员称号和荣誉。

中华医学会
心电生理和起搏学会
1998年9月

“中华医学会资深会员”称号和荣誉（1998）

中华医学会心血管病学分会专家会员证书

Fellow of Chinese Society of Cardiology

石毓澍教授

于2008年6月5日当选为中华医学会心血管病学会专家会员

特颁此证

中华医学会会长　　　　心血管病学分会主任委员

中华医学会心血管病学分会专家会员（2008）

证　书

石毓澍　教授：

鉴于您在心血管病学专业上的建树及贡献，批准您为中华医学会资深专家会员。

特颁此证

中华医学会

二〇〇九年六月十一日

中華醫學會

中华医学会资深专家会员（2009）

中国系列 ZHONGGUO

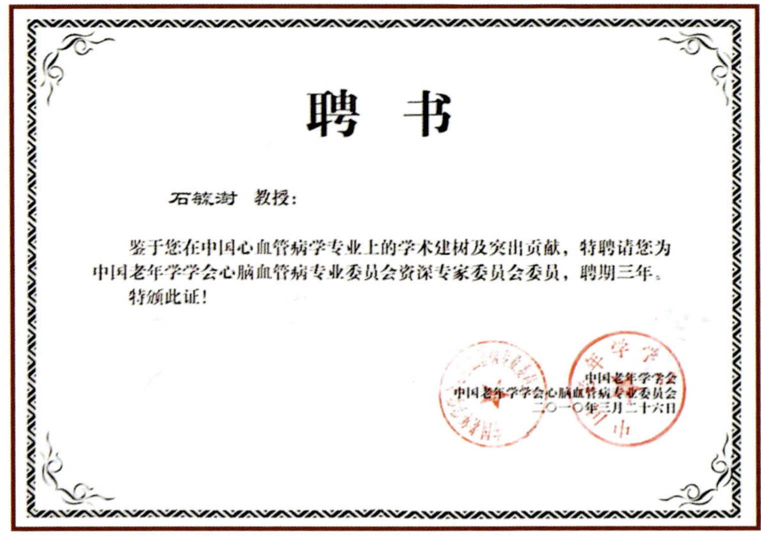

聘书

石毓澍 教授：

鉴于您在中国心血管病学专业上的学术建树及突出贡献，特聘请您为中国老年学学会心脑血管病专业委员会资深专家委员会委员，聘期三年。

特颁此证！

中国老年学学会
中国老年学学会心脑血管病专业委员会
二〇一〇年三月二十六日

中国老年学学会心脑血管病专业委员会资深专家委员会委员（2010）

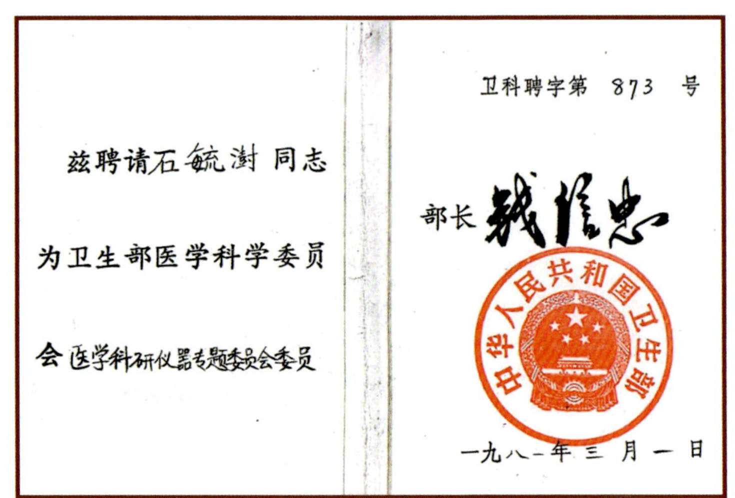

卫科聘字第 873 号

兹聘请石毓澍 同志

为卫生部医学科学委员

会医学科研仪器专题委员会委员

部长 钱信忠

中华人民共和国卫生部

一九八一年三月一日

卫生部医学科学委员会医学科研仪器专题委员会委员（1981）

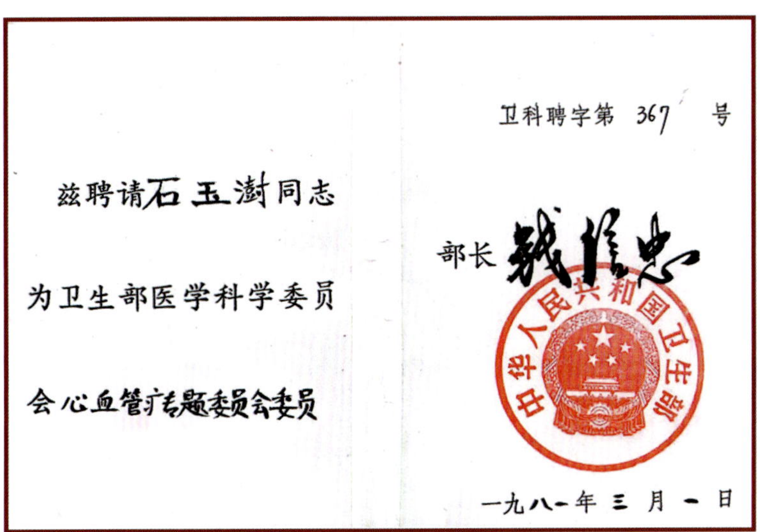

卫科聘字第 367 号

兹聘请石玉澍同志

为卫生部医学科学委员

会心血管病专题委员会委员

部长 钱信忠

中华人民共和国卫生部

一九八一年 三 月 一 日

卫生部医学科学委员会心血管病专题委员会委员（1981）

聘　　请

石毓澍同志：

特聘您为《心血管病译文》顾问。请经常为本刊撰稿、组稿和编审稿件、并协助了解读者意见和要求，共同努力办好本刊。

《心血管病译文》编辑部

一九八三年．十月

《心血管病译文》顾问（1983）

聘书

兹聘请

石毓澍同志

为卫生科普報

编委

一九八五年十月 日

《卫生科普报》编委（1985）

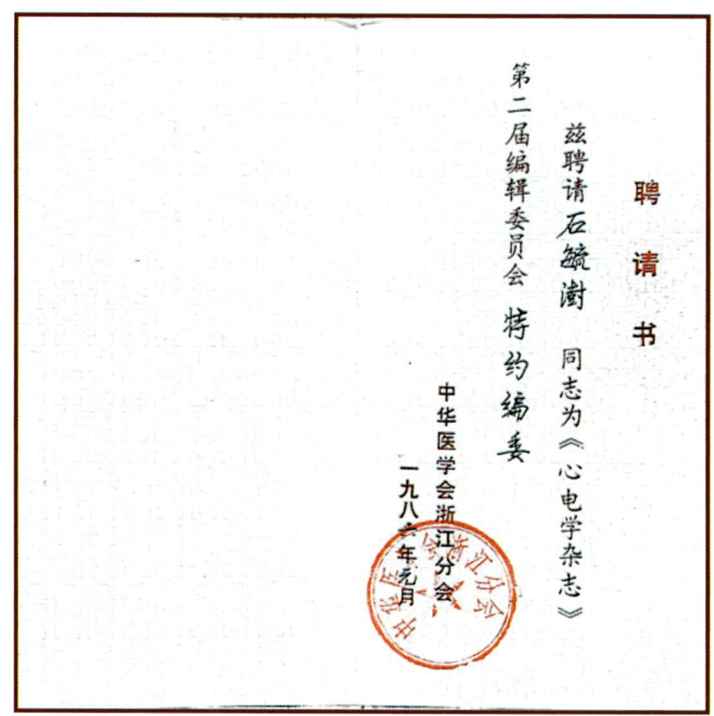

聘请书

兹聘请石毓澍同志为《心电学杂志》

第二届编辑委员会特约编委

中华医学会浙江分会

一九八六年元月

《心电学杂志》特约编委（1986）

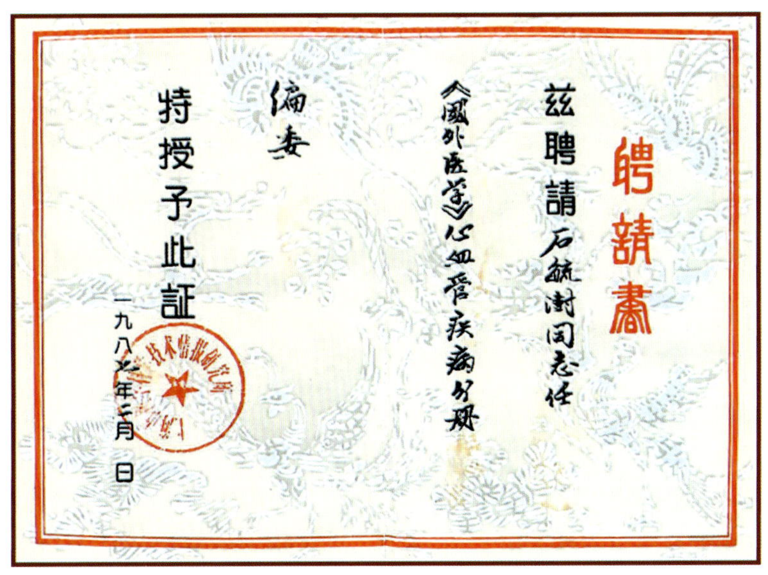

聘請書

茲聘請石毓澍同志任

《國外醫学》心血管疾病分册

编委

特授予此証

一九八七年二月 日

《国外医学》心血管疾病分册编委（1987）

特聘任石毓澍教授

为《中国体外反搏》编委会顾问

聘任期自一九八七年十二月八日至一九九〇年十二月八日

一九八七年十二月九日

《中国体外反搏》编委会顾问（1987）

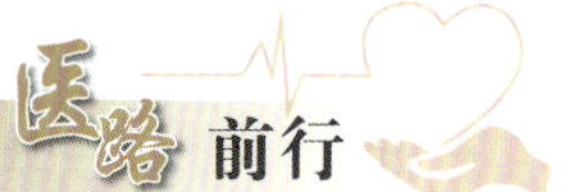

聘书

兹聘请石毓澍教授为全国心血管防治研究领导小组组员

中华人民共和国卫生部

一九八七年六月十二日

全国心血管防治研究领导小组组员（1987）

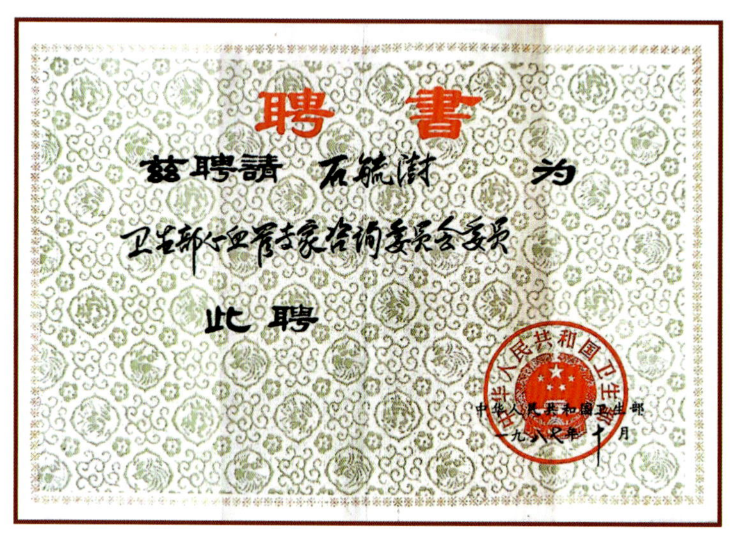

聘書

兹聘請 石毓澍 为

卫生部心血管专家咨询委员会委员

此聘

中华人民共和国卫生部

一九八七年十月

卫生部心血管专家咨询委员会委员（1987）

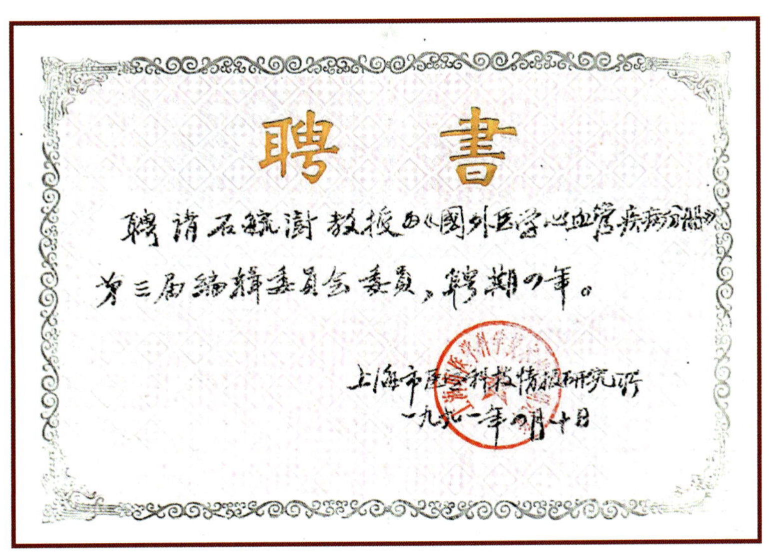

聘書

聘請石毓澍教授為《國外醫學心血管疾病分冊》第三屆編輯委員會委員，聘期四年。

上海市醫學科技情報研究所

一九九一年四月十日

《国外医学心血管疾病分册》第三届编辑委员会委员（1991）

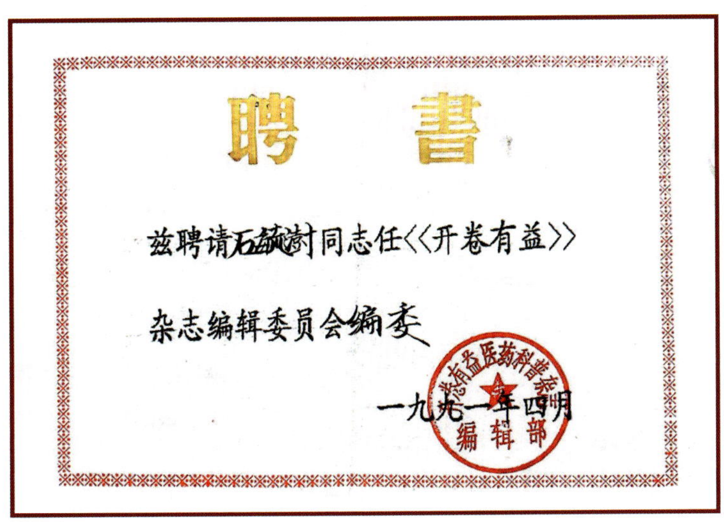

聘書

兹聘请石毓澍同志任《开卷有益》杂志编辑委员会编委

一九九一年四月

《开卷有益》编辑委员会编委（1991）

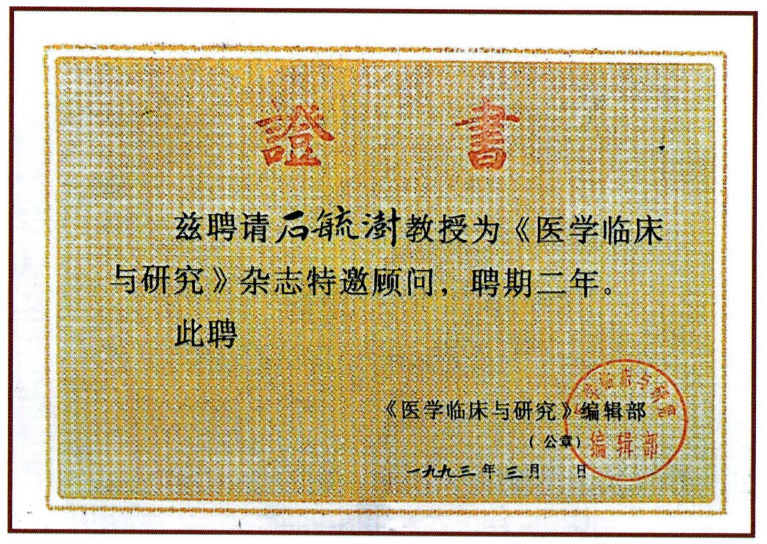

證書

兹聘请石毓澍教授为《医学临床与研究》杂志特邀顾问，聘期二年。

此聘

《医学临床与研究》编辑部

（公章）

一九九三年三月　日

《医学临床与研究》特邀顾问（1993）

聘书

兹聘请

天津医学院第二附属医院石毓澍教授

为实用心脑肺血管病杂志顾问

一九九三年六月十日

《实用心脑肺血管病》顾问（1993）

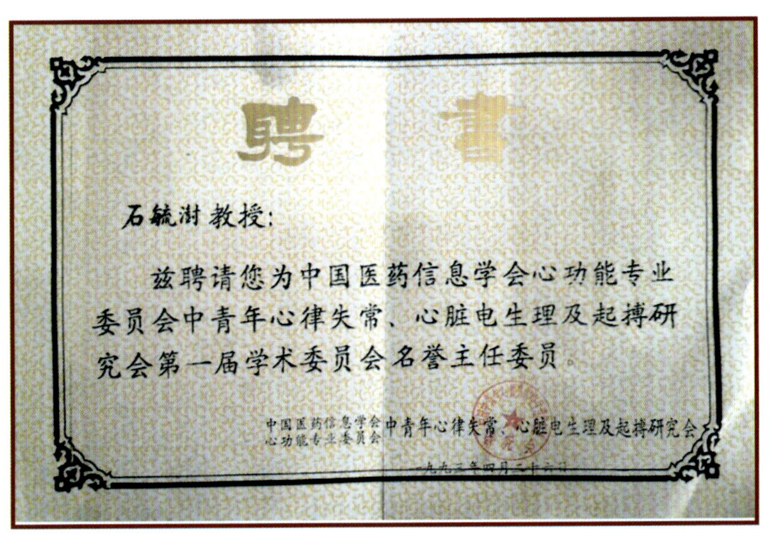

聘书

石毓澍教授：

兹聘请您为中国医药信息学会心功能专业委员会中青年心律失常、心脏电生理及起搏研究会第一届学术委员会名誉主任委员。

中国医药信息学会心功能专业委员会中青年心律失常、心脏电生理及起搏研究会

一九九三年四月二十六日

中国医药信息学会心功能专业委员会中青年心律失常、心脏电生理及起搏研究会第一届学术委员会名誉主任委员（1993）

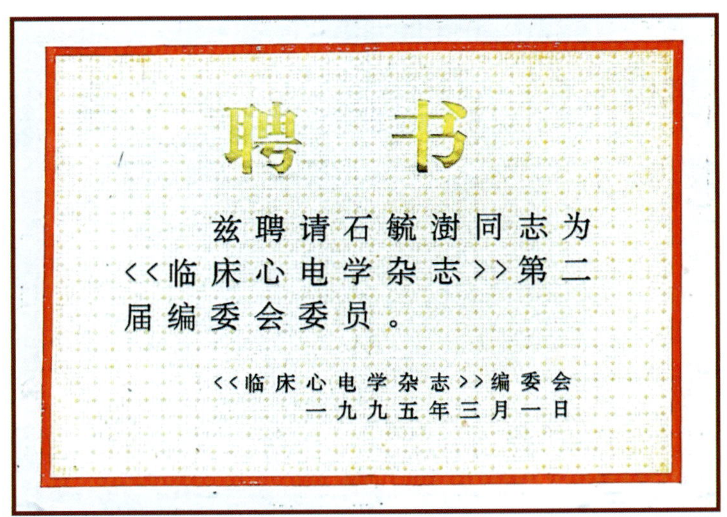

聘书

兹聘请石毓澍同志为《临床心电学杂志》第二届编委会委员。

《临床心电学杂志》编委会

一九九五年三月一日

《临床心电学杂志》第二届编委会委员（1995）

聘书

LETTER OF APPOINTMENT

兹聘请石毓澍教授为中国心力衰竭协会顾问，聘期三年，特发此证。

中国心力衰竭协会

2011年7月11日

中国心力衰竭协会顾问（2011）

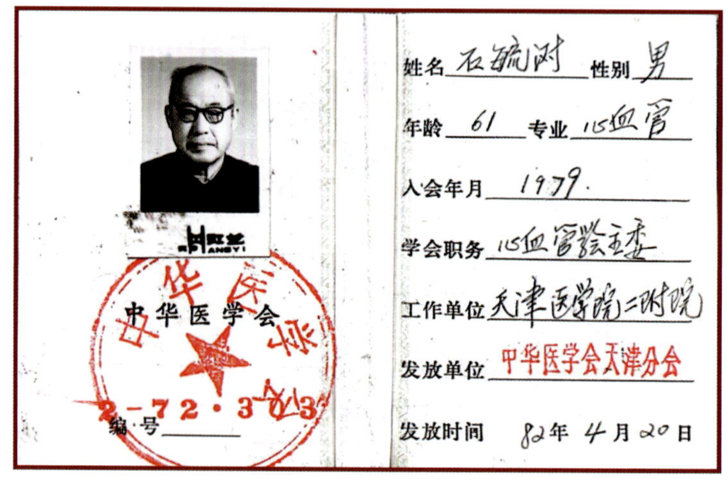
姓名 石毓澍 性别 男

年龄 61 专业 心血管

入会年月 1979.

学会职务 心血管学会主委

工作单位 天津医学院二附院

发放单位 中华医学会天津分会

发放时间 82年4月20日

中华医学会

编号

中华医学会天津分会心血管学会主委（1982）

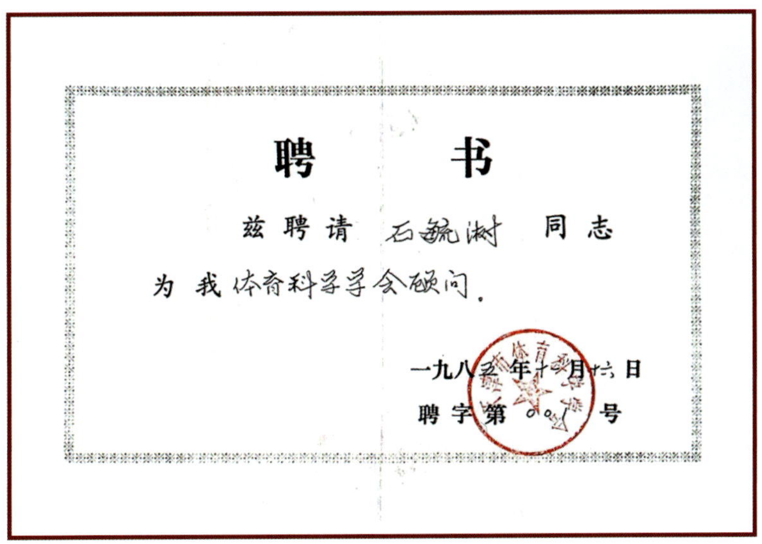

聘　　书

兹聘请　石毓澍　同志

为我体育科学学会顾问。

一九八五年十月十六日

聘字第 001 号

天津市体育科学学会顾问（1985）

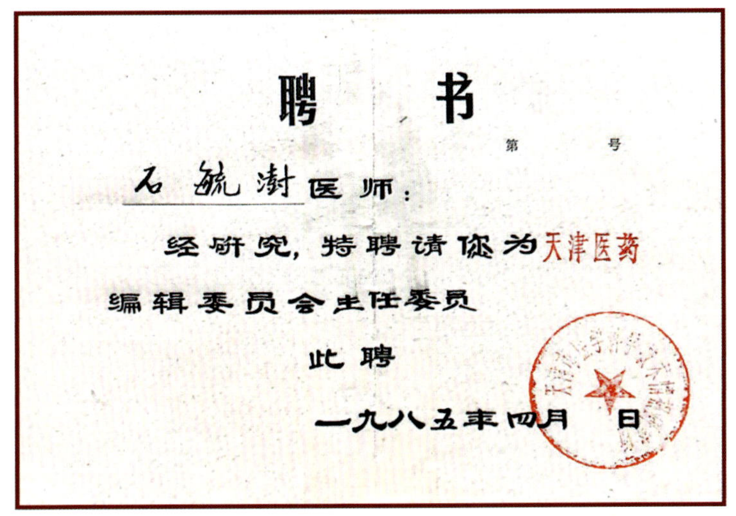

聘　　书

第　　号

石毓澍医师：

经研究，特聘请你为天津医药

编辑委员会主任委员

此聘

一九八五年四月　日

《天津医药》编辑委员会主任委员（1985）

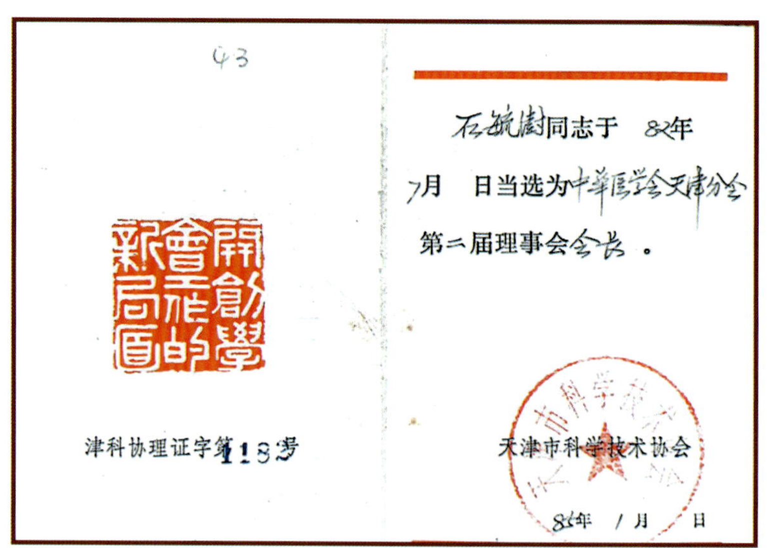

43

石毓澍同志于 85年

7月 日当选为中华医学会天津分会

第二届理事会会长。

津科协理证字第118号

天津市科学技术协会

85年 7月 日

中华医学会天津分会第二届理事会会长（1985）

聘书

兹聘请

石毓澍教授

为我院教师职务资格评审委员会临床学科组组长

天津第二医学院

一九八六年五月 日

天津第二医学院教师职务资格评审委员会临床学科组组长（1986）

荣誉证书

石毓澍同志：

您曾于一九七八年至一九八三年期间荣任天津市高等院校教师晋升职称评审委员会委员。

特发此荣誉证书

天津市高等教育局

一九八六年九月

天津市高等院校教师晋升职称评审委员会委员（1986）

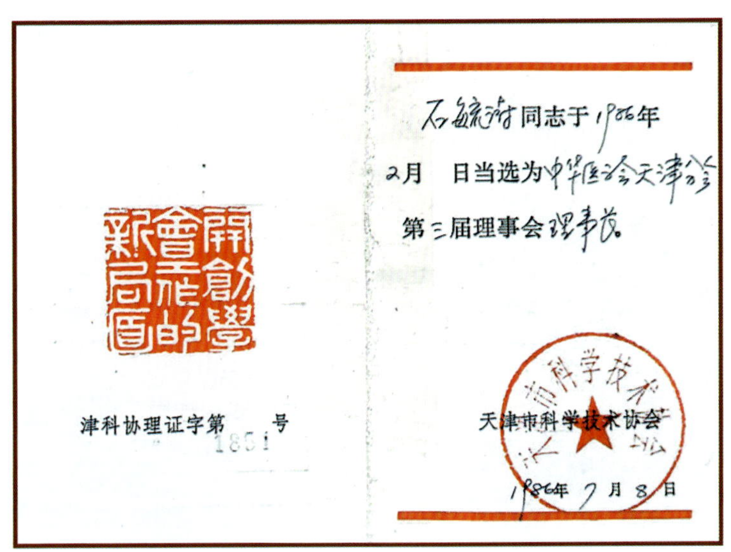

津科协理证字第 1851 号

石毓澍同志于1986年2月 日当选为中华医学会天津分会第三届理事会理事长

天津市科学技术协会

1986年7月8日

中华医学会天津分会第三届理事会理事长（1986）

授予石毓澍同志天津市科学技术协会荣誉委员职务

天津市科协第三次代表大会敬赠
一九八七年六月

天津市科学技术协会荣誉委员（1987）

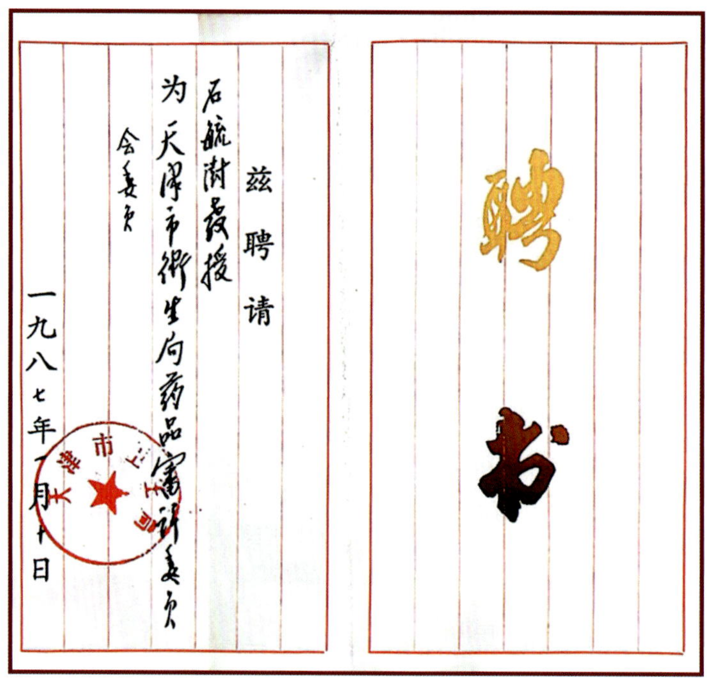

聘书

兹聘请
石毓澍教授
为天津市衛生局药品審評委员会委员

一九八七年[illegible]月[illegible]日

天津市卫生局药品审评委员会委员（1987）

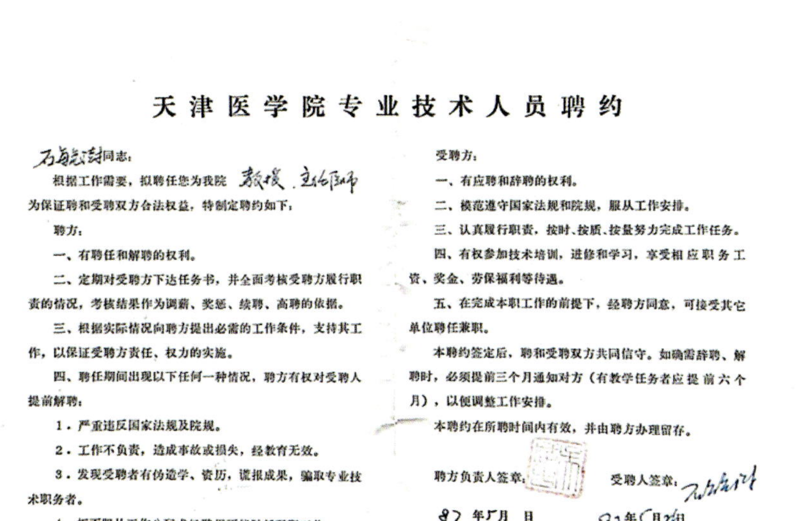

天津医学院专业技术人员聘约

石毓澍同志：

根据工作需要，拟聘任您为我院 教授、主任医师

为保证聘和受聘双方合法权益，特制定聘约如下：

聘方：

一、有聘任和解聘的权利。

二、定期对受聘方下达任务书，并全面考核受聘方履行职责的情况，考核结果作为调薪、奖惩、续聘、高聘的依据。

三、根据实际情况向聘方提出必需的工作条件，支持其工作，以保证受聘方责任、权力的实施。

四、聘任期间出现以下任何一种情况，聘方有权对受聘人提前解聘：

1．严重违反国家法规及院规。

2．工作不负责，造成事故或损失，经教育无效。

3．发现受聘者有伪造学、资历，谎报成果，骗取专业技术职务者。

4．拒不服从工作分配或经聘用不能胜任现职工作。

受聘方：

一、有应聘和辞聘的权利。

二、模范遵守国家法规和院规，服从工作安排。

三、认真履行职责，按时、按质、按量努力完成工作任务。

四、有权参加技术培训，进修和学习，享受相应职务工资、奖金、劳保福利等待遇。

五、在完成本职工作的前提下，经聘方同意，可接受其它单位聘任兼职。

本聘约签定后，聘和受聘双方共同信守。如确需辞聘、解聘时，必须提前三个月通知对方（有教学任务者应提前六个月），以便调整工作安排。

本聘约在所聘时间内有效，并由聘方办理留存。

聘方负责人签章：　　受聘人签章：石毓澍

87 年5月　日　　87年5月[illegible]日

天津医学院专业技术人员（1987）

聘书

兹聘请天津醫学院第二附院心血管研究所所長石毓澍教授为我院内科顧问

武警天津市总队医院

一九八七年五月十八日

武警天津市总队医院内科顾问（1987）

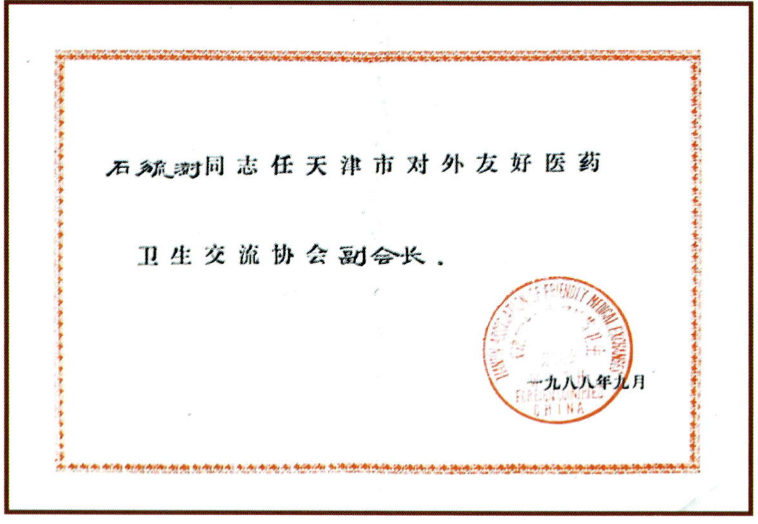
石毓澍同志任天津市对外友好医药卫生交流协会副会长。

一九八八年九月

天津市对外友好医药卫生交流协会副会长（1988）

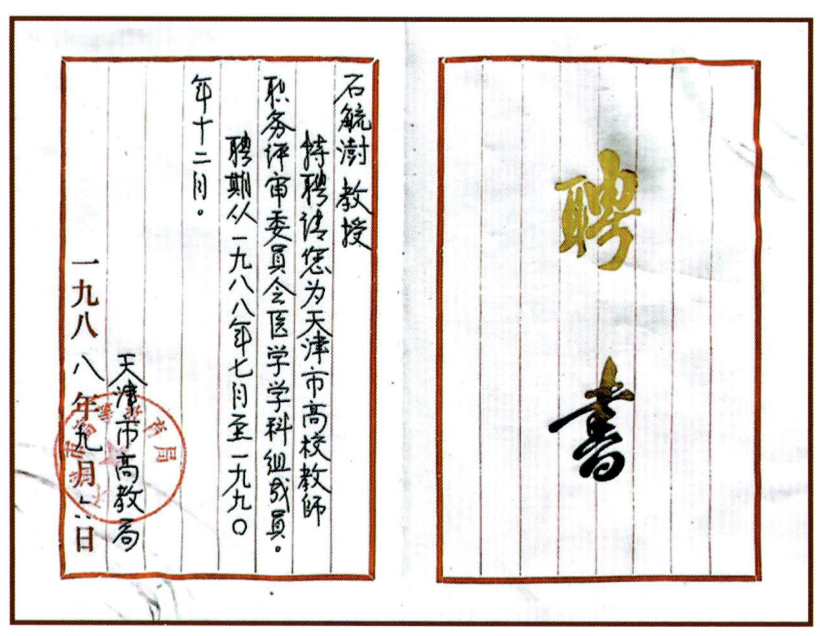
聘书

石毓澍教授
特聘请您为天津市高校教师职务评审委员会医学学科组成员。
聘期从一九八八年七月至一九九〇年十二月。

天津市高教局
一九八八年九月[illegible]日

天津市高校教师职务评审委员会医学学科组成员（1988）

聘書

聘請

石毓澍教授任我专家门诊部名誉主任兼主任医师。任期壹年

中国人民解放军第二七二医院
专家门诊部

一九八八年三月一日

中国人民解放军第二七二医院专家门诊部名誉主任兼主任医师（1988）

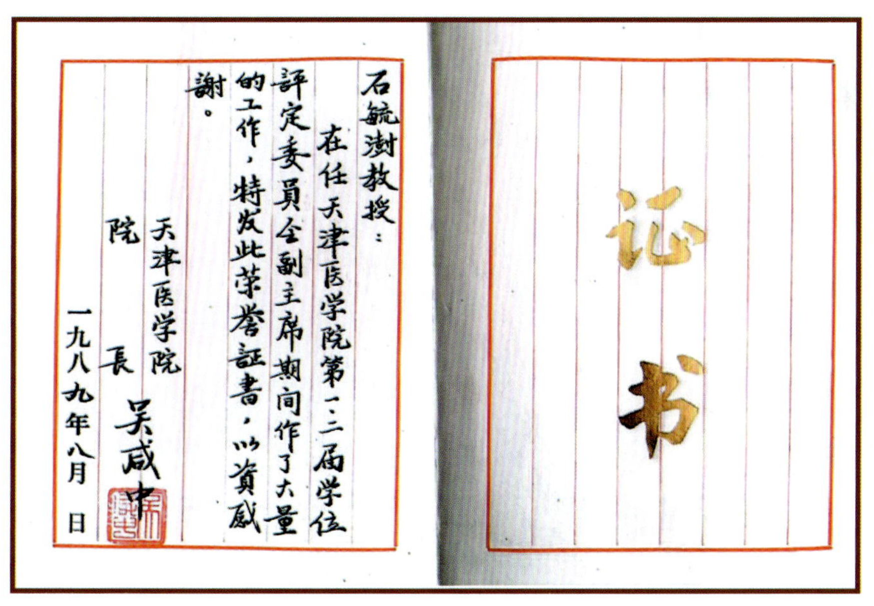

证书

石毓澍教授：

在任天津医学院第一二届学位評定委員会副主席期間作了大量的工作，特发此榮誉証書，以資感謝。

天津医学院

院長 吴咸中

一九八九年八月 日

天津医学院第一、二届学位评定委员会副主席（1989）

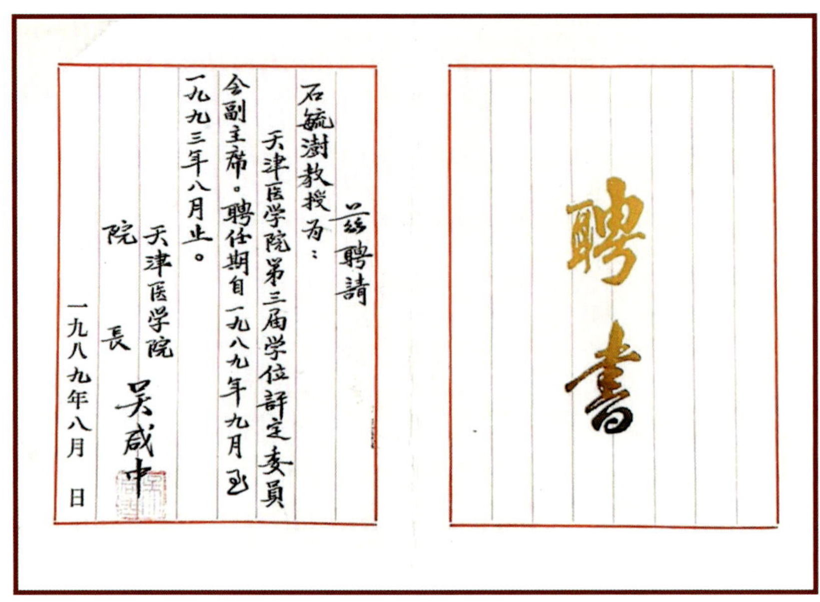
聘書

茲聘請
石毓澍教授為：
天津医学院第三届学位評定委員
会副主席。聘任期自一九八九年九月至
一九九三年八月止。

天津医学院
院　長　吴咸中

一九八九年八月　日

天津医学院第三届学位评定委员会副主席（1989）

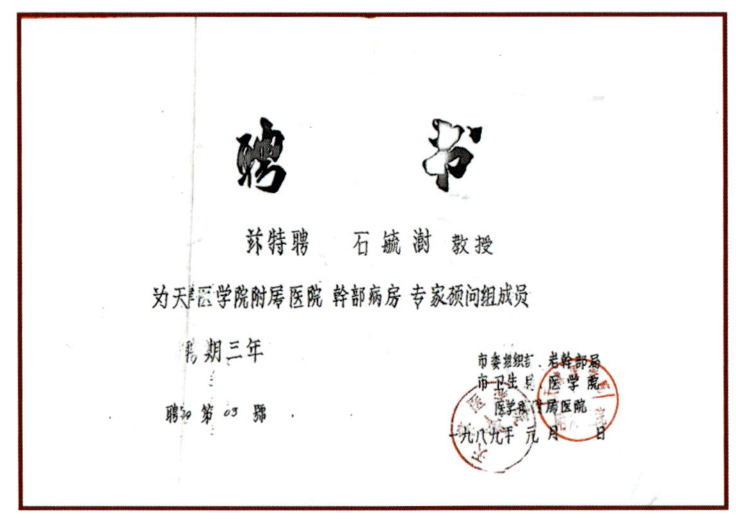
聘书

兹特聘　石毓澍　教授

为天津医学院附属医院　幹部病房　专家顾问组成员

聘期三年

聘字第03号

市委组织部、老幹部局
市卫生局、医学院
医学院附属医院
一九八九年元月　日

天津医学院附属医院干部病房专家顾问组成员（1989）

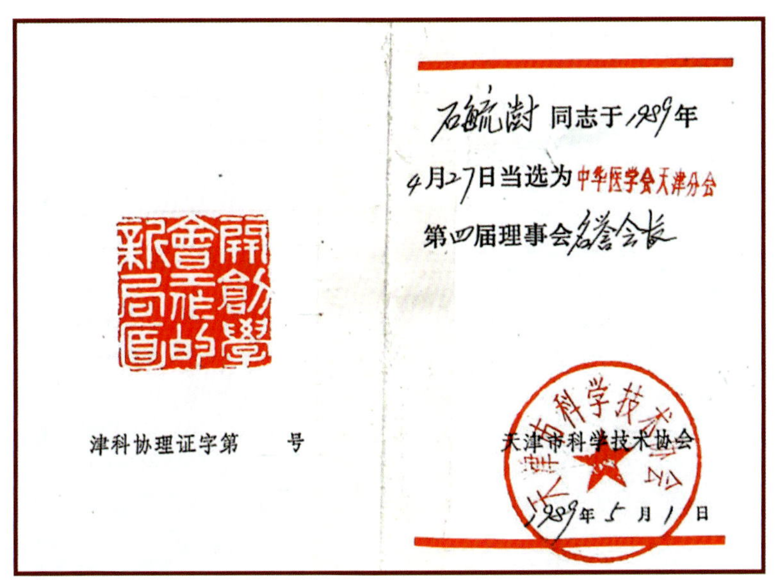

津科协理证字第　　号

石毓澍同志于1989年4月27日当选为中华医学会天津分会第四届理事会名誉会长

天津市科学技术协会

1989年5月1日

中华医学会天津分会第四届理事会名誉会长（1989）

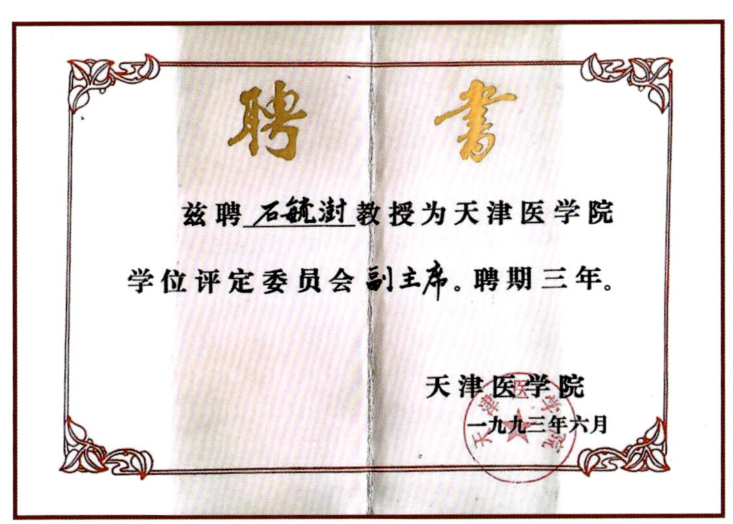

聘書

兹聘石毓澍教授为天津医学院学位评定委员会副主席。聘期三年。

天津医学院

一九九三年六月

天津医学院学位评定委员会副主席（1993）

聘书

兹聘请石毓澍为中华医学会天津医疗保健会诊中心专家委员会委员。

中华医学会
天津医疗保健会诊中心

一九九三年五月四日

中华医学会天津医疗保健会诊中心专家委员会委员（1993）

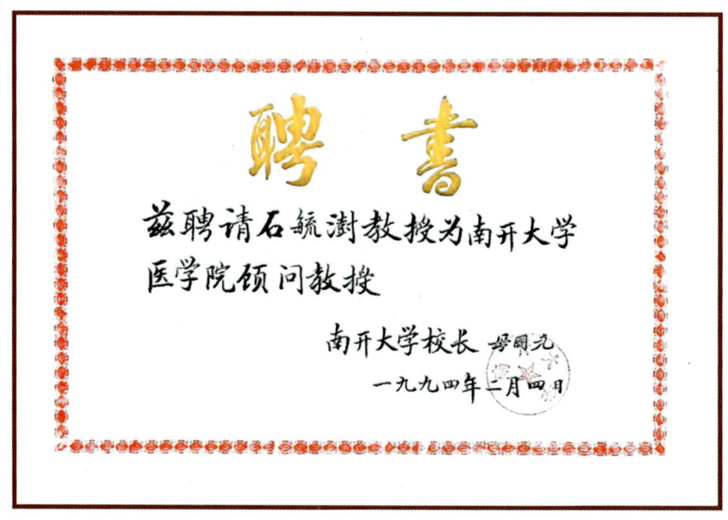

聘書

兹聘请石毓澍教授为南开大学医学院顾问教授

南开大学校长 母国光

一九九四年二月四日

南开大学医学院顾问教授（1994）

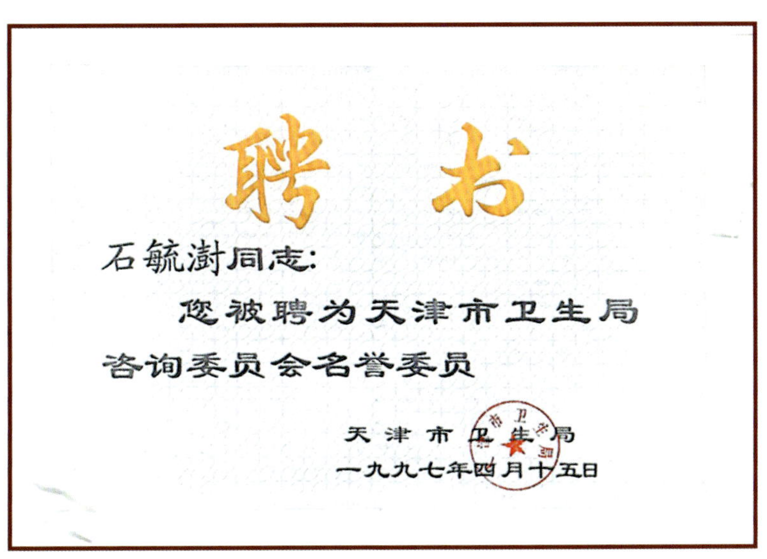
聘书

石毓澍同志：

您被聘为天津市卫生局咨询委员会名誉委员

天津市卫生局

一九九七年四月十五日

天津市卫生局咨询委员会名誉委员（1997）

聘书

石毓澍同志：

兹聘任您为天津市卫生局第三届咨询委员会名誉委员。

二〇〇〇年九月二十五日

天津市卫生局第三届咨询委员会名誉委员（2000）

聘书

LETTER OF APPOINTMENT

石毓澍 主任/教授，您已当选天津市生物医学工程学会心脏起搏与电生理专业委员会（天津市心律学会）顾问。任期五年。

天津市生物医学工程学会心脏起搏与电生理专业委员会

天津市心律学会

2011-09-28

天津市生物医学工程学会心脏起搏与电生理专业委员会（天津市心律学会）顾问（2011）

石毓澍教授的部分荣誉证书和聘书

1980

代表当选证书

（河西）选字第317号

石毓澍当选为天津市河西区第八届人民代表大会代表。

天津市河西区选举委员会

八〇年三月伍日

天津市河西区第八届人民代表大会代表当选证书（1980）

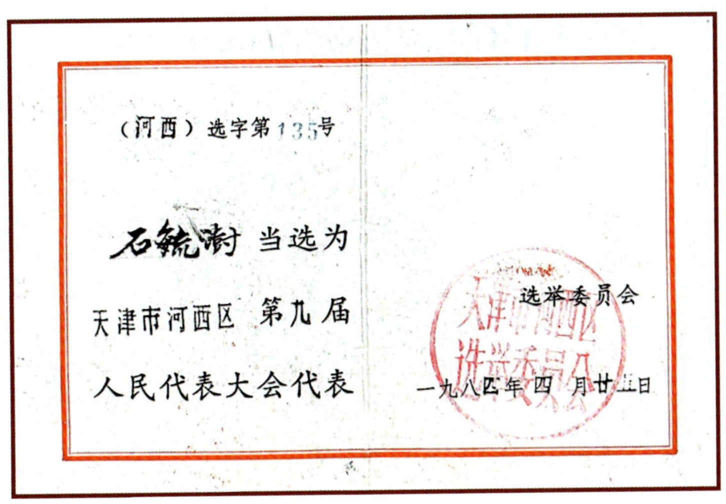

（河西）选字第135号

石毓澍 当选为

天津市河西区 第九届

人民代表大会代表

选举委员会

一九八四年四月廿三日

天津市河西区第九届人民代表大会代表当选证书（1984）

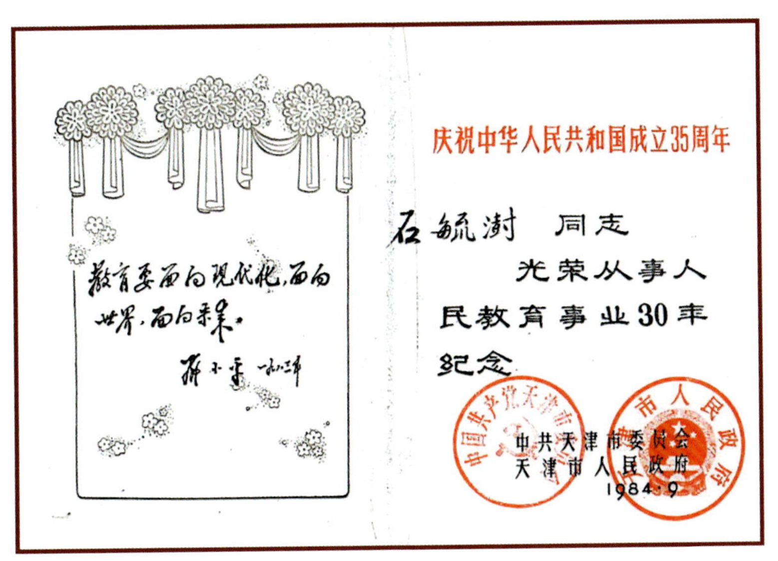

庆祝中华人民共和国成立35周年

石毓澍 同志

光荣从事人民教育事业30年纪念

中共天津市委员会

天津市人民政府

1984.9

光荣从事人民教育事业 30 年纪念（1984）

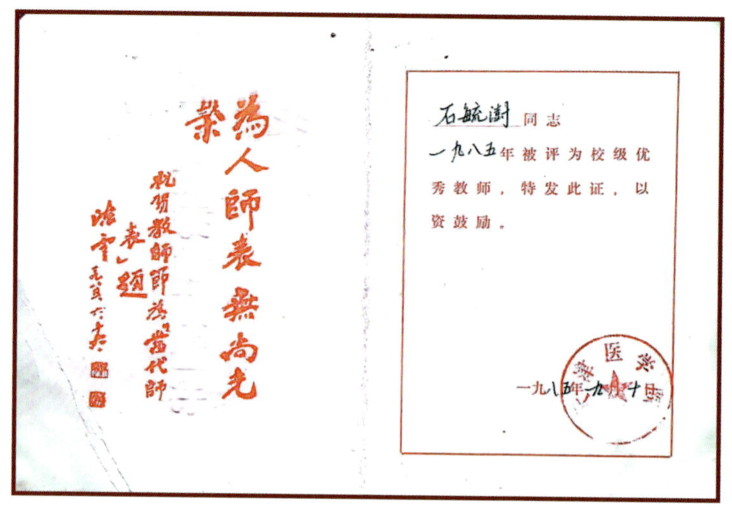
為人師表無尚光榮

石毓澍同志

一九八五年被评为校级优秀教师，特发此证，以资鼓励。

天津医学院校级优秀教师（1985）

荣誉证书

授予石毓澍同志

一九八六年度天津市高校系统教书育人先进教师称号

天津市高等教育局

一九八六年九月十日

天津市高校系统教书育人先进教师（1986）

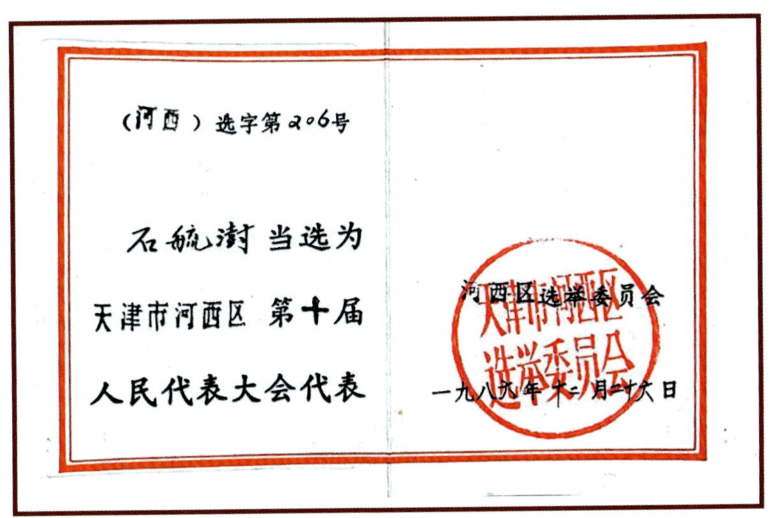

（河西）选字第206号

石毓澍当选为
天津市河西区第十届
人民代表大会代表

河西区选举委员会
一九八六年十二月二十六日

天津市河西区第十届人民代表大会代表当选证书（1986）

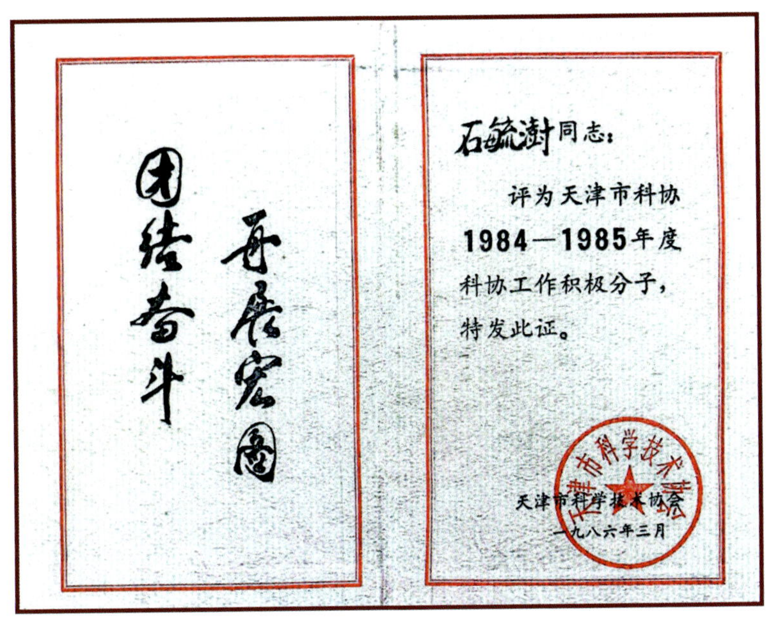

团结奋斗
再展宏图

石毓澍同志：
评为天津市科协
1984—1985年度
科协工作积极分子，
特发此证。

天津市科学技术协会
一九八六年三月

天津市科协 1984–1985 年度工作积极分子（1986）

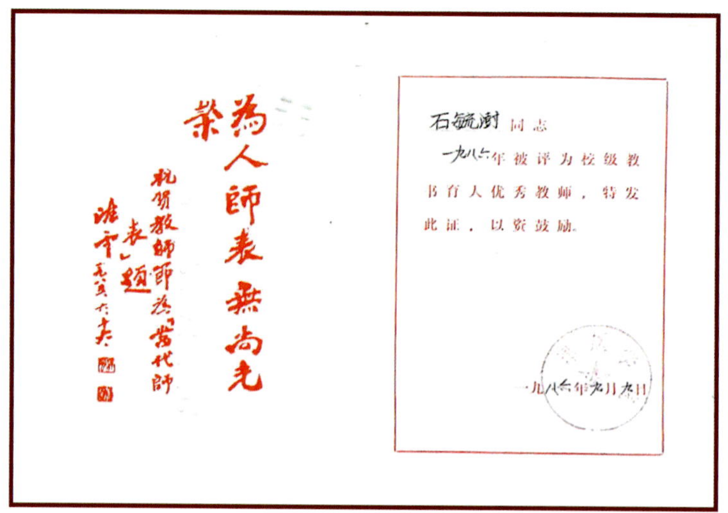

為人師表 無尚光榮

祝賀教師節為「當代師表」題

石毓澍同志

一九八六年被评为校级教书育人优秀教师，特发此证，以资鼓励。

一九八六年九月九日

天津医学院校级教书育人优秀教师（1986）

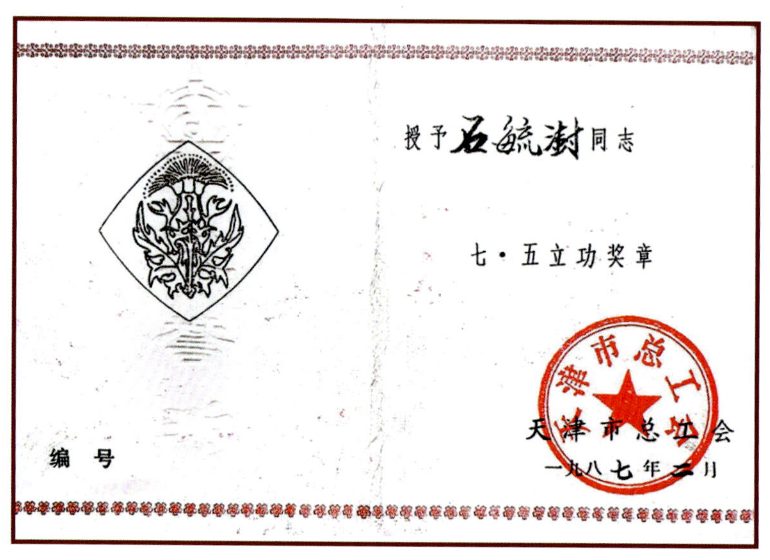

授予石毓澍同志

七·五立功奖章

天津市总工会

一九八七年二月

编号

七·五立功奖章（1987）

荣誉证书

石毓澍同志：

为感谢您任卫生部科学委员会专题委员会委员期间做出的贡献，特予表彰

中华人民共和国卫生部

一九八七年十月一日

卫生部科学委员会专题委员会委员荣誉证书（1987）

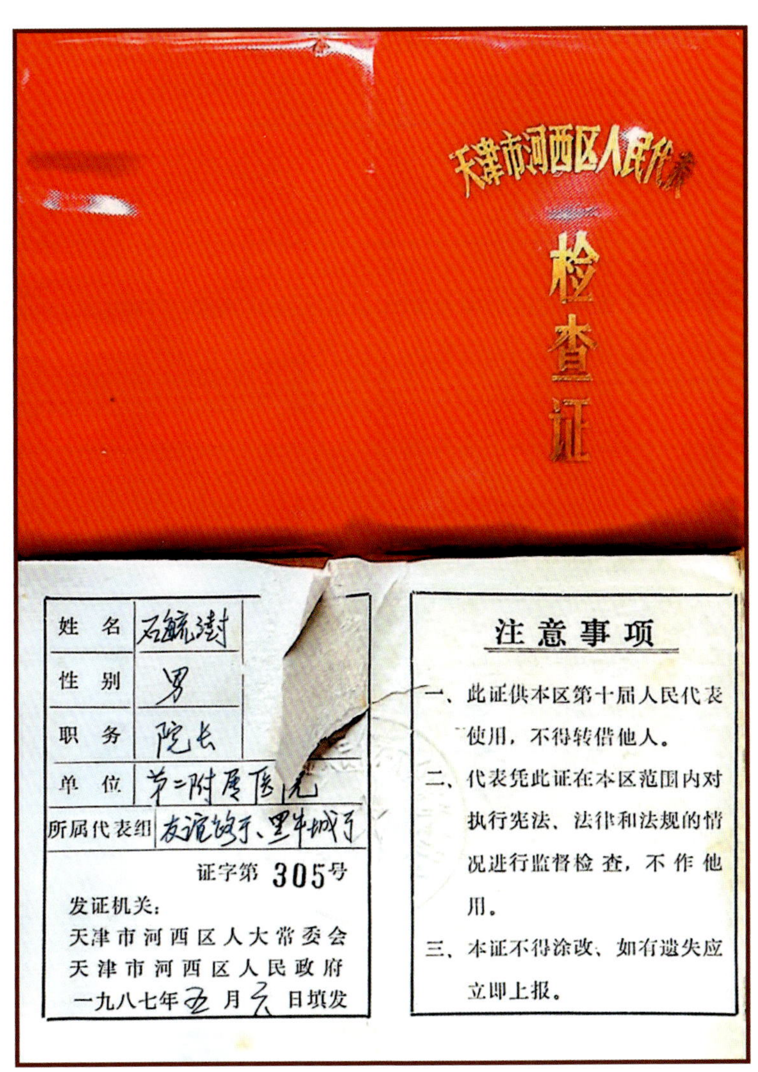
天津市河西区人民代表

检查证

姓名	石毓澍
性别	男
职务	院长
单位	第二附属医院
所属代表组	友谊路亍、黑牛城亍

证字第 305 号

发证机关：

天津市河西区人大常委会

天津市河西区人民政府

一九八七年五月六日填发

注意事项

一、此证供本区第十届人民代表使用，不得转借他人。

二、代表凭此证在本区范围内对执行宪法、法律和法规的情况进行监督检查，不作他用。

三、本证不得涂改，如有遗失应立即上报。

天津市河西区人民代表检查证（1987）

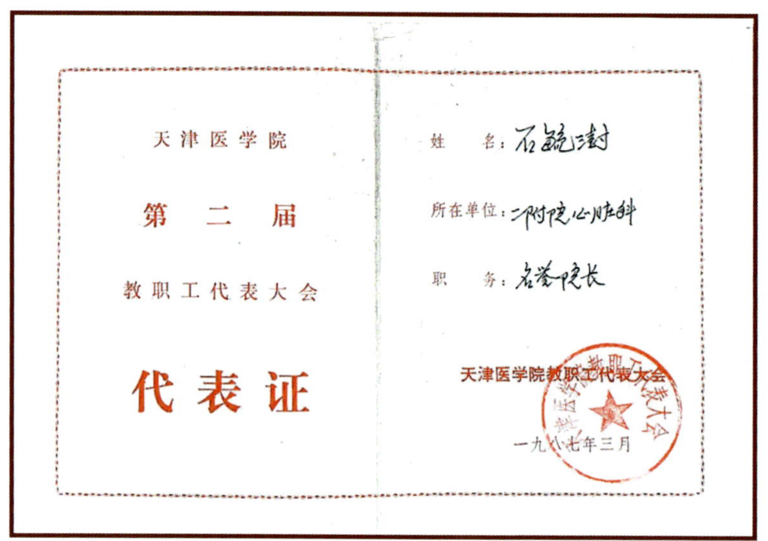

天津医学院

第二届

教职工代表大会

代表证

姓　　名：石毓澍

所在单位：二附院心脏科

职　　务：名誉院长

天津医学院教职工代表大会

一九八七年三月

天津医学院第二届教职工代表大会代表证（1987）

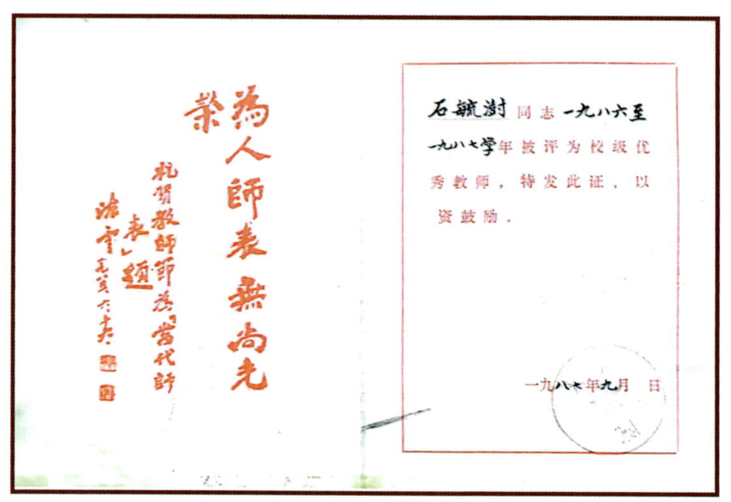

為人師表無尚光榮

祝賀教師節為"當代師表"題

石毓澍同志一九八六至一九八七学年被评为校级优秀教师，特发此证，以资鼓励。

一九八七年九月　日

天津医学院校级优秀教师（1987）

荣誉证书

石毓澍同志：

评为天津市科协1986—1987年度科协工作积极分子，特发此证。

天津市科学技术协会

一九八八年十月

天津市科协1986—1987年度工作积极分子（1988）

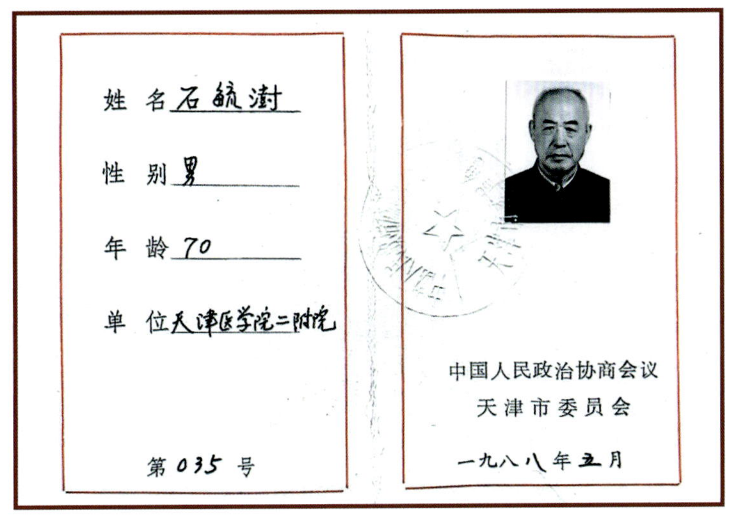
姓名 石毓澍

性别 男

年龄 70

单位 天津医学院二附院

第035号

中国人民政治协商会议

天津市委员会

一九八八年五月

中国人民政治协商会议天津市委员会委员证（1988）

全国优秀归侨、侨眷知识分子（1989）

天津市卫生行业优秀卫生工作者荣誉证书（1989）

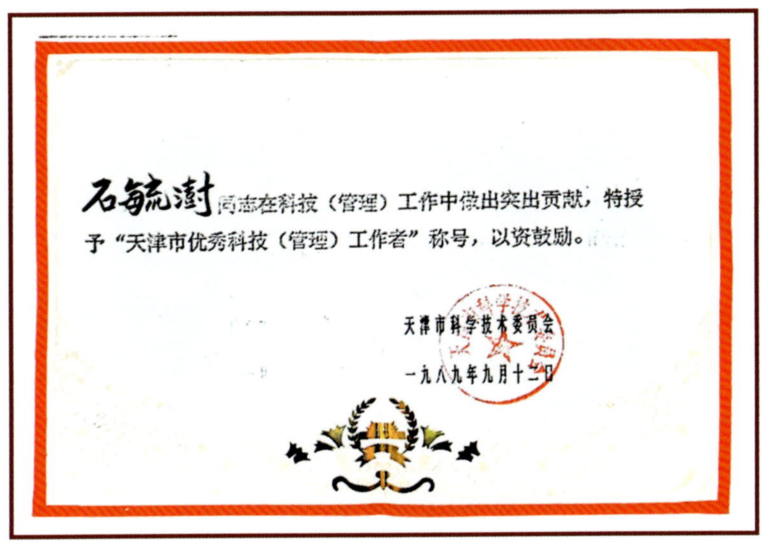

石毓澍同志在科技（管理）工作中做出突出贡献，特授予“天津市优秀科技（管理）工作者”称号，以资鼓励。

天津市科学技术委员会

一九八九年九月十二日

“天津市优秀科技（管理）工作者”称号（1989）

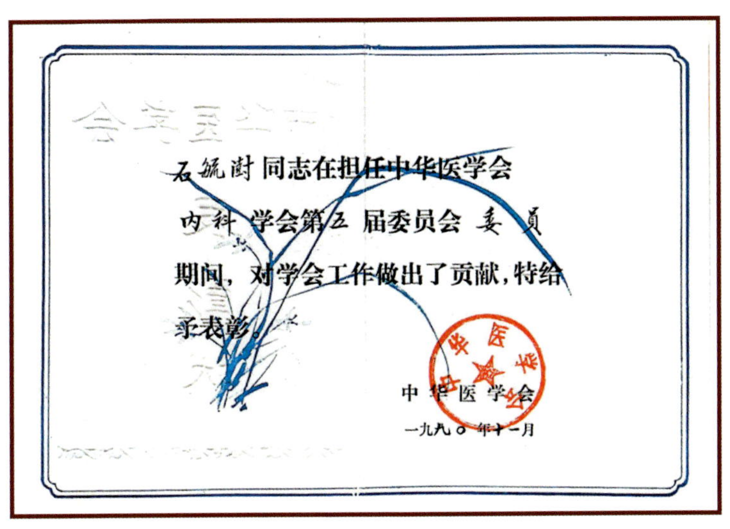

石毓澍同志在担任中华医学会内科学会第五届委员会委员期间，对学会工作做出了贡献，特给予表彰。

中华医学会

一九九〇年十一月

中华医学会内科学会第五届委员会委员表彰（1990）

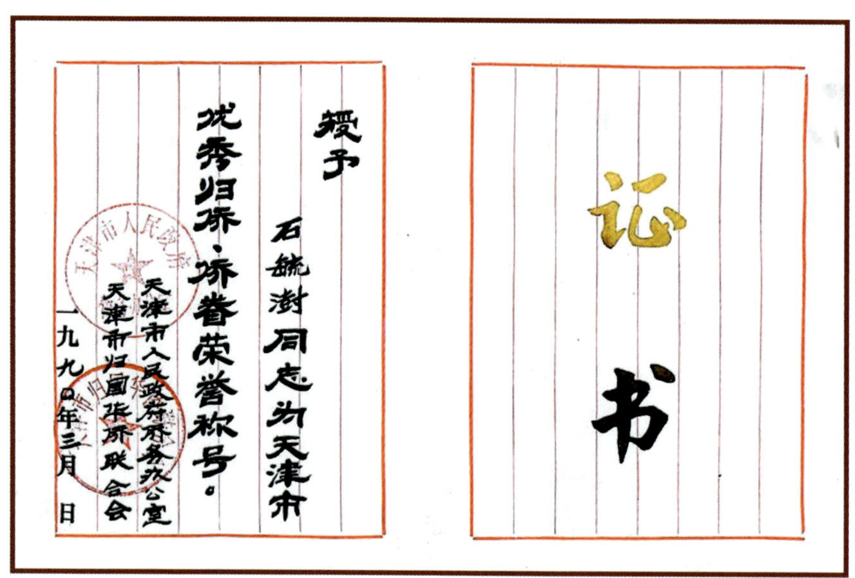

证书

授予
石毓澍同志为天津市
优秀归侨、侨眷荣誉称号。

天津市人民政府侨务办公室
天津市归国华侨联合会

一九九〇年三月 日

天津市优秀归侨、侨眷（1990）

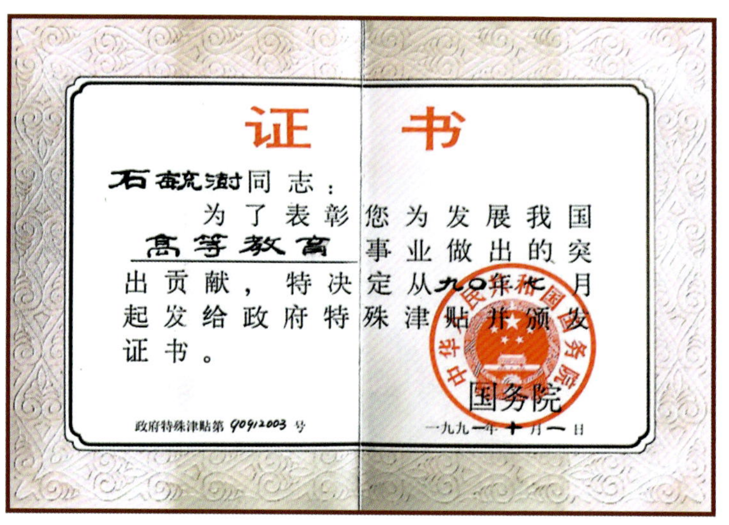

证书

石毓澍同志：

为了表彰您为发展我国高等教育事业做出的突出贡献，特决定从九〇年七月起发给政府特殊津贴并颁发证书。

国务院

政府特殊津贴第 90912003 号

一九九一年十月一日

政府特殊津贴证书（1991）

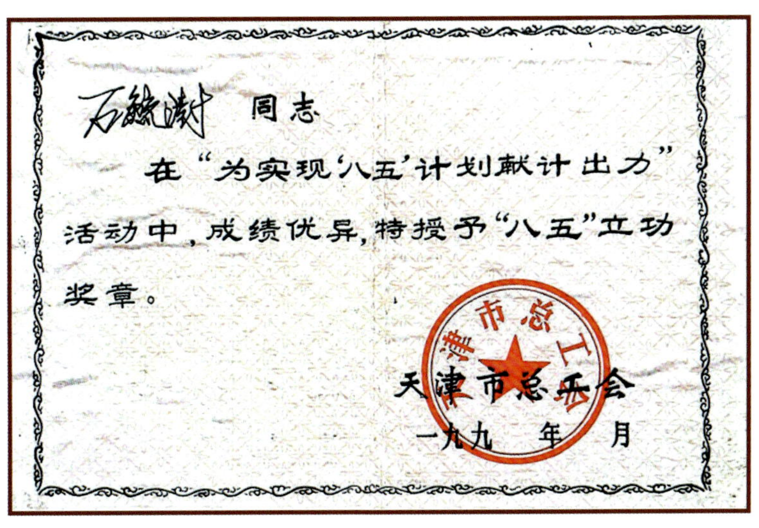

石毓澍 同志

在"为实现'八五'计划献计出力"活动中，成绩优异，特授予"八五"立功奖章。

天津市总工会

一九九 年 月

"八五"立功奖章（1991）

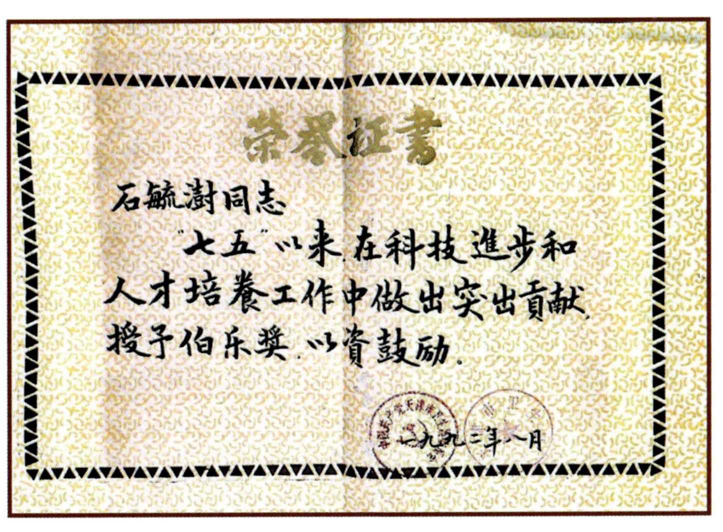

荣誉证书

石毓澍同志

"七五"以来在科技進步和人才培養工作中做出突出貢献，授予伯乐奖，以資鼓励。

一九九二年八月

伯乐奖（1992）

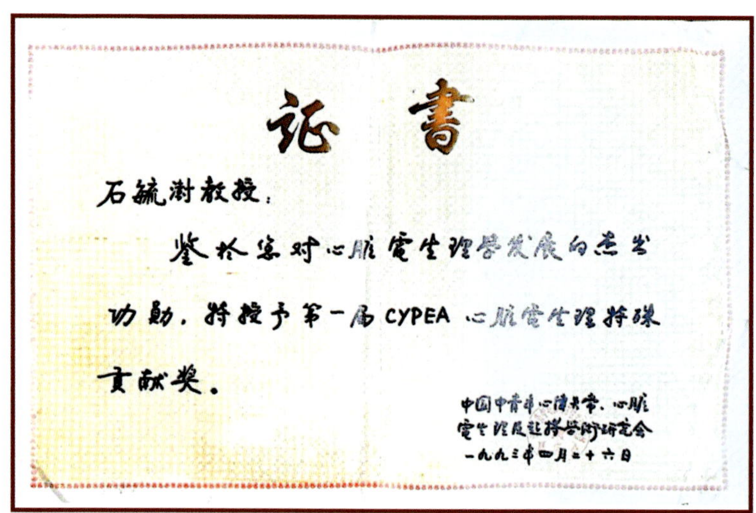

证書

石毓澍教授：

鉴於您对心脏電生理学发展的杰出功勋，特授予第一届CYPEA心脏電生理特殊贡献奖。

中国中青年心律失常、心脏電生理及起搏学术研究会
一九九三年四月二十六日

第一届 CYPEA 心脏电生理特殊贡献奖（1993）

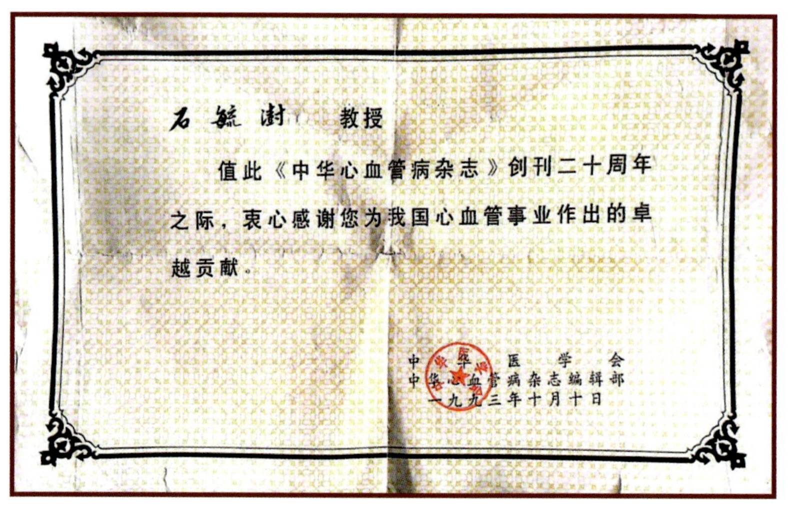

石毓澍 教授

值此《中华心血管病杂志》创刊二十周年之际，衷心感谢您为我国心血管事业作出的卓越贡献。

中华医学会
中华心血管病杂志编辑部
一九九三年十月十日

《中华心血管病杂志》表彰（感谢）证书（1993）

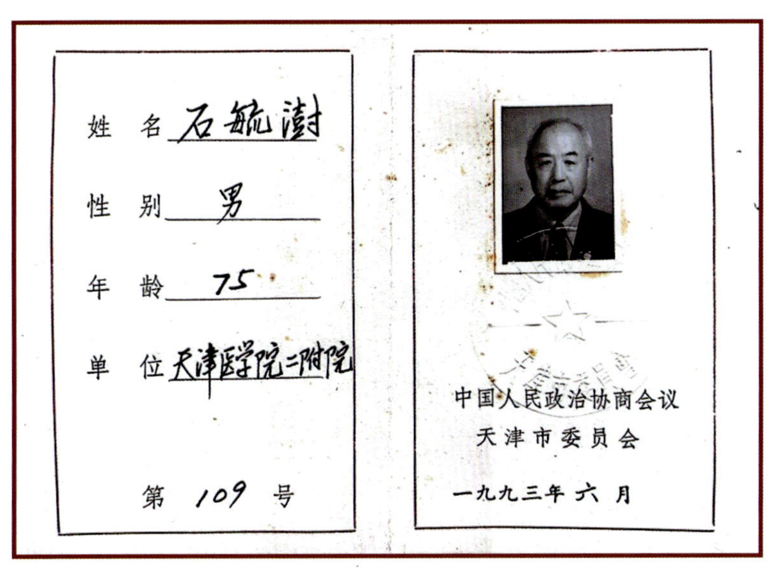

中国人民政治协商会议天津市委员会委员证（1993）

中华医学会第二十届理事会理事表彰证书（1994）

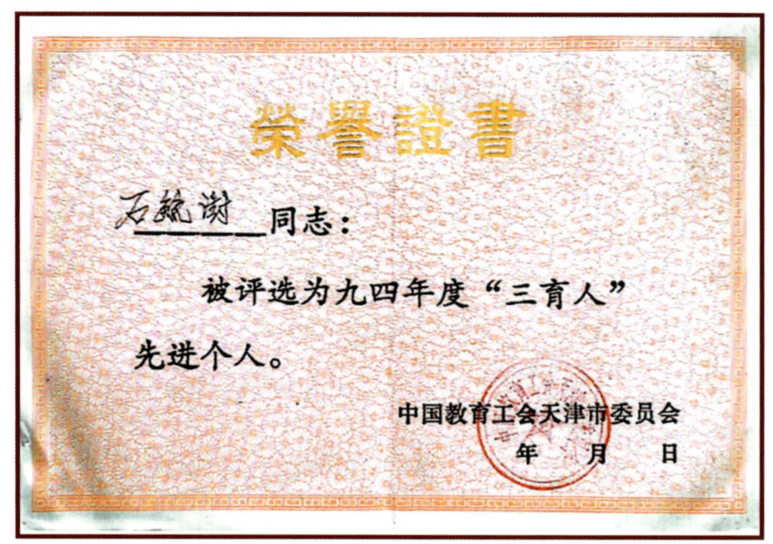

榮譽證書

石毓澍 同志：

被评选为九四年度“三育人”先进个人。

中国教育工会天津市委员会

年 月 日

九四年度“三育人”先进个人（1994）

荣誉证书

HONORARY CREDENTIAL

石毓澍 主任/教授：

鉴于您对天津市起搏电生理事业的开创性工作以及对中国心律学事业卓越贡献，特授予您天津市心律学功勋证书。

天津市生物医学工程学会心脏起搏与电生理专业委员会

天津市心律学会

2011-09-28

天津市心律学功勋证书（2011）

海河之滨心脏病学会议学术特别贡献奖（2014）

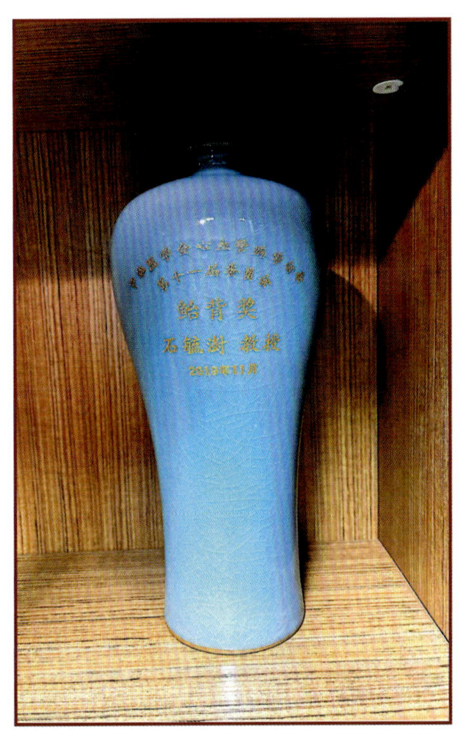

中华医学会心血管病学分会“鲐背奖”（2019）

天津市勞動模范
優先就醫証
姓名：石毓澍
性别：男
勞模稱號：
市特等劳模
天津市總工會　天津市衛生局

天津市劳动模范优先就医证（1992）

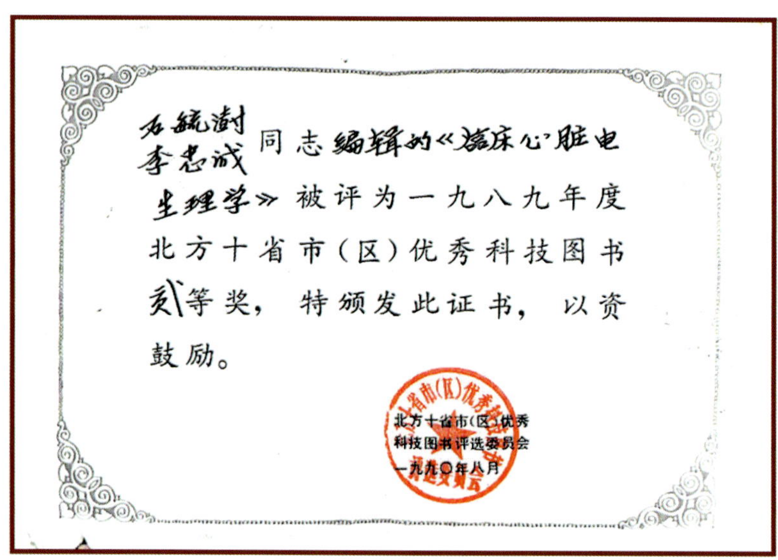
石毓澍
李忠诚
同志编辑的《临床心脏电生理学》被评为一九八九年度北方十省市（区）优秀科技图书贰等奖，特颁发此证书，以资鼓励。

北方十省市（区）优秀
科技图书评选委员会
一九九〇年八月

《临床心脏电生理学》1989 年度北方十省市（区）优秀科技图书二等奖（1990）

石航澍
李忠成 同志：

您 编著的《临床心脏电生理学》

获第四届中国图书奖 二 等奖，

特发此证

中国图书评论学会

1990年 9月

《临床心脏电生理学》第四届中国图书奖二等奖（1990）

石航澍

你参加完成的科技成果，经审查核实被确认为天津市科学技术成果，特发此证。

登记号 津 市 97917

成果名称：临床心律学

完成单位：天津医科大学第二医院
天津科学技术出版社

主要完成人：石航澍 郝俊利

发证日期 1997 年 11 月 10 日

《临床心律学》天津市科学技术成果（1997）

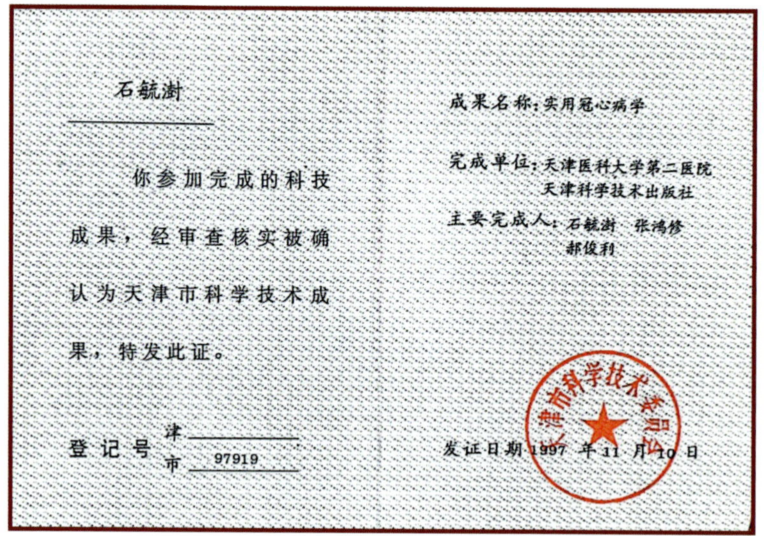

石毓澍

你参加完成的科技成果，经审查核实被确认为天津市科学技术成果，特发此证。

登记号 津市 97919

成果名称：实用冠心病学

完成单位：天津医科大学第二医院
天津科学技术出版社

主要完成人：石毓澍 张鸿修
郝俊利

发证日期 1997 年 11 月 10 日

天津市科学技术委员会

《实用冠心病学》天津市科学技术成果（1997）

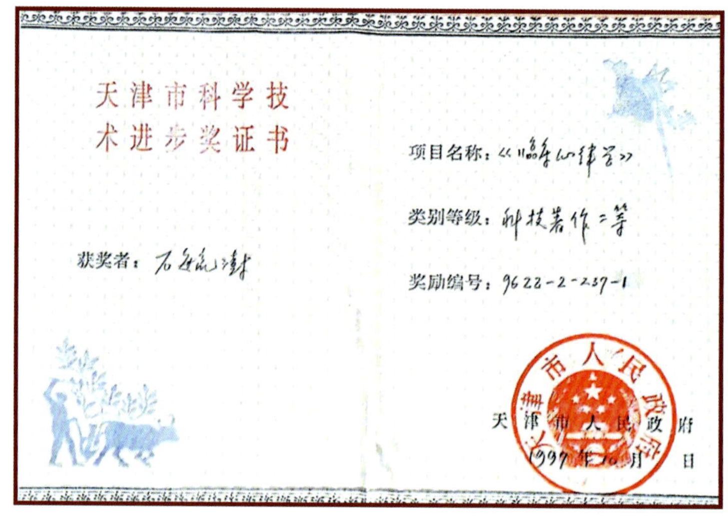

天津市科学技术进步奖证书

获奖者：石毓澍

项目名称：《临床心律学》

类别等级：科技著作二等

奖励编号：9622-2-237-1

天津市人民政府

1997 年 10 月 日

《临床心律学》天津市科技著作二等奖（1999）

石毓澍教授早年发表的学术论文、学术著作和心电图资料

1.《急性白血病》1954 年

一九五四年 第六號 ·443·

急 性 白 血 病

二十七例的臨床分析

喻 堋 武* 石 毓 澍*

急性白血病在醫學文獻中已有 90 年的歷史，惟該病的臨床症狀則僅在 19 世紀末葉方有詳盡的描述。祖國文獻中，Morgan 及 Hsu 二氏於 1954 年首次報告一例，其後各家陸續報告多例，足證此病在我國並非罕見[4,9,14,15,16,17,20,21]。作者等在天津市立總醫院內科自 1947—1954 年 8 月之住院患者中共集得急性白血病27例。所有患者之診斷皆有血液及骨髓檢查之證實，其中三例並有屍體解剖。玆將此 27 例作一臨床分析，就教於國內同道。

本文所報告之病例均採自內科病室，故 12 歲以下之兒童白血病例不在本文範圍之內。

臨 床 分 析

性別: 27 例中，男性 18 例，女性 9 例，故男多於女，為 2: 1 之比。

年齡: 最大年齡為 74 歲，最小者為 15 歲。27 例中，15—20歲間者 9 例，20—30歲間者 9 例，31—40歲間者無之，41—50 歲間者 3 例，51—60 歲間者 5 例，61歲以上者 1 例。一般記載，小兒患病率高，但成年人亦並非少見。在此 27 例中，$^{2}/_{3}$ 患者年齡小於 30 歲。

職業: 本組包括各種不同職業如木匠、職員、文藝工作者、工程師、錫工、煙草工人、學生、家庭主婦等。

發病症狀: 可歸納成為以下幾種。主要為全身無力及易疲乏等貧血症狀者十例，出血（鼻腔、齒齦、咯血及皮下出血等）者八例，淋巴腺腫大者四例，齒齦紅腫或潰瘍者二例，神經麻痹者二例，咽痛及關節痛者一例。

本組患者除三例外，其餘 24 例皆有發熱。患者主訴常為這些症狀之一，但不論其開始現象為何，在很短期間，急性白血病之其他症狀便次第出現（表一）。

發熱: 26例皆呈不規則發熱，體溫變化殊大，在 57.5—40.5°C 之間。僅有一例淋巴性白血病患者在住院期間觀察 24 日，直至其死亡時止，除兩次體溫上達 57.8°C 外，其餘時間皆在 37°C 左右。

淋巴腺腫大: 17例有腫大之淋巴腺，其中五例為全身性，12例為限局性，依腫大的多少為序，有頸部、頷下、腋下、鼠蹊部、耳後、滑車上部等淋巴腺腫大。其大小多為豆或棗大，僅一例淋巴性白血病其淋巴腺腫大如鷄卵。一般為中等硬度，皆活動，無疼痛。十例無腫大之淋巴腺。

脾腫大: 16例有脾腫大。在鎖骨中綫上，脾之邊緣在肋線下 1—14 厘米不等。不少病例在疾病演進過程中發現脾腫大並有逐漸增大趨勢。脾未能觸及者有 11 例。

出血現象: 除四例外，23例皆有出血現象。此23例除有皮膚及口腔粘膜出血點或瘀斑外，鼻腔出血者七例，齒齦出血者四例，尿血三例，便血、咯血、嘔血及陰道出血者各一例。大便潛血陽性者九例。

齒齦: 齒齦腫脹者五例，髓性及淋巴性各一例，有發生潰瘍者三例，皆屬單核性白血病。一例單核性白血病患者之潰瘍面超過齒齦而及於口腔粘膜，引起口腔及喉頭水腫，窒息致死。

肝腫大: 12例有肝腫大，肝緣在劍突下 1.5—8 厘米不等。隨疾病之演進，肝有增大趨勢。肝硬度中等，無疼痛。

眼: 結合膜出血者五例，有 19 例曾作眼底檢查，皆發現眼底呈貧血狀，視神經乳頭邊緣不清，其中 16 例尚有所謂白血病性眼底變化，計視網膜出血 10 例，水腫四例，滲出質 11 例，靜脈曲張八

---

* 天津市立總醫院內科

例。

耳：耳聾者一例。原因究係出血抑係浸潤則不明。

神經系統：四例發生神經癱瘓。三例爲髓性白血病，其中一例，係兩下肢遲緩性麻痹，自第七胸脊神經根以下，淺部感覺減弱。第二例於得病後第25日發生右半身癱瘓。第三例係於得病後第45日發生左面及右動眼神經麻痹，屍體解剖證明係海綿竇受浸潤。另一例淋巴性白血病於死亡前二日呈昏睡及左側肢體鬆弛，屍體解剖發現橋腦出血及大腦多數出血點。在本組27例中有五例皆在死亡前1—2日發生昏睡情形，但未見神經麻痹狀況，亦無屍體剖驗，故未列入。

呼吸道：一例單核性白血病發生咳嗽，咯血，最後發生血胸。

關節痛：有明顯之關節痛者二例，皆爲髓性白血病。

心臟：隨貧血程度及時間不同，心臟常增大，11例有收縮期雜音。

表一　27例急性白血病臨床症狀統計

症狀及體徵	例　數
發熱	26
淋巴腺腫大	17
全身性	5
限局性	12
脾腫大	16
出血現象	23
皮膚粘膜出血點	25
鼻腔	7
結合膜	5
齒齦	4
尿血	5
便血	1
咯血	1
嘔血	1
齒齦腫脹或潰瘍	5
肝腫大	12
白血病性眼底變化	16（共檢查19例）
神經癱瘓	4
關節痛	2

血液檢查：

1.　貧血　所有病例皆有不同程度之貧血。初次檢查之紅血球數爲56—590萬，血色素爲2.8—12.2克。所有急性白血病病例，貧血一般迅速嚴重。紅血球大小常不等，有變形。用Wintrobe氏管法爲19例測定血球容積，證明其皆屬於正常大小細胞或小細胞低色素型貧血，後者顯然與出血有關。三例在血液中發現有核紅血球。

2.　白血球　若以正常白血球數爲5,000 10,000，則發現在本組27例中初次檢查白血球正常或降低而後來增多者五例，在全部觀察過程中始終減少150—4,550之間者三例，增多者（10,500 690,000）24例。白血球數目在疾病過程中變化殊大，多數在臨終時增多。白血球分類發現多數未成熟細胞（詳後）。

3.　血小板　用直接法計算，除一例維持在22—24萬外，其餘26例皆減少，多在5—12萬間，其變化亦大。

4.　流血時間　在疾病過程中變化亦大。所有病例皆在某一時期有流血時間延長，尤以疾病之後期爲然，最長爲25分鐘。

5.　凝血時間　用試管測定凝血時間在十分鐘以上者二例（最長爲14分鐘），5—10分鐘者12例，五分鐘以下者15例。故本組患者之凝血時間並無明顯延長。

骨髓塗片檢查見後。

病程：27例患者中有九例出院後失去聯繫，其餘18例皆死亡。病程自症狀初起至死亡時止。少於60日者11例，60—120日者4例，120—180日者5例。最短爲11日，最長169日，多數患者於四個月內死亡。死於醫院的17例中，8例由於虛弱，4例由於昏迷狀態，5例由於大量出血（鼻腔、便血），2例由於呼吸困難及窒息。

治療：所有各例皆曾用多次輸血、青黴素及其他輔助藥物，四例曾用氮芥，一例曾用促腎上腺皮質激素。結果皆無效。

討　　論

診斷：急性白血病之診斷，一般說來並不困難。值得討論的是三種不同類型的急性白血病在臨床診斷究竟如何區別的問題。本組27例急性白血病中，髓性13例，淋巴性8例，單核性6例。淋巴腺腫大，以淋巴性者爲最多見，8例皆有之，且其中5例爲全身性；其次爲單核性白血病，6例中

5例有之，但皆爲限局性；髓性15例中僅4例有之，且皆局限於頸、頷下、腋窩等部。脾腫大亦以淋巴性者爲最明顯，8例皆有之，晚期尤甚。單核性6例中有5例，而髓性15例中僅5例脾可觸及。由此可見淋巴腺腫大及脾腫大均以淋巴性者爲最顯著，單核性者次之，髓性者又次之。此與文獻所報告者相符。在12例肝腫大的病例中，淋巴性者佔6例，髓性4例，單核性2例，文獻報告中如Forkner及Wintrobe等氏皆謂急性白血病，肝經常腫大。本組病例肝腫大率似較低。出血傾向在三類急性白血病中無明顯區別。本組中有齒齦腫脹的五例中，三例發生於單核性白血病，皆有潰瘍，其他二例分見於髓性及淋巴性各一例，皆無潰瘍。齒齦變化爲單核性白血病之特點，早爲Forkner氏指出，但臨床家意見並不一致。在我國文獻所報告之五例單核性白血病中[14,16,17,21]，四例皆有齒齦腫脹或潰瘍。吾人認爲齒齦腫脹及潰瘍確在單核性白血病爲最多見，但既非所有單核性白血病者所必有之現象，更非限於此一類型而已。神經麻痺由於神經系統發生浸潤及出血。在本組四例中，三例爲髓性，一例爲淋巴性，而在髓性之三例且爲患者之主訴，而非臨終之現象。血液及骨髓之細胞學檢查對診斷白血病及區別三種細胞型均有决定性意義。急性髓性白血病者的血液中，不成熟髓細胞系統佔絕對多數。本文15例中，髓母細胞佔42—95%。有三例見到Auer氏小體。急性淋巴性白血病之八例中，淋巴母細胞皆佔90%以上，而母細胞佔重要比例。急性單核性白血病六例中，單核母細胞及單核細胞佔52—94%。從形態上區別此三類型的不成熟細胞，除普通染色（Wright氏或Giemsa氏法）外，過氧化酶染色亦有幫助。本組曾爲12例做此種檢查，裨益不小。淋巴性病例之細胞皆呈陰性，髓性細胞多呈陽性而單核細胞亦有一部分呈陽性。此外，用活體染色法作檢查更有幫助，惜本組未能採用。

治療：對於急性白血病，到目前爲止，任何藥物皆無治癒希望。一些治療方法，僅能達到暫時緩解。患者生命可能稍爲延長。這些療法包括多次小量輸血及抗生素的使用。回顧本組27例中竟無一例發生肺炎及支氣管肺炎，不能不歸功於抗生素之使用。其他如放射療法，烏拉坦的服用對急性白血病皆不適合。近代藥物中能發生緩解作用者有以下三種：

1. 促腎上腺皮質激素（ACTH）及皮質激素（Cortisone）。自1949年Hench氏[18]用促腎上腺皮質激素爲一患急性白血病之兒童治療而得到暫時性緩解後，很多學者相繼有類似報告。綜合文獻報告治療的結果[2,3,4,5,10]，我們可得到以下的結論：促腎上腺皮質激素及皮質激素對治療急性淋巴性白血病較髓性白血病功效爲顯著，對單核性病例則結果不滿意，甚至完全無效。兩種內分泌素之療效相差無幾，但促腎上腺皮質激素的效果發生較速。用此兩種內分泌素引起之緩解期較葉酸對抗物所引起者爲短。緩解期短者僅數日，長者可達三月以上。復發後再用之治療，效果大減，或完全無效。皮質激素可口服或肌內注射。兒童每日劑量100—200毫克，成人每日200—400毫克，分四次服用。促腎上腺皮質激素的劑量爲：幼兒每日用50—100毫克，肌內或靜脈注射，成人每日100—200毫克，肌內注射。療程由十數日至20—30日，最長可達50日。

本組一例急性髓性白血病曾應用促腎上腺皮質激素治療，但未獲明顯效果。

2. 氮芥。利用氮芥治療慢性白血病常有較滿意結果，但在急性白血病則功效很差。Jacobson氏於1947年報告其經驗，認爲平均病程並未因此種治療而延長，Wintrobe氏曾治療八例，僅三例有暫時性臨床上的緩解。本組患者中曾經用氮芥治療者有四例，療效亦並不如理想。緩解期頗短，病程亦無明顯延長。

3. 葉酸對抗物。Meyer氏[4]於1948年首先用葉酸對抗物治療五例急性白血病，四例得到暫時好轉。此後Farber氏[6]（1949）年，Dacie氏[7,12]（1950）等亦觀察到顯著進步。1951年在Boston會議[12]上共報告425例小兒急性白血病應用葉酸對抗物治療，68%有進步。綜合各家意見有如下數點：此物治療急性淋巴性白血病療效最好，髓性者次之，單核者無效。兒童較成人所得的療效爲好。在疾病任何階段使用皆可能引起緩解，故用藥時期長短不一致，自2—3星期至2—3月不等。臨床上之緩解期不等，短者僅四星期，最長有達96星期者。

總之，目前急性白血病尚無有效療法。在輸血及抗生劑使用基礎上，可考慮用促腎上腺皮質激素、氮芥或葉酸對抗物治療，但所得緩解並不理想。

總　　結

本文將天津市立總醫院內科 27 例急性白血病作一臨床分析，並對三種不同細胞型之白血病（髓性，淋巴性及單核性）之臨床鑑別加以討論。急性白血病至今尚無有效療法，促腎上腺皮質激素、氮芥或葉酸對抗物可在適當情形下試用，但所得結果尚不能令人滿意。

誌謝：本文若干病例之血液及骨髓塗片檢查曾蒙中國協和醫學院鄧家棟教授鑑定指正。

參考文獻

1. 個案討論會（天津市立總醫院內科）：急性骨髓性白血病及淋巴肉瘤——芥子氣治療問題，內科學報，5:80. 1951.
2. 張乘均：腦下垂體前葉向腎上腺皮質激素及腎上腺皮質酮類之臨床檢討，內科學報，3:450, 1951.
3. 富澄山：垂體腎上腺皮質刺激素，中華醫學雜誌，37:523, 1951.
4. 葉椎法：急性骨髓母細胞白血病和急性淋巴母細胞白血病二例，中華新醫學報，3:632, 1952.
5. 溥正儀：腎上腺皮質激素功能，中華醫學雜誌，37:1, 1951.
6. Dacie, J. V. et al.: Aminopterin in the treatment of acute leukemia. Brit. M. J. 1:1447, 1950.
7. Dacie, J. V.: Acute leukemia treated with Aminopterin. Brit. M. J. 1:784, 1951.
8. Dameshek, W.: A preliminary statement. The use of folic acid antagonist in the treatment of acute and subacute leukemia. Blood 6:168, 1949.
9. Diamond, I. B.: Leukemic change in the brain (the 14th case). Arch. Neurol. and Psychiat. 32:118, 1934.
10. Farber, S. et. al.: Temporary remissions in the acute leukemia in children produced by folic acid antagonist, 4-Aminopteryl-glutamic acid (Aminopterin). New England J. M. 238:787. 1948.
11. Forkner, C. E.: Leukemia. In Nelson Loose-Leaf Medicine. vol. IV, p. 87N, 1947.
12. Fountain, J. R.: The chemotherapy of acute leukemia: a review of its present status. Edinburgh M. J. 61:69. 1954.
13. Hall, B. E.: Chemotherapy of leukemia and allied disorders. Med. Clin. of North Am. 37:1755. 1953.
14. Hsiang, H. T.: Acute monocytic leukemia. Report of 2 cases in Chinese. C. M. J. 57:240. 1940.
15. Kao, Y. E. Chao, T. H. & Hu C. W.: Acute lymphatic leukemia in children. C. M. J. 67:203. 1949.
16. Morgan, J. & Hsu, Y. T.: Acute monocytic leukemia. Case report with autopsy findings. C. M. J. 48:1113, 1934.
17. Pan, J. S.: Acute monocytic leukemia. Report of a case. C. M. J. 62:235. 1943.
18. Wintrobe, M. M. et. al.: Effect of corticotrophin and cortisone on the blood in various disorders in man. Arch. Int. Med. 88:310. 1951.
19. Wintrobe, M. M. et. al.: Nitrogen mustard as a therapeutic agent for Hodgkin's disease, Lymphosarcoma and leukemia. Ann. Int. M. 27:529, 1947.
20. Wu, D. T. C. & Ma, R. J. C.: Leukemia in Chengtu. C. M. J. 66:141, 1948.
21. Yoh, T. F.: Monocytic leukemia. Report of a case. C. M. J. 67:208, 1949.

2.《斐特拉氏心肌炎》1955 年

一九五五年 第十號 ·765·

斐特拉氏心肌炎

（報告一例附屍檢資料）

石毓澍* 譚郁彬**

斐特拉 (Fiedler) 氏心肌炎是一種較少見的疾病，Fiedler 氏於 1899 年首先對本病作了臨床現象的描敘，因以名之。50 年來各國學者陸續報告了不少病例，並對其病原、病理問題作了很多研究。本病的病理研究由 Салтыков 氏 [1] 及 Schmorl 氏首先描述，其特點爲一種瀰漫性心肌炎，心肌間質內有炎細胞浸潤，而心內膜及心外膜常不受到損害。由於此病之病變主要限於心肌，故又稱爲急性孤立性心肌炎(Acute isolated myocarditis)。此病可見於任何年齡，其發病原因至今尚未明悉；預後險惡，常因心力衰竭或心力紊亂而死亡。

作者等在天津市立總醫院曾見一例，茲將臨床及病理所見報告如下。

病例報告

患者王××，住院號 47,304，年 31 歲，男性，天津市人，於 1954 年 6 月 18 日中午因上腹部疼痛四天入院。

入院前六天，忽感全身不適，曾經其工作部門醫務室診治。兩天後，即入院前四日，患者突然發生劇烈而持續的上腹區及前胸下方疼痛，且向左肩胛部放射；上腹區有壓重感覺；同時患者全身出冷汗，有心跳、氣促，輕微活動時氣促即加重。當日下午體溫上升達 39°C，次日仍在 39°C以上，但無寒戰。於第三日注射青黴素，據云體溫曾降至正常；但上腹部及前胸部疼痛、氣促、出冷汗等現象並未稍減。發生疼痛後第四日，即入院日，患者開始感覺頭暈、四肢無力、噁心、吐酸水及小便量少等現象。大便正常。

既往無心跳、氣促、關節痛、高血壓、血尿等歷史，惟當過度勞動後感覺手指及口唇麻木。否認冶遊性病史。

患者生長在天津，未曾去過南方；26 歲結婚。職業爲工會工作者。平日少量吸烟，偶飲少量酒，不常食肉。父體胖，有「高血壓病」，曾做交感神經切除術；母親死於「高血壓及尿毒症」。弟兄三人，一死於「心臟病」，餘二人健在；一妹、妻及二子均健康。

體檢：體溫 37.2°C，脈搏 100，呼吸 18，血壓 $^{100}/_{90}$。發育及營養尚好，神智清醒，合作。全身皮膚濕潤，額部有冷汗，四肢發冷，有紫紺。無全身淋巴結腫大。頭部無畸形，瞳孔較縮小。眼底無異常發現。耳、鼻正常，口唇有紫紺，舌有薄苔，咽喉正常，扁桃體不大。頸柔軟，甲狀腺不大，氣管居中。胸部對稱，肺無異常發現。心臟

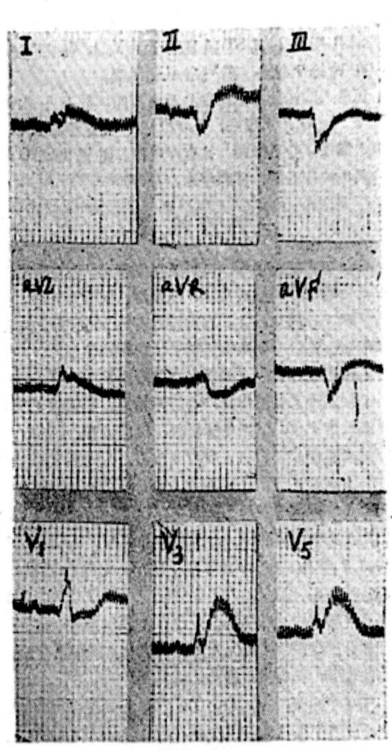

圖 1 心電圖顯示低電壓及廣泛性心肌損傷

* 天津市立總醫院內科
** 天津醫學院病理教研組

晉界未擴大，心音微弱，心跳每分鐘100次，心律規則，未聞雜音。腹部柔軟，上腹區略有壓痛和緊張；肝脾未觸知，也未觸及腫塊。四肢及脊柱未見異常。膝反射存在，無病理反射。

化驗室檢查：血液：血色素14克%，白血球9,050，中性多形核70%，淋巴細胞26%，單核4%。尿：酸性，蛋白微量，糖陰性；鏡檢在每高倍視野見0—1紅血球，0—1白血球，0—3顆粒管型。

心電圖：（圖1）心律規則，心率每分鐘90次，P波在各導聯均不明顯，但在V_1則明顯出現，故爲竇性心律。P-R間隔爲0.18秒；Q-T間隔爲0.36秒。QRS波羣：在導聯I呈R波；II，III及aVF呈QS波，其S波較寬鈍；aVR呈rS波；V_1呈qR波；V_3及V_5呈R波。未作V_{5R}導聯。QRS波羣寬度在aVF及Ⅲ爲0.12秒。I、II、III之QRS波高度之總和爲10.5毫米。ST段及T波：ST段在導聯I、II、III、aVF及aVL皆略高，其中在aVF導程抬高之ST段與S波融成單向曲線；而在aVR及V_1，其ST段則降低；V_3及V_5之T波高聳，在V_3達7毫米，在V_5達6.毫米高。

患者入院後給以鎮靜藥品及氨茶鹼；於下午六時血壓降至$^{58}/_{35}$毫米水銀柱，全身出汗，氣促發紺加重，脈搏難以觸知，心音微弱，且有奔馬律。體溫38.2°C；下午八時五分，心跳、呼吸停止。

病理檢查

死者發育營養中等，口唇及指端青紫，全身無腫大淋巴結，皮膚無出血點或皮疹，無水腫。腹腔無積液，肝下緣達肋緣下一厘米。左、右胸腔各有約50毫升之淡黃色澄清液體。左肺下葉與胸後壁有陳舊纖維粘連。

心臟：心包腔內有橙色半透明液體約100毫升，未凝固。心包表面未見滲出物，心包未增厚。心臟重420克，心外膜輕度充血，但未見滲出物，無出血點。心腔內含有雞脂樣血凝塊。左、右心室輕度擴張。心內膜大部光滑，惟左心室有散在不甚光亮區域，未見滲出物及附壁血栓。二尖瓣及主動脈瓣表面不甚光亮，無明顯增厚或贅生物。三尖瓣及肺動脈瓣光滑。各瓣孔未見狹窄。左心室壁厚1.3—1.7厘米，右心室壁厚0.7厘米。心肌各部呈紅黃色，暗淡，韌性減低，左心室後壁靠心室間隔附近尤然。未見梗死區，出血或瘢痕。各冠狀動脈口通暢，冠狀動脈各枝經分段切開均未見阻塞或粥樣硬化。主動脈有散在之黃白色斑塊，甚輕微，無潰瘍或鈣化。

顯微鏡檢查：左、右心房，左、右心室，室間隔等各部之心肌皆呈瀰漫性炎性反應，炎性細胞浸潤主要見於間質及肌束間，有的心肌橫紋消失，有的呈蠟樣變性（圖2）及輕度壞死（圖3）。至於左心室後壁之心肌則有大量蠟樣壞死，該處炎性浸潤更爲普遍（圖4），心內膜、心外膜及乳頭肌均有炎細胞浸潤，主要爲淋巴細胞，單核細胞及少量中性多形核白血球及嗜酸性白血球以及梭形或橢圓形之〔血管外膜細胞〕。各部之炎細胞成分不一致，有的區域中性多形核白血球較多，有的區域則梭形或橢圓形細胞較多。用Van Gieson氏及Mallory氏阿尼林藍（苯胺藍）結締組織染色，發現這些區域有輕度膠纖組織增生。許多切片檢查都未見〔阿少夫氏結節〕或〔阿少夫氏細胞〕。心肌間質小血管中未見有明顯病變，亦未見有血栓。

其他臟器：肺重1,620克；左肺下葉後部有直徑約三厘米之結核病灶，已大部纖維化鈣化；肺門淋巴結未腫大；其他肺組織充血，無炎症反應。肝重1,550克，肝臟充血。腸胃道粘膜亦未見炎性反應。脾、腎、腎上腺、腦等臟器未見特殊病變。

討　　論

本例在臨床上極似急性心肌梗死，但病理學檢查未發現心肌梗死病灶，冠狀動脈及其分枝亦未發現任何病變。心臟之主要病變爲心肌之瀰浸性炎症，肌纖維之退變及壞死。炎性病變主要限於心肌、心內膜及心外膜則僅在較小部位有輕微的炎細胞浸潤。此外身體之其他器官亦未發現炎性病灶。總之，本例係一廣泛性心肌炎，殆無疑義。至於引起心肌炎之原因，無論從臨床上或病理學檢查上皆未能確定。

Saphir及Gore二氏[7]曾分析1,402例心肌炎，發現引起心肌炎的病因甚多，依Saphir氏[13]意見可分爲四大類：

（1）繼發於某種傳染病，伴有或不伴有心內膜炎。

（2）特異性原因，具有解剖上特徵或見到病原體，如風濕熱、結核病等。

（3）由於化學藥品、物理原因或過敏反應所引起。

（4）孤立性心肌炎，不伴有任何已知的疾病。

在本例：（1）病史中無傳染病如白喉、急性扁桃體炎、敗血症等記錄，而病變中也未見到任何種傳染病之證據，故不似繼發於傳染病者。（2）關於能引起解剖上特點之特異性原因，就中以風濕熱引起之心肌炎爲最常見，但後者之病變多累及心臟各層而成爲全心臟炎。本例之炎症主要限於心肌，且顯微鏡檢查亦未見到阿少夫氏小體，因此對風濕性心肌炎之診斷不能提出任何證據。同樣，亦未見到其他如結核、梅毒等特異性病變。（3）病史及臨床症狀皆無中毒、過敏反應等情形，病前亦服用磺胺藥物（死後向患者家屬詢問得知），病變中也無中毒或過敏反應之證據。因此，從病歷及解剖病變之特點考慮，最後認爲本例符合於斐特拉氏心肌炎。

斐特拉氏心肌炎之所以又稱爲急性孤立性心肌炎是由於其病變主要限於心肌，此純係病理形態學之術語，並非謂該病孤立於心肌。此病之病理學特點爲一瀰漫性心肌炎及心肌纖維之各種程度的退行性變，心內膜及心外膜則一般無炎症變化。Scott 及 Saphir 二氏[12]所報告之 30 例中皆無明顯之心內膜及心外膜病變。本例僅在左心室後壁發現心內膜有輕度淋巴細胞浸潤。除心肌外無其他病灶存在。

斐特拉氏心肌炎可發見於不同年齡，但較常見於年輕之成人，Scott 及 Saphir 二氏所分析之 30 例中，$^1/_3$ 發生於 20—30 歲。男女兩性皆可罹致，但男性似較多見。致病原因至今尚未明悉。過去雖有若干著者在臨床及動物實驗上企圖證明其病因爲細菌、過濾病毒感染等，或對磺胺、血清、砷劑之反應，但至今尚未獲得足够證據。本例雖經詳細詢問病史，終未發現任何上述的原因。

急性孤立性心肌炎的臨床表現常無定型。大多數患者的臨床現象爲進行性心力衰竭、氣喘、心跳、心前區壓迫感，並伴有不規則的發熱，偶爾出現下肢水腫、肝臟腫大、甚至漿膜腔積液。體檢方面可發現心臟擴大，心音微弱，心尖區有輕度收縮期雜音。血液細菌培養陰性。此外在疾病進行過程中可出現腦及肺血管栓塞。

若干患者的臨床表現疑似心肌梗死，這類病例曾有不少報告。Hansmann 及 Schenken 二氏[8]分析 18 例，發現其中 13 例有明顯的心前區疼痛。本例在臨床上頗似因心肌梗死，而陷於休克狀態。故病人雖年僅 31 歲，當時臨床印象仍以心肌梗死爲最可能。事後回憶，此例有兩點不符合心肌梗死之診斷：(1) 在發生疼痛之前數日已有全身不適。(2) 發熱較高，曾達 39°C 以上。

心電圖在斐特拉氏心肌炎可無明顯改變，可出現房室間及心室內傳導阻滯或其他變化。本例之心電圖有低電壓，ST 段及 T 波的改變說明有較廣泛的心肌損傷。而在導聯 III 及 aVF，其 QRS 波羣之寬度達 0.12 秒，V_1 之 QRS 波羣有大 R 波，其類本體曲折波之開始時間達 0.05 秒，故有右側房室束支傳導阻滯。

本病預後一般皆極險惡，病程長短不一，最常見者在兩星期內死亡，但有時病程可長達數月乃至數年者(Jaffe 氏 1946)。約 15% 的病人可暴卒[9,11]。本例病程僅七日，在休克狀態下死亡。

斐特拉氏心肌炎至今尚無特殊療法，一般爲對症治療。Garrison 及 Swisher 二氏[5] (1953) 曾用促腎上腺皮質激素治療一例患原因不明之心肌炎的七歲小兒，獲得良好效果。

總 結

本文報告心肌炎一例，並結合臨床症狀、心電圖及病理學資料加以討論，認爲符合於斐特拉氏(Fiedler)心肌炎（即急性孤立性心肌炎）之診斷。此病發病原因至今不明，臨床表現常爲進行性心力衰竭，有時疑似心肌梗死；預後險惡，目前尚無特效療法。

参考文獻

1. А. И. Абрикосов.: Частная Патологическая Анатомия. (II). Сердце и Сосуды. I, 160. Медгиз. 1947.
2. Bailey, F. R., & Anderson O. H.: Acute interstitial myocarditis. Am. Heart J. 6:338, 1930.
3. Fiedler, A.: Ueber akute intertitielle Myocarditis. Centralbl. f. Innere Med. 21: 212, 1900. (Quoted from 12).
4. Friedberg C. K.: Diseases of the heart. p. 546-548. Saunders. Philadelphia & London, 1951.
5. Garrison R. F. & Swisher R. C.: Myocarditis of unknown etiology (Fiedler's ?) treated with ACTH., J. Pediat. 42:591, 1953.
6. Gillis J. G. & Walters M. B.: Acute isolated myocarditis simulating coronary occlusion. Am. Heart J. 47:117, 1954.
7. Gore I. & Saphir, O.: Myocarditis, A classification of 1402 cases. Am. Heart J. 34:827, 1947.
8. Hansmann, G. H. & Schenken, J. R.: Acute isolated myocarditis. Report of a case with study of the development of the lesion. Am. Heart J. 15:749, 1938.
9. Helwig, F. C. & Wilhelung, E. W.: Sudden

and unexpected death from acute interstitial myocarditis. A report of 3 cases. Ann. Int. Med. 13: 107, 1939.
10. Luongo, M. A.: Myocarditis of undetermined origin. A case of unexpected death. New England J. of Med. 244: 418, 1951.
11. Moritz, A. R. & Zamcheek, N.: Sudden and unexpected deaths of young soldier. Diseases responsible for such deaths during World War II. Arch. Path. 42: 439, 1946.
12. Scott R. W. & Saphir, O.: Acute isolated myocarditis. Am. Heart J. 5: 120, 1929.
13. Saphir, O.: Myocarditis. A general review with analysis of 240 cases. Arch. Path. 32: 1000, 1941 and 33: 88, 1942.

本例病理學檢查承中國協和醫學院胡正詳教授指正。圖片由天津醫學院雷愛德教授攝製，併誌謝忱。

斐特拉氏心肌炎

石毓澍 譚郁彬

圖 2 心肌之間質及肌束間炎性浸潤，及蠟樣變性。(×500)

圖 3 心肌蠟樣壞死。(×500)

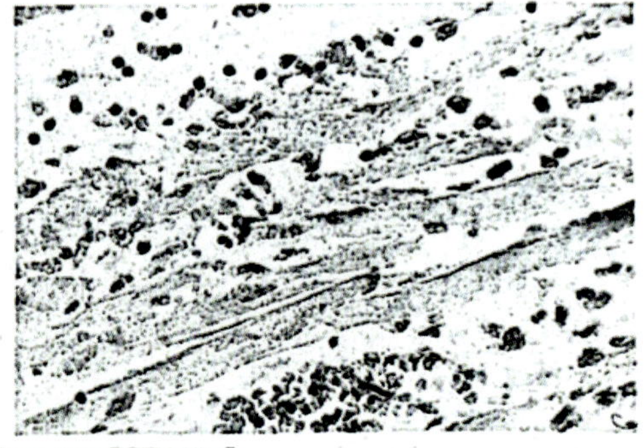

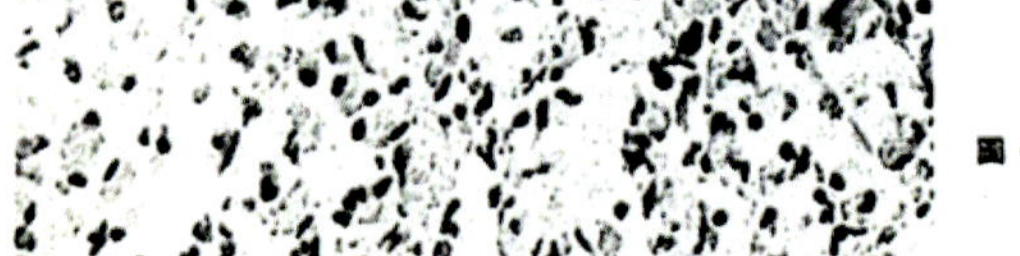

圖 4 左心室後壁普遍性心肌蠟樣壞死及炎性浸潤。(×500)

3.《原发性脾脏结核病》1955 年

一九五五年　第五號　　　　·373·

「原發性」脾臟結核病

（兩例報告及文獻綜述）

石毓澍*　王德延*　黃耀權*

當結核桿菌侵入身體後，脾臟亦和其他器官一樣，可在任何時期遭受侵襲而發生結核病變。在臨床醫學及病理學觀點上常將本病分為兩類。

1.　「續發性」脾結核　脾結核乃全身結核病之一部分，例如在播散性粟粒性結核病體內多數器官如肺、漿膜、肝、脾等皆有結核病變，而脾結核僅為整個疾病之一部分，此為最常見之一類，本文不擬多述。

2.　「原發性」脾結核　係較少見之一類，指脾臟因結核而腫大，甚至起引起血液變化，雖然同時可能有其他器官結核病變存在，但在臨床表現上，脾結核為最突出的或比較孤立的病變。

實際上「原發性」脾結核並非結核菌初染發生於脾臟之稱。按結核病發生過程而論，所有脾結核皆應稱為續發者。Winternitz 氏曾謂「原發性脾結核並不意味着脾臟為細菌進入體內之門戶或身體對細菌發生反應之第一個組織，而只是說脾臟為初染期病灶以外的唯一的或主要的受損器官而已」。本文所稱「原發性」脾結核即指此類而言。有些學者稱之為孤立性脾結核，自然很多時候，病理學檢查證明脾結核並非孤立存在之病變。

「原發性」脾結核雖較少見，但在臨床上及治療意義上極為重要。作者在天津市總醫院曾見兩例。茲將診斷及處理經過公諸同道，並將一些有關文獻加以綜述。

病例報告

例一：患者杜某，住院號 23,436，男性，6 歲，因二年半來時有鼻腔及口腔出血，於 1955 年 6 月 5 日第二次入院。患者係一第六胎足月順產之男兒。父母健在，無結核病史及性病史。除在三歲時曾患原因不明之腹痛外，無其他既往病史。在 1950 年 11 月初次發生鼻出血，當時頗難制止，延續 2—5 天之久。流血後發燒、頭疼，隨而大便黑紅色，伴有噁心，且吐出黑紅色血塊，以後逐漸好轉。1951 年 5 月第二次發生類似情況、同時伴有腹痛。同年 4 月及 12 月又發生兩次出血。

1952 年初發生第五次口腔出血，齒齦潰爛並出血，連續數日方止。第六次出血發生於同年 4 月初。患者鼻出血頗多，且伴有發熱、頭疼、腹痛、並吐出黑紅色血塊，大便黑褐色，小便深黃，但神智清醒，於 4 月 8 日入院。

體格檢查：小兒面色蒼白，周身皮膚散在有大小不等之出血點，紅色乃至紫色，壓之不退色。頜下淋巴結可觸及，瞼結合膜蒼白，有小出血點，視力正常，耳正常，鼻中隔前端有出血處，其他正常。口腔粘膜蒼白，齒齦有出血點，兩頰粘膜有潰瘍，咽部及扁桃體皆有出血點。頸部柔軟，胸部兩側叩診清音，呼吸音無異常，無囉音。心尖搏動不明顯，心濁音界左緣在第五肋間為 6.5 厘米，在鎖骨中線外一厘米，心尖區有一收縮期吹風樣雜音，心音節律整齊。腹部柔軟，無壓痛點，無硬塊；肝、脾均可觸及，並無壓痛。腱反射正常，無病理反射。

化驗室檢查：紅血球容積為 21%，紅血球平均體積 91 立方微米，平均血紅素 23.9 微微克（見表一）。色素指數 0.77，平均血紅素濃 25.1%。骨髓塗片(胸骨穿刺)：髓母細胞 11%，髓細胞 23%，後髓細胞 8%，淋巴細胞 18%，正常紅血細胞 12%，帶狀核細胞 15%，多核白血球 9%，巨核細胞 4%。尿黃色，酸性反應，蛋白及糖陰性。鏡檢陰性，大便：潛血陽性，每高倍視野有 2—4 紅血球。

入院後鼻腔不斷流血，並吐血。當時臨床印象為血小板減少紫癜，可能係原發性，並有繼發性貧血。

住院期間一直有低燒，體溫在 37.5° 及 38°C 之間，脈搏 80—100，紅血球未超過 370 萬。血小板計數作過 12 次，除一次為 235,000 外，餘皆在 2—8 萬之間。網狀細胞由 0 增至 7.8%。住院期間治療主要為輸血，先後共八次，每次 150—200 毫升，曾用凝血劑、大量維生素及肝臟素等。患者因故未繼續治療，於同年 5 月 16 日出院。共住院 38 天。

出院後仍有小量出血，至 1953 年 5 月又發生大量鼻腔及外耳道出血，乃入兒童醫院治療。住院期間曾作血液

* 天津醫學院、天津市立總醫院

檢查（表一），及骨髓檢查，髓母細胞 0，前髓細胞 1%，髓細胞 14%，後髓細胞 12%，帶狀核細胞 18%，中性多核白血球 13%，嗜伊紅性多核 6%，淋巴球 12%，正常紅血細胞 24%，巨核細胞 0。住院期間曾輸血並使用凝血質。6 月 5 日轉入市立總醫院施行脾截除術。入院時脾剛可觸知，體溫正常，血液檢查與以前略同（表一）。於 6 月 11 日施行手術。

手術時發現脾稍腫大，與周圍無粘連，切除容易。曾經探查未發現其他器官病變。術後經過良好。手術次日血液檢查，結果見表一。

表一（第一例）

	血色素（克%）	紅血球（百萬/立方毫米）	白血球（每立方毫米）	中性多核（%）	嗜伊紅性多核（%）	淋巴細胞（%）	大單核細胞（%）	凝血時間（試管法以分鐘計）	血塊收縮	流血時間（分鐘）	血小板（萬/立方毫米）	止血帶試驗
1952 年 4 月 8 日第一次入院	5	2.10	12 550	85	2	12	1	2½	24 小時倘未收縮	24	2.1	陰性
1952 年 5 月 15 日出院記錄	14.5	5.24	6,550	50	0	48	2	2½	同上	15	2.7	陰性
1953 年 5 月 25 日入兒童醫院	8	2.92	10 000	90	0	10	0	5	同上	—	12	陽性
1953 年 6 月 9 日轉入總醫院	—	4.55	7,550	44	3	53	—	5	同上	2½	12.4	陽性
1953 年 6 月 11 日脾切除術												
1953 年 6 月 12 日手術次日	13	4.53	29,950	91	0	1	8	2½	34分鐘開始，6小時完全收縮	2½	39.2	陰性

脾臟病理檢查：脾臟體積為 9×6.5×2.5 厘米，重 140 克，表面光滑，無粘連、無結節。切面充血，濾泡明顯，直徑為 1—1.5 厘米，因濾泡顯著，故肉眼不能辨明是否有結節混雜其中，無壞死（圖 1）。鏡下檢查：脾呈輕度纖維組織增生，脾竇輕度擴張，稍充血。各處皆有散在之結核，其大小及〔年齡〕大致相同，皆含無數上皮樣細胞及少量乾酪樣壞死，周圍有少量纖維組織（圖 2）。未見巨核細胞，推測可能為血源性感染。

病理診斷：脾結核

自得知病理診斷後，乃作 X 線胸部檢查，發現左肺門淋巴結略腫大，邊緣清楚，可能為初染鈣化羣之病變。總之，本例臨床診斷符合於所謂原發性脾結核。予以鏈黴素及藥物治療，至本文撰就時止，患者情況良好，未再有出血症狀。

例二：患者住院號 54,814，41 歲，家庭主婦，於 1953 年 5 月 23 日入院，主訴為四個月來時覺飯後上腹區膨脹，同時上腹區發現腫塊。

四個月前曾有不規則發熱，無寒戰，在某診所治療，當時疑為傷寒，乃注射鏈黴素，共使用 6—7 克，約半個月後熱退。在發熱期間，患者時覺上腹區脹脹，自己用手按摸時發現在左上腹區有一雞卵大之腫物，但不痛。

自熱退後時有上腹區膨脹，近 20 餘日來尤甚。飯後較重，同時食量減少、體瘦、精神不佳。最引起患者注意者乃左上腹部之腫塊逐漸增大，但無疼痛，亦無冷熱感，大便秘結。

一向住在天津，十餘歲時頸部生〔瘡〕，流膿多日方愈。月經週期規則。17 歲結婚，共有 13 次足月順產，四次小產。個人飲食無特殊可述，否認丈夫有冶遊史，家族中無結核病史。

體格檢查：體溫 37°C，脈搏 80；營養欠佳，慢性病容。皮膚無黃疸、無皮疹或出血點，頸部兩側皆有幼時生〔瘡〕之疤痕，右側頜下尚可觸及一 1.5×1.5 厘米大小之淋巴結，他處無腫大之淋巴結。頭部無異常可見，瞳孔等大而圓，對光及距離反射良好；耳鼻喉檢查正常；甲狀腺不腫大；胸對稱，肺無濁音，呼吸音正常；心濁音界正常，心律規則，心音正常，血壓 $^{110}/_{80}$。腹部不對稱，左上方凸起，該處可觸及一表面不平之腫物，表面約 6×11 厘米，質較硬，但不均勻，無壓痛，無反跳痛，邊緣鈍，但很深不易清楚觸知，可隨呼吸而移動。腹內無移動性濁音。右腎可觸及。陰道檢查正常。脊柱四肢正常；下肢無水腫。膝腱反射存在，無病理反射。

實驗室檢查：紅血球 356 萬，血紅素 10.6 克/100 毫升，白血球 5 300，中性多核 46%，淋巴 53%，嗜酸性 1%。血漿球蛋白試驗，二次陽性，二次陰性。血沉第一小時為 24 毫米。骨髓檢查未發現黑熱病病原體。髓母細胞 2%，前髓細胞 3%；髓細胞 23%，後髓細胞 14%，帶狀核細胞 34%，多核細胞 9%，淋巴細胞 18%，有核紅血球佔當32%之白血球。尿及糞檢查正常。酚磺酞試驗，兩小時排出77.5%。

X線胸部檢查：右肺尖1、2、3肋間隙前部及左側第一肋骨後面與1、2、3肋間隙前面有不規則之纖維狀及片狀陰影，其餘肺部清晰，膈肌光滑，心臟大小正常。印象：兩側肺上部纖維鈣化型結核。X線消化道檢查：胃及十二指腸正常。胃底向右並向後移位。空腸舒張。靜脈腎盂造影無異常發現。

1953年6月11日行開腹探查手術。用氣管內乙醚麻醉。左上腹部腹直肌切口，腹腔內無液體。左上腹部有一球形腫物，表面不規則，質較硬，大網膜蓋於其表面，其右面則與稍腫大之肝之左面相粘連；將切口向左側牽引，在腫物之左方可見脾，詳細觀察後發現腫物乃由脾生出。經與肝分離後，切除腫物及脾。與腫物相粘連之肝有多數結核狀顆粒。在切口處加引流物。術後經過良好，傷口癒合很快。一星期後出院，該時血液檢查：紅血球407萬，白血球12,000，中性多核83%，淋巴16%，嗜酸性1%。

腫物及脾的病理檢查：脾重205克，體積爲3×8×16厘米，表面無粘連，但有無數白色小顆粒(圖3)，彌漫散布於脾之表面，每一顆粒之直徑爲0.5—2毫米，稍突出，切面除充血及濾泡顯明外亦現同樣之小顆粒，在脾門之外部有撕傷，即上述腫物剝離處。

腫物球形，直徑12厘米，重1,200克，表面呈暗紅色。除一側有粘連外，其餘皆光滑，但在表面上亦可見無數散在之顆粒。切開後見壁爲兩層，外層爲暗紅色，厚度1.5—5厘米，內層爲暗白色膠狀物，厚約一厘米，腫物內滿盛澄清液體，並有無數大小不等之水泡樣物，直徑約由1—2毫米至50毫米不等(圖4)。

鏡下檢查：脾呈輕度纖維組織增生，脾竇擴張，各切片上皆見有散在之結核。各結核之大小及［年齡］大致相同，幾皆含少量之乾酪樣壞死，周圍有中等量之纖維組織及淋巴細胞(圖5)。至球狀腫物之外層則爲脾組織，其中散在有相似之結核。未見到巨核細胞，腫物壁之內層則爲包蟲囊壁。鏡下所見可診斷爲脾包蟲囊病，且脾結核可能係血源性感染之結核病。

給患者以鏈黴素及異菸肼治療。出院後繼續在門診觀察，情形良好。

文獻綜述及討論

一、歷史：自19世紀中葉［原發性］脾結核方引起人的注意。1846年Coley氏[1]發表第一例。1855年Monneret氏繼而報告第二例。此後陸續有更多病例公布，其中主要者有Winternitz氏(1912)，Price及Jardine二氏(1931)，Alessandrini氏(1934)，Pether氏(1937)，Engelbreth-Holm氏(1938)，Moeschlin氏(1947)，Lüchtrath(1951)等。因而本病之臨床症狀有了詳盡之描述與分析。近40年中，本病的治療亦有很大進展。Mariott氏似係第一人施用脾截除術治療本病者。此後很多人皆主張脾截除爲治療此病之良好方法。由於近代抗生素及化學療法之進步，外科療法之結果常更改善。

二、病原：原發性脾結核實亦爲續發者，已如上述。其發生可緊隨在初期感染之後，亦可由其他器官之結核病灶播散而受染，其他器官之病灶可能已呈休止狀態，甚或結疤，而脾臟病變之表現仍異常突出。

本病可見於兒童初期感染之後，如本文所報告之例一，亦可見於曾患肺結核者，或曾患結核性胸膜炎，淋巴結核，骨及關節結核等病之患者。本文之第二例即爲一過去曾患頸部淋巴結核而現尚有肺纖維鈣化病灶之成年女性患者。但文獻上，在很多病例中未能發現其他器官有結核病灶。

至於傳染途徑，目前多數學者皆認爲係血源性感染。Engelbreth-Holm氏已闡明此點。但有一部分患者，由於腹腔內常伴有淋巴結結核，故有人認爲淋巴途徑之傳染亦屬可能。此外，脾臟與其鄰近有結核病變之器官之直接接觸亦爲致病途徑之一。尤其當脾臟之外圍炎症明顯時，更可說明此點。

脾臟之其他疾病是否有利於脾結核之產生，至今尚無明顯之證據。Pether氏[8](1937)所報告之二例中的一例係同時有瘧疾存在。本文之第二例同時有包蟲囊病。此等情形恐只能以偶合機會解釋之。蓋至目前爲止，尚不能指出二者之關係；且在結核病與寄生蟲病多見之地區，尚無明顯由於寄生蟲病而使脾結核增多之記載。

本病可見於成人及小兒，但成人爲較多。據Winternitz氏[12]之統計，可見於1—80歲，以20—40歲爲較多見，男女無明顯分別。

三、臨床症狀：本病之臨床症狀，變化多端。綜合文獻中各病例之觀察，常見之症狀如下：

1.　脾腫大　脾腫大之程度頗懸殊，小者可僅超過肋緣數厘米，大者可抵髂骨嵴；甚至超過腹中線而達於腹部右側。觸診時脾之特性亦不一致，可平滑而質較軟，邊緣易於觸及，但當表面有病變時，則可不規則，起伏不等，甚或因與附近器官發生粘連，而致脾之邊緣不清。

2.　疼痛　有些患者雖有脾腫大，但無痛感，甚至可沉寂數年而無病態；但有時則呈左上腹區疼痛，其程度輕重不同，可爲輕微之沉重感，也可爲持續性或陣發性之疼痛，以致任何勞動及深呼吸皆可使之加重，在少數患者疼痛可放射至左肩或左下肢。

3. 全身症狀　發熱見於多數患者，熱爲持續性或週期性。全身無力，疲乏等症狀亦常見。其他如消化不良、體瘦等也不少見。

4. 出血傾向　可有皮下出血，牙、鼻出血，甚至嘔血。但多數患者無出血傾向。

5. 肝及淋巴結腫大　約47%之患者伴有肝結核病變，但不一定有臨床表現。淋巴結中以肺門淋巴結結核爲常見。

6. 血液及骨髓檢查　依病型之不同可有極大的變化，（詳後）。

7. 脾穿刺　必要時可慎重地作脾穿刺以助診斷。Moeschlin 氏[7]主張最甚。此法除可作細菌學檢查外，尚可觀察細胞分類變化，有時可助診斷。

綜上所述，脾結核之症狀殊多，但一般來說，病者之主訴常爲脾腫大，出血傾向或爲全身症狀。少數情形，如 Oden 氏(1937)所報告之二例，因受創傷後引起脾破裂而就診。

在文獻中各家所報告之病例，從極其錯綜而至平凡之症狀中，我們可試將原發性脾結核分爲數種類型，以期有助於臨床工作。Bloch 氏曾將其分爲三類：單純性脾腫大、肝、脾同時腫大及脾與淋巴結腫大。Weil 及 Roch 氏等曾建議按病理學觀點分爲：粟粒性脾結核、乾酪纖維性結節型脾結核、出血性壞死型脾結核及纖維硬化型脾結核等四類。Kindberg 氏[8]按疾病之演進方式分爲三類：急性、亞急性及慢性，在慢性中又分紅血球增多型及貧血型。

由於病理與臨床表現缺乏緊密關係，且臨床上血液之改變常有特徵，本文作者爲求得符合於臨床工作之需要，吸取前人經驗，建議下列分類法：

1. 急性；

2. 慢性　甲、單純貧血型；乙、類班替氏病型；丙、紫癜型；丁、紅血球增多型。

茲分別述之如下：

1. 急性原發性脾結核　此類脾結核之演變頗爲急速，大多數屬於脾粟粒結核，患者最後常死於全身性粟粒結核。起病常爲發熱或寒戰，不久周身症狀加重，頗似傷寒。繼而神智模糊，脈搏快速，不久發現脾腫大。此類患者若未接受治療，常在2—5月後死於播散性粟粒結核或腦膜炎[10]。最明顯之病例爲 Scharoldt 氏[9]所報告者。此類病例雖演進很快，但據一些學者報告，早期施行脾截除術可能扭轉危局。近代抗生素及化學療法之使用當更有助於外科治療。

2. 慢性原發性脾結核　爲最常見之一類，多未能在手術前或屍檢前予以明確之診斷。依血液變化之不同，可分爲下列四型：

甲、單純貧血型，爲較常見之一型。臨床症狀主要爲脾腫大及貧血，Albrecht及Engelbreth-Holm氏等所報告之病例和本文報告之第二例即屬此型。有些患者可有間歇熱，臨床上近似瘧疾。亦有只脾腫大而無明顯貧血者，其診斷當更困難。一般而論，無貧血者僅係本病之初期，經一時期後，貧血逐漸顯著。貧血之原因則尚未完全明瞭，據Engelbreth-Holm氏[2]之研究，脾之病變對骨髓釋放血球至血內或對骨髓內血球之成熟可能有抑制作用。

總之，此型病常發生在成年患者，在既往歷中常有結核病史如胸膜炎、腹膜炎、骨骼或淋巴結核等。起病常遲緩，症狀爲無力，易倦，有時輕度發熱。體檢發現脾腫大，質較堅硬，表面平滑或不規則；X線檢查除發現脾腫大外，有時尚可發現鈣化點。可助診斷前已述及。

除上述之普通貧血外，少數患者可有溶血性貧血，如 Cartielet 及 Laffrague 二氏所報告之病例爲一十歲患者，臨床症狀爲溶血性貧血、黃疸；脾截除後方癒，脾之切片證明爲結核病，此當非常見者。

乙、類班替氏病型，在臨床上幾與班替氏病無法區別，脾腫大、肝腫大、貧血，甚至發生腹水。自 Winternitz 氏報告一例後，很多病例相繼發表。Price 及 Jardine 二氏[9](1931)曾報告三例，Engelbreth-Holm 氏提出一例，類似之病案屢見不鮮；一般來說與班替氏病極難區別，不過當患者有持續發熱及脾區疼痛時則脾結核之可能性較大。

丙、紫癜型，此型病例近年來報告最多。本文報告之第一例即屬此型。Winternitz 氏[12]所搜集之51例中，二例有紫癜病。Zorini 氏[10]，Kellert 氏[11]·

等氏皆有報告。Weiner 及 Carter 二氏[11]於1941年曾報告一典型病歷，係一4歲之男性患者，有鼻出血，皮下出血，血小板在5,000—40,000之間，脾切除後血小板增至50萬，而病理檢查證明為脾結核。

紫斑與結核病同時存在之事實早被人注意，有認為係由於毒血症所引起。Bauch 氏設想可能因結核菌或其毒素刺激血管之內膜所致，彼並提出另一可能即在某些情形血管發生澱粉樣或玻璃樣退化而引致出血。總之，不論機轉為何，結核病，包括脾結核，以紫斑症之狀態出現者實非少數。

丁、紅血球增多型，臨床特點為脾腫大，同時紅血球增多。此型病歷為最早報告者，但為較少見之一型。Rendu 及 Widal 二氏[8]之病例為一警察，八年來脾腫大，紅血球增多達620萬，最後死於肝腫大後發生全身結核病，屍檢發現脾重達5,700克。紅血球多達820萬之例亦有記載。紅血球增多之原因不明，多數學者認為係由於脾之作用而非結核病所致。蓋由其他病原所致之脾腫大如包蟲囊病，亦可引起紅血球增多。但 Houcke 氏則認為並非簡單反應，而係脾結核所引起之真性紅血球增多症，因彼以為此種患者之紅血球常不斷增多，但其直徑並不增大，多核白血球增多，血紅素亦增多，預後不佳，此一切事實極近似一真性紅血球增多症。另外，Heymann 氏等則以為紅血球增多症可能先存在，其後脾臟抵抗力減弱而易染結核病。總之，一切尚在假設階段，須有更多之研究，方能窺其端倪。

與此型相近似者有帶核紅血球增多症，可能與脾結核同時存在。此病更少見。P. E. Weil 氏認為在成年人，帶核紅血球增多症出現時，首先應考慮脾結核。

四、病理：脾結核之病理變化也是多種多樣的，但基本上與其他器官之結核病變無甚差別。在 Winternitz 氏所綜合的51例中，24例曾作結核菌檢查，陽性結果佔17例。Engelbreth-Holm 氏所報告之9例中，5例結果陽性。

按病理之變化，可分以下幾類：

甲、纖維乾酪樣病變，為最常見之一類，脾腫大，其重量多在160—4,250克之間。在 Winternitz 氏之報告中，13例160—1,000克，13例1,000—2,000克，5例2,000—4,000克，最多者達4,250克。Engelbreth-Holm 氏所綜計之28例皆在640—2,850克間。本文所報告之兩例，一重140克，另一重205克。至病變則多遍及全脾，有時局限一區，尤以脾之上端為多。初期脾在腹腔保持活動，但不久包膜發炎且變厚，與鄰近器官發生粘連，形成不易移動之器官，使截除術發生操作上之困難。

脾內部乾酪性變化與纖維病變之比例隨各例情形而大有不同。各種型皆可出現，顯微鏡檢查與其他組織之結核病變無甚差異，不再多述。

乙、粟粒結核病變，如本文所報告之第一例，其病變與其他器官之粟粒結核同。按 Winternitz 氏之統計，最常見之脾結核之病理變化為粟粒性結核。

丙、其他病變，如纖維硬化性病變，或由栓死而形成之脾組織出血性壞死等，此皆為少見者。

與脾結核同時存在之其他器官之病變，常無臨床表現，但據 Winternitz 氏之統計，51例中，80%有肝結核，40%有肺結核，57%有淋巴結結核，66%有其他器官結核。

五、治療：甲、外科療法，脾截除術實為最基本之治療方法，因早日去除患結核之脾臟可避免日後感染其他器官。此種療法之結果亦佳。Magnac氏統計之16例施用此手術後，10例痊癒。Engelbreth-Holm 氏統計之16例中，14例結果良好，但其中7例後來皆死於肺結核或播散性結核。一般說來手術後之痊癒期頗長。

此項手術適應於大多數之原發性脾結核，但如其他器官已有活動性結核，則應先予以內科療法後再考慮外科療法。另外對紅血球增多症之脾結核，外科療法常無良好結果。

乙、內科療法，近代抗生素及化學療法實為治療脾結核開闢一嶄新道路，也使外科手術之治癒率提高。在手術前後施用鏈黴素、異菸肼、對氨柳酸鈉等療法，常可改善預後。此外放射療法亦曾有人試過，結果不能確定。

總之，內外科療法之緊密配合，可使本病之預後轉好，但一切尚待更多經驗。早期診斷亦為重要之關鍵。

總　結

1. 本文報告〔原發性〕脾結核兩例，並作文獻綜述。

2. 建議將原發性脾結核分爲急性及慢性二型，而慢性中又按血液之改變再分爲單純貧血型，類班替氏病型，紫癜型，及紅血球增多型等四型。

5. 原發性脾結核之治療主要爲脾切除術，並佐以鏈黴素及異菸肼等化學療法，療效甚佳。

主要文獻

1. Coley: Tuberculosis in the spleen. Transaction of the Path. Society of London. I. 276, 1846. (quoted from Encyclopedie Medico-Chirurgicale, vol. Sang, p. 13038, 1937)
2. Engelbreth-Holm, J.: A study of tuberculous splenomegaly and splenogenic control of the cell emission from the bone marrow. Am. J. Med. Sc. 159: 32, 1938.
3. Kellert: Miliary tuberculosis of the spleen with thrombopenic purpura hemorragica. J.A.M.A. 96: 2193, 1931.
4. L. Kindberg: Tuberculose de la rate. Nouveau Traite de Medecine. Fasc. IX, p: 694, Masson, Paris, 1927.
5. Lafont, A. & Durieux, F.: Encyclopedie Medico-Chirurgicale. Vol. Sang. p. 13038, 1937. Paris.
6. Lemierre, A. et al: Tratie de Medecine Tome XII, p. 468-472, Masson et Cie. 1949. Paris.
7. Moeschlin: Die Milzpunktion. 1947. Bale. (see 6).
8. Pether, G. C.: Tuberculosis of the spleen. Lancet. 2: 1423, 1937.
9. Price, A. E., & Jardine, R. L.: Primary tuberculosis of the spleen. Ann. Int. Med. 4: 1574, 1931.
10. Stewart, D. D.: Acute splenic tuberculosis. Am. J. Med. Sc. 122: 309, 1901.
11. Weiner, J. J., & Carter, R. R.: Acute thrombopenic purpura hemorragica associated with tuberculosis (miliary) of the spleen. Ann. Int. Med. 4: 1574, 1931.
12. Winternitz, M. C.: Tuberculosis of the spleen. Arch. Int. Med. 9: 680, 1912.

[原發性]脾臟结核病

10厘米

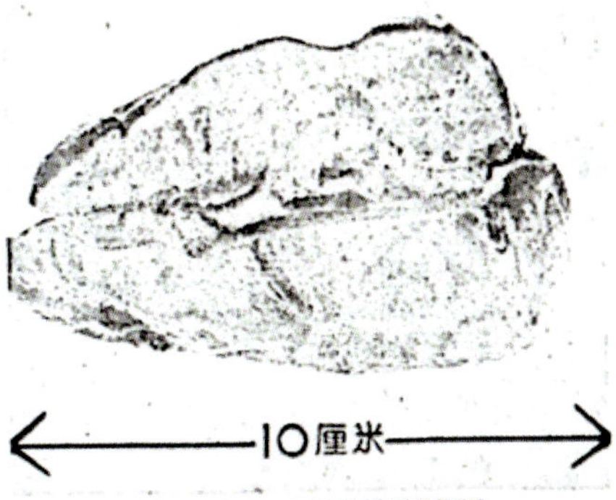

圖 1 病例（一）脾之表面及切面

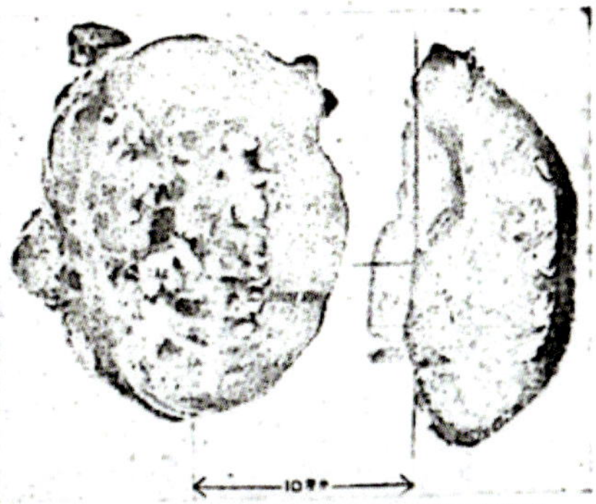

10厘米

圖 3 病例（二）脾及囊腫，在脾之表面顯有結核。

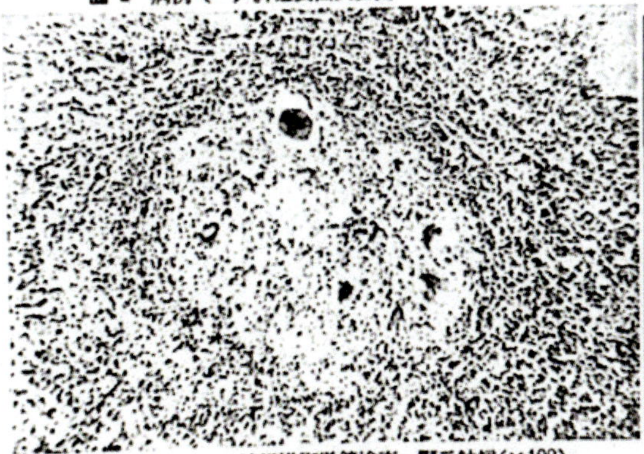

圖 2 病例（一）脾組織顯微鏡檢查，顯示結核(×100)。

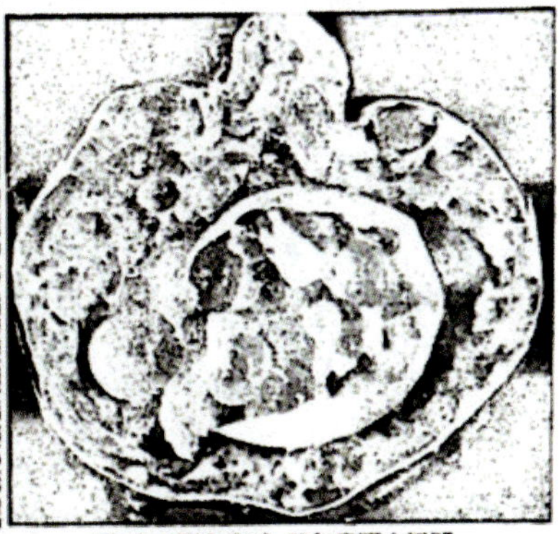

圖 4 病例（二）脾包蟲囊之切開

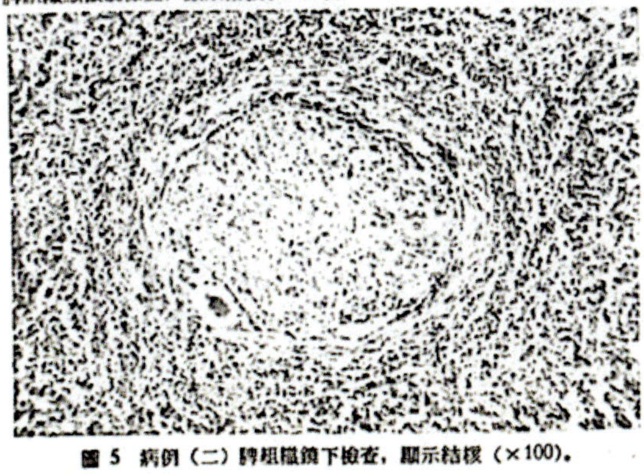

圖 5 病例（二）脾組織鏡下檢查，顯示結核（×100）。

4.《阵发性心动过速处理之商讨》1955 年

陣發性心動過速處理之商討

石 毓 澍*

陣發性心動過速是由一異位心跳節奏點所造成的一種快速而規則的心律。此心跳節奏點可以位於心室、房室結或心房內，因而分別致成心室性、房室結性（或簡稱結性）及心房性陣發性心動過速，後二者因為鑑別常極困難，故又合稱為室上性陣發性心動過速。

此種心律既常是陣發性的發作，歷時長短不等。在理論上，數個連續的期前搏動即可構成一陣發性心動過速；但臨床上則常指在較長時間連續出現的期前搏動而言。若干發作為時僅數分鐘即止，因而無論在臨床上或心電圖上亦常不能及時檢查、證實或描記，所幸此類發作時間既短，不待治療而發作自停。反之，有不少患者，其心動過速的發作可長達數小時、數日乃至數月，病人不但發生心悸、胸痛等現象，同時也焦慮，且長時間的發作可引起心臟機能不全以及其他不良後果，因而適當地治療是非常必要的。

天津市立總醫院自1947年迄1955年6月間所見陣發性心動過速而有心電圖記錄者30例，其他發作時間短暫而未及用心電圖證實者為數尚多。作者將此30例處理經過，扼要敘述，以供同道參考。

臨床材料

本文的30例中，26例為室上性心動過速，4例為心室性心動過速。其診斷皆有心電圖證實。

1. 室上性陣發性心動過速——心電圖標準為每分鐘規則地出現的室上性期前搏動，其心室波QRS波羣每分鐘在140次以上，QRS波羣形狀正常或迷行性（Aberrant Conduction），但其寬度一般都在正常範圍內；P波與T波重疊而不易識別，或可認出，但其形狀不正常而與室上性期前搏動之P波形狀相似。

本組26例共發作心動過速32次。患者年齡最大者66歲，最小者18歲。男18例，女8例。無器質性心臟病者17例（其中一例發生在小腦血管母細胞瘤手術後第二日），有器質性心臟病者9例，內8例為風濕性心臟病，一例為動脈硬化性心臟病。本組中有一例為吳、包、懷（Wolff-Parkinson-White）三氏綜合症。發作之誘發原因多不明顯，三例發生於感情衝動後，三例於運動後。發作時間長短不等，少於一小時者2例，在1—12小時者15例次，12—24小時者6例次，24—48小時者4例次，2—4天者3例次，4天以上者2例次。最長之一例次為12天。心率在166—240次之間。

此32例次發作皆在心電圖診斷後開始治療。一般皆先試行頸動脈竇壓擠法。首先壓擠右側，無效時再壓左側，或壓迫眼球。用此種方法獲得效果二次。另一次於服用少量洋地黃後再度壓擠頸動脈竇而發作停止。當頸動脈竇壓擠法無效時，利用藥物進行治療。

洋地黃為較常用之藥物，且服時多用快速飽合法。曾使用於17例次，14例次有效，有效劑量0.5—1.4克。一例曾用靜脈注射洋地黃製劑（Digalen），於注射6貓單位（相當0.48克）後，約十分鐘，發作即停止。

奎尼丁曾應用於11例次，皆為口服法，9例獲得效果，劑量在0.8—4.2克，另2例於服用0.4克後發生嘔吐，但發作即止。在此11例次中未發生中毒反應。

新斯的明（Neostigmine）曾用於一例次，為1/4000溶液，4毫升，分兩次肌內注射，兩次相隔15分鐘，但未奏效。

此外尚有三例，發作時間皆少於12小時，未用特殊治療而發作自行停止。

2. 心室性陣發性心動過速共4例，發作7次。心電圖標準為連續而快速出現的異位性心室搏動，

* 天津市立總醫院內科

其 QRS 波羣形狀異於正常，寬度在正常限度以上，輪廓與發作前後之心電圖所見之心室性期前收縮之QRS波羣相似。P 波較QRS波羣頻率爲慢。

4 例中無器質性心臟病者二例，一例爲女性，20歲，已發作三次，皆由運動而引起，每次爲時48小時左右，用奎尼丁達一克時發作即止。另一例發作長達五日半，用奎尼丁口服及肌內注射共達5.6克時無效，改用鉀鹽（氯化鉀）達16克時方停。

此外二例患有器質性心臟病，一爲梅毒性心臟血管病，於發生心絞痛時發生心動過速，當給予硝酸甘油約一小時後心跳恢復正常。另一例爲心肌梗死急性期，用奎尼丁後，陣發停止，但仍偶爾出現心室性期前收縮。

表一　30 例陣發性心動過速治療總結

1.　室上性陣發性心動過速	（26 例發作次數 32 次）	
頸動脈竇壓擠法	共應用 32 次	成　功　2 次
奎尼丁（口服）	〃　11 〃	〃　9 〃
洋地黃（口服）	〃　17 〃	〃　14 〃
（靜脈注射）	〃　1 〃	〃　1 〃
（配合頸動脈竇壓擠）	〃　1 〃	〃　1 〃
嘔吐（服奎尼丁後）	〃　2 〃	〃　2 〃
新斯的明	〃　1 〃	〃　0 〃
無特殊治療者	〃　3 〃	〃　3 〃
2.　心室性陣發性心動過速	（4 例發作 7 次）	
奎尼丁（口服及肌內注射）	共應用　6 〃	〃　5 〃
氯化鉀（配合奎尼丁？）	〃　1 〃	〃　1 〃
無特殊治療	〃　1 〃	〃　1 〃

討　　論

甲、診斷： 適當的處理應決定於正確的診斷。陣發性心動過速除有其臨床特點外，正確的診斷主要決定於心電圖。至於與其他型心動過速，如竇性心動過速、心房纖維性顫動、心房撲動以及心室性撲動及顫動等症之鑑別文獻中早有明確記載，茲不贅述。現僅就兩個問題加以討論。

（1）竇性心動過速偶爾可快達每分鐘 140 次以上，甚至 180 次，在心電圖上表現P 波與 T 波重疊，其與室上性陣發性心動過速常難區別。但由於竇性心律經常受迷走神經支配，故可以隨呼吸、頸動脈竇興奮、運動等影響而發生變化，因之大都主張利用此等特點作臨床上的觀察，以資區別此兩種心律。但事實上，心跳極速，這些變化在脈搏及心臟聽診上是難以査覺的。作者根據Feil及 Gilder 二氏的研究，測定本文32例次室上性陣發性心動過速的心律，發現極爲規則，其 R–R 間隔之差別無超過0.01秒者。故認爲如在作心電圖時令病人作深呼吸或壓迫頸動脈竇，然後測量相當多數的R–R 間隔，如其差別超過0.01秒時，則室上性陣發性心動過速之診斷將成疑問。

此外，如觀察到心率的恒定，且發作開始之第一次心跳係早期出現而其最後之心跳繼以間歇期時，則室上性心動過速診斷當更易確定。

（2）心室性與室上性心動過速之區別普通無何困難，但有時當室上性心動過速伴有心室內傳導阻滯或迷行傳導(Aberrant Conduction)時，其QRS波羣增寬，頗似一心室性心動過速。其間的區別有幾種方法：（一）在心電圖上尋找 P波，如果P 波頻率規則且慢於QRS波羣，則應考慮心室性心動過速的診斷，不過此法常極困難，因P波常埋沒於QRS 波羣中而難以辨識（如能利用食道導程當較便利）。（二）心室性心動過速之心律因常不規則，在多數心室性期前搏動之間，隔以竇性心跳，但有些心房性心動過速亦可出現類似情形，此外更可由於迷行傳導關係，QRS波羣可增寬，因而極似心室性心動過速。不過應當注意的是在心房性心動過速，其發作的第一個心跳之QRS波羣形狀是正常的。（三）在發作後作心電圖描記，如有室內傳導阻滯當可斷定爲室上性心動過速。但有時，正如Vesell 及 Kraemer 二氏[24] 所指出，當心跳超過一定頻率後可有暫時性房室束枝傳導阻滯，在發作停止後則消失，因而極似一心室性心動過速。此外，有的心室性心動過速其QRS波羣可伴有逆行傳導而引起之P波，後者之頻率與QRS波羣同，與室上性心動過速相似，則二者之區別當非易事。Simon 及 Langendorf 二氏（1944）又提出另一困難問題，即當異位心律節奏點位於室中隔之高部位時，其QRS波羣之寬度、形狀，可接近正常，則室上性與心室性心動過速之區別當更困難。（四）壓擠頸動脈竇時，心室性心動過速無效，但對室上性心律則可變為正常。

乙、治療：陣發性心動過速之治療隨心跳節奏點居於心室內或心室以上部位而不同。

（1）室上性陣發性心動過速之治療，原則上主要是引起迷走神經興奮，增長心房之反拗期及減低心房肌肉之應激性。

頸動脈竇壓擠法及眼球壓迫法久已為臨床醫師所應用，但對其效果各家意見頗不一致，White氏[28]認為10%病例有效，Wood氏[23]之有效率為50%，Starr氏為31%，Bellet氏[4]達80%。本文所列之32例次發作僅三次成功（包括一次已服用少量洋地黃後），故有效力略低於10%。檢查本組成功率較低的原因可能是：（一）操作方法不盡如理想。按獲效高之Bellet氏意見，頸動脈竇既位於總頸動脈之分枝處，其位置相當於頸部側面，甲狀軟骨上緣的高度，故壓擠時應將手指盡可能按在頸部的高部位處，手指要恰壓在動脈竇處而非壓在軟組織上；手指部位一經放好，應用力向脊柱方向壓擠。應當指出，在少數病例，我們雖然遵守這些原則進行壓擠，但仍未能獲效。（二）有些患者可能處於交感神經亢進狀態，如發熱，服用麻黃素後神經緊張，甲狀腺機能亢進等；更有些患者，在來診前已服用奎尼丁；這些情況皆對頸動脈竇反射有抑制作用。當頸動脈竇壓擠失敗後，可壓迫眼球，此法在我們的經驗中，效果既不良好且易引起病人痛苦，故認為不必慣例地使用。其他如深呼吸、Müller氏吸氣法等偶可嘗試，本組無獲效病例。

嘔吐劑如吐根、阿朴嗎啡等可用以引起嘔吐而使迷走神經興奮。此法易引起病人痛苦而成功機會極小，故不宜常用。本組僅兩次服用奎尼丁後引起嘔吐而發作停止，其他嘔吐劑則未曾使用。

藥物治療方法很多，療效頗不一致，由於陣發性心動過速可自行停止，因此對藥物療效的評價是很困難的。

副交感神經興奮劑如乙醯甲膽鹼（Mecholyl）[17]皮下注射25—60毫克，發作可在數分鐘後停止，Starr氏[22]75次發作中，66次獲得成功。此外醋酸膽鹼（Acetylcholine）靜脈注射亦常獲顯效。Seger氏[2]，Abbott氏[1]等人皆曾用此藥獲得良效。近年來，新斯的明（Neostigmine）的應用已引起多方注意；新斯的明可抑制水解醋酸膽鹼的膽鹼脂酶（Cholinesterase）因而興奮了副交感神經，以停止心動過速的發作。普通用1—2毫升之1/2000溶液作肌內注射，在20分鐘內發作可告停止。Goldfinger氏[13]觀察了42例，86%心跳減慢。本組曾試用於一例未能成功，尚須更多觀察方能判斷其效果。以上副交感神經興奮藥品就各方文獻記載是有相當效用的，尤以乙醯甲膽鹼效果為佳，不過此藥易引起迷走神經過度興奮而發生意外，甚致死亡。注射時應平臥，更應準備好阿託品，於發生中毒症狀如面紅、盜汗、嘔吐等現象，應立即注射，在一些情況如支氣管哮喘、甲狀腺機能亢進等應忌用此藥。此外可試用新斯的明。

洋地黃為最早應用藥物，其功效迄今仍為各家所推崇。靜脈注射洋地黃素C（Lunatosicle C）或其他製劑，效果極為迅速。本組中一例用Digalen靜脈注射後十分鐘發作即止。口服洋地黃由於其作用較慢，而陣發性心動過速又可自行停止其發作，故療效頗難證實。不過有些學者觀察多數病例及同一病例多次的發作，並與其他藥品治療作比較終於肯定其療效。Levine氏更提出給以足量洋地黃，並在發作停止後給以維持劑量為必要的方法。本組17例次中僅三次雖用洋地黃心動過速仍未停止。用法一般皆用快速飽和法而後予以維持量以資預防。在有效的例次中，除二次外皆於洋地黃劑量達一克以上時方生效，就中有二次於停止維持量後約二日發作復發，因此覺得洋地黃是有其療效的，還須觀察更多的病例，尤其對同一患者多次發作的觀察方能作進一步的推斷。洋地黃之優點在於其毒性較小，最適用於有器質性心臟病而特別在有心力衰竭時。值得提出的是在應用洋地黃過程中應隨時試行頸動脈竇壓擠，有時可使頸動脈竇反射靈敏而壓擠後發作停止。

奎尼丁在本組 11 例中除二例因引起嘔吐外餘皆奏效。此藥多爲口服；在不能測定奎尼丁血內濃度的條件下，用法應首先給以 0.2 克[8]，30 分鐘後觀察患者，如未發生特異反應，則以後每二小時給以 0.2—0.4 克，可連給 4—5 劑，如無效，次日可增加劑量。當發作停止後應給以0.2—0.4克，每日 3—4 次，以預防復發。奎尼丁肌內注射亦常可奏效。至靜脈注射奎尼丁曾有人提倡，但很多學者以爲此法危險，故不主張使用。據 Froment 氏[14]等經驗，認爲如只注射 0.1 克，則不致發生危險，被認爲用至 0.2—0.3 克時一般皆可停止發作。奎尼丁口服及注射，療效相似，注射效果較快，但易發生危險，故使用奎尼丁時最好先口服，無效時可配合肌內注射，靜脈注射應保留到不得已時才使用，其劑量亦應不超過 0.3 克。在應用奎尼丁時應注意其中毒現象及心電圖變化（如 QT 間隔延長，QRS增寬等）。

普魯卡因醯胺(Procaine Amide) 爲近年來治療心律失常之重要藥物[5,6]，其作用與奎尼丁甚相近，即延長心肌之反拗期，毒性亦較小。口服 250—500 毫克，每日 4 次或肌內注射 250—300 毫克，每 2—3 小時一次，可有 80%病例奏效。

其他藥物如硫酸鎂[10,30]、葡萄糖鈣[27]、新奈佛林(Neosynephrine)[29]、嗎啡、綠藜蘆 (Veratrum Viriole)[22] 等亦可奏效。

綜上所述，在我們現有條件下，對室上性陣發性心動過速的治療應首先試用頸動脈竇壓擠法，無效時即應採用藥物，其中首先應用奎尼丁或洋地黃，此二者之療效相仿，奎尼丁收效大而毒性則不如想像之多，故可用以治療。洋地黃主要用於有器質性心臟病，尤其有心力衰竭時。當上述藥物無效時則可試用其他藥物如新斯的明等。在治療過程中，安靜的休養環境是一重要條件，同樣給予患者鎮靜劑亦常可縮短發作時間。當發作停止後，應注意消除誘發原因，在適當情形下給以奎尼丁或洋地黃，以防復發。但有時復發，非藥物所能防止。依 White 及 Bland 二氏意見：用交感神經切除術，可預防復發，彼等曾有六例獲得成功。如有甲狀腺機能亢進者，應注意病因治療。

（2）心室性陣發性心動過速——在此型心動過速，頸動脈竇壓擠無效而洋地黃又爲禁忌藥物，則奎尼丁及普魯卡因醯胺爲最適用之藥物。

奎尼丁常用法，0.2—0.6 口服，每二小時一次，可達 6—8 次。發作停止後予以維持量以防復發。肌內或靜脈注射之療效較佳，但宜謹慎使用。Armbrust 及 Levine 二氏（1950）曾分析 107 例心室性陣發性心動過速，口服奎尼丁治療組中，46例奏效，11 例無效，在此 11 例中五例用靜脈注射法，心律恢復正常。

當奎尼丁無效時，則應考慮使用其他藥物，其中最常用的是普魯卡因醯胺，Mark、Antzis 氏等皆證實其效果，Bellet 氏[4] 在 70%病人獲得成功，Berry 氏[8] 在 20 次發作中有 14 次有效。一般說來奎尼丁及普魯卡因醯胺可在 70% 情形獲得成功，失敗時則可單獨應用或同時使用其他藥物：（一）鉀鹽：最常用的是氯化鉀，口服 1—2 克，每二小時一次，每日 4—5 次，鉀鹽對由洋地黃中毒所引起之心室性心動過速最爲有效，本組中一例用奎尼丁達 5—6 克時發作仍不停止，乃給予鉀鹽，達16克時心律變爲正常，此例發作時間長達五日半，又係在停用奎尼丁後八小時方止，鉀鹽可能產生一定的療效，但尚須更多的觀察，方能證實。應用鉀鹽時應注意血鉀濃度及心電圖的改變，如出現室內傳導阻滯時即應停止。凡尿少、心力衰竭及血非蛋白氮增高時皆不宜用此藥。（二）硫酸鎂靜脈注射治療心室性心動過速最早爲 Zwillinger 氏（1935）使用，也最適於洋地黃引起之心室性心動過速。（三）有時肌內或靜脈注射阿託品 1—2 毫克，單獨或與奎尼丁同時使用，偶可奏效。（四）其他如罌粟鹼 (Papaverine)、嗎啡 (Morphine) 等在個別情形亦可制止發作。

總之，在無普魯卡因醯胺條件下，心室性陣發性心動過速之治療應首先使用奎尼丁，失敗時可同時試用鉀鹽、硫酸鎂、阿託品等藥物。在治療過程中應強調病人的鎮靜，因此鎮靜藥可適當地給予。

洋地黃雖爲禁忌藥品，但當患者出現心力衰竭時多數學者認爲仍應使用。洋地黃之所以對心室性陣發性心動過速發生危險係由於可能引起心室纖維顫動而致死，但 Bellet、Gilson 氏等人認爲這種可能性並不如想像之多，Ensalberg 氏迄 1951 年止只搜集六例。本組病例甚少因而經驗不够。惟一例急性心肌梗死患者，出現多數心室性早期收縮且伴有心力衰竭，當使用洋地黃後，期前收縮出現更多，最後變爲心室性陣發性心動過速，乃停止洋地黃而給予奎尼丁，在極短時間內陣發性心動過速停止而僅留少數孤立出現的期前收縮，惟心力衰竭現象仍存在，乃予以毒毛旋花子素靜脈注射，臨床現象好轉而出院。以後未能繼續用毒毛旋花子素治療，不久心力衰竭現象復發，服少量洋地黃後陣發性心動過速復發，入院後給以奎尼丁及毒毛旋花子素，不數日，心律恢復正常，心臟肌能好轉。由此，我們認爲心室性陣發性心動過速而伴有心力衰竭時，也可以考慮使用毒毛旋花子素與奎尼丁。

總　　結

本文總結 30 例陣發性心動過速的處理經過，並結合近代文獻，加以討論，在現有條件下，我們認爲：

（1）室上性陣發性心動過速的治療應依次試用：頸動脈竇壓擠法、奎尼丁或洋地黃、新斯的明及其他藥物。

（2）心室性陣發性心動過速的治療應依次試用奎尼丁、鉀鹽、硫酸鎂、阿託品或其他藥物。當有心力衰竭併在時，可使用洋地黃類藥物。在一般情形下，也可考慮使用毒毛旋花子素。

（3）在治療過程中，安靜的休養環境及鎮靜藥物的使用是有重要意義的。

（4）發作停止後，應注意消除發作誘因並適當地使用藥物，以資預防。

參考文獻

1. Abbott, K. H.: J.A.M.A. 113:1243, 1939.
2. Antzis, E.; Dunn, J. J.; & Schilero, A. J.: Am. Heart J. 41:911, 1952.
3. Barrow, J. G.: Ann. Int. Med. 32:116, 1950.
4. Bellet, S.: Clinical disorders of the heart beat. p. 114-131, 203-213. Kimpton, London. 1953.
5. Bellets, S., Zeeman, S. E. & Hirsch, S. H.: Am. J. of Med. 13:145, 1952.
6. Berry, K., Garlett, E. L., Bellet, S. & Gefter, W. I.: Am. J. of Med. 11:431, 1951.
7. Boyd, L. J. & Scherf, J. E.: Am. J. Med. Sci. 206:43, 1943.
8. Dipalma, J. R. & Schultz, J. E.: Medicine, 29:123, 1950.
9. Elek, S. R. & Katz, L. N.: J.A.M.A. 120: 434, 1942.
10. Ensalberg, C. D., Simmons, H. G. & Mintz, A. A.: Am. Heart J. 39:703, 1950.
11. Feil, H. S. & Gilder, M. D. D.: See 4.
12. Friedberg, C. K.: Diseases of the heart. p. 261-267, Saunders, Philadelphia. 1949.
13. Goldfinger, D. & Wasika, P. H.: Am. J. Med. Sci. 212:418, 1946.
14. Froment, R. & Gallavardin, L.: In Traité de Médecine. Tome X. p. 367. Masson & Co. Paris. 1948.
15. Hermann, G. R. & Hejtmancik, M. R.: Ann. Int. Med. 28:989, 1948.
16. Miller, R., Riber, D. & Perelman, J. S.: Am. Heart J. 35:135, 1948.
17. Morgan, P. W.: Ann. Int. Med. 19:780, 1943.
18. Morris, G. M. & Franklen, R. B.: Am. Heart J. 47:919, 1954.
19. Sabathie, L. G.: Am. Heart J. 33:819, 1947.
20. Sampson, J. J. & Anderson, E. M.: J.A.M.A. 99:2257, 1932.
21. Segers, M., Lequime, J., et Denolin, H.: Acta Medica Scandinav. 122:193, 1945.
22. Shaw, E. W.: New England J. of Med. 238:654, 1948.
23. Starr, I. J., Elsom, K. A., Reisinger, J. A. & Richards, A. N.: Am. J. Med. Sci. 186: 313 & 330, 1933.
24. Vesell, H. & Kraemer, L. B.: Am. Heart J. 41:280, 1951.
25. Weisberger, A. S. & Feil, H.: Am. Heart J. 34:871, 1947.
26. White, P. D.: Heart disease. p. 878. 3rd. ed. MacMillan Co. N.Y. 1949.
27. Wolffe, J. B. & Bellet, S.: Ann. Int. Med. 4:795, 1930-31.
28. Wood, P.: Diseases of heart and circulation. p. 138, Eyre & Spottiswoods. London, 1950.
29. Youmans, W. B.: Goodman, M. J. & Gould, J.: Am. Heart J. 37:359, 1949.
30. Zindahl, W. T.: Ann. Int. Med. 25:531, 1946.

5.《原因未明的急性良性心包炎》1957 年

1957年 第2号 ·143·

原因未明的急性良性心包炎

石 毓 澍*

心包炎是一种較常見的疾病，其原因很多，就現在已經知道的可以是細菌（如化膿性細菌、結核桿菌等）、霉菌、梅毒、風湿热、寄生虫病、心肌梗死、尿毒症、以及其他原因。但在临床工作中，有时遇到某些心包炎的病例，根据临床的特征，病程的演变，以及預后的情况，不能將它們列入于上述已知原因类型之內。由于这种心包炎的原因不明，故文献中命名頗不統一，如："特發性心包炎"、"非特異性心包炎"、"急性非化膿性心包炎"等名詞皆曾为各国著者所採用；又由于發病急遽而預后良好，故往往又称之为"急性良性心包炎"，本文即採用此名。

远在 1854 年，Hodges 氏[11]曾描述此病，而名之为"特發性心包炎"，Azgagneur 氏[1]（1870）亦用此名發表 1 例。此后陆續有多人报告，Bing 氏[3]于 1933 年报告 6 例，Barnes 及 Burchell 二氏[2]于 1942 年对本病曾作了詳尽的記載。近十年来对本病的鑑別診断，心电圖变化等則又有更多的論著[9,12,17,18,21,22]。这些作者一致指出急性良性心包炎並非異常鮮見之疾病；Nay 及 Boyer 二氏[16]（1946）曾分析46例心包炎中發現有 15 例原因不明，Logue 及 Wendkos 二氏[13]（1948）在 77 例心包炎中有 17 例为良性型。因此，明确地認識这种疾病是甚为重要的。

我国文献尙無此病之报告，作者在天津医学院附属医院（即前天津市立总医院）曾見兩例心包炎，其臨床症象及心电圖变化皆符合于急性良性心包炎之診断，爰將經过报告，供同道指正。

病 例 报 告

例 1：患者女性（住院号 54505），已婚，35 岁，河北省人，机关干部，于 1955 年 9 月 5 日下午 1 时因前胸部上方劇痛 23 小时，經急診入院。

患者于入院前 3—4 天来时覺有前胸部不适，呼吸不暢，但仍繼續工作。于入院前 1 日（即 9 月 4 日）下午 2 时突感前胸部上方劇痛，並放射至頸部及兩肩，尤以兩側鎖骨区为甚，其痛似刀割；动作、体位移动以及呼吸皆使疼痛加重；当时未經治疗，約經 15 分鐘后即減輕，乃又繼續工作。但于同日下午 5 时、7 时及 9 月 5 日 2 时又連續三次發生性質类似之胸痛，發作时間則較前次略長。必須指出，發作間歇，胸痛並非完全消失。迨 5 日晨上午10时又發作一次，乃赴医檢查，当时体溫 36.6°C，脉搏 66，呼吸 28，血压 $^{136}/_{90}$，心、肺部檢查未發現異常，用手压上腹部时胸痛略加重。白血球13,400，中性多形核 82%。服止痛药片后痛仅略減，由于疼痛不止，乃于下午 1 时入院診治。患者除疼痛外無其他不适，無咳嗽、气短、吐痰、恶心、嘔吐等現象。數月以来未患感冒、咽喉痛等病。

平素健康，1949 年胸部X綫檢查，發現有肺結核。經休息后痊愈。1951 年曾因刮子宮后發生膿腫而切除子宮。1954 年曾患痢疾。本年 2 月間因右口唇癰而做切开排膿，后即痊愈。共生五胎，第一及第二胎皆于生后死亡，現有三男孩皆健在。爱人亦健康，家族中無类似病史，亦無高血压病史。

体檢：体溫 37.6°C，脉搏 88，呼吸 20，血压 $^{130}/_{88}$，發育营养良好，急性病容，表情痛苦，倚坐床上，但無呼吸紧促，神志清醒、合作。皮膚無黃疸，亦無出血点，無全身淋巴結腫大。毛髮無異常。眼瞼不浮腫，鞏膜無黃疸，瞳孔等大、等圓，对光及調节反射存在。眼底檢查正常，血管及視神經乳头無異常。耳、鼻、口、咽無特殊可述。頸柔軟，無靜脉怒張，甲状腺不大，气管居中。胸廓对称，語音震顫，兩側相等。叩診呈清音，肝濁音界在右側第五肋間隙。呼吸音正常，無囉音及肋膜摩擦音。心臟檢查：心尖搏动不明显，心濁音界不扩大，在左側第五肋間为 7 厘米，鎖骨中綫为 8.5 厘米。听診（9 月 5 日下午 4 时）在以胸骨左緣第四肋間处为中心，約 3 厘米半徑区域內皆可听到心包摩擦音（此摩擦音在同日上午檢查时未听到）。心音規律、清楚、並不遙远，未听到杂音。腹部靜脉不怒張，腹部平坦，柔軟，無压痛点；肝、脾未触及，無移动性濁音，亦無水波感。脊柱、四肢無異常，神經系統檢查無異常發現，腱反射存在，無病理反射，克匿格氏征陰性。

实驗室檢查：紅血球 420 万，血紅蛋白 13.1 克%，白血球 14,700，中性多形核 76%，淋巴球 24%。血沉第一小时 17 毫米。血清乏氏及康氏反应皆陰性。

* 天津医学院附屬医院內科

X綫胸片：两肺清晰，未見气胸，心臟大小形狀正常，膈肌位置亦正常。

心电圖：9月5日下午所描（圖1甲）显示导联Ⅰ，aVL，V_3及V_5之ST段抬高，但T波直立。在导联Ⅲ，ST段平坦，T波平坦；aVF之T波倒置。

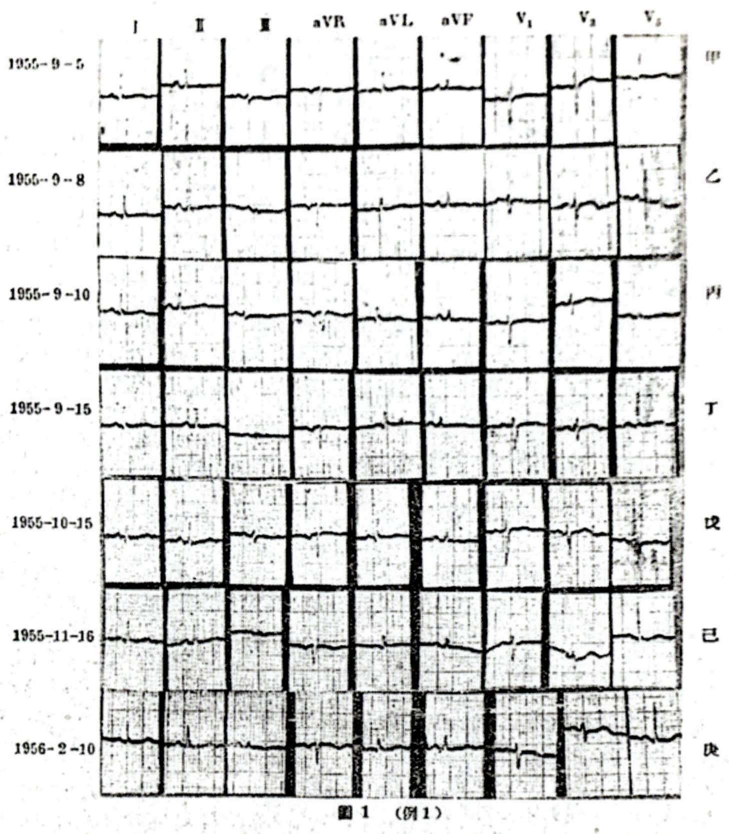

圖1 （例1）

入院后，体溫始終在正常范圍。給以鎮靜剂及止痛剂如阿司匹林、可待因等，但胸痛不止；服用硝酸甘油后，疼痛減輕。次日（即9月6日）清晨起未再發生剧痛，仅于移动体位时稍有疼痛。此时心包摩擦音已不复听見，心音正常。

住院期間，白血球始終在正常范圍，血沉逐漸緩慢：9月9日第一小时为20毫米，9月15日为5毫米。体溫在正常范圍。9月9日血冷凝集試驗：自家血球1:16，“O”型血球为1:32。9月15日：自家血球1:8，“O”型1:16。9月13日X綫心臟及肺部檢查無異常發現。

患者于9月15日出院。11月16日复查，未再發生胸痛，已恢复工作。1956年2月10日心电圖已正常（圖1庚）。

例2：患者男性，住院号45,577，42岁，苏联籍，于1954年4月13日下午1时35分因前胸区剧痛四小时而入院。患者于入院前四小时正值火車旅途中，突然發生前胸区痛，起始于右下胸部，繼而移至胸骨上部。当时面色蒼白，但神志清楚，經休息后疼痛略減，乃在天津下車到本院診治。

患者平素身体健康，未發生过可記載之疾病。惟于1951年曾于饑餓时發生过一次类似的胸痛，为时很短，旋即痊愈，未复發。患者無高血压病史，平日血压在$^{120}/_{70}$左右。

体檢：發育正常，营养中等，無急性病容，呼吸每分鐘18次，不緊迫，脉搏104，神志清楚，表情自然。皮膚無出血点，亦無黄疸。淋巴結不腫大。瞳孔等大，对光及調节反射正常；巩膜無黄疸。眼底检查：視神經乳头正常，动脉及靜脉管徑及反光皆無異常，亦無压迫現象。耳、鼻無異常，咽喉略紅，扁桃体不大，齿整齐，無齲齿。頸部柔軟，無怒張靜脉，气管居中。胸廓兩側对称，运动正常，兩肺呼吸音正常，無囉音。心臟濁音界不扩大，心音規律，未聞及杂音，血压120/70。腹部柔軟，無压痛点，肝、脾未触及，無移动性濁音。四肢無畸形，运动自如；膝反射正常，無病理反射。

实驗室检查：血紅蛋白13.3克%，紅血球453万，白血球22,000，中性多形核80%，淋巴球20%。血沉第一小时4毫米。血清迳氏及康氏反应陰性。尿酸性，比重1.011，蛋白及糖皆陰性，鏡检無異常發現。

X綫胸部检查：心臟除主动脉弓微凸外，皆正常。兩肺清晰，膈肌無異常。

心电圖于入院之日所攝（圖2甲）：导联Ⅰ、aVL及V_5之ST段略升高，向上斜行。导联Ⅲ及aVF之T波双向（－，＋）。

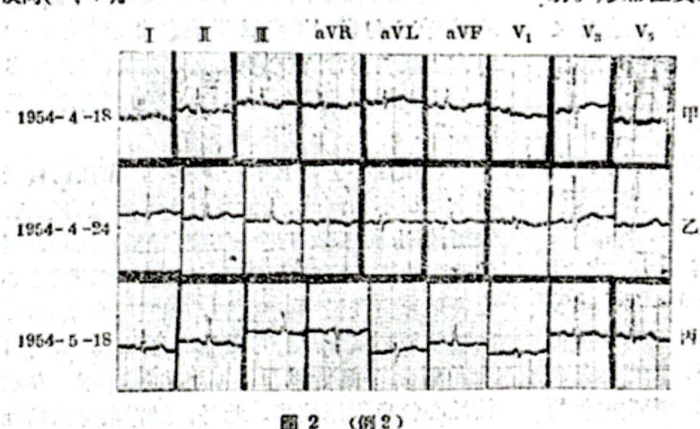

圖2 （例2）

入院后給以鎮靜剂，但患者每于动作时則引起胸痛，每次約20分鐘方止；不發作时，胸部亦有輕微疼痛。用硝酸甘油，無显著止痛效果，用氨茶鹼、嗎啡等可略減輕。

入院当日，下午11时發作胸部剧痛，体检發現心前区相当广泛部位有心包摩擦音，待至次日上午10时，摩擦音已不可聞及。此后胸痛亦減輕。自4月28日后（即發病后10天）起，胸痛未再發作。在住院期間，心音始終規律，心濁音界未扩大。白血球至4月20日后即降至正常范圍內。患者于5月18日出院。心电圖为恢复期（圖2丙）。

討　論

原因未明的急性良性心包炎虽然是比較不多見的疾病，但是由于臨床上与其他原因引起之心包炎頗为近似，而預后則大有区别，故在臨床工作中正确地認識这种疾病是很重要的。

本病多見于壯年，但20岁以下及老年病人亦有若干报告。Carmichael氏[9]等报告之50例中有14例小于20岁，18例大于50岁。男性較女性略多。其發病机制至今尚不明悉，由于有人观察到此病發病前常有上呼吸道感染，扁桃体炎或咽炎，所以推測本病是与感染，尤其是与溶血性鏈球菌有密切关系，抗原—抗体反应所引起之过敏狀态可能是致病的原因。此外，亦有人想到病毒的可能；这些假設至今尚未获得証实。

本病一般起病較快，臨床症狀中最重要者是前胸部疼痛，痛的部位以前胸中部，胸骨上、中段后方为最显著，由此向兩肩或一側肩部放射。疼痛性質隨人而異，常如刀割，压重感，悶堵等感覺，痛多持續存在，休息后略輕，动作，深呼吸，体位移动等可引起剧烈發作。持續性胸痛併有陣發性剧痛是本病的主要特征，本文二例，胸痛是異常典型的，例（1）持續二日，例（2）則長达十天，二者在臨床上予人以心肌梗死之印象，这种事实曾为多人所注意[2,20]。

有些患者因胸膜同时受到侵犯，因而可有一側或兩側胸痛。除胸痛外，患者可有輕度發热，但短期內体温即恢复正常，本文二例皆無發热情形。此外，疲乏，無力等亦为常見之症狀。

体检时重要發現为心包摩擦音。据Davies氏[10]統計1952年以前所發表的病例中有3/4的病例皆出現心包摩擦音。应注意此摩擦音出現的时期極不一致，且存在时間短暫，如不隨时听診則可能遺漏。一般說来，心包摩擦音多出現于疾病之早期，持續存在2—20小时[20]，有时可長达30天[9]。本文二例皆有心包摩擦音，例1發現于發病后24小时，經十余小时后消失；例2則發現于起病后十小时，持續11小时左右。

心臟檢查除摩擦音外，也可發生心包积液，液体为透明或血样。此外心音多規律正常，Morris 氏[15]曾見一例併有陣發性心室性心动过速。

血液檢查，白血球可增高或正常，血沉在初期可增快，但兩星期后多降至正常（Burchell 氏[5]）。本文二例皆有白血球增多，三天后皆降至正常。血沉則只例 1 有輕度增快，一星期后即回至正常。

X 綫心臟檢查，在很多情形下可發現心臟扩大。Davies 氏[10]曾統計 Wolf 氏(1943)，Nay 及 Boyer 二氏(1946)，Feder 氏(1950)，Levy 及 Patterson 二氏(1950)及 Porter 氏(1950)等人所發表之 99 例中，有 62 例有心臟陰影扩大，其中多例系因心包积液关系。但一些学者則相信心臟本身扩大，他們認为心臟可以在胸痛發生后 12小时內增大，心音变小，当疾病逐漸痊愈时又漸縮小至正常。本組二例皆無心臟陰影增大，亦未發現心包积液之体征。

心电圖显示出典型的急性心包炎变化，为确定診斷之重要方法。在疾病演变过程中，重复地做心电圖檢查对証实診斷及观察病变恢复情况是極为重要的。心包炎之心电圖变化主要是由于心外膜下層肌肉纖維損害所引起之 ST 段及 T 波的改变，此点早为 Vander Veer 氏等[23,24]所闡明。近年来，Coehlo 氏[7,8]則認为这种变化不是由于心肌病变所可解釋，而可能是由于生化改变激惹心外膜所致。不論产生变化的原因如何，心包炎之心电圖变化常可分为三个阶段：最初是 ST 段的升高，以导联Ⅰ及Ⅱ为显著，有时Ⅱ及Ⅲ，或只表现在Ⅰ或Ⅲ，而 aVL，aVF，以及心前导联亦有同样变化。但此时 T 波仍为直立，在 aVR 則 ST 段降低，T 波仍为倒置。至于 QRS 波羣則多無变化，並不出现 Q 波，惟当有心包积液时則可有低电压（此阶段变化可参閱圖(1，2甲)。这个阶段为时很短，隨即进入第二阶段，ST 段逐漸降回至等压綫，同时 T 波变为平坦，双向，最后为倒置（圖 1 乙、丙、丁及圖 2 乙）。經过一相当長时期后，心电圖变化进入第三阶段，即 T 波又逐漸变为直立，最后恢复正常(圖 1 已、庚）(圖 2 丙)。全部心电圖变化历时長短不一，一般 6—8 星期，有时則需 2—3 月，大多數情形患者自覺症狀消失，实驗室檢查亦迅即恢复正常，而心电圖的改变常为仅有之病理現象。

关于本病与其他疾病的鑑別問題早已为多數学者注意。急性良性心包炎虽有很多特点，但在临床上極易与其他类型之心包炎相混淆。最易与本病相混淆者为心肌梗死及結核性心包炎。急性良性心包炎与心肌梗死皆發生劇烈胸痛，心包摩擦音，低热，白血球增高等现象，故常难区別。但綜合各家經驗[10,18,20]，急性良性心包炎多見于壯年，其胸痛常因呼吸，咳嗽，体位移动，动作而加重，休息則減輕，很少發生休克。心电圖只有 ST 段及 T 波之改变而不出现異常之 Q 波，且 ST 段之輕度升高多为向上凹形，(在心肌梗死則多为向上凸形)，此变化在各导联相似，無Ⅰ及Ⅲ，aVL 及 aVF 相对应之圖形。此外，在心包炎，ST 段及 T 波之改变常須 2—3 月方能恢复正常，在心肌梗死則較快。总之，多次的心电圖观察配合临床的資料可証实心包炎的診斷。

結核性心包炎与本病虽相似，但在病程發展上是很不相同的。急性良性心包炎起病急遽，胸痛較劇，但不數日則一切症狀消退，仅心电圖的改变为唯一異常的表现。反之，在結核性心包炎則起病較慢，胸痛較輕，但气喘咳嗽明显，病程較長。二者虽皆可發生心包积液，且皆可为血样液体，且皆以單核細胞佔多數，不过在結核性心包炎积液較多。此外，鏈霉素对結核性心包炎之疗效亦可帮助診斷。

在年輕患者，風濕性心包炎之可能亦应予以考慮，惟同时出现的关节痛，心臟瓣膜病，晚期出现的心包摩擦音，限局性且輕微的心前区痛，較高的而持續的發热等皆使人傾向風濕性心包炎的診斷。此外，心电圖在后者常同时有 PR 間隔延長，數日便可恢复正常。水楊酸鈉的疗效亦对診斷有大帮助。

本病預后通常皆甚佳，心电圖变化常需數月方恢复正常，患者可有一長时期感到無力。一般說来痊愈后並不發生后遺症。有人認为可發生粘連性心包炎，至于縮窄性心包炎則至今尚無报告。死亡病例迄今已报告者仅 5 例[19]。

由于疾病可自愈而病因又不明悉，故治疗

仅限于对症疗法；發生大量心包積液时，可穿刺取液。

总 結

本文报告急性良性心包炎二例並作文献綜述。

急性良性心包炎並非異常罕見之疾病，与其他原因引起之心包炎进行鑑别甚为重要。

本病預后良好，發病机制至今不明。

本文圖片承天津医学院教材科雷爱德主任及陶芳同志攝制，特致謝忱。

参考文献

1. Azgagneur, V.: Observation de péricardite idiopathique. Mém. et Compte Rendu. Soc. de Sci. Med. de Lyon. 15: 230, 1876 (Quoted from 9).
2. Barnes, A. R., & Burchell, H. B.: Acute pericarditis simulating acute coronary occlusion, report of 14 cases, Am. Heart J. 23: 247, 1942.
3. Bing, H. I.: Epidemic pericarditis, Acta Med. Scandinav. 80: 29, 1933.
4. Brown, M. G.: Acute benign pericarditis, New Engl. J. Med. 244: 666, 1951.
5. Burchell, H. B.: Acute nonspecific pericarditis. Mod. Concepts Cardiovascular Dis. 16, No. 3, 1947 (Quoted from 12).
6. Carmichael, D. B. et al: Acute non-specific pericarditis, clinical, laboratory and follow-up considerations, Circulation. 3: 321, 1951.
7. Coehlo, E.: La pathogénie des altérations électrocardiographiques de la péricardite. Livraria Luso-Espanhola Lda. Lisboa, 1947. (see 8).
8. Coehlo, E.: L'évolution électrocardiographique et hémodynamique de la péricardite. L'année cardiologique internationale, par C. LIAN, p. 193, série 1954, L'expansion Scientifique Francaise, Paris.
9. Christian, H. A.: Nearly ten decades of interest in idiopathic pericarditis, Am. Heart J. 42: 645, 1951.
10. Davies, D. H.: Acute benign pericarditis of unknown origin, Brit. Heart J. 14: 309, 1952.
11. Hodges, R. M.: IV. Idiopathic pericarditis. (case record of the Massachusetts General Hospital from the service of Dr. M. S. Perry) Boston M. & S. J. 51: 140, 1854 (Quoted from 9).
12. Levy, R. L., & Patterson, M. C.: Acute serofibrinous pericardits of undetermined cause. study of 27 cases, Am. J. of Med. 8: 34, 1950.
13. Logue, R. B., & Wendkos, U.: Acute pericarditis of benign type, Am. Heart J. 36: 587, 1948.
14. McCord, G. M., & Taguchi, J. T.: Non-specific pericarditis, A fatal case, Arch. Int. Med. 87: 727, 1951.
15. Morris, G. M.: Ventricular tachycardia due to idiopathic pericarditis controlled by simultaneous intravenous procaine amide and quinidine, Am. Heart J. 47: 919, 1954.
16. Nay, R. M., & Boyer, N. H.: Acute pericarditis in young adults, Am. Heart J. 32: 222, 1946.
17. Pohl, A. W.: Acute pericarditis; A report of 8 cases in which the etiology was nonspecific or cryptic, Ann. Int. Med. 32: 935, 1950.
18. Porter, W. B. et al: Non-specific benign pericarditis, J. A. M. A. 144: 749, 1950.
19. Price J. D. E. et al: Benign idiopathic pericarditis, A fatal case with a review of the fatalities in the literature. Am. Heart J. 51: 628, 1956.
20. Reich, N. E.: The uncommon heart diseases. PP. 166-178, Thomas, Springfield, Illinois, 1954.
21. Rosenow, O. F., & Cross, C. J.: Acute benign pericarditis, Arch. Int. Med. 87: 795, 1951.
22. Smolley, R. E., & Ruddock, J. C.: Acute pericarditis, A study of 18 cases among service personel, Ann. Int. Med. 25: 799, 1946.
23. Vander Veer, J. B., & Norris, R. F.: Electrocardiographic changes in acute pericarditis, Am. Heart J. 14: 31, 1937.
24. Vander Veer, J. B., & Norris, R. F.: Electrocardiographic changes in acute pericarditis. clinical and pathological study, J. A. M. A. 113: 1483, 1939.

6.《房室传导阻滞中心房节律不齐的发生机制》1958 年

房室傳导阻滯中心房节律不齐的發生机制

石毓澍* 李潤耀*

当心臟房室傳导發生阻滯时，不論其阻滯为部分性的或完全性的，心房节律常变为不齐，换言之，P-P.間隔彼此不等，而常常是含有QRS波叢之P-P.間隔(本文称之为 PQP)較不含有QRS波叢者(本文称为 P-P.)为短(圖 1,2)。这种現象首先在1910年为 Erlanger 及 Blackman 二氏[1]在动物实驗中發現，其后乃为临床家所注意。許多学者对此种房律不齐予以不同的解釋。Wilson 及 Robinson 二氏認为心室激动波后PP間隔之延長系因心室收縮时引起动脉压力增大因而兴奋了迷走神經使房律变慢[2]。此說曾有多人支持[1,3]，但新的解釋又不断提出。Wenckebach 及 Winterberg二氏認为心室收縮时竇房結供血較好，因而加速竇房結激动的形成，反之，在舒張期則供血不佳，因而造成竇房結激动之緩慢，因此形成房律不齐[1]。Wolferth 及 McMillan 二氏[4]則以为房律不齐系因心室激动之逆向傳导，使Q波后过早的产生P波所致。Parsonnet 及 Miller 二氏[5]推测房律不齐系因在心室收縮时心房压力减低而使 Bainbridge 氏反射受到抑制，使竇性心律变慢，P-P 間隔延長；但在心室舒張时，心房压力逐漸增高，Bainbridge 氏反射兴奋，竇性心律則增快，P-P間隔縮短，如此形成周期性房律不齐。此外 Schaeffer 氏設想心室激动之电压作用对心房的影响可能是房律不齐的發生原因[2]。最近 Rosenbaum 及 Lepeschkin 二氏[2]对本問題做了詳尽的分析，認为是由于兩种不同类的作用所致，其一系使房律变慢的，称为陰性变时性作用(negative chronotropic effect)，主要是由頸动脉加压反射导致房律变慢，另一系使房律变快的作用，名之为陽性变时性作用(positive chronotropic effect)主要是由于心室收縮时机械刺激心房使之加快收縮。

尽管各家的意見分歧，但是我們可从而得到以下兩个概念：(1)房律不齐与心室的收縮有極密切的关系；(2)各学說皆系根据个别观察材料所得，用單一学說去解釋所有的材料是不可能的。因此我們認为这种房律不齐的原因或为多元性的。由于此問題的研究具有重要的生理学意义，作者等爰据所观察之資料，参考文献上之記載加以討論，从而提出对此房律不齐之解釋，尙祈指正。

观察資料及方法

全部資料系取自天津医学院附屬医院(即前天津市立总医院)內科所观察的3例完全性房室傳导阻滯。每例都选擇P波明显的导联(Ⅱ或 V_1)做过較長的心电圖記录，最短的記录有80个P-P間隔，最長者有203个P-P間隔，並分别測量記录其 P-Q、P-Q-P、及 P-P 間隔(以0.01秒为單位)。P波之測量皆以其开始离开等压綫为准，其P波不明显者則摒棄之，然后計算出QRS后之P-P間隔較包括QRS波叢的P-Q-P間隔加長或减短之百分率，計算公式为：

$$\frac{(P-P)-(P-Q-P)}{P-Q-P}\times 100 = P-P$$ 之增長率(本文暂用术語)全部数字列表(为了节省篇幅，仅节录一部分列于表1.2)。然后按 Rosenbaum 及 Lopeschkin 二氏[2]之分析方法以QP为横坐标，PP为縱坐标划出二者之关系圖，从而找出其变化規律。此項方法的目的在于观察心室激动对房律影响，故横坐标之 Q-P 系指Q波距在其后所發生的各个P波間之距离，即 $Q-P_1$，$Q-P_2$(即 $Q-P_1+P_1-P_2$)，QP_3(即 $Q-P_1+P_1-P_2+P_2-P_3$)……直到下一个QRS出現为止，而縱坐标之P-P即指所相应的 P_0-P_1(即 $P_0Q_1+QP_1$)，P_1-P_2，P_2-P_3。

为了了解迷走神經对心房节律之影响，曾为此3例肌內注射1毫克阿託品，然后分别約在10分鐘30分鐘及60分鐘后作心电圖記录，仍依上法观察Q-P与P-P之关系。此外也曾用頸动脉压挤法及坐臥运动法进行观察，但未見到房律改变，本文不拟叙述。

至于早期收縮，心房性陣發性心动过速伴有房室傳导阻滯，心房扑动等心律中房律不齐問題不在本文討論之列。

結　果

三例完全性房室傳导阻滯之心室率及心房率之平均数分别为：

	心室率(每分鐘)	心房率(每分鐘)
例1(住院号62697)	19.5	64

* 天津医学院附屬医院內科

例2（住院号57493）　43　68

例3（住院号65707）　42　81

由于例2与例3之結果極近似，本文只詳述例1及例3之結果，（例2从简）。

例1系31岁男性患者，于入院前一个月时發生Adams-Stokes二氏型昏厥發作，心尖区可聞及收縮期杂音，心尖或主动脉瓣区皆未聞舒張期杂音。血压为160/80毫米汞柱。血清梅毒反应乏氏、康氏皆陽性，心电圖心房节律極不規則。正如前述，凡含QRS之P-P間隔（P-Q-P）皆較不含QRS之P-P为短（圖1）。在203个P-P及P-Q-P間隔中，35个間隔因P不明显而未予測量，其余的168个間隔中除有5个P-P小于其前面之P-Q-P（此P-P短于P-Q-P之現象，Rosenbaum氏等[2]称之为矛盾現象）及8个P-Q-P等于其后之第一个P-P間隔外，其余P-P間隔皆大于其前之P-Q-P；P-P增長率最高可达134%。当該患者發生Adams-Stokes二氏綜合病征时，心室可連續停跳数秒，此时心电圖記录（圖2）亦可看出P-Q-P小于其后随之P-P間隔，但再以后的P-P間隔則逐漸变短，直到又發生心室收縮止。

进一步研究P-P增長的規律，正如Roth及Kisch二氏[1]指出，P-P的增長与Q-P的長度有極密切的关系：Q-P愈短則后繼的P-P的增長率愈大，反之愈小（圖3），其規律可示意如下：

P_0---Q-P_1------P_2------P_3

P_0--Q--P_1-----P_2-----P_3

P_0-Q---P_1----P_2---P_3

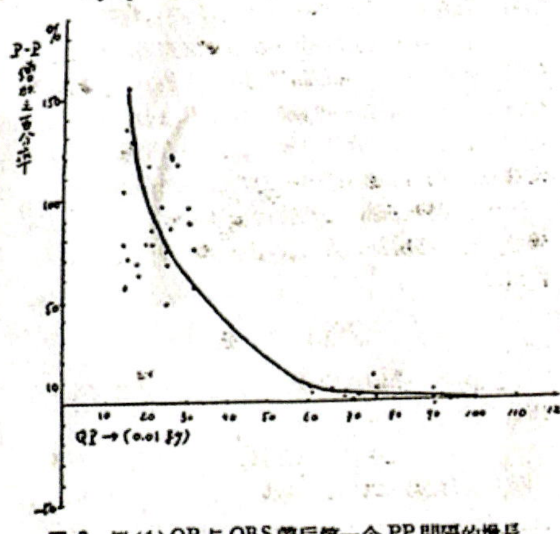

圖3　例（1）QP与QRS最后第一个PP間隔的增長率之关系圖（注射阿託品前）

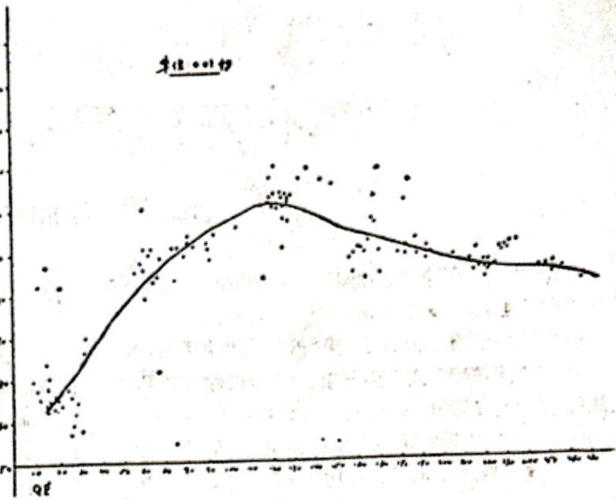

圖4　例（1）之QP与PP之关系圖（未注射阿託品时）

为了表示出这种关系，作者等特將Q-P与QRS后之第一P-P間隔之增長率的关系用圖線示出（圖3）。从表1及圖3可看出当Q-P短时P-P之增長率大，当Q-P接近0.60秒时P-P与其前P-Q-P之差别变小。此点可啓示我們心室收縮之影响P波节律是有时間关系的。从表1亦可看出QRS后之第二个PP間隔（P_2-P_3）亦較P-Q-P为長，于是我們可以得到以下概念：心室收縮影响心房节律变慢在时間上是有关系的，而这种影响可持續一个相当長的时間。为了看出P波出現的迟早与QRS波之关系，乃依Rosenbaum及Lepeschkin二氏[2]之經驗，划出Q-P与P-P的坐标圖（圖4），我們可看到在QRS波开始后至0.60秒时，P波方开始延迟出現，P-P間隔乃延長，殆至1.20秒时心室收縮引起之延迟作用达最高峯，P-P間隔延長至最大。至1.60秒时，心室收縮之延迟作用方开始減小，P-P間隔乃漸縮短。圖4可充分地說明心室收縮之延迟P波出現的作用不是發生于紧在QRS波之后而是在其后0.60秒时方开始，至1.20秒时作用最显。紧在QRS波后之P波（P_1）不但不延迟反而常較早出現，往往發生在Q波后0.12—0.16秒，（圖1）。此等較早出現之P波依时間上計算，認为可能系由于心室激动电波作用直接引起竇房結兴奋而产生心房激动波（参閱討論部分）。

为了了解迷走神經在房律不齐所起之作用，我們曾为此患者肌內注射1毫克阿託品，在12分鐘、30分鐘及50分鐘时所做之心电圖（圖1下）測量結果亦列于表1，可看到注射后12分及30分时P-Q-P間隔常大于其后之第一个P-P間隔（P_1-P_2）但小于第二个間隔（P_2-P_3）：

表 1 例1不同时期PP間隔测量結果(單位0.01秒)(节录)

甲、注射阿託品前(J,1—20)						乙、注射阿託品后12分鐘						丙、注射阿託品后30分鐘						丁、注射阿託品后50分鐘					
PP間隔序数	PQ	QP	PQP	PP	PP之增長率(%)	PP間隔序数	PQ	QP	PQP	PP	PP之增長率(%)	PP間隔序数	PQ	QP	PQP	PP	PP之增長率(%)	PP間隔序数	PQ	QP	PQP	PP	PP之增長率(%)
1				116		15				50	—47	30	8	102	110			20	108	12	120		
2	48	16	64			16	22	78	100			31				106	—3	21				120	0
3				150	134	17				110	10	32	24	22	46			22	96	14	110		
4				114	78	18	38	14	52			33				54	17	23				126	14
5	58	16	74			19				60	15	34				120	160	24	94	14	108		
6				150	102	20				116	123	35	34	16	50			25				124	14
7				114	54	21	34	16	50			36				52	4	26	100	12	112		
8	50	20	70			22				40	—20	37				126	152	27				120	7
9				150	114	23				116	123	38	36	16	52			28	98	16	114		
10				118	68	24	53	15	68			39				50	—3	29				120	5
11	46	26	70			25				44	—35	40				128	146	30	98	16	114		
12				154	120	26				114	67	41	36	16	52			31				120	5
13				124	80	27	54	14	68			42				50	—3	32	99	17	116		
14	44	16	70			28				44	—35	43				134	157	33				118	1
15				154	120	29				114	67	44	32	24	16			34	102	14	116		
16				120	71.5	30	52	14	66			45				54	17	35				118	1
17	44	26	70			31				100	51	46				134	190	26	P波不清				
18				154	120	32				100	51	47	28	16	44			37	P波不清				
19				120	71	33	10	86	96			48				56	27	38	P波不清				
20	44	76	120			34				94	—2	49				136	209	39	P波不清				

P_0--Q--P_1-P_2----P_3

構成这种现象的原因是由于 P_1 及 P_2 提早出現而 P_3 延迟出現所致，殆至注射阿託品后50分鐘，此种现象即变为不明显但紧随在QRS后仍出现P波。如詳細观察注射后12分及30分之心电圖則可發現QRS后之第一个P波(P_1)皆發生在Q波后0.15秒，可能系由心室激动电流誘發賫房結激动所致。而 P_2 之發生多在Q波后0.50—0.60秒，紧随在T波之后，使 P_1-P_2 間隔縮短。就 P_2 發生的时間来看，似可解釋为由于心室收縮时机械地引致心房發生激动。值得注意的是P波形狀在察观期間时常發生变化，尤以导联Ⅱ为明显，13次心电圖檢查中，P波呈M形，双向(+，-)及双向(-、+)，而在注射阿託品后，P_2 多为双向(+，-)。这种P波形狀改变的原因尚不明悉，將在以后討論。

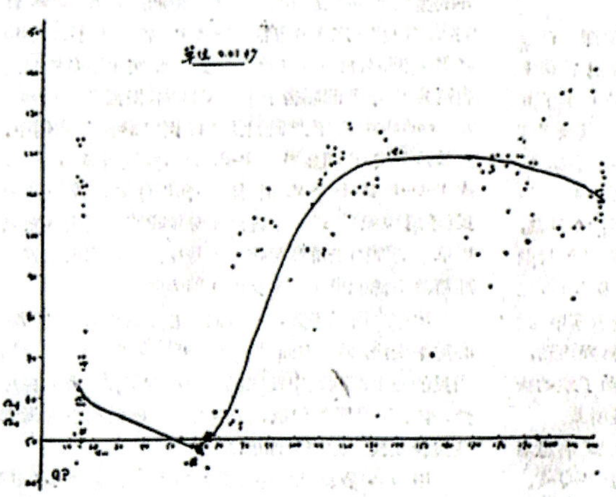

圖5 例(1) QP与PP之关系圖(注射阿託品后12及30分鐘的綜合圖線)

在Q波后1秒方發生 P_3，故 P_2-P_3 間隔延長。圖5为Q-P与P-P之关系圖，充分說明以上現象。

总之在本例中，心室收縮一方面在較晚期引起了P波的迟緩出現，另一方面又使較早期的P波提早出現，以致形成房律不齐，前者的作用發生較晚(注射

表 2　　例 3 PP 間隔在不同时期測量結果(單位 0.01 秒)(节录)

甲、注射阿託品前(50—69)						乙、注射阿託品后 10 分鐘						丙、注射阿託品后 40 分鐘						丁、注射阿託品后 60 分鐘					
PP之序数	PQ	QP	PQP	PP	PP之增長率(%)	PP之序数	PQ	QP	PQP	PP	PP之增長率(%)	PP之序数	PQ	QP	PQP	PP	PP之增長率(%)	PP之序数	PQ	QP	PQP	PP	PP之增長率(%)
50				70	0	10				76	2.7	25	34	10	44			5				44	0
51	60	10	70			11	52	22	74			26				44	0	6	14	30	44		
52				70	0	12				76	2.7	27				40	0	7				40	-9
53	P 波不清					13	50	24	74			28	20	24	44			8				44	0
54	P 波不清					14				76	2.7	29				44	0	9	20	24	44		
55				70		15	50	24	74			30				44	0	10				44	0
56	10	56	66			16				74	0	31	34	10	44			11				44	0
57				70	6	17	50	24	74			32				44	0	12	30	14	44		
58	22	46	68			18				76	2.7	33				44	0	13				44	0
59				72	5.8	19	46	28	74			34	40	6	46			14				44	0
60	32	40	72			20				76	2.7	35				40	−1.3	15	38	8	46		
61				74	2.7	21	48	26	74			36				44	−4.3	16				40	−13
62	36	38	74			22				76	2.7	37				44	−4.3	17				44	−4.3
63				74	0	23	46	28	74			38	8	36	44			18				44	−4.3
64	40	32	72			24				74	0	39				44	0	19	P 波不清				
65				74	2.7	25	48	24	72			40				44	0	20	P 波不清				
66	40	32	72			26				76	5.5	41	16	28	44			21				44	
67				76	5.5	27	48	22	70			42				44	0	22	12	32	44		
68	44	28	72			28				76	8.5	43				44	0	23				44	0
69				74	2.7	29	52	20	72			44	24	20	44			24				44	0

药物前在 0.60 秒开始,注射后在 1.00 秒),后者的作用較早,可能是由于心室激动电波及心室收縮机械作用所致。至于注射后未能使房率变慢現象完全消失的原因,可能系由于用阿託品剂量不足的关系。

例 3 系一原因不明的完全性房室傳导阻滞，在心电圖中 90 个 P–P 間隔中除 10 个 P 波开始点不清未加測量外，其余 80 个 P–P 間隔中有 6 个 P–P 小于其前列之 P–Q–P 間隔，6 个 P–P 等于 P–Q–P,其余 P–P 皆大于其前列之 P–Q–P,不过 P–P 之增長率並不如例1之大,P–Q–P 平均为 0.68 秒,P–P 平均則为 0.72 秒(表 2)(圖 6)，在肌內注射 1 毫克阿託品后 10 分鐘,P–P 長度接近 P–Q–P 長度,殆至 40 分及 60 分鐘时則 P–P 几完全等于 P–Q–P,此結果正与 Roth 及 Kirsh 二氏[1]报告相同,迷走神經受到抑制后房律变为規則,說明在本例 1 毫克之阿託品可完全抑制迷走神經活动,故此例房律不齐的唯一原因为心室收縮激动了頸动脉加压感受器,通过迷走神經反射使房律变慢所致。

例 2 之情况与例 3 近似，为一先天性心臟病患者在 109 个 P–P 間隔中,有 103 个 P–P 大于 P–Q–P。P–Q–P 平均为 0.64 秒,P–P 平均为 0.80 秒，于注射阿託品 22 分鐘后,P–P 与 P–Q–P 之長度几乎相等。

討　　論

根据以上所观察的 3 例，心室收縮对心房节律不齐的發生是有極密切的关系的，正如前人所观察到的,含有 QRS 之 P–P 間隔(P–Q–P)常小于不含 QRS 之 P–P 間隔,此在例 1 極为明显。事实上不是所有的病例其 P–Q–P 間隔皆小于 P–P 間隔,根据 Rosenbaum 及 Lepeschkin 二氏[2]統計之 147 例已發表的病例中,42%是 P–Q–P 明显短于 P–P, 54.5%只有輕度变短,或 P–Q–P 等于 P–P,尙有 3.5%P–Q–P 反較 P–P 为長(矛盾現象)。这一个統計充分地說明了过去各家只以單一的原因去解釋房律不齐是片面的，因而也就不能解釋全部的事实。本文例 1 即为明証。

房律之所以不齐，一方面是心室收縮后之初期使心房率变快,另一方面是在其晚期房率又变慢。在一相当長的心电圖观察中使我們發現这种房律不齐的規律性,它並不是偶然現象。現就心室收縮引起心房激动变慢及变快之原因分而述之。

甲.心室收縮致使房律变慢而 P–P 間隔延長的原因曾有多种解釋，已如上述。就中最重要的是由于心室收縮后血流进入动脉,引起主动脉弓、頸动脉竇之压力增高因而刺激了各該处的加压感受器，通过迷走神經反射而使心房激动变慢，P-P 間隔延長。这种情况在一般病例是引起房律不齐的主要原因，甚而为唯一的原因[1]。本文例 2，例 3 于注射阿託品后房律变为規则，說明此迷走神經反射为房律不齐之唯一原因。此种反射之影响多發生在心室收縮后一相当長的潛隐时期后，例 1 發生在 0.60 秒后，至 1.20 秒时作用最大。一般则多在 0.50—1.70 秒开始發生作用[2]，至 1.0—2.10 秒作用最大；这种臨床观察的資料是有其生理实驗上的根据的。自心室激动波开始（Q 波）后，經过心室收縮，排血至主动脉及頸动脉，刺激管壁之加压感受器，然后傳到脊髓，經迷走神經中樞傳到迷走神經及心臟神經节，分泌醋酸胆鹼直到激动竇房节引起心房激动止，必須經过一相当長的时期。根据 Alvarez 氏等在狗体实驗結果，当頸动脉压力驟然增高时，必須經过 0.3—0.5 秒的潛隐期后方开始影响心房节律，而影响最大时須在 2-3 秒时。此一長的潛隐期頗符合于臨床上的观查。在人体此潛隐期之長短可因血压、年龄、心室率、迷走神經的紧張度等因素而有变化，即使同一病人在不同时期心室收縮延緩房律之作用可能不同。

除去上述原因外，有人提出另一可能，即当心室收縮后引起心房压力降低因而抑制了 Bainbridge 氏反射致使房律变慢，在 QRS 波后之 P-P 間隔乃延長。根据此种学說則心房压力愈小，房律愈慢，反之則愈快[5]。此在發生 Adams-Stokes 二氏綜合病征时最明显，随心室停跳时間愈長，心房压力逐漸增大，房律变快（圖2）。Carlsten 及 Rudhe 二氏[6] 曾用X綫記波描記法观察完全性房室傳导阻滞之右心房，發现在心室收縮时 P 波比舒張期之 P 波波幅增大，P-P 間隔亦長。这种設法虽然很巧妙，不过还没有得到实驗室之証实，並至今还未能用实驗方法刺激心房及上腔靜脉壁压力感受器，而引起心率增快，故 Bainbridge 氏反射的存在尙屬疑問，因之用此学說来解釋房律不齐尙待研究。

乙. 另一方面，心室收縮引起房律变快的机制亦有多种設法，能成立的有以下几个：

（1）心室收縮將血排出时，机械地牽动右心房及竇房結，使后者之应激性增强，激动之形成乃加快[2]。Segers 氏在蛙的离体心臟用結紮房室溝的方法造成暫时性房室傳导阻滞，曾观察到当心室收縮期时心房收縮較在心室舒張期时为快，而每次心室收縮皆使心房膨脹，因此心室收縮可能机械地加速心房节律[2]。在理論上如果这种設法是正确的，則必然是当心室排血期將終了时牽动心房的作用最大，此时約相当于 T 波將終了时[2]，即在 Q 波后 0.40—0.50 秒左右；Rosenbaum 及 Lepeschkin 二氏[2] 曾支持此設法。本文例 1 于注射阿託品后 12 及 30 分鐘后皆可見到在 T 波后出现之 P_2 波，时間平均在 Q 波后 0.50 秒，符合于这种設法的。

上面論及 P_2 波形与其他 P 波形狀常不一致，而在未注射阿託品前 P 波形狀亦有变化，这种在房室傳导阻滞时 P 波形狀的改变曾为人注意过[2,7]，但至今尙缺乏合理的解釋。Scherf 氏[7] 曾观察过 5 例部份房室傳导阻滞皆有周期性 P 波变形，与本文例 1 近似，据該氏之推想，这种变形可能由于以下原因：

1）心臟病变（尤其白喉、冠狀动脉疾病）延及心房，致使心跳起源点移位或房内傳导發生紊亂。

2）P 波与 U 波重疊。

3）由于迷走神經紧張度發生改变而使激动形成的部位移动或房内傳导發生改变。

4）心室收縮机械地牽引心房，致引起心房異位激动。当然心室的激动也可能逆傳到心房而發生逆行性 P 波。

本例 P 波变形究系何种原因引起尙难推断。但由于 P_2 往往与其他 P 波形狀不同，在不同时期（尤其注射阿託品后）P 波形狀有所改变，其原因可能是迷走神經紧張度的改变与心室机械牽动心房所致。此外，未傳导的心房性早期收縮与此周期性異常之 P 波常难区别。

（2）心室激动的电位作用（action potential）引起竇房节發生激动也可能是房律不齐的原因。根据 Segers 氏的观察，直接电流可在其陰極端使原有的心律增快或引起激动[2]。Segers 氏曾用兩个蛙心或肌断片做实驗，观察到如果一蛙心的电位作用达于另一蛙心时，可以引起激动，而可見到兩个心臟有"諧同"收縮（Synchronization）。Schaefer 氏認为心室激动的电位作用可影响到心房，使其收縮加快，此或为房室傳导阻滞时房律不齐的原因[2]。我們当可想像心室的除極波 QRS 及复極波 T 波对右心房腔內有其負电位作用，且可不需長时間的潛隐期而引起心房或竇房节發生激动。換言之，P 波应当出现于紧在 QRS 波羣或 T 波之后，在例 1 屡次見到紧在 QRS 波羣之后出现一 P 波（圖 1），距 Q 波为 0.15 秒左右，故作者等以为可能符合于这种設法。至于如何引起竇房結激动則至今尙不清楚，不过無論如何不能簡單以为系心室激动向上傳导直接引起心房激动，因为 P 波不是逆行性。參考了 Ucakob 氏[8] 之意見，我們以为可以用維金斯基氏間生态学說解釋，即心房是处在間生态狀态，对刺激反应的發生反常，对强的心室激动未發生反应，但可將此激动傳导至竇房結，待竇房結發生弱的激动后心房反而發生反应形成 P_1 波，至于 QP_1 距离常有小的变动也可能系間生态的深淺程度变化。对否待証。

（3）心室收縮逆行傳导引起心房收縮。一些学者認为在房室傳导阻滞时，只是單方向的阻滞，換言之，由心室至心房之逆行傳导还是可能的，此种逆行傳导的原因至今尚不明悉，有人認为(Wolferth 及 McMillan)[4]傳导系統阻滯現象以其末端为严重，自心房来的激动經过此病理的組織后，其强度有減弱現象（decrement），以至到阻力最强的部位便不能向下傳导；但反之自心室来的激动首先通到阻力强的部位，其激动之減弱現象还不显著，足可穿过，乃傳到心房去，引起心房激动。另一說法謂心室收縮可刺激房室束病变以上的部位引起心房激动(Barker[9])，因而心室激动可向上傳导，引起心房激动，出現一逆行性 P 波紧在 QRS 之后。Bellet 氏[10]、Winternitz 及 Laugendorf 二氏之例屬此种[7]，作者等未見类似病例。

此外，其他解釋尚多，但可能性較小，限于篇幅不再多述。

結　論

作者等对 3 例完全性傳导阻滯中心房节律不齐的原因进行了观察，並就文献加以討論。我們認为房律不齐是与心室收縮有密切关系，但其發生机制是多元性的，其中最重要且較普遍存在的原因，是心室收縮时血液刺激主动脉及頸动脉壁而引起迷走神經反射致使房律变慢。另外一些原因發生在 Q 波后較早期，是使心动变快的，这些原因可能是：(1) 心室激动电波对竇房結的誘导而心房处在開生态，(2) 心室收縮机械地刺激心房，(3) 心室激动波逆傳到心房。

这些因素在不同病例所起之作用是不相同的，而它們在不同程度上的組合構成房室傳导阻滯中多样性的房律不齐。对临床上更多病例的長久观察配合实验室的探討將会对此問題得到进一步的認識。

註：本文圖片承天津医学院敎材科陶方同志繪制，謹致謝忱。

参考文献

1. Roth, I. R., and Kisch, B., Mechanism of irregular sinus rhythm in auriculoventricular heart block, Am. Heart J. 36: 257, 1948.
2. Rosenbaum, M. B., and Lepeschkin, E., Effect of ventricular systole on auricular rhythm in auriculoventricular block, Circulation 11: 240, 1955.
3. Fatzer, G., Etude de l'électrocardiogramme dans le bloc atrioventriculaire, Cardiologia 10: 305, 1946.
4. Wolferth, A. C., and McMillan, T. M., Observation on mechanism of relatively short intervals in ventriculoauricular and auriculoventricular sequential beats during high grade heart-block, Am. Heart J. 4: 521, 1929.
5. Parsonnet, A. E., and Miller, R., Heart block; influence of ventricular systole upon auricular rhythm in complete and incomplete heart block, Am. Heart J. 27: 676, 1944.
6. Carlsten, A., and Rudhe, U., Electrokymographic study of auricular arrhythmia in total heart block, Acta radiol. 41: 316, 1954.
7. Scherf, D., Periodic changes in form of P waves in partial heart block, Am. Heart J. 29: 213, 1945.
8. Исаков, И. И., О природе электрокардиографических синдромов преждевременного возбуждения желудочков и так называемой диссоциации с интерференцией и о двух новых видах нарушения внутрисердечной проводимости у человека, Клин. мед. 31 (3): 65, 1953.
9. Barker, P. S., Occurrence of auricular beats due to stimulation of auricules by contracting ventricles during complete heart-block, Am. Heart J. 1: 349, 1926.
10. Bellet, S., Clinical Disorders of the Heart Beat, pp. 147-157, Kimpton, London, 1953.

1957 年 9 月 23 日收稿

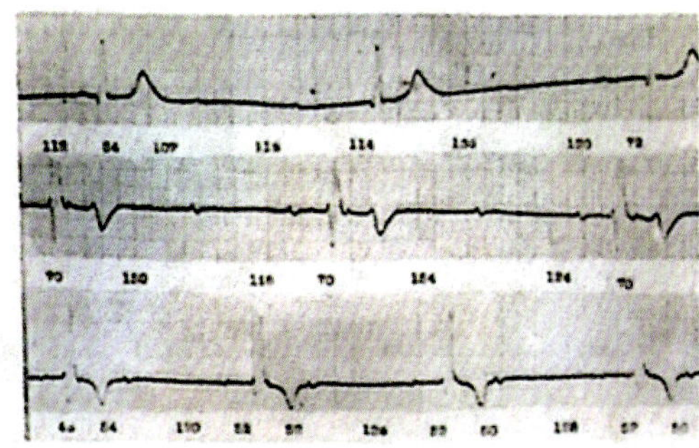

圖 1 例(1)心电圖

上圖：导联 I（丙組 29—36 PP 間隔）未注射阿託品时照

中圖：导联 II（丁組8—18 PP 間隔）未注射阿託品时照

下圖：导联 II（32—42 PP 間隔）注射阿託品后 30 分鐘所照（数字單位 0.01 秒）

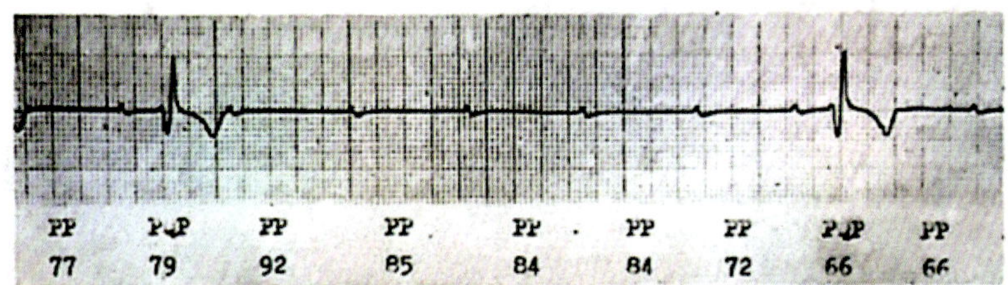

圖 2 例(1)心室停跳时搞，导联 V_1.（数字單位 0.01 秒）

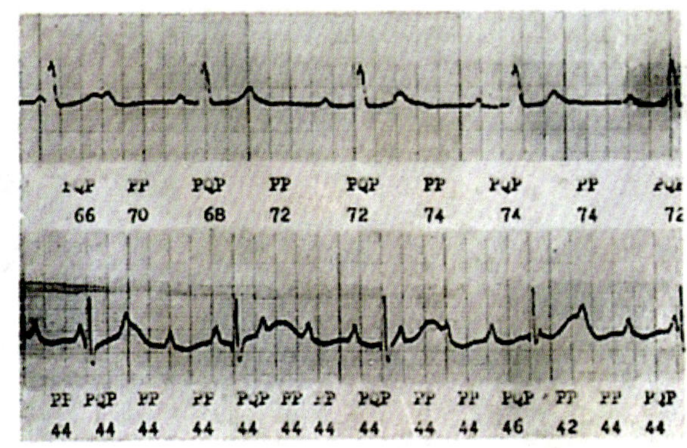

圖 6 例(3)导联 II

上圖：注射阿託品前（56—64 PP 間隔）

下圖：注射阿託品后 40 分鐘（25—37 PP 間隔）

7.《急性心内膜下心肌坏死》1958 年

1958年 第2号 · 121 ·

急性心内膜下心肌坏死***

附11例报告及2例屍检資料

周金台* 王肇敏** 邱近明** 石毓澍*

在临床上可以見到一些患者的症狀与急性心肌梗死極为相似，如持續性心前区痛、心臟性哮喘及休克，其預后險惡，常致死亡；唯心电圖上並無急性心肌梗死之特征（如深的 Q 波及对应性之 ST-T 变化），而呈現 S-T 段在各导联之显著移位，S-T 段在 aVR 有明显升高，在其余导联除 $V_{1,2}$ 可輕度升高外均普遍下降；病理檢查發現左心室心內膜下心肌有弥漫性或散在性坏死。此种疾病曾被名为心內膜下心肌梗死[1]，但因很少伴有冠狀动脉血栓形成，故又称之为心內膜下心肌坏死[2]。作者結合本文病例之特征，認为定名为急性心內膜下心肌坏死（Acute Subendocardial Myocardial Necrosis）較为恰当。至于冠狀动脉机能不全一詞，仅意味着功能性紊乱，应用于本病殊不相宜[3]。

在心臟病学的历史中，很早就对心絞痛及心肌梗死有了很多的研究，但对心內膜下心肌坏死的注意尙不到 30 年。Whitten（1930），Barnes及 Ball氏等（1932）在檢查 52 例心肌梗死的病理标本时，先后共發現其中的 4 例系心內膜下心肌坏死[1]。此后若干学者陆續提出报告[1,2,4–6]。1950 年 Yu 及 Stewart 二氏[1]报告了 23 例（其中 7 例有屍檢資料），並对病理及心电圖作了較詳細的描述，且指出前人[1,7]所报告之所謂側壁心肌梗死中的若干病例，实际上就是側壁心內膜下心肌坏死。在 Horn 氏等[2]（1950）、Chiche 氏等[4]（1953）及 Fulton 氏[6]（1956）的报告中，均曾对本病之發生机制做了进一步的闡明。至目前为止，已报告者約有500余例[1,2,4–6,8–10]。

此病在国內虽尙缺乏报告，实际上並非罕見。据 Master、Miller 及 McQuay 氏等[5,11]的統計，此病之發病率至少为急性心肌梗死的半数，作者等亦有同样印象，說明对此病的認識具有重要的意义。爰就所見11例提出报告，供諸同道参考。

临床資料分析

本文 11 例系天津医学院附屬医院（即前天津市立总医院）自 1949 年 11 月至 1956 年 9 月期間之死亡病例，其中 8 例見于最近一年中，全部病例皆有临床及心电圖資料，其中 2 例並做了屍檢；故診断均可肯定。本文未包括亞急性或未死亡病例，亦未包括心臟外原因之病例。

1. **病原** Yu 及 Stewart 二氏[1]、Horn 氏等[2]、Fulton氏[6]及 Cosby 氏等[5]先后共报告100例，其中 94 例系因冠狀动脉粥样硬化症所致，而在 Chiche 氏等[4]所报告之 42 例中，尙有因梅毒性主动脉炎者 7 例、心臟瓣膜病者 6 例及心臟外原因（如急性出血休克及肺梗塞等）所致者 10 例。本文 11 例中，6 例有梅毒性主动脉炎，另 5 例有冠狀动脉硬化症。故若不計心臟外之原因，則本病主要是由于冠狀动脉粥样硬化症及梅毒性主动脉炎所引起。

2. **心前区痛** 本文11例皆有剧烈而持續性之心前区痛，自發生疼痛至死亡之时間（除 1 例为 3 天外）为 7—34 小时，平均为 16 小时。約有半数病例于休息或睡眠过程中發作。有放射痛者 9 例，最常見的部位为二肩或上肢，其次为背部或上腹部。既往有心絞痛史者 8 例。

3. **心力衰竭及休克** 11例中的 9 例有明显左心室衰竭，其中 3 例伴有輕度右心室衰竭。8 例于入院时处于不同程度之休克狀态。故左心室衰竭及休克亦为本病之重要症狀。

4. **体溫、白血球及血沉** 入院时体溫均較低，其后有 3 例升高。檢查白血球者 8 例，其中 5 例之总数及中性多形核白血球均相当增加。檢查血沉者 2 例，1 小时末各为 20 及 120 毫米。

5. **心电圖变化** 除 1 例外皆用單極导联描記，8 例有 2—6 次复查，其中 4 例仅于攝取首次心电圖后曾給洋地黄（圖 7）或毒毛旋花子甙，故一般不影响对S-T 段之解釋。心电圖的主要变化为 S-T 段的显著移位。S-T 段在 aVR 升高 1.2—3.0 毫米，平均升高 1.87 毫米，其 T 波变为直立或双向；其余导联中之 S-T 段除 $V_{1,2}$ 甚或 V_3 可輕度升高外皆普遍下降，有的可降达 5.5毫米（表 1 及 2），其 T 波則变为倒置或双向。S-T 段偏移之持續时間自 3 小时至 3 日，最長者各为 1 及 6 个月（例 7 及 6）。S-T 段偏移之程度常隨病情加重而变为明显，但也有于临死前变为不明显者。唯在任何

---

*天津医学院附屬医院內科教研組
**天津医学院病理解剖教研組
***本文曾于 1957 年 1 月 21 日在天津市第一屆医药衛生学术会上宣讀

表 1　临床資料分析

病例	住院号或門診号	性别	年龄(岁)	临床診断	既往史	既往心絞痛史	最后一次心前区痛持續时間	心前区痛放射区	血压	心率	左心室衰竭	右心室衰竭	体温	白血球	心电圖变化	死亡时情况
1	9216 (1949年11月)	男	34	梅毒性心臟血管病	性病治遊史及梅毒血清反应陽性	三年	16小时	兩肩及臂	105/60	136/分	+	–	38.6°C	7,200 中性: 72%	S-T$_{I,II,III}$ CF$_4$ 下降 2-5.5 毫米，T 波双向	持續性心前区痛，气喘，發紺
2	44390 (1954年3月)	女	58	梅毒性心臟血管病	梅毒血清反应陽性(血压 160/60)	四年	3 日	上腹，后背，二肩，左上肢	85/50	150/分	輕度	輕度	36.2°C	15,700 中性: 90%	S-T$_{aVR,V_1}$ 升高 2 毫米，T 波直立 S-T$_{I,II,aVF,V_5}$ 下降 1.5—3.5 毫米，T 波双向或倒置 S-T$_{III,aVL}$ 微降； S-T$_{V_3}$ 基綫上 心室性早期收縮	心前区痛气喘
3	50581 (1954年10月)	女	37	梅毒性心臟血管病	梅毒血清反应陽性(收縮期血压174)	一年	16小时	二肩及左上肢	100/60	112/分	+	–	36.8°C	16,100 中性: 89%	S-T$_{aVR}$ 升高 1 毫米，T 波双向 S-T$_{I,II,aVL,aVF,V_{4-6}}$ 下降 1—4 毫米，T 波正或倒 S-T$_{III,V_{1,2}}$ 微降 心房性早期收縮	呼吸困难恶心嘔吐
4	62046 (1955年10月)	男	49	冠狀动脉硬化性心臟病	(–)	(–)	15日(陣發性)	左肩左上肢左腰	85/56	126/分	+	–	35.5°C		S-T$_{aVR}$ 升高 3 毫米，T 波直立；S-T$_{aVL,V_3}$ 微升 S-T$_{I,II,III,aVF,V_5}$ 下降 2—3 毫米，T 波双向 S-T$_{V_1}$ 基綫上 心房性纖維顫动	心前区痛气短昏迷
5	63355 (1955年11月)	男	39	梅毒性心臟血管病	性病治遊史及梅毒血清反应陽性	一年	10小时	左上肢	120/50	150/分	+	–	36.7°C	13,600	S-T$_{aVR}$ 升高 2.6 毫米，T 波直立，S-T$_{V_{1,2}}$ 微升 S-T$_{II,III,aVF,V_{3-7}}$ 下降 2—5 毫米，T 波双向或倒置 S-T$_{I,aVL}$ 微降 結性早期收縮	呼吸困难昏迷
6	58262 (1955年12月)	男	63	冠狀动脉硬化性心臟病	有高血压史(血压 160/120)	四年	1小时	右胸及牙右肩及上肢	86/70	90/分	+	–	36.9°C	7,500 中性: 60%	S-T$_{aVR}$ 升高 1.8 毫米，T 波直立 S-T$_{V_{1,3}}$ 升高 1—2.5 毫米 S-T$_{I,II,aVL,aVF,V_{4-7}}$ 下降 1—2.2 毫米，T 波平低或倒置； S-T$_{III}$ 基綫上	心前区痛心慌不能說話
7	64712 (1956年1月)	男	42	梅毒性心臟血管病	有性病治遊史	一年	21小时	(–)	60/30	100/分	+	–	36°C-39.4°C	12,950 中性: 85%	S-T$_{aVR}$ 升高 2 毫米，T 波直立 S-T$_{I,II,aVF,V_{3-7}}$ 下降 1—5 毫米，T 波双向或倒置 S-T$_{III,aVL,V_{1,2}}$ 微降或基綫上	气喘不安

续表 1

病例	住院号或門診号	性别	年龄(岁)	临床診断	既往史	既往心絞痛史	最后一次心前区痛持續时間	心前区痛放射区	血压	心率	左心室衰竭	右心室衰竭	体温	白血球	心电圖变化	死亡时情况
8	628415 (1956年3月)	女	55	高血压及动脉硬化性心臟病	有高血压史(收縮期血压210)	(－)	24小时	兩肩	90/60	96/分	－	－	36°C		S-T_{aVR} 升高 1.2 毫米，T 波双向；S-T_{V_1} 微升 S-T_{I,II,III,aVF,V_5} 下降1.2—2.7 毫米，T 波双向或倒置 S-T_{aVL,V_3} 基綫上 $Q_{V_3} > \frac{R}{4}$(陈旧性前中隔梗死)	心前区痛 气喘 發紺 昏迷
9	67821 (1956年6月)	男	37	梅毒性心臟血管病	性病冶遊史及梅毒血清反应陽性	半年	34小时	上腹 二肩	75/50	120/分	＋	輕度	37°C	6,200 中性：75%	S-T_{aVR} 升高 1.2—1.8 毫米，T波直立；S-$T_{V_{1,2}}$ 升高 1—3 毫米，(S-T_{V_3} 升高 12 毫米，T 波直立) S-$T_{II,III,aVF,V_5,6}$ 下降 2—4.5 毫米，T波倒置或双向 S-T_{I} 下降 0.8 毫米，(S-T_{aVL} 微偏移) 心房性纖維顫动，左心肥厚	气喘 恶心 嘔吐 不安
10	69345 (1956年8月)	男	67	冠狀动脉硬化性心臟病	有头痛头暈史	一月	11小时	背部	176/80	122/分	＋	輕度	38.2°C		S-T_{aVR} 升高 2.1 毫米，T 波直立；S-T_{V_1} 升高1.5毫米 S-T_{I,II,III,aVL,aVF,V_5} 下降 1—3.5 毫米，T 波双向或倒置；S-T_{V_3} 下降 0.5 毫米 左心劳損	气喘 發紺 不安
11	671258 (1956年9月)	男	56	冠狀动脉硬化性心臟病	有高血压及糖尿病史	(－)	7小时	(－)	90/70	80/分	＋	－	35.8°C	17,150 中性：94%	S-T_{aVR} 升高 1.2 毫米，T 波直立 S-$T_{I,II,III,aVF,V_{2-7}}$ 下降 1—4.5 毫米，T 波正向，双向或倒置；S-T_{aVL,V_1} 基綫上	气喘 發紺 不安

附 表

性别	年龄	住院号或門診号	既往史	临床診断	既往心絞痛史	最后一次心前区痛持續时間	心前区痛放射部位	血压	心率	左心衰竭	右心衰竭	体温	白血球	心电圖变化	死亡时情况
女	58	73,629	有4—5年高血压及半身瘫史，(血压240/150)	高血压及冠狀动脉硬化性心臟病	7年	最后一年中疼痛頻繁，平均每天發作3—4次，通常每次痛数小时，最長可持續40小时以上	(－)	120—140/90—100	88—110/分	＋	－	36—39°C	9600—13550 中性76—84%	ST_{aVR} 升高 4 毫米，T 波双向 ST_{V_1} 升高 1.5 毫米，T 波直立 $ST_{V_{3-6}}$ 下降 6—12 毫米，T 波双向 $ST_{I,II,aVF}$ 下降 3—4.5 毫米，T 波双向 ST_{V_2} 下降 1 毫米，T 波直立 $ST_{III,aVL}$ 基綫上，T_{III} 直立，T_{aVL} 倒置 室性早期收縮(三联律)，左心肥厚 以后發展为陈旧性心肌梗死	死前心前区不适，死后口唇發紺，(死亡时情况不明)

表 2　S-T 段偏移之分析**

S-T 段偏移数 \ 导联	V_4	V_5	II	aVF	V_6	V_7	III	I	V_3	aVL	V_2	V_1	aVR
平均偏移	−3.6	−3.2	−2.8	−2.5	−2.4	−1.8	−1.6	−1.4	−1.3	−0.53	+0.76	+0.9	+1.87
偏移范围	−1 −5.5	−1.5 −4.5	−1.5 −5	−1.5 −3.5	−1.5 −3	−1 −2.2	0 −3	−0.5 −2.5	−4.5* +2.5	−1.8 +0.5	−2.5 +2.5	−0.4 +2	+1.2 +3

* 例 9 之 $S\text{-}T_{V_3}$ 曾一度上升 12 毫米，但無 Q 波

** S-T 段偏移以 J 点后 0.04 秒处为准，以毫米为單位，下降者（−），上升者（+）

时間均未出現深的 Q 波及对应性之 S-T 段偏移。

此外，發生心房性纖維顫动者 2 例，房性、結性及室性早期收縮者各 1 例。能測定 QT 比率者 9 例，其中 8 例增为1.09—1.41，平均为1.21；伴有洋地黃作用者，QT 間隔則縮短。

在本文病例中，S-T 段之 T 降以 II、III、aVF 及 V_{4-6}导联較明显，而在 I 及 aVL 則較輕微；但在 Yu 及 Stewart 二氏[1]所报告之病例中，則 S-T 段之移位以 I、II、aVL 及 $V_{4,5}$ 較显著，而在 aVF，III 則較小，此可能与病原及冠狀动脉病变部位有关。

討　論

1. 診断及鑑別診断　綜合文献及本文資料，本病多見于冠狀动脉硬化症及梅毒性主动脉炎所引起之心臟血管病，既往常有心絞痛史，突然發作剧烈而持續之心前区痛，休息及硝酸甘油酯不能使之緩解[12,13]。患者常于疼痛过程中[14]伴發心臟性哮喘及休克而死亡。体溫常降低，但白血球則多增高，血沉也可加快。在心电圖上，S-T 段偏移之方向、程度及持續时間为本病之特征（表 2）。S-T段偏移持續数小时至数日[1,8]，或長达数週乃至数月[5]。倖免死亡之患者，S-T 段漸恢复至基綫上，此时 T 波也变为正常[5,8]。根据上述臨床表現及心电圖变化，即可成立臨床診断。其主要鑑別診断如下。

（1）急性穿壁性心肌梗死：此病很少發生于梅毒性主动脉炎或其他心臟外原因所引起之心肌缺血，其臨床症狀与急性心內膜下心肌坏死極为相似；唯心电圖显示不正常之深 Q 波，伴有 S-T 段之对应性偏移。当 S-T 段恢复至基綫后，不正常之 Q 波仍可繼續存在 1 年以上[15]，倒置之 T 波亦可存在 4 个月以上[5]。

（2）心絞痛：任何原因所致之暫时性冠狀动脉供血不足而引起之心絞痛，其症狀常于数分鐘至 20 分鐘內消失[12,13]。休息及硝酸甘油酯可使疼痛緩解，且不併發心力衰竭及休克。体溫、白血球及血沉均正常。心电圖所显示之 S-T 段及 T 波之变化較急性心內膜下心肌坏死为輕微而短暫、常于数分鐘至 1 小时內消失[8]。

（3）冠狀动脉硬化性心肌硬化：虽然若干冠狀动脉硬化性心肌硬化也必然有慢性心肌缺血，但並不發生急性心肌梗死，急性心內膜下心肌坏死或心絞痛之症狀，唯心电圖往往显示異常。Weinberg 氏等[16]分析95例心肌纖維化（即硬化）病人之病原及心电圖变化，其中病理診断为冠狀动脉粥样硬化性心肌硬化之心电圖变化可以列成表 3；發現除 1 例外均有不正常之心电圖变化，最重要者为 ST-T 变化，包括 S-T 段上升或下降，T 波低平、双向或倒置。就中冠狀动脉硬化性心肌硬化之 S-T 段偏移旣不像其 T 波变化之常見且显著，更沒有如急性心內膜下心肌坏死之 S-T 段偏移之显著而典型如表 2。故結合臨床、心电圖的檢查实有助于冠狀动脉硬化性心肌硬化之診断。

表 3　冠狀动脉硬化性心肌硬化之心电圖变化

心电圖变化	例数	百分数
S-T 段偏移及 T 波变化	46	64
低电压	29	40
QRS 波羣有切迹	25	35
左心劳损	20	28
心房性纖維顫动	8	11
束支傳导阻滯	7	10
完全性房室傳导阻滯	2	3
交替电压	1	1.4
正常心电圖	1	1.4

（4）其他：其他如心包炎、左心劳損及洋地黃影响等所引起之 ST-T 改变，一般說来与急性心內膜下心肌坏死之鑑別診断不难，本文不一一討論。

2. 病理及心电圖之發生机制

（1）病理变化：心內膜下心肌坏死之發生有其解剖、生理及病理上的基础。較大的冠狀动脉皆居于心臟表面，然后成直角向心肌內分支[17]，隨着管徑逐漸变小，动脉內压力也逐漸变小。虽可有冠狀小动脉間之吻合支，但由于兩側冠狀动脉無压力差，故实际上可認为系生理性終动脉[18,19]。

梅毒性主动脉炎及动脉粥样硬化症患者，通常仅

冠狀动脉口及其心臟表面之大支發生病变引起狹窄，因而引起心肌普遍的缺血，並因此而促进广泛的吻合支的形成及扩張[6,20,21]。但是由于供給心臟本身的血液来源及冠狀动脉的有效循环量均減少，故心肌之缺血缺氧狀态並不因有丰富而扩張的吻合支而解除[6,21]。如果此种缺血狀态加重到一定程度，則当心臟收縮时，由于左心室心內肌下心肌受到心室腔內压力超过該处冠狀小动脉內压力，則可造成左心室及其室間隔心內膜下之心肌及乳头肌严重的缺血、缺氧及广泛的或散在的坏死[2,3,4,6,8]。若患者免于死亡，其坏死可以愈合，並遺留斑点狀或斑片狀纖維性病变[6,16]。动物实驗[19]証明結紮冠狀动脉的大支后，其所轄区之心內膜下心肌缺血較著，說明該处的心肌首先遭受損伤。但如結紮冠狀动脉之远端小支时，則仅产生心內膜下心肌坏死而不發生穿壁性心肌梗死。唯当慢性缺血已使心肌內形成广泛的吻合支时，則虽有冠狀动脉之血栓形成，也不产生穿壁性心肌梗死，而仅發生心內膜下心肌坏死[6]。本文屍檢2例發現冠狀动脉口及其大支皆显著狹窄但無冠狀动脉血栓形成，故發生心內膜下心肌坏死之机制更易理解。

（2）心电圖变化：为了研究心內膜下心肌坏死之心电圖变化，Wolferth 氏[22]（1945）及 Hellerstein 及 Katz二氏[21]（1948）發現在实驗制造狗体左心室內膜側心肌之損伤后，心室腔內导联之 S–T 段上升，心外膜及心前导联之 S–T 段則下降。Prinzmetal 及 Shaw 氏等[10,24]（1954）在狗体上作了較詳細的观察，發現当單純的心內膜下心肌坏死时，在外膜及心前导联均無不正常之深 Q波；只有当穿透心室壁时，方才出現深的 Q波。氏等並認为文献[7,10,24,25]上报告的所謂心內膜下心肌坏死而出現深的Q波者，必然同时在左心室表層心肌中，亦已存在着坏死及纖維化的病变。同样在临床上，通过詳細的病理檢查与心电圖的联系，[1,8,9,26]，也証明了心內膜下心肌坏死时之特殊心电圖变化。至于心內膜下心肌坏死發生 S–T 段偏移的理論，則与心絞痛（冠狀动脉供血不足）完全相同[3]。

3. 治疗 心內膜下心肌坏死發生于冠狀动脉血液循环量之进行性減少。此循环量与主动脉压力及冠狀动脉口及其大支的管徑有密切关系。由于目前尙無法治疗狹窄的管徑，因此內科疗法之主要方面在于恢复主动脉之压力。根据 Smith 氏[27]研究，急性心肌梗死伴有休克的病人，其心臟排血量減少，动脉压下降而靜脉压則常升高。按本文病例之分析（表1），急性心內膜下心肌坏死与急性心肌梗死所發生之心臟性休克的动力学影响基本相同，故給患者动脉輸血以增高动脉压实屬必要。Gregg 氏[28]主張迅速恢复动脉压，以期立刻供給主要器官，如心臟、腦、肝及腎以足够的血液；並称动脉輸血可以达到这个目的而不致引起右心室衰竭。Griffith 氏等[29]（1954）动脉輸血治疗25例，其中12例的休克得到糾正。心臟性休克患者均伴有严重之充血性心力衰竭，故靜脉輸血不仅無益，反而常常加重心臟性哮喘及休克[10]。因此，作者等認为如能一方面靜脉放血，另一方面利用患者靜脉血，进行氧气加压法动脉輸血，則降低靜脉压而升高动脉压以供給心肌含氧較高之血液均可达到，且不增加病人之血容量，值得临床試用。而且心內膜下心肌坏死不像穿壁性心肌梗死之易于發生心臟破裂[11,31]，故动脉輸血不致引起此种合併症。Griffith 氏等[29]發現採用綜合疗法后，急性心肌梗死合併休克的死亡率由81%降到48%，早期（3小时內）治疗的死亡率更低，仅为13%。所謂綜合疗法者就是在採用常規治疗（如半坐位，氧气吸入，靜脉放血，注射嗎啡及毒毛旋花子甙等）無效后，另配合动脉輸血及使用加压新药如正腎上腺素等治疗。促腎上腺皮質激素及皮質酮之应用于休克或有作用，但对心肌坏死之愈合則無效[32]。至于抗凝剂之使用，虽 Glueck 氏等[33]認为在心肌梗死时，可以減少血栓栓塞的合併症，但 Kerwin 氏[34]則以为常規使用並非必要。本病的發生既非血栓形成所引起，故其临床应用价值更小。对梅毒性心臟血管病患者，在急性症狀好轉后可試行驅梅疗法。

为了解除因冠狀动脉之管徑狹窄而引起之心肌缺血，外科学者們曾自1932年起在动物身上做过不少的手术，企圖增加心肌的側支循环，並且在近几年內在一些冠狀动脉供血不足的患者做过"成功"手术[35–39]。这些手术在預防或延緩急性心內膜下心肌坏死的發生上可能有一定的意义，但目前仍在試探阶段。

总 結

（1）本文报告急性心內膜下心肌坏死11例，包括2例屍檢資料，並結合文献对此病之临床表現、心电圖特征、發病机制及治疗方面加以分析及討論。

（2）發病原因中最重要者为冠狀动脉粥样硬化症及梅毒性主动脉炎。本文未包括其他原因所致之心內膜下心肌坏死病例。

（3）本病之临床症狀与急性穿壁性心肌梗死極为相似，唯心电圖表現为显著而持久的 S–T 段偏移（除 aVR 及 $V_{1,2}$ 上升外，其余导联均普遍下降），但無不正常之深 Q波及对应性之 S–T 段变化。

（4）本病預后險惡，其治疗在于对心臟性哮喘及休克之处理，主要採用靜脉放血然后以氧气加压法动脉輸血等。

附二例病历及屍檢資料

例9 刘×（住院号67,821），男性，37岁，已婚，某厂經理，于1956年6月13日下午6时因心前区疼痛不安約20小时經急診住院。緣患者半年前劳累后心跳、气短心前区悶痛，当时經本院診断为梅毒性心臟血管病(心臟主动脉瓣膜第一、二区均有舒張期吹風样杂音，血压 $^{130}/_{60}$，血清梅毒补体結合試驗1:108，沉淀試驗1:16陽性)而于4月5日开始青霉素(660万單位)驅梅治疗。

于1956年6月12日晚10时許又觉心前区痛，放射到上腹及二肩；疼痛逐漸加重，並轉为連續性，不能忍耐；呻吟及輾轉不安，曾惡心、嘔吐数次，服药打針無效而于6月13日下午1时来院急診。当时血压 $^{75}/_{50}$，心跳完全不整，心率平均120/分，呼吸40/分。下午2时心电圖(圖8)有心房性纖維顫动及ST-T变化(表2)。經吸入氧气及注射嗎啡后心前区痛減輕入院。

八年前有冶遊史，曾患"魚口"，注射过606五針及青霉素150万單位。無循环呼吸系統病史。

入院檢查体溫37°C，脉搏微弱不整，呼吸36/分，指甲青紫，半坐位，急性病容，意識清楚，發育營养佳。瞳孔縮小对光反应存在。頸無明显靜脉怒張。心左界在鎖骨中綫上，杂音如前，心律不整，心率平均136/分，脉搏平均96/分，血压 $^{90}/_{60}$，肺底有少許囉音。腹柔軟，肝在肋緣下1厘米劍突下3厘米，柔軟有压痛，脾未触及。四肢厥冷，無水腫。深反射未引出，無病理反射。血常規：血紅蛋白15克，紅血球420万，白血球6,200，中性多形核白血球75%，淋巴球24%，嗜酸性白血球1%。尿常規未及檢查。于下午8时复查心电圖(圖8)，心律变为竇性，心率120/分，仍有明显之ST-T变化。

入院后曾給魯米那及高滲葡萄糖液等治疗，未应用洋地黄，病人气短加重，常有惡心、嘔吐，当晚未安睡，又曾一度心律紊乱，繼則呼吸呈潮式，血压下降，脉搏摸不清，心音微弱，肺底仍有少量囉音，次晨病人煩躁不安，大量出汗，經急救無效而于八时死亡。臨床診断为梅毒性主动脉炎，主动脉瓣膜閉鎖不全，急性心內膜下心肌坏死急性左心室衰竭及肺水腫。

死后12小时作屍檢(A-529)。心臟体积比死者右拳大$\frac{1}{2}$，重350克，左心室肥大扩張，二心房及左心室底部及心尖部心外膜下有少許散在性出血点，右心房后壁外膜下可見約2厘米大小之瘀血。自左冠狀动脉口注入鉛丹后心臟表面血管很清楚而均匀地显露出来，說明冠狀动脉没有閉鎖。心臟横切面(圖1)显示若干縱切口。左心室：壁厚1.4厘米，左心室周壁包括前壁側壁后壁及間隔自心尖至心底部近心內膜下心肌有形狀不整边緣不齐之暗褐色区域，約佔左心室壁厚之$\frac{1}{2}$-$\frac{1}{3}$，以靠近心尖部比較严重而心底部則較輕。室間隔：間隔向右心室突出，其中部增厚有彈性，于縱切面中部有一直徑2厘米之空腔充滿鉛丹，圍以白色条狀边緣，但有的部位則参差不齐，並見有肌纖維断端伸入腔內；在空腔附近心肌較为稀疏。右心室：壁厚0.3厘米，肌層未見異常。主动脉瓣膜增厚卷曲，瓣膜間距增宽，其余瓣膜無病变。主动脉：靠近瓣膜处有成片的灰白色塊狀突起，升主动脉及主动脉弓亦有少許同样病变，其間並有明显之树皮样皺紋。冠狀动脉：二側冠狀动脉口处皆被增厚且透明性变之結締組織所侵犯，使管腔变形並显著狹窄。剪开冠狀动脉未見血栓形成。

圖1 例9，心臟中部橫切面显示左右二心室腔及壁之若干縱切口，左心室橫切面可見一环狀暗褐色坏死病变，位于心內膜下心肌及乳头肌，其厚度約为心室壁厚之$\frac{1}{4}$至$\frac{1}{3}$。右心室橫切面正常。

显微鏡檢查：主动脉：主动脉中層可見散在坏死区域，此处彈力纖維及肌纖維皆中断而代以結締組織增生及透明性变，此外並有少許散在的圍管性圓形細胞浸潤。其內膜也有結締組織增生，致使內膜凹凸不平。其外膜有較多的圍管性圓形細胞浸潤。有的小动脉內膜显著增厚。冠狀动脉口：已完全被梅毒病变侵犯而变形，管壁增厚，使管腔显著变窄。在特殊染色中見冠狀动脉之彈力纖維亦多断裂。左心室前后

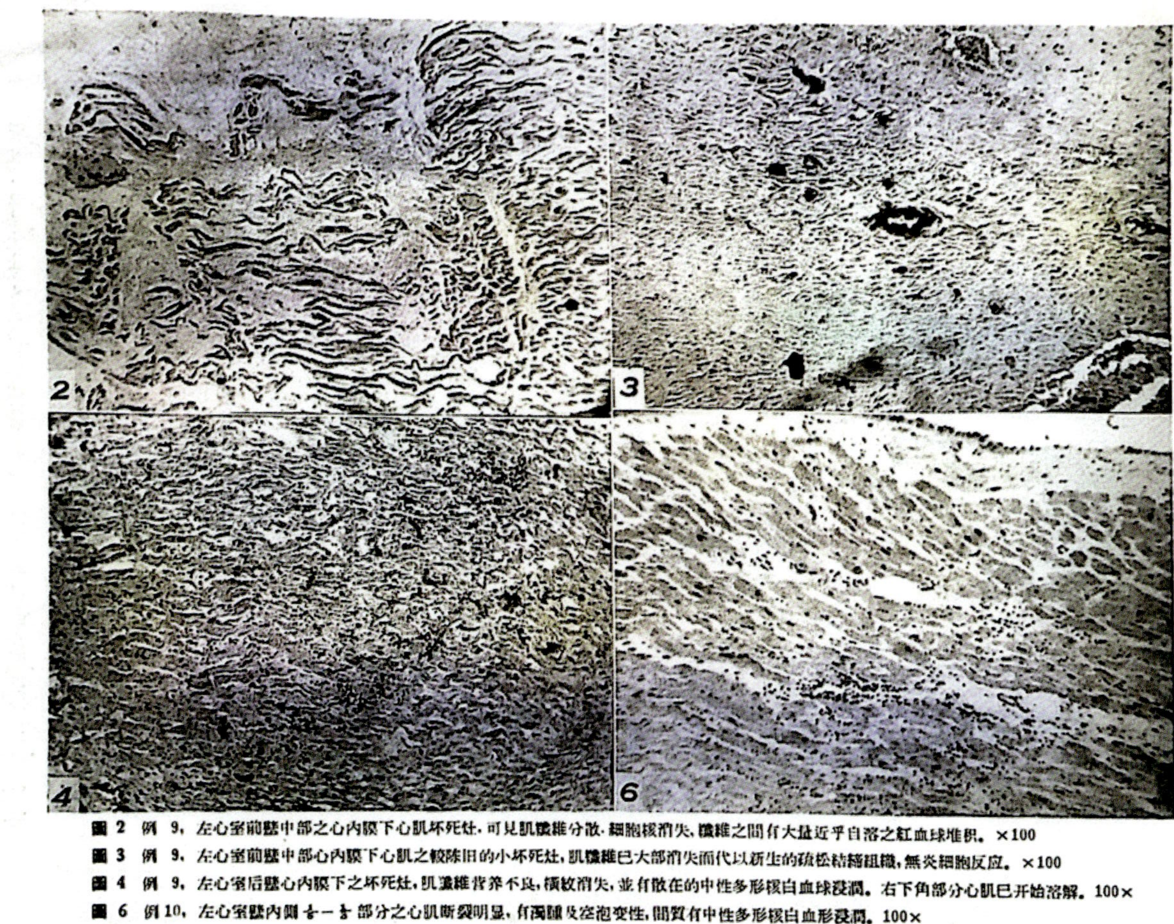

圖 2 例 9，左心室前壁中部之心內膜下心肌坏死灶．可見肌纖維分散．細胞核消失，纖維之間有大量近乎自溶之紅血球堆积。×100

圖 3 例 9，左心室前壁中部心內膜下心肌之較陈旧的小坏死灶，肌纖維已大部消失而代以新生的疏松結締組織，無炎細胞反应。×100

圖 4 例 9，左心室后壁心內膜下之坏死灶，肌纖維营养不良，橫紋消失，並有散在的中性多形核白血球浸潤。右下角部分心肌已开始溶解。100×

圖 6 例 10，左心室壁內側 $\frac{1}{3}$—$\frac{1}{2}$ 部分之心肌断裂明显，有濁腫及空泡变性，間質有中性多形核白血形浸潤。100×

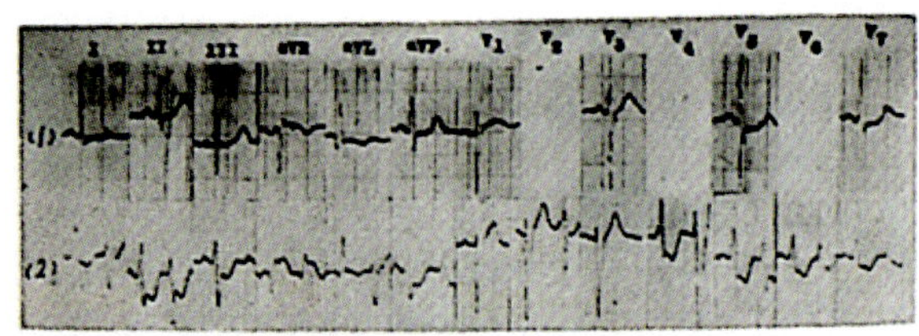

圖 7　例 5，梅毒性主动脉炎，主动脉瓣閉鎖不全，偶有心絞痛，攝心电圖(1)，又一个月后因心絞痛二小时攝心电圖(2)，有明显 S-T 段及 T 波变化，病人于疼痛过程中死亡。

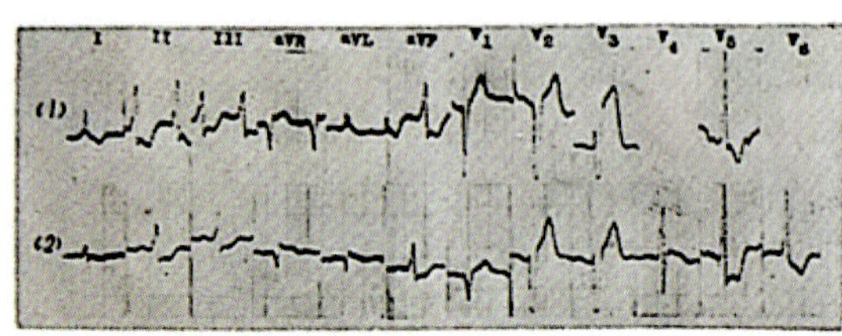

圖 8　例 9，梅毒性主动脉炎，主动脉瓣閉鎖不全，心前区痛 16 小时攝心电圖(1)，再过六小时攝心电圖(2)，有明显 S-T 段及 T 波变化，經屍檢証实为心内膜下心肌及乳头肌之广泛性坏死。

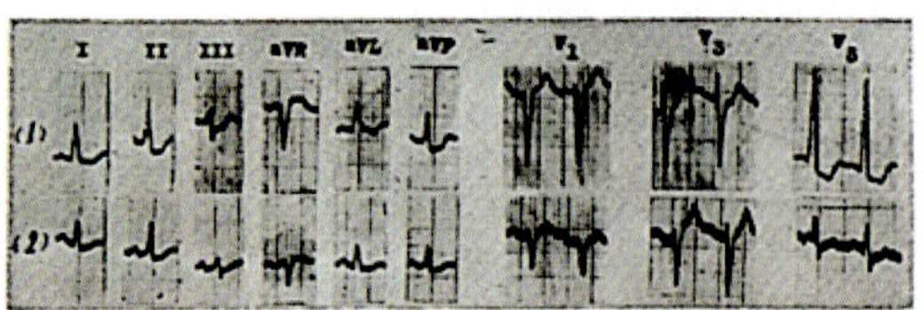

圖 9　例 10，冠狀动脉粥样硬化性心臟病，心前区痛气喘三小时攝心电圖(1)，再过三小时攝心电圖(2)，有 S-T 段及 T 波变化，經屍檢証明为心内膜下心肌及乳头肌之散在性坏死。

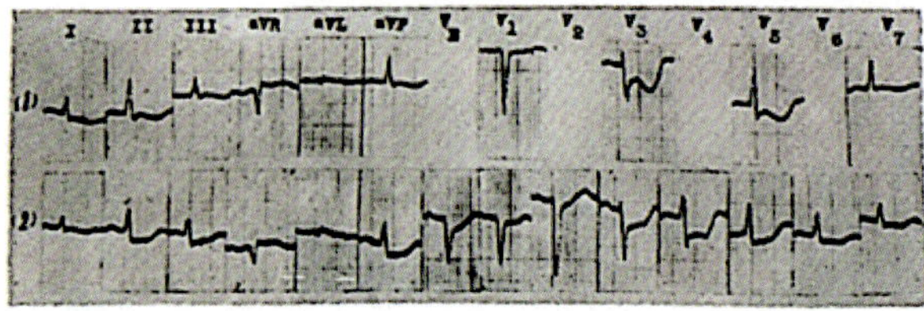

圖 10　例 11，冠狀动脉粥样硬化性心臟病，心絞痛三小时攝心电圖(1)，再过三小时攝心电圖(2)，有明显之 S-T 段及 T 波变化，不久死亡。

側壁：由心底至心尖之心內膜下心肌及乳头肌皆見散在之不規則缺血性坏死灶。有的坏死灶甚新鮮，肌纖維横紋多已消失，部份肌纖維断裂，有的部位肌細胞变細呈萎縮狀，胞核也多消失，其中可見多量紅血球堆积（如圖2）及中性多形核白血球浸潤（如圖4）。有的部位病变較为陈旧，肌纖維已大部消失而代以新生疏松結締組織（如圖3）。坏死灶附近之肌細胞多腫脹或呈空泡变性。室間隔：室間隔心內膜下心肌及乳头肌亦有上述同样病变。于室間隔中部肉眼所見之空腔經显微鏡檢查証实不是扩張之血管，其壁乃为断裂之肌纖維所構成，大部分肌横紋消失。右心室：除有些肌纖維有断裂及再生現象外無其他異常。

病理診断：（1）梅毒性主动脉炎，主动脉瓣膜閉鎖不全，左心室肥厚及扩張伴有二側冠狀动脉口狹窄；（2）左心室前后側壁及室間隔心內膜下心肌及乳头肌弥漫性及散在性新旧坏死灶形成；（3）室間隔心肌梗死后空腔形成（曾人工注射鉛丹）及（4）肺水腫、肝脾淤血及腎臟淤血濁腫。

例10 高×（住院号69,345），男性，67岁，已婚，农民，因气喘不能平臥八小时而于1956年8月29日上午八时急診入院。據患者偶有头痛、头暈已二年。近一月來于劳累后感胸痛，休息后自愈。一週前因旅途劳累使胸痛加重变频。入院前夜間熟睡中忽然發作剧烈胸痛，随即發生呼吸困难、咳嗽及出冷汗，于晨二时送來本院急救。心电圖檢查結果（圖9及表2）除S-TaVR升高外其余导联則降低。經吸入氧气及注射胺茶碱、嗎啡及毒毛旋花子甙后症狀減輕而入院。既往無心跳、气短及咳嗽咯痰史。

体温38.2°C，端坐呼吸38/分，指甲青紫，出汗多。意識清，發育营养佳。瞳孔縮小对光反应存在。頸靜脉充盈。肺有散在干鳴，心尖有柔軟之收縮期吹風样杂音，心臟稍向左扩大，心率140/分，規律，血压180/80毫米汞柱。腹軟，肝在劍突下二指，脾未触及。下肢不腫，膝反射未引出，無病理反射。

入院后無进步，复查心电圖大致同前，于当日上午10时病情加重，呼吸極度困难52/分，指甲青紫，皮膚冷，脉搏132/分，血压176/8)，再应用毒毛旋花子甙、嗎啡及結紮二下肢等治疗無效而于上午11时死亡。死后四小时檢查心臟血液之梅毒血清反应为陰性，血漿非蛋白氮毫克%，胆固醇97毫克%。

病理檢查（屍檢号A-563）：心臟重690克，为死者右拳之一倍半。左心室明显增大，心包腔几乎完全閉鎖，心肌褐紅色。右心室內膜下有黃色不定形之斑塊，似为浸潤之脂肪。左心室上部內膜稍厚，乳头肌內可見灰白色之針头大小瘢痕。二尖瓣稍变厚且稍变窄，主动脉瓣發白变厚，尤以边緣为明显，瓣根稍有分离。主动脉瓣周徑9厘米，肺动脉瓣周徑7.5厘米。冠狀动脉口周徑0.5厘米，剪开左右冠狀动脉未見血栓，但有散在的粥样硬化病变，管腔明显变窄，唯可容探針通到心尖附近。主动脉有典型之粥样硬化斑塊及粥样潰瘍。

显微鏡檢查：左心室壁：心肌断裂明显，有濁腫及空泡变性，間質有中性多形核白血球浸潤，偶有小瘢痕形成。这些病变約佔心室壁內側$\frac{1}{3}$—$\frac{1}{2}$部分，其中又以近心尖处尤为明显（如圖5及6）。心內膜因結締組織增生而稍变厚。左心室后及前乳头肌均有明显断裂及再生現象，心肌間質有中性多形核白血球浸潤。后乳头肌散見較大之瘢痕。二尖瓣变厚有透明性变及少許鈣鹽沉着。主动脉瓣高度变厚，並有透明性变，肉芽組織形成及大量圓形細胞浸潤，偶可見到中性多形核白血球。冠狀动脉內膜增厚，有透明变性及胆固醇和鈣鹽沉着。右心室：少数脂肪組織侵入心內膜下，心肌有濁腫，偶見中性多核白血球浸潤。主动脉內膜高度增厚及透明性变，並有胆固醇及鈣鹽沉着及圓形細胞浸潤。中層水腫或有瘢痕形成及小血管長入。中層及外膜均有圍管性圓形細胞浸潤。

病理診断：（1）高度动脉粥样硬化症，其中以冠狀动脉最明显，其次为腦底动脉；（2）心內膜下

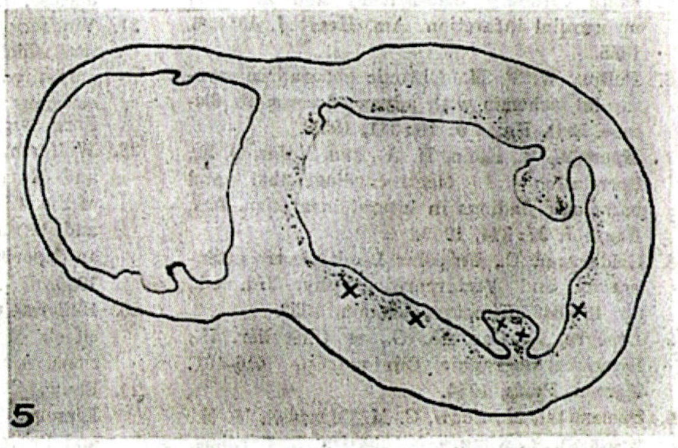

圖5 例10，左心室壁及其乳头肌横切面圖解。
·者指示中性多形核白血球浸潤。 ×者指示小瘢痕形成。

心肌及乳头肌散在之中性多形核白血球浸润及小瘢痕形成及(3)心臟肥大扩張(4)肺水腫(5)肝淤血及腎濁腫。

本文圖片蒙本院教材科雷爱德主任及胸方同志摄制特致謝忱。

附註：本文脫稿后，作者等又發現一例具有下述四特征：1. 心前区痛頻繁历时一年半；2. 第一次住院三个多月期間曾一度有显著的T波倒置，Tv_{2-6} 深达 7—15 毫米，TaVR 直立高达 5 毫米；3. 第二次心前区痛，不省人事而入院时，S-T 段下降明显(附表見 123 頁)，STv_{3-6} 竟达 6—12 毫米(平均 9.5毫米)，STaVR 升高 4 毫米；4. 三星期后心电圖复查呈現陈旧性后壁及前中隔心肌梗死。又一星期后病人死亡。由于本例在臨床及心电圖上的表現非常突出，特补充如附表，以供参致。

参考文献

1. Yu, P. N. G., and Stewart, J. M., Subendocardial infarction with special reference to electrocardiographic changes, Am. Heart J. 39: 862, 1950.
2. Horn, H., Field, L. E., Dack, S., and Master, A. M., Acute coronary insufficiency; pathological and physiological aspects, analysis of 25 cases of sub-endocardial necrosis, Am. Heart J. 40: 63, 1950.
3. Scherf, D., and Golbey, M., Evaluation of "coronary insufficiency", Am. Heart J. 47: 928, 1954.
4. Chiche, P., Baillet, J., et Verdun di Cantagno, R., Ischémie sous-endocardique ventriculaire qauche et insuffisance coronarience, Arch. mal. coeur 46: 865, 1953. (quoted from Circulation 10: 293, 1954.)
5. Cosby, R. S., Talbot, J. C., Levinson, D. C., and Mayo, M., Vector-electrocardiogram in acute coronary insufficiency and in acute myocardial infarction, Am. Heart J. 49: 896, 1955.
6. Fulton, W. F. M., Chronic generalized myocardial ischemia with advanced coronary disease, Brit. Heart J. 18: 341, 1956.
7. Myers, G. B., Klein, H. A., and Stofer, B. E., Correlation of electrocardiographic and pathologic findings in lateral infarction, Am. Heart J. 37: 374, 1949.
8. Goldberger, E., Unipolar Lead Electrocardiography and Vectorcardiography, 3rd. ed., pp. 187-349, Kimpton, London, 1953.
9. Lenègre, J., Carouso, G., et Chevalier, H., Electrocardiographie Clinique, pp. 416-421, Masson, Paris, 1954.
10. Prinzmetal, M., Shaw, C. M., Maxwell, M. H., Goldman, A., Kimura, N., Rakita, L., Borduas, J.—L., Rothman, S., and Kennamer, R., Studies on mechanism of ventricular activity; depolarization complex in pure subendocardial infarction, role of subendocardial region in normal electrocardiogram, Am. J. Med. 16: 469, 1954.
11. McQuay, N. W., Edwards, J. E., and Burchell, H. B., Type of death in acute myocardial infarction, Arch. Int. Med. 96: 1, 1955.
12. Freedberg, A. S., Blumgart, H. L., Zoll, P. M., and Schlesinger, M. J., Coronary failure; clinical syndrome of cardiac pain intermediate between angina pectoris and acute myocardial infarction, J. A. M. A. 138: 107, 1948.
13. Roesler, H., and Drenler, W., Transient electrocardiographic changes identical with those of acute myocardial infarction accompanying attacks of angina pectoris, Am. Heart J. 47: 520, 1954.
14. Goldberger, E., Heart disease, Its Diagnosis and Treatment, pp. 244, 498, Lea, New York, 1951.
15. Gitter, R., Schack, J. A., and Vesell, H., Electrocardiogram one year after acute myocardial infarction, Am. Heart J. 51: 246, 1956.
16. Weinberg, S. L., Reynolds, R. W., Rosenman, R. H., and Katz, L. N., Electrocardiographic changes associated with patchy myocardial fibrosis in absence of confluent myocardial infarction, Am. Heart J. 40: 745, 1950.
17. Wagner, A., and Poindexter, C. A., Demonstration of coronary arteries with nylon, Am. Heart J. 37: 258, 1949.
18. Prinzmetal, M., Simkin, B., Bergman, H. C., and Kruger, E., Studies on coronary circulation, Am. Heart J. 33: 420, 1947.
19. Prinzmetal, M., et al., Studies on coronary circulation; collateral circulation of beating human and dog hearts with coronary occlusion, Am. Heart J. 35: 689, 1948.
20. Leighninger, D. S., Laboratory and clinical evaluation of operation for coronary artery disease, J. Thoracic Surg. 30: 397, 1955.
21. Vineberg, A., and Buller, W., Technical factors which favor mammary-coronary Anastomosis, with report of 45 cases of human coronary diseases thus treated, J. Thoracic Surg. 30: 411, 1955.
22. Wolferth, C. C., Bellet, S., Livezey, M. M., and Murphy, F. D., Negative displacement of the RS-T segment in the electrocardiogram and its relationships to positive displacement, an experimental study, Am. Heart J. 29: 220, 1945.
23. Hellerstein, H. K., and Katz, L. N., Electrical effects of injury at various myocardial locations, Am. Heart J. 36: 184, 1948.
24. Shaw, C. M., Goldman, A., Kennamer, R., Kimura, N., Lindgren, I., Maxwell, M. H., and Prinzmetal, M., Studies on mechanism of ventricucular activity, origin ot coronary QR wave, Am. J. Med. 16: 490, 1954.

25. (a) Myers, G. B., et al., I. Correlation of electrocardiographic and pathological finding in anterior-septal infarction, Am. Heart J. 36:535, 1948.
(b) Myers, G. B., et al., Correlation of electrocardiographic and pathological finding in large antero-lateral infarcts, Am. Heart J. 36:838, 1948.
26. Bayley, R. H., Electrocardiographic effects of injury at endocardial surface of left ventricle, Am. Heart J. 31:677, 1946.
27. Smith, W. W., Wilkler, N. S., and Fox, A. C., Hemodynamic studies of patients with myocardial infarction, Circulation 9:352, 1954.
28. Gregg, D. E., and Sabiston, D. C., Current research and problems of coronary circulation, Circulation 13:916, 1956.
29. Griffith, G. C., et al., Treatment of shock associated with myocardial infarction, Circulation 9:527, 1954.
30. Russek, H. I., Therapeutic considerations and controversial issues in modern management of acute myocardial infarction, Am. J. M. Sc. 225:589, 1953.
31. Corday, E., Bergman, H. C., Schwartz, L. L., Spritzler, R. J., and Prinzmetal, M., Studies on coronary circulation; effect of shock on heart and its treatment, Am. Heart J. 37:560, 1949.
32. Hoover, M. P., and Manning, G. W., Effects of cortisone and ACTH on artificially induced cardiac infarction in dog, Am. Heart J. 47:343, 1954.
33. Glueck, H. I., Ryder, H. W., and Wasserman, P., Prevention of thromboembolic complications in myocardial infarction by anticoagulant therapy; clinical and pathologic study, Circulation 13:884, 1956.
34. Kerwin, A. J., Anticoagulants in treatment of cardiac infarction, Am. Heart J. 46:856, 1953.
35. Beck, C. S., and Leighninger, D. S., Operation for coronary artery disease, J. A. M. A. 156:1226, 1954.
36. Bakst, A. A., Adam, A., Goldberg, H., and Bailey, C. P., Arterialization of coronary sinus in occlusive coronary artery disease, Coronary flow in dogs with aorticocoronary sinus anastomosis of six month's duration, J. Thoracic Surg. 29:188, 1955.
37. Bakst, A. A., & Bailey, C. P., Arterialization of coronary sinus in occlusive coronary artery disease, J. Thoracic Surg. 31:559, 1956.
38. Vineberg, A., and Miller, D., Functional evaluation of internal mammary coronary artery anastomosis, Am. Heart J. 45:873, 1953.
39. Vineberg, A., Munro, D. D., Cohen, H., and Buller, W., Four year's clinical experience with internal mammary artery implantation in treatment of human coronary artery insufficiency including additional experimental studies, J. Thoracic Surg. 29:1, 1955.

8.《ACUTE SUBENDOCARDIAL MYOCARDIAL NECROSIS REPORT OF 11 CASES》1959 年

Chinese Medical Journal, 78:350-360, April, 1959.

ACUTE SUBENDOCARDIAL MYOCARDIAL NECROSIS
REPORT OF 11 CASES

CHOU CHIN-T'AI 周金台, SHIH YÜ-SHU 石毓澍, WANG CHAO-MIN 王肇敏 AND CH'IU CHIN-MING 邱近明

Departments of Medicine and Patho-anatomy, Tientsin Medical College, Tientsin

This disease involves a group of symptoms clinically very similar to that in acute myocardial infarction, namely, persistent substernal pain, cardiac asthma and shock, often with fatal outcome. However, electrocardiographically there is a marked rise of the RS-T segment in lead aVR, while in the others, with the exception of V_1 and sometimes even V_2, there is a marked depression of the RS-T segments. No characteristic changes like those of acute myocardial infarction (deep Q waves and reciprocal deviation of the RS-T segments) occurred at any time. Pathologic examination may show lesions confined for the most part to the subendocardial musculature and the papillary muscles of the left ventricle. This affection has been variously named subendocardial infarction, subendocardial necrosis, etc.(1, 2) Since there is no coronary thrombosis and the clinical course is usually acute, we prefer the term "acute subendocardial myocardial necrosis" as the name for this disease. We think that "coronary insufficiency", which only denotes a functional disturbance, is not so appropriate.

In the history of cardiology, angina pectoris and myocardial infarction have been studied since the 18th century, but subendocardial necrosis has been given clinical attention only in the last 30 years or so. Whitten (1930), Barnes and Ball (1932) had noted among 52 cases of myocardial infarction 4 cases with subendocardial necrosis confirmed by postmortem examination(1). Thereafter, several reports had been published. In 1950, Yu and Stewart(1) reported 23 cases in which they not only described the pathologic and electrocardiographic features in detail but also pointed out that some cases of lateral infarction reported earlier by other authors were in fact subendocardial necrosis.

As far as we know this disease has not been previously reported in China, but we believe that it is not very rare in this country. In this paper 11 cases seen in our teaching hospital are reported (Table 1).

ANALYSIS OF CLINICAL DATA

All the 11 cases were seen in the Tientsin Medical College Hospital between November 1949 and September 1956, 8 being treated during the last year. The diagnosis was based on clinical and electrocardiographic data; 2 cases were confirmed by autopsy. Subacute or nonfatal cases and cases of extracardiac origin are not included in this series.

1. ETIOLOGY. Yu and Stewart(1), Horn et al(2), Fulton(3) and Cosby et al(4) successively reported a total of 100 cases, among which 94 were due to coronary atherosclerosis. In a series of 42 cases reported by Chiche et al(5) there were 7 cases of syphilitic aortitis, 6 cases of valvular diseases and 10 cases of extracardiac origin such as acute hemorrhagic shock and pulmonary infarction. Our series consists of 6 cases of syphilitic aortitis and 5 cases of coronary atherosclerosis. So if we discount the extracardiac causes, the main causes of acute subendocardial

necrosis would be coronary atherosclerosis and syphilitic aortitis.

2. SUBSTERNAL PAIN. All our 11 cases had severe and persistent substernal pain, which lasted for 7 to 34 hours with an average duration of 16 hours. About one half of the cases had pain during rest or sleep. There was radiating pain in 9 cases; the commonest areas were both shoulders or upper limbs and then the back and epigastrium. 8 cases had a history of angina pectoris.

3. HEART FAILURE AND SHOCK. Cardiac asthma and shock are the most important symptoms of this disease. 9 cases in the series had marked cardiac asthma with slight right ventricular failure in 3 cases. 8 cases were admitted in a state of shock.

4. TEMPERATURE, LEUKOCYTE COUNT AND ERYTHROCYTE SEDIMENTATION RATE. The tem-

Table 1. *Clinical analysis*

Case	Sex & age	Clinical diagnosis	Past history of angina pectoris	Duration of past substernal pain	Radiating substernal pain	B.P. mm Hg.	Cardiac rate/min	Ventricular failure L.	Ventricular failure R.	Temperature (C)
1	M 34	Syphilitic cardiovascular disease	3 yr	16 hr	Both shoulders & arms	105/60	136	+	—	38.6
2	F 58	"	4 yr	3 days	Epigastrium, back, both shoulders & L. upper limb	85/50	150	Mild	Mild	36.2
3	F 37	"	1 yr	16 hr	Both shoulders & L. upper limb	100/60	112	+	—	36.8
4	M 49	Coronary arteriosclerotic heart disease	—	15 days (paroxysmal)	L. shoulder, L. upper arm & L. loin	85/56	126	+	—	35.5
5	M 39	Syphilitic cardiovascular disease	1 yr	10 hr	L. upper arm	120/50	150	+	—	36.7
6	M 63	Coronary arteriosclerotic heart disease	4 yr	1 hr	R. chest & teeth, R. shoulder & upper limb	86/70	90	+	—	36.9
7	M 42	Syphilitic cardiovascular disease	1 yr	21 hr	—	60/30	100	+	—	36-39.4
8	F 55	Hypertensive & arteriosclerotic heart disease	—	24 hr	Both shoulders	90/60	96	—	—	36
9	M 37	Syphilitic cardiovascular disease	6 mo	34 hr	Epigastrium & both shoulders	75/50	120	+	Mild	37
10	M 67	Coronary arteriosclerotic heart disease	1 mo	11 hr	Back	176/80	122	+	Mild	38.2
11	M 55	"	—	7 hr	—	90/70	80	+	—	35.8
12*	F 58	Hypertensive & coronary arteriosclerotic heart disease	7 yr		—	120-140 / 90-100	88-110	+ (mild)	—	36-39

*A case described in the addendum.

perature was usually low on admission because of shock, and only moderately elevated in 3 cases during hospitalization. Moderate leukocytosis was noted in 5 out of 8 cases examined. The erythrocyte sedimentation rate was 20 and 120 mm at the end of an hour, respectively, in the 2 cases examined.

5. Electrocardiographic changes. In all the cases but one, electrocardiograms were recorded with both unipolar and bipolar leads, consisting of 9-14 leads (Figs. 7-10). There was marked deviation of RS-T segments—the RS-T segment elevated in aVR from 1.2 to 3 mm, with an average of 1.87 mm, and depressed in the other leads up to 5.5 mm (Tables 1 and 2) (RS-T segments in V_1 and V_2, and sometimes in V_3 might be slightly elevated). The deviation of RS-T segments might persist for three hours to three days, or even last for one to six months, as in cases 7 and 6, respectively. The deviation usually became more marked as the condition became worse. There were no deep Q waves and reciprocal RS-T deviations during the course of the disease. The T waves were upright or biphasic in aVR and biphasic or inverted in the other leads.

Besides, there were 2 cases complicated with auricular fibrillation and 3 cases with extrasystoles.

The QT ratio was measured in 9 cases, 8 of them showing an increase of QT ratio with an average of 1.21 (1.09-1.41).

In our series the depression of RS-T segments was more marked in leads II, III, aVF and V_{4-6} and slight in leads I and aVL; but in the cases reported by Yu and Stewart, it was more marked in leads I, II, aVL and $V_{4,5}$ with much less changes in leads aVF and lead III. The difference may be related to the etiology and the location of the coronary lesions.

ILLUSTRATIVE CASE REPORTS WITH AUTOPSY FINDINGS

Case 9. The patient, male, 37, married, was admitted on June 13, 1956 at 6 p.m. because of substernal pain for 20 hours. Six months prior to admission the patient began to notice palpitation, dyspnea and substernal distress on exertion. In view of these symptoms as well as the presence of characteristic murmurs of aortic insufficiency, wide pulse pressure and strong positive serologic tests, the diagnosis of syphilitic cardiovascular disease was made. He had received a course of penicillin therapy (total dose 6,600,000 units).

On the night before admission, the patient suffered from severe pain with radiation to the upper abdomen and the shoulders. As the pain became aggravated and persistent, he felt discomfort in any position and had frequent nausea and vomiting. He came to our emergency clinic on June 13, at 1 p.m. At 2 p.m. the ECG showed auricular fibrillation and RS-T segment deviation (Fig. 8 and Table 1). On admission the blood pressure was 75/50 mm Hg. Heart beat was irregular with an average rate of 120 per minute. The respiratory rate was 40 per minute. The substernal pain subsided after morphine and oxygen therapy. Eight years previously, he had "venereal disease" and received five injections of neoarsphenamine and 1,500,000 units of penicillin. There was no history of cardiorespiratory diseases.

Physical examination revealed orthopnea, cyanosis and weak and irregular pulse. The temperature was 37 C. The patient was normally developed and mentally clear. The pupils were small and reacted to light. The neck veins were not engorged. The heart was slightly enlarged with the presence of systolic and diastolic blowing murmurs over the aortic area. Cardiac rhythm was irregular. Blood pressure was 90/60 mm Hg. Moist rales were present in both lung fields. The abdomen was soft. The liver was slightly enlarged, being 1 fingerbreadth below the costal margin. The spleen was not

Table 2. *Analysis of RS-T deviation**

RS-T deviation	Lead												
	V_4	V_5	II	aVF	V_6	V_7	III	I	V_3**	aVL	V_2	V_1	aVR
Mean	-3.6	-3.2	-2.8	-2.5	-2.4	-1.8	-1.6	-1.4	-1.3	-0.53	+0.76	+0.9	+1.87
	-1.0	-1.5	-1.5	-1.5	-1.5	-1.0	0	-0.5	-4.5	-1.8	-2.5	-0.4	+1.2
Range	15.5	-4.5	-5	-3.5	-3	-2.2	-3	-2.5	+2.5	+0.5	+2.5	+2	+2

*RS-T deviation, measured from a point about 0.04 second after J (RS-T junction). — means depression; + means elevation.

** Transient elevation of $RS\text{-}T_{V_3}$ for 12 mm without Q wave (case 9).

palpable. The extremities were cold; there was no pitting edema. Deep reflexes were absent. There were no pathologic reflexes.

Blood: hemoglobin 15 gm%, RBC 4,500,000; WBC 6,200 with 75% polymorphonuclear neutrophils, 24% lymphocytes and 1% eosinophils. Urine was not examined.

At 8 p.m. on the day of admission ECG showed normal sinus rhythm, a heart rate 120 per minute and a persistently marked deviation of RS-T segment and T wave changes.

The patient was given general treatment without digitalis. He became more dyspneic, and restless and had nausea and vomiting. He died at 8 a.m. the next morning.

Autopsy findings. Autopsy was done 12 hours after death. The heart, one third larger than the patient's fist, weighed 350 gm. The left ventricle was hypertrophied and dilated; a few scattered hemorrhagic spots were found over the epicardial aspect of both auricles and the left ventricle, and a large ecchymosis 2 cm in diameter on the posterior wall of the right auricle. Injection of Pb_3O_4 emulsion into the left coronary artery showed the coronary branches all over the cardiac surface very clearly and uniformly without demonstrable occlusion. Gross section of the heart (Fig. 1), left ventricle: 14 mm in thickness. The inner shell of the left ventricle, about 1/4-1/2 of its whole thickness, showed irregular dark areas which were much more extensive toward the apex. The interventricular septum bulged outward toward the right ventricular cavity. The central portion was thick and elastic and the longitudinal sections showed a big cavity 2 cm in diameter, which was full of Pb_3O_4 emulsion and surrounded by a whitish fibrotic ring, the latter being interrupted and encroached upon by irregular fragmental muscle fibers. The musculature around the cavity was scarce. Right ventricle: 0.3 cm in thickness, normal in musculature. Aortic valve thickened with widening of the commissures. The remaining valves were normal. Aorta: the intima showed whitish grey irregular and elevated patches; the surface was so wrinkled that it appeared very much like the bark of a tree. Coronary arteries: the coronary ostia were involved with thickened connective tissue of hyaline degeneration and were markedly narrowed. No thrombi were found in the coronary arteries.

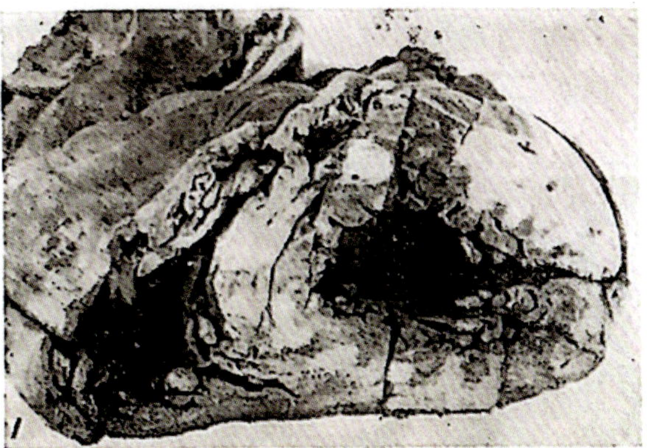

Figure 1. Case 9. Cross section of two ventricular cavities with several longitudinal incisions. The inner half of the left ventricle showing dark areas of necrotic lesions. Right ventricle normal.

Microscopic examination. The media of the aorta showed scattered necrosis in which muscular and elastic fibers were disintegrated with hyperplasia of connective tissue and hyaline change as well as a few scattered infiltrations of perivascular round cells. The intima showed fibrotic thickening, while the adventitia had many perivascular infiltrations of round cells. The intima of small arteries was also thickened. Coronary ostia were irregular and narrowed with disintegration of elastic fibers. Anterior, lateral and posterior walls of the left ventricle: the subendocardial musculature and papillary muscles showed widespread and disseminated necrosis. A fresh lesion of muscle showed loss of myostriations, fragmentation of fibers or atrophy with disappearance of nuclei. An area of interstitial autolytic hemorrhage was demonstrated (Fig. 2) with marked polymorphonuclear neutrophil infiltration (Fig. 4). The older lesions appeared as capillarized connective tissue instead of muscular fibers in the anterior wall of the left ventricle (Fig. 3). Most of the myofibrils around the necrotic zones had undergone cloudy swelling and vacuolation. The interventricular septum had the same changes as described above. Microscopically, the cavity wall was formed by fragmental muscle fibers and not by vascular endothelium. Right ventricle: normal except for slight fragmentation of muscle fibers.

Pathologic diagnosis. *a.* Syphilitic aortitis with aortic insufficiency, hypertrophy and dilatation of the left ventricle and narrowing of both coronary ostia, *b.* widespread disseminated necrosis (fresh and old) of subendocardial musculature and papillary muscles of the left ventricle, *c.* infarction of interventricular septum with formation of a cavity and *d.* pulmonary edema, congestion of liver, spleen and kidneys with cloudy swelling.

CASE 10. The patient, male, 67, married, was admitted as an emergency case at 8 p.m. on Oct. 29, 1956 with the complaint of orthopnea for eight hours. He had suffered from slight headache and vertigo for two years. During the previous month, he had had substernal pain during stress. One week before admission the substernal pain became more severe and frequent. On the night before admission he suddenly developed intractable substernal pain with dyspnea, cough and perspiration. ECG (Fig. 9) showed depression of the RS-T segments in all leads except aVR in which the RS-T segment was elevated. After the patient's admission oxygen aminophylline, morphine and strophanthin-K were given with some effect. Past history revealed nothing particular.

Physical examination. The patient's temperature was 38.2 C. He had orthopnea with a respiratory rate of 38 per minute and cyanosis. There was profuse perspiration. He was well developed, well nourished and mentally clear. The pupils reacted to light. The neck veins were engorged. Dry rales were scattered over both lung fields. The heart was slightly enlarged with a soft systolic murmur over the apex and regular rhythm at a rate of 140 per minute. Blood pressure was 180/80 mm Hg. The abdomen was soft and the liver was enlarged to 2 fingerbreadths below the costal margin. The spleen was not palpable. No edema was detected in the lower limbs.

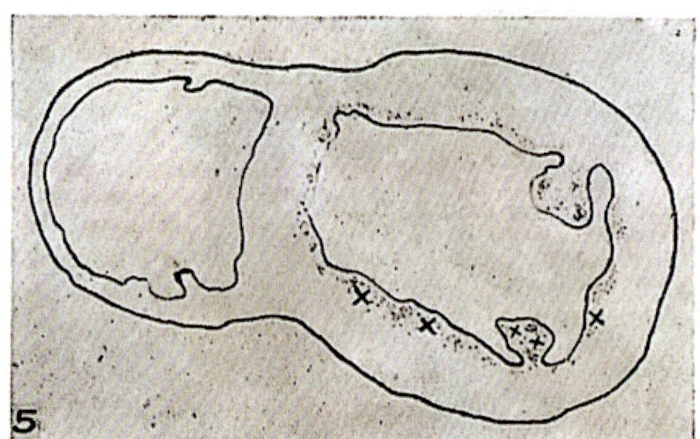

Figure 5. Case 10. Diagrammatic presentation of cross section of left ventricle and its papillary muscles.
"." means infiltration of polymorphonuclear neutrophils.
"x" means formation of small sized scars.

After admission the condition became much worse. A second ECG showed the same changes as before. The patient died at 11 p.m. on the day of admission in spite of treatment with strophanthin-K, morphine and application of tourniquets over the lower extremities. The blood specimen taken four hours after death revealed negative serologic test for syphilis, cholesterol was 97 mg%, N.P.N. 47.5 mg%.

Pathologic examination. The heart weighed 690 gm. The right ventricle showed subendocardial irregular plaques of yellow color probably due to fat infiltration. The left ventricle was markedly enlarged, with almost complete obliteration of the pericardial sac; the myocardium appeared dark red; the endothelium in the upper portion was slightly thickened. The papillary muscles had grayish scars of pinhead size. The mitral valve was slightly thickened and narrowed. The aortic valve was pale and thick with some widening of the commissures. The circular length of the aortic ring measured 9

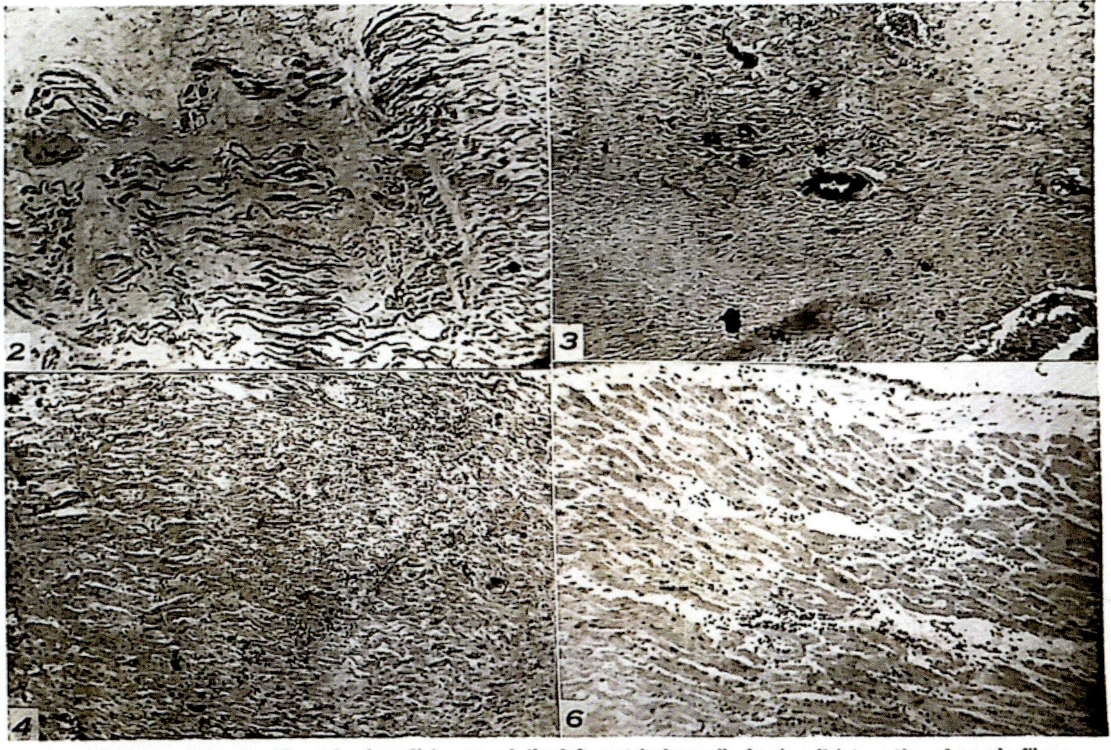

Figure 2. Case 9. The subendocardial zone of the left ventricular wall, showing disintegration of muscle fibers with disappearance of nuclei and extensive interstitial autolytic hemorrhage. × 100.

Figure 3. Case 9. In the subendocardial zone of left ventricular wall, the older lesions of capillarized connective tissue were without inflammatory cellular reaction. × 100.

Figure 4. Case 9. In the subendocardial zone of left ventricular wall, there were malnutrition of muscle fibers, loss of myostriations and widespread infiltration of polymorphonuclear neutrophils with early muscular dissolution in the right lower angle. × 100.

Figure 6. Case 10. The inner third of left ventricle showing marked fragmentation of muscle fibers, cloudy swelling and infiltration of polymorphonuclear neutrophils. × 100.

ACUTE SUBENDOCARDIAL MYOCARDIAL NECROSIS

CHOU, SHIH, WANG AND CH'IU

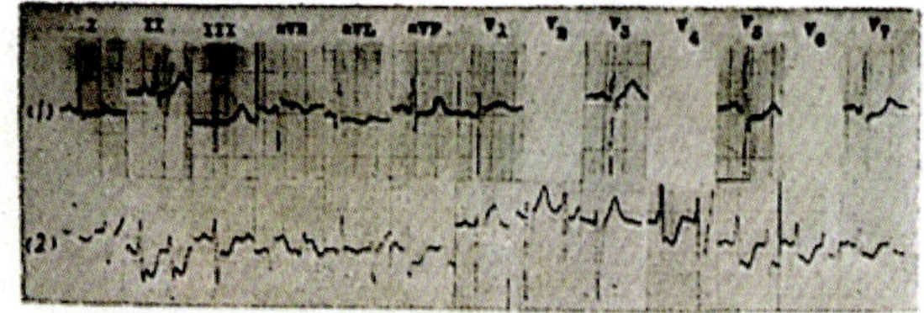

Figure 7. Case 5. Syphilitic aortitis, aortic insufficiency. Because of occasional attack of angina pectoris, ECG (1) was taken. One month later, ECG (2) repeated because of anginal attack for two hours with marked RS-T-T changes. The patient died during the attack.

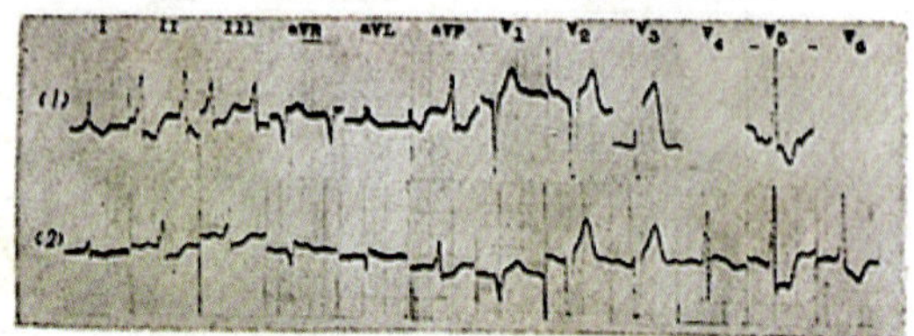

Figure 8. Case 9. Syphilitic aortitis, aortic insufficiency. ECG (1) was taken because of anginal attack for 16 hours. Six hours later, BCG (2) was taken again. Both tracings showed marked RS-T-T changes. Autopsy confirmed the widespread necrosis in the subendocardial musculature and papillary muscles.

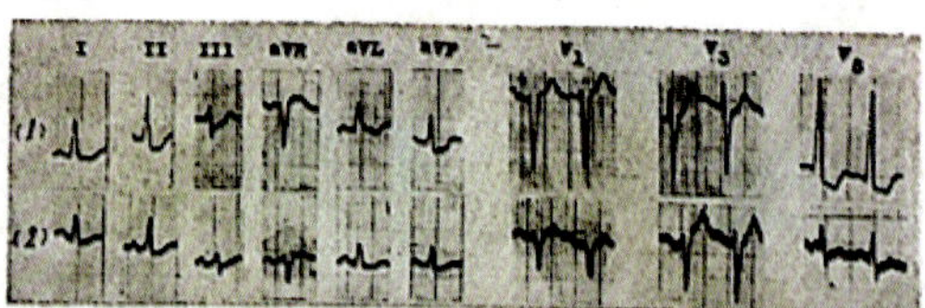

Figure 9. Case 10. Coronary atherosclerotic heart disease. ECG (1) taken because of substernal pain and dyspnea of three hours duration. Three hours later, ECG (2) was repeated. Both tracings showed RS-T-T changes. Autopsy showed scattered necrosis in the subendocardial musculature and papillary muscles.

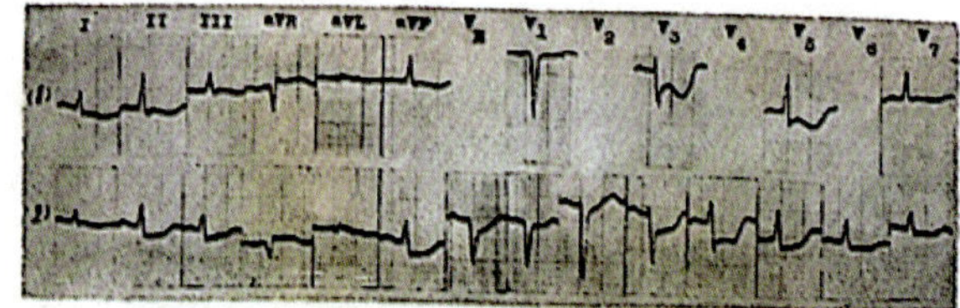

Figure 10. Case 11. Coronary atherosclerotic heart disease. ECG (1) was taken because of anginal attack for three hours. Three hours later, ECG (2) was taken again. Both tracings showed marked RS-T-T changes. The patient died soon afterwards.

cm. The circular length of the coronary ostia measured only 0.5 cm without thrombus formation. The lumen of the coronary arteries was greatly narrowed owing to the widespread disseminated atherosclerotic changes. The aorta showed characteristic atheromatous plaques and ulcers.

Microscopically, the muscle fibers of the left ventricle were disseminated with cloudy swelling and vacuolization. There was interstitial infiltration of polymorphonuclear neutrophils and a few scattered scars. These lesions were confined to the inner one-fifth to one-third of the left ventricular wall and were much more involved near the apex (Figs. 5 and 6). The endothelium was thickened owing to hyperplasia of the connective tissue. Both anterior and posterior papillary muscles showed disintegration and regeneration with infiltration of polymorphonuclear leukocytes. There were small scars scattered in the posterior papillary muscles. The mitral valve had undergone hyaline degeneration with deposition of a small amount of calcium salt. The aortic valve was highly thickened with hyaline degeneration, formation of granulation tissue, extensive infiltration of round cells as well as occasional presence of polymorphonuclear leukocytes. The intima of coronary arteries was thickened with hyaline degeneration and deposition of cholesterol and calcium salt. The right ventricle showed mild infiltration of fatty tissue into the subendocardial region and cloudy swelling of the myocardium with a few leukocytes. The aortic intima was thickened and showed hyaline degeneration, deposition of cholesterol and calcium salt as well as round cell infiltration. The media was edematous with scar formation and capillary hyperplasia.

Pathologic diagnosis. *a.* Severe generalized atherosclerosis chiefly involving the coronary and cerebral arteries, *b.* infiltration of polymorphonuclear neutrophils and scar formation in the subendocardial musculature and papillary muscles, *c.* hypertrophy and dilatation of the heart, *d.* pulmonary edema, and *e.* congestion of the liver and cloudy swelling of kidney.

DISCUSSION

1. Diagnosis and differential diagnosis. According to the literature and the data in this report, this disease is usually encountered in syphilitic aortitis and coronary atherosclerosis. The patient often has a history of angina pectoris. The substernal pain is usually severe and of long duration and cannot be relieved by rest or nitroglycerin treatment. The patient often succumbs in the course of severe pain, cardiac asthma or shock. The temperature is often low, but leukocytosis is usual, and the E.S.R. may be increased. ECG shows that the direction, the degree and the duration of the deviation of RS-T segments are characteristic. The deviation of RS-T segment may last anywhere from several hours to months. If the patient recovers, the RS-T segments would return to the isoelectric line with normal T waves. The diagnosis could be easily established in the presence of the clinical and ECG findings cited above.

The main differential diagnoses are as follows: a. *Acute transmural myocardial infarction.* This disease rarely occurs in syphilitic aortitis or in myocardial ischemia of extracardiac origin. Its symptoms are very similar to those of acute subendocardial necrosis. However, the ECG shows abnormal deep Q waves and reciprocal deviation of the RS-T segments. After the recovery of the RS-T segments, the abnormal Q waves may persist for more than one year, and the inverted T waves may persist for more than four months.

b. *Angina pectoris.* Here the characteristic pain, resulting from inadequate coronary blood flow of various causes, lasts usually for a few minutes to 20 minutes. The attack subsides generally if the patient rests or takes nitroglycerin immediately. The temperature, leukocyte count and E.S.R. are within normal limits. There is no cardiac asthma or shock. The changes of RS-T segments and T waves are less pronounced and of briefer duration than in acute subendocardial necrosis. The deviation of RS-T segments often disappears within a few minutes to one hour.

c. *Coronary arteriosclerotic myocardial fibrosis.* Although chronic coronary insufficiency occurs frequently in myocardial sclerosis, there may be no symptoms like those of acute transmural myocardial infarction, acute subendocardial myocardial necrosis or angina pectoris. Usually only the ECG indicates that there is coronary arteriosclerotic heart disease.

d. *Other diseases.* The other diseases such as pericarditis, left ventricular strain and digitalis effect with RS-T-T changes can be differentiated from acute subendocardial myocardial necrosis without difficulty.

2. Pathology and electrocardiography. a. *Pathologic changes.* Acute subendocardial necrosis develops on a given anatomical, physiologic and pathologic basis. Anatomically, in a normal heart, the main coronary arteries are distributed over the surface of the heart and then branch into the myocardium at right angles. The intravascular hydrostatic pressure diminishes as the diameter of the arteries becames smaller. Although there is interarteriolar anastomosis, these arteries can be considered as physiologic end-arteries because there is no pressure gradient between the two coronary arteries. In syphilitic aortitis and coronary atherosclerosis, the coronary ostia and the coronary arteries over the surface of the heart are narrowed, so that there is a generalized myocardial ischemia, and at the same time there is a widespread dilatation of arteriolar anastomosis. But since the blood supply of the heart and the coronary effective blood flow are decreased, the myocardial ischemia cannot be relieved by the dilation of the small coronary arteries. As the coronary arteries become more narrowed the outside pressure exerted upon the coronary arterioles during each cardiac contraction becomes much greater than the intra-arteriolar hydrostatic pressure in the subendocardial zone of the left ventricle. Thus, with such a severe ischemia and anoxemia of the myocardium, scattered or widespread necrosis could be produced. If the patient survives, patchy subendocardial fibrosis might be formed. Experimentally, ligation of a large coronary artery branch caused ischemia of its supplying zone, especially in the subendocardial region[6], and ligation of small arteries produced only subendocardial necrosis but not transmural myocardial infarction. Once an extensive anastomosis was formed as the result of chronic generalized ischemia, coronary thrombosis, even if it should take place, would not induce transmural myocardial infarction, but rather subendocardial necrosis.

b. *ECG changes.* Wolferth et al[7] and Hellerstein and Katz[8] showed experimentally that after injury of the endocardial region of the myocardium the RS-T segment was elevated in the intramural lead but depressed in the leads over the epicardial and precordial surface. Shaw et al[9] demonstrated that, with the exception of transmural lesions, there was no deep Q wave in the epicardial and precordial leads when a pure subendocardial necrosis was induced in experimental dogs. These authors considered that in the cases reported in the literature with deep Q waves there might be necrotic and fibrotic lesions coexisting in the epicardial layer. On the other hand, the detailed study on the correlation between the pathology and ECG by several authors[1, 10] had confirmed the characteristic pattern of subendocardial necrosis described above. So far as the mechanism of production of RS-T deviation in the subendocardial necrosis is concerned, it is the same as that in angina pectoris.

3. Treatment. Subendocardial myocardial necrosis results from progressive diminution of the coronary blood flow, which is closely related to the aortic blood pressure and the diameter of the coronary ostia and its epicardial branches. So far we have not found any practical method to enlarge the lumen of the coronary ostia and the epicardial branches of the coronary artery, so the therapeutic object must be directed to maintaining the aortic pressure at an effective level. In a study by Smith et al[11], in cases with acute myocardial infarction with shock, both cardiac output and aortic pressure were decreased, while venous pressure was often elevated. According to the analysis of the present series, the dynamic effects of cardiac shock in subendocardial necrosis

would be the same as in myocardial infarction. Gregg and Sabiston[12] considered that the arterial blood transfusion might so rapidly elevate the aortic pressure as to supply enough blood to the vital organs such as the heart, brain, liver and kidney without inducing right ventricular failure. Griffith et al[13] treated 25 cases with shock by arterial blood transfusion and obtained recovery in 12 cases. Since cardiac shock is often accompanied by congestive heart failure, venous blood transfusion would do more harm than good. On the basis of the peculiar pathologic physiology, we believe that intra-arterial blood transfusion with the patient's own venous blood, being well oxygenated by oxygen pressure technic, would induce a depression of the venous pressure and elevation of the arterial pressure, and would supply the well-oxygenated blood to the myocardium without increasing the patient's total blood volume. This method would be safe because in subendocardial necrosis rupture of the heart would not occur as in myocardial infarction. Griffith et al[13] discovered that combined therapy could reduce the mortality in myocardial infarction with shock from 81% to 48%. This combined therapy consisted of routine treatment such as semi-recumbent position, oxygen inhalation, venesection and injection of morphine and strophanthin, plus intra-arterial blood transfusion, injection of noradrenalin, etc. ACTH and cortisone might sometimes be helpful for the shock but of no use for the healing of myocardial necrosis[14]. In syphilitic aortitis, antiluetic therapy may be instituted after disappearance of the acute symptoms.

Since 1932, various workers[15-17] have made experiments to establish collateral circulation of the heart and some of them have successfully operated on patients. Vineburg's method[18], however, consists of implantation of the internal mammary artery into the myocardium. These surgical methods are of value in preventing or delaying the development of subendocardial necrosis, but they are still on trial.

SUMMARY

1. 11 fatal cases of acute subendocardial myocardial necrosis are reported with a brief review of the literature and a discussion of pathogenesis, diagnosis and treatment.

2. The series consists of 6 cases of syphilitic aortitis and 5 cases of atherosclerotic heart disease.

3. The symptomatology of this affection is very similar to that of acute myocardial infarction, but the ECG shows marked and persistent depression of RS-T segments in all leads with the exception of aVR and sometimes $V_{1,2}$, in which the RS-T segments are elevated. Deep Q wave and reciprocal RS-T segment deviation, pathognomonic of acute myocardial infarction, are absent.

4. Intra-arterial blood transfusion with the patient's own venous blood in addition to routine therapy is suggested for relieving cardiac asthma and shock. Venous blood transfusion is considered more harmful than good.

ADDENDUM

Since submitting this paper for publication, the authors have encountered another case with the following characteristics: *a.* Frequent substernal pain that lasted for one and a half years. *b.* On the first admission, ECG showed T wave in V_{2-6} markedly inverted, reaching 7-15 mm T in aVR, upright with an amplitude of 5 mm. *c.* After the patient was admitted a second time in a comatose state, the RS-T segments in V_{3-6} were depressed for an average of 9.5 mm (6-12 mm), while the RS-T segment in aVR was elevated for 4 mm. *d.* Three weeks after the second admission, ECG showed old posterior and anterior septal infarction. The patient died four weeks after admission.

REFERENCES

1. *Yu, P.N.G., and Stewart, J.M.*, Subendocardial myocardial infarction with special reference to electrocardiographic changes, Am. Heart J. 39:862, 1950.

2. *Horn, H., et al.*, Acute coronary insufficiency: Pathological and physiological aspects; analysis of 25 cases of subendocardial necrosis, Am.Heart J. 40:63, 1950.

3. *Fulton, W.F.M.*, Chronic generalized myocardial ischemia with advanced coronary disease, Brit.Heart J. 18:341, 1956.

4. *Cosby, R.S., et al.*, Vector-electrocardiogram in acute coronary insufficiency and in acute myocardial infarction, Am.Heart J. 49:896, 1955.

5. *Chiche, P., et al.*, Ischémie sous-endocardique ventriculaire gauche et insuffisance coronarience, Arch.mal.coeur 46:865, 1953.

6. *Prinzmetal, M., et al.*, Studies on coronary circulation; collateral circulation of beating human and dog hearts with coronary occlusion, Am.Heart J. 35:689, 1948.

7. *Wolferth, C.C., et al.*, Negative displacement of RS-T segment in electrocardiogram and its relationships to positive displacement; experimental study, Am.Heart J. 29:220, 1945.

8. *Hellerstein, H.K., and Katz, L.N.*, Electrical effects of injury at various myocardial locations, Am.Heart J. 36:184, 1948.

9. *Shaw, C.M., et al.*, Studies on mechanism of ventricular activity; origin of coronary QR wave, Am.J.Med. 16:490, 1954.

10. *Bayley, R.H.*, Electrocardiographic effects of injury at endocardial surface of left ventricle, Am.Heart J. 31:677, 1946.

11. *Smith, W.W., et al.*, Hemodynamic studies of patients with myocardial infarction, Circulation 9:352, 1954.

12. *Gregg, D.E., and Sabiston, D.C.*, Current research and problems of coronary circulation, Circulation 13:916, 1956.

13. *Griffith, G.C., et al.*, Treatment of shock associated with myocardial infarction, Circulation 9:527, 1954.

14. *Hoover, M.P., and Manning, G.W.*, Effects of cortisone and ACTH on artificially induced cardiac infarction in dog, Am.Heart J. 47:343, 1954.

15. *Beck, C.S., and Leighninger, D.S.*, Operations for coronary artery disease, J.A.M.A. 156:1226, 1954.

16. *Bakst, A.A., et al.*, Arterialization of coronary sinus in occlusive coronary artery disease; coronary flow in dogs with aorticocoronary sinus anastomosis of six months' duration, J.Thoracic Surg. 29:188, 1955.

17. *Bakst, A.A., and Bailey, C.P.*, Arterialization of coronary sinus in occlusive coronary artery disease, J.Thoracic Surg. 31:559, 1956.

18. *Vineburg, A., et al.*, Four years' clinical experience with internal mammary artery implantation in treatment of human coronary artery insufficiency including additional experimental studies, J.Thoracic Surg. 29:1, 1955.

9.《WATER AND ELECTROLYTE BALANCE DURING RECOVERY FROM CONGESTIVE HEART FAILURE》1964 年

Chinese Medical Journal, 83:262-267, April, 1964.

WATER AND ELECTROLYTE BALANCE DURING RECOVERY FROM CONGESTIVE HEART FAILURE

SHIH YÜ-SHU 石毓澍, CHOU CHIN-T'AI 周金台, HUANG T'I-KANG 黄体鋼
MAO KUO-LIANG 茅国良 AND CHANG KUEI-CHIH 张桂芝

Department of Medicine, Tientsin Medical College Hospital, Tientsin, and Hopei Provincial Institute of Medical Sciences, Tientsin

For the purpose of understanding the nature of water and electrolyte disturbances and the changes in the distribution of body fluids in congestive heart failure, we conducted 8 water and electrolyte balance studies in 7 patients.

MATERIAL AND METHODS

1. **Patient selection.** 11 balance studies were conducted in 10 patients with heart failure, but only 8 studies in 7 patients were complete (Case 1 was studied in 2 periods). In the remaining patients, studies were stopped because the patients' condition became worse or they failed to cooperate. The etiology of the heart disease was arteriosclerotic in 3 and rheumatic in 4 cases. The criteria for selection included the presence of congestive heart failure, with generalized edema, elevation of venous pressure above 200 mm of water and the absence of significant impairment of renal functions. All studies were conducted in the cardiac ward of our hospital. The balance studies were continued until the symptoms subsided and the venous pressure returned to normal level (less than 120 mm of water). The usual period of observation was 5-15 days.

2. **Methods.** After admission into the cardiac ward, a complete history, physical examination, electrocardiography, venous pressure and various routine laboratory examinations were obtained. Each patient was fully digitalized before the balance study, and a special low salt diet was given 1 or 2 days before the studies.

In order to maintain a constant dietary intake throughout the periods of study, a special diet of milk, eggs, sugar and rice was supplied. Water was allowed ad libitum but was measured.

During the balance periods, all patients received maintenance doses of digitalis. Case 1 during the second period (1_{II}) of observation and Cases 4-7 received mercurial diuretic (salyrgan); in some cases potassium and ammonium chloride were added, while in Case 3 only strophanthin was administered.

Each period of 24 hours was considered a metabolic day. The patients were weighed every morning at 7 a.m. (weight error being less than 100 gm). Daily fluid intake and output were measured and the sodium, chloride, potassium and nitrogen contents of the urine and stool were determined. Fasting venous blood was drawn daily without application of tourniquet for the determination of serum Na, Cl and K, and of plasma CO_2 combining power,

N.P.N. and creatinine. The clearance of creatinine was determined. Serum water (Cases 1, 2, 4 and 5) and protein were determined at the beginning and the end of each period of the studies; the thiocyanate space (Cases 1, 3-5 and 7) was determined only at the very end.

3. **Chemical analysis.** Sodium and potassium were determined by Lange Model-V flame photometer. Schales and Schales' method[1] was used for chloride analysis. Nitrogen determination was done by the standard Kjeldahl procedure. Creatinine was determined according to the method of Brod and Sirota[2]. Thiocyanate determination in urine and serum was made by the modified method of Eder[3]. Serum water was determined by heating at 105 C to constant weight. The sodium and potassium in food and stool were determined after digestion with concentrated nitric acid, and the chloride was digested with concentrated sodium hydroxide before acidification by nitric acid.

4. **Calculations.** The data were calculated chiefly according to Elkinton's method[4]. But, on account of the difficulty of calculating the insensible weight loss, the change in total water (W) was calculated from the observed changes in weight which had been corrected by nitrogen balance, a factor of 30 gm nitrogen per kg wet tissue being used[5].

The total balance for sodium, chloride, potassium and nitrogen* indicated the differences between intake (diet and medications) and output (urine and stool); the potassium balance was corrected by the introgen balance, assuming a value of 2.5 mEq potassium per gm nitrogen. As no significant change in plasma N.P.N. was observed, the nitrogen balance was not corrected for the N.P.N. value. The changes in intracellular and extracellular water and electrolytes were calculated according to Darrow's method[6] on the basis of chloride balance and changes in chloride "space".

Change in extracellular fluid volume (E) was calculated as follows:

$$E = E_2 - E_1$$

In this paper, E_1 was taken as the volume of extracellular fluid, either measured or assumed, at the end of the study. In Cases 1, 3, 4, 5 and 7, the thiocyanate "space" was measured; in the remaining cases 23% of body weight was assumed. In our experience, the thiocyanate "space" was higher than the actual value, ranging from 20-25% of body weight. In fact, only the change in extracellular volume rather than its absolute size was significant, so the accuracy of absolute value of E_1 was not so important as to effect the result.

E_2, the volume of extracellular fluid at the beginning of the study, was calculated by the following formula:

$$E_2 = \frac{E_1[Cl]_{E_1} + b_{Cl}}{[Cl]_{E_2}}$$

Here b_{Cl} represents the balance of chloride. $[Cl]_{E_2}$ and $[Cl]_{E_1}$, the concentration of chloride in extracellular fluid at the beginning and end of the study respectively, were calculated from the serum chloride concentration corrected for serum water and the Donnan's factor of 0.95 in the following manner:

$$[Cl]_E = \frac{\text{serum chloride concentration}}{0.95 \times \text{serum water}}$$

Serum water was either measured by the weight method (Cases 1_I, 2, 4 and 5) or calculated from serum protein (Cases 1_{II}, 3, 6 and 7) by Peter's formula:

$$\text{serum water (\%)} = 98.5 - 0.745[P],$$

* These data not included in this article.

where $[P]_s$ is the serum protein in gm%.

Changes in intracellular fluid (I) were calculated simply as the differences between the changes in total body water and extracellular water:

$$I = W - E$$

From the values for E_1, E_2 and E, from the concentration in extracellular fluid of sodium $[Na]_{E_2}$ and $[Na]_{E_1}$, and that of potassium $[K]_{E_2}$ and $[K]_{E_1}$, and from the external balances of these ions (b_{Na} and b_K), the changes of Na and K in extracellular and intracellular fluids (Na_E and Na_I, K_E and K_I) were calculated as follows:

$$Na_E = E_2[Na]_{E_2} - E_1[Na]_{E_1}$$
$$Na_I = b_{Na} - Na_E$$
$$K_E = E_2[K]_{E_2} - E_1[K]_{E_1}$$
$$K_I = b_K - K_E$$

Changes in intracellular potassium (K_I) were further corrected by nitrogen balance (b_N) as follows:

$$K'_I = K_I - (2.5 \times b_N)$$

where K'_I is the corrected change in intracellular potassium, b_N is expressed in gm.

RESULTS

During our studies, each patient responded favorably to the low salt diet, digitalis and/or mercurial diuretic and regained their cardiac efficacy with subsidence of peripheral edema, decrease of venous pressure to normal

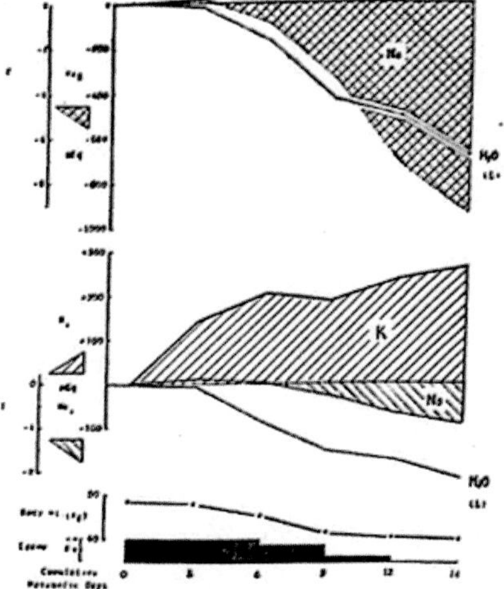

Fig. 1. Calculated changes in body fluids during the course of treatment in Case 5.

and relief of symptoms (Fig. 1). One patient (Case 6), however, had low salt syndrome 1 week after the end of the study and later died.

1. **Water balance.** During our period of observation, each patient lost a considerable body weight, and edema greatly improved; the corrected water change (W) ranged from 6.7 to 13.1 liters (Table 1). Diuresis accounted for most of the water loss, but in Case 3 there was also profuse perspiration to account for the loss of water.

Table 1. *Total balances of fluid and electrolytes*

Case No.	Body weight (kg)	bN (gm)	Corrected fluid (L)	Na (mEq)	Cl (mEq)	K (mEq)	K' (corrected K) (mEq)
1_I	−6.3	+11.9	−6.7	−530.7	−534.5	+82.2	+52.4
1_{II}	−12.5	+18.0	−13.1	−1,102.2	−1,018.8	+69.8	+24.8
2	−12.0	−4.8	−11.8	−1,431.6	−1,106.7	−358.2	−346.2
3	−11.5	+1.2	−11.5	−455.7	−800.6	+90.9	+87.9
4	−13.2	−26.7	−12.3	−1,057.0	−1,023.3	+385.2	+451.9
5	−8.2	+23.3	−8.9	−935.4	−957.6	+321.5	+265.5
6	−8.5	+4.5	−8.6	−113.9	−221.6	+392.1	+380.8
7	−5.5	+36.0	−6.7	−459.4	512.8	+113.9	+26.4

Table 2. *Changes in body fluid and electrolytes*

Case No.	W (L)	Extracellular fluid					Intracellular fluid			
		E_f (L)	E_i (L)	E (L)	Na_E (mEq)	K_E (mEq)	I (L)	Na_I (mEq)	K_I (mEq)	K'_I (mEq)
1_I	−6.7	15.9	19.3	−3.4	−412.7	+10.1	−3.3	−118.0	+72.1	+42.5
1_{II}	−13.1	12.1	20.4	−8.3	−876.4	+17.1	−4.8	−225.8	+52.7	+7.7
2	−11.8	8.8	16.6	−7.9	−1,215.5	−41.8	−3.9	−216.1	−316.4	−315.2
3	−11.5	13.7	19.7	−6.0	−740.0	+21.1	−5.5	+284.3	+69.8	+55.8
4	−12.3	10.6	18.8	−8.2	−774.4	+57.4	−4.1	−282.6	+327.8	+394.5
5	−8.9	8.9	15.7	−6.8	−848.4	+12.4	−2.1	−87.0	+309.1	+253.1
6	−8.6	11.1	15.1	−4.0	−343.0	+23.9	−4.6	+229.1	+369.2	+361.7
7	−6.7	9.1	13.4	−4.3	−446.4	+10.1	−2.4	−13.0	+103.8	+13.8

Note: W = Change in total body water. E_f = Final extracellular volume. E_i = Initial extracellular volume. E = Change in extracellular volume. Na_E = Change in extracellular sodium. K_E = Change in extracellular potassium. I = Change in intracellular volume. Na_I = Change in intracellular sodium. K_I = Change in intracellular potassium. K'_I = Corrected change in intracellular potassium.

Calculated from chloride "space", the loss of extracellular fluid (E), ranging from 3.5 to 8.3 liters, was the main source of water excretion; the loss of intracellular fluid (I), ranging from 2.1 to 5.5 liters, was generally smaller (Table 2). The ratio of water lost from these 2 spaces was different in each case. The loss of intracellular fluid in Cases 1, 3 and 6 was considerable, representing 49.3%, 47.9% and 53.4% of the total water loss respectively; in the remaining cases, it was close to 25%.

2. **Sodium and chloride balances.** In each of the 8 studies, negative sodium and chloride balances of considerable magnitude were observed. Sodium balance ranged from -113.9 to -1,431.6 mEq and chloride balance from -221.6 to -1,106.7 mEq (Table 1). In each case the excretion rates of these 2 ions were parallel to each other, and, furthermore, their concentration in serum remained at normal range except in Cases 3 and 6 in which hyponatremia occurred. Of these 2 cases, serum sodium level in Case 3 returned finally to normal level, while Case 6 did not respond to treatment and death ensued following irreversible hyponatremia.

The sodium loss was chiefly derived from the extracellular compartment, although a smaller portion came from the intracellular compartment. It is noteworthy that in Cases 3 and 6, though the intracellular space had an uptake of 284.3 and 229.1 mEq of sodium respectively during recovery, hyponatremia developed in both cases. The shift of sodium into cells, therefore, might be an important factor in the pathogenesis of hyponatremia.

3. **Potassium balance.** Except in Case 2, all the corrected balances of potassium were positive, the value ranging from 24.8 to 451.9 mEq. The serum potassium concentration was within normal limits except that it was slightly lower in the beginning of the studies in Cases 1_I and 4, and slightly higher in Case 2 in the latter period of the study. Bigeminal cardiac rhythm occurred once in Case 3 and disappeared after the administration of potassium chloride. In Case 2, digitalization alone improved the cardiac function resulting in excretion of large amounts of urine, loss of edema, and a negative potassium balance (-346.2 mEq). By the end of the study the patient experienced pro-

found weakness, but he soon improved after potassium chloride.

DISCUSSION

Our data are in agreement with those of many authors [5 7-10] in that during recovery from congestive heart failure, the patients lost large amounts of sodium, chloride and water, and at the same time took up a certain amount of potassium. 3 problems, however, are discussed below.

1. **Is there a significant shift of water into the cells during heart failure?** Although extracellular retention of water is, in general, a prominent feature of congestive heart failure; our data showed that at least in certain cases (Cases 1_I, 3 and 6) a relatively large amount of water was shifted during heart failure into the intracellular compartment, reaching 49.3%, 47.9% and 53.4% respectively of the total water retained. Iseri et al[7] in their study of 4 cardiac patients found that the loss of water from intracellular space reached 33% of the total water loss during recovery. Squires and his associates[8], using the same technique of study as ours, made similar observations, and in one of their patients the loss of intracellular water was 60% of the total water loss. But Fabre[9] believed that in congestive failure there was no important shift of water into the intracellular space and that intracellular water retention seen in some cases was due to excessive water intake. Moore et al[11] and Faber and Soberman[12] also held this view. In our studies although there was a large water intake in Case 6, the other 2 patients had no such large water intake. We believe that, in congestive heart failure, the shift of water into the intracellular space may at times be important, especially in patients suffering from severe congestive heart failure in whom some changes in intracellular osmolarity may be present. A solution to this problem may have to await the development of a technique for direct measurement of the intracellular volume.

2. **Transfer of sodium between intracellular and extracellular compartments.** The results of our 8 studies in 7 patients showed considerable loss of sodium from the extracellular space, and in 6 instances a small part of the sodium lost was from the intracellular phase. However, in Cases 3 and 6, during diuresis, the intracellular compartment gained 284.3 and 229.1 mEq of sodium respectively. This paradoxical phenomenon was also observed by Miller[13]. Iseri et al[7 10], Squires et al[8] and others. Several explanations have been offered. Darrow thought that the shift of sodium into the cells was for regulating extracellular alkalosis, but this interpretation does not seem to us satisfactory. In our patients both sodium and potassium in intracellular spaces were in positive balance during recovery, and there was no exchange between these 2 ions. Another explanation made was that the sodium shifted into the cells when the concentration of sodium in extracellular compartment increased. This could not apply to our cases in which the serum sodium levels were normal or even slightly low. According to Iseri, it is possible that in severe congestive heart failure there may be some disturbances of cellular metabolism as manifested by the liberation of ionized base from protoplasm, and this would account for the cellular release of water and uptake of sodium and potassium during recovery. This movement of water and electrolytes is opposite in direction to that in heart failure.

3. **Potassium balance.** During congestive heart failure the cells lose potassium, while during recovery the cells gain this ion. This has been proved by many authors[7 8 10 13-15]. In our studies, all but one case (Case 2) presented positive balance of intracellular potassium. Potassium depletion in congestive heart failure was due both to heart failure itself and to the therapeutic agents (digitalis and diuretics). During cardiac recovery, the cells regained the capacity to retain potassium; hence if the potassium supply was not sufficient, negative balance of this ion might occur as in Case 2[13 16]. It appears reasonable to conclude that, during recovery from heart failure, especially when diuresis occurs, it is advisable to give sufficient amounts of potassium salt in order to promote a positive balance, which may favor cardiac compensation.

SUMMARY

The results of 8 water and electrolyte balance studies in 7 patients recovering from congestive heart failure were presented. During recovery from heart failure, all patients lost large amounts of water, sodium and chloride, which came largely from the extracellular phase, while an important shift of water into the cells during the heart failure period was demonstrated in 3 patients.

In 6 studies cellular retention of sodium during heart failure was observed. In 2 cases, the intracellular sodium balances were positive during recovery; in both patients hyponatremia developed and one of them died.

During recovery from congestive heart failure, the potassium balances were positive in all cases but one. It is suggested that a sufficient supply of potassium during the period of diuresis may favor cardiac compensation.

REFERENCES

1. Schales O, Schales SS, A simple and accurate method for the determination of chloride in biological fluids, J Biol Chem 140:879, 1941.

2. Brod J, Sirota JH, The renal clearance of endogenous "creatinine" in man, J Clin Invest 27:645, 1951.

3. Eder HA, In Visscher MB, Methods in Medical Research, vol. 4, p. 48, Year Book Publ, Chicago, 1951.

4. Elkinton JR, Danowski TS, The Body Fluids, pp. 84-86, Williams & Wilkins, Baltimore, 1955.

5. Stock RJ, et al, Congestive heart failure; variations in electrolyte metabolism with salt restriction and mercurial diuretics, Circulation 4:54, 1951.

6. Darrow DC, Retention of electrolyte during recovery from severe dehydration due to diarrhea, J Pediat 28:515, 1946.

7. Iseri LT, et al, Water and electrolyte balance during recovery from severe congestive failure on a 50 mg sodium diet, Amer Heart J 40:706, 1950.

8. Squires RD, et al, The distribution of body fluids in congestive heart failure: III. Exchanges in patients during diuresis, Circulation 4:868, 1951.

9. Fabre J, Les Oedemes, p. 28, Masson, Paris, 1959.

10. Iseri LT, Mader IJ, Sodium, potassium and magnesium balance during recovery from congestive heart failure due to cor pulmonale, J Clin Invest 34:942, 1955.

11. Moore FD, et al, Body composition: Total body water and electrolytes; intravascular and extravascular phase volumes, Metabolism 5:447, 1956.

12. Faber SG, Soberman RJ, The total water and total exchangeable sodium in edematous states due to cardiac, renal and hepatic diseases, J Clin Invest 35:779, 1956.

13. Miller GE, Electrolyte exchange between body fluid compartments during recovery from congestive heart failure, J Clin Invest 29:836, 1950.

14. Fabre J, et al, Sur le métabolisme des électrolytes dans l'insuffisance cardiaque; essai d'exploration du milieu cellulaire, Arch Mal Coeur 45:903, 1952.

15. Aikawa JK, et al, Exchangeable potassium content of the body in congestive failure, Circulation 14:1093, 1956.

16. Schwartz WB, Wallace WM, Electrolyte equilibrium during mercurial diuresis, J Clin Invest 30:1089, 1951.

10.《SODIUM EXCRETION AND REABSORPTION IN CONGESTIVE HEART FAILURE》1965 年

Chinese Medical Journal, 84:337-342, May, 1965.

SODIUM EXCRETION AND REABSORPTION IN CONGESTIVE HEART FAILURE

SHIH YÜ-SHU 石毓澍, CHOU CHIN-T'AI 周金台, MAO KUO-LIANG 茅国良
HUANG T'I-KANG 黄体鋼 AND CHANG KUEI-CHIH 张桂芝

Department of Medicine, Tientsin Medical College Hospital, and Hopei Academy of Medical Sciences, Tientsin

Since Warren and Stead[1] suggested that impairment of sodium excretion was responsible for the production of edema in congestive heart failure, the renal function in this condition has been extensively studied. Merrill[2] showed that in congestive heart failure the renal blood flow was reduced and sodium excretion also decreased. Mokotoff et al[3] revealed that the main cause of decreased urinary sodium was reduction in glomerular filtration rate (GFR) while tubular reabsorption remained unchanged. Fejfar and Brod[4] demonstrated that in congestive heart failure the daytime urine volume and the tubular load of chloride (and also sodium) decreased, so that nearly all the filtered chloride and sodium were reabsorbed by the tubules.

In our study of the abnormality of sodium excretion and its reabsorption in congestive heart failure, 21 cases and 13 controls were observed from April to November in 1962. The results are here reported.

MATERIAL AND METHODS

Material. Among the 21 cases with congestive heart failure, 11 were males and 10 females, aged 13-74. The etiology of heart disease was rheumatic in 13 cases, artherosclerotic and hypertensive in 5, pulmonary in 2 and syphilitic in 1 case. The studies were conducted in the cardiac ward. All patients had marked edema, venous pressure of more than 150 mm water, enlargement of liver, no renal lesions, and blood NPN less than 40 mg%. Besides, 12 healthy hospital staff members and 1 subject with a functional systolic murmur were taken as controls. Among these, 7 were males and 6 females, aged 15-39.

Methods. After admission the patients were put on a low salt diet, given bed rest, and digitalized. In the morning of the second or third day of hospitalization, the body surface area was calculated, a blood specimen and 4-hour urine sample were obtained in each case in the fasting state, and sodium and creatinine were determined. Among the 21 cases, 7 were studied again by the same methods during recovery from congestive heart failure, and in 6 of them (Cases 15, 16, 25, 27, 28, and 31) hydrochlorothiazide was used until 2 to 3 days before the test. Among the normal controls, Cases 12 and 13 were observed following a low salt diet for 3 days, while the rest took a regular diet throughout the study.

Chemical analysis and calculation. Methods of chemical analysis were the same as previously reported[5]. Endogenous creatinine clearance (ml/min /1.73 sq m) was obtained as GFR[6]. Sodium excretion and reabsorption were calculated as follows:

Sodium filtration rate (mEq/min) = serum sodium (mEq/L) $\times \frac{\text{GFR}}{1,000}$ (ml/min) (Donnon's factor being negligible here)

Sodium excretion (mEq/min) = urine sodium (mEq/L) $\times$ urine volume (L/min)

Sodium reabsorption rate (mEq/min) = sodium filtration rate − sodium excretion

Sodium reabsorption/100 ml filtrate = sodium reabsorption $\times \frac{100}{\text{GFR (ml/min)}}$

Sodium reabsorption/100 mEq filtrated sodium = sodium reabsorption $\times \frac{100}{\text{sodium filtration rate (mEq/min)}}$

Water reabsorption (ml/min) = GFR (ml/min) − water excretion (urine in ml/min)

Water reabsorption/100 ml filtrate = water reabsorption $\times \frac{100}{\text{GRF (ml/min)}}$

Sodium clearance ((ml/min) = urine (ml/min) $\times \frac{\text{urine sodium}}{\text{serum sodium}}$

RESULTS

The results are shown in Tables 1 and 2. The corrected GFR in the control group ranged from 78.0 to 158.1 ml per minute with an average of 111.7 ml per minute, while among the patients it ranged from 20.5 to 102.2 ml per minute with an average of 54.2 ml per minute. It is noticeable that with the exception of Cases 27 and 28, no significant increase of GFR was found in the cases that recovered from congestive heart failure, while in Case 15 there was a decrease of GFR.

Sodium excretion ranged from 0.023 to 0.321 mEq/min with an average of 0.143 mEq/min in the control group and from 0.003 to 0.059 mEq/min with an average of 0.027 mEq/min in the cardiac patients. It should be mentioned that the intake of sodium in the normal

Table 1. *Water and sodium excretion and reabsorption in control subjects*

Case No.	Sex	Age	Surface area (sq m)	Urine volume (ml/min)	GFR (ml/min)	Corrected GFR (ml/min)	Serum sodium (mEq/L)	Sodium filtration rate (mEq/min)	Urine sodium (mEq/L)	Sodium excretion (mEq/min)	Sodium reabsorption (mEq/min)	Sodium reabsorption/100 ml filtrate (mEq)	Sodium reabsorption/100 mEq sodium filtered (%)	Sodium clearance (ml/min)	Water reabsorption (ml/min)	Water reabsorption/100 ml filtrate (%)
1	M	30	1.64	1.43	74.3	78.0	129	9.58	128	0.183	9.40	12.7	98.09	1.41	72.87	98.08
2	M	26	1.50	1.16	82.0	94.5	142	11.64	124	0.144	11.49	14.0	98.76	1.01	80.84	98.59
3	M	39	1.70	0.60	113.5	115.5	137	15.55	198	0.119	15.43	13.6	99.23	0.88	112.90	99.47
4	M	27	1.59	1.00	83.7	95.2	140	11.72	80	0.128	11.59	13.8	98.90	0.91	82.10	98.09
5	F	21	1.42	0.70	124.7	151.8	145	18.08	218	0.153	17.93	14.4	99.15	1.06	124.00	99.44
6	F	21	1.58	1.17	129.7	142.0	140	18.16	274	0.321	17.84	13.7	98.23	2.30	128.50	99.10
7	F	15	1.42	0.94	93.6	114.4	138	12.91	137	0.129	12.78	13.7	99.76	0.93	92.66	99.00
8	F	30	1.48	1.60	72.7	84.8	137	9.96	130	0.208	9.75	13.4	97.91	1.52	71.10	97.79
9	M	24	1.53	3.48	76.2	86.2	135	10.28	33	0.115	10.17	13.3	98.88	0.85	72.72	95.43
10	M	27	1.55	3.46	89.1	99.2	150	13.37	32	0.111	13.26	14.9	99.17	0.74	65.64	96.12
11	M	30	1.61	2.32	81.2	87.1	138	11.21	72	0.167	11.04	13.6	98.51	1.21	78.88	97.14
12	F	30	1.50	4.02	132.7	152.7	130	17.25	14	0.058	17.19	12.8	99.66	0.45	128.70	96.99
13	F	22	1.63	2.28	150.0	158.1	130	19.50	10	0.023	19.48	13.0	99.88	0.18	147.78	98.48

Table 2. *Water and sodium excretion and reabsorption in patient with congestive heart failure*

Case No.	Sex	Age	Etiology	Surface (sq/m)	Urine volume (ml/min)	GFR (ml/min)	Corrected GFR (ml/min)	Serum sodium (mEq/L)	Sodium filtration rate (mEq/min)	Urine sodium (mEq/L)	Sodium excretion (mEq/min)	Sodium reabsorption (mEq/min)	Sodium reabsorption/100 ml filtrate (mEq)	Sodium reabsorption/100 mEq filtered sodium (%)	Sodium clearance (ml/min)	Water reabsorption (ml/min)	Water reabsorption/100 ml filtrate (%)
14	M	31	RHD	1.61	0.54	61.8	66.3	123	7.60	75.0	0.041	7.559	12.2	99.46	0.34	61.26	99.12
15	F	50	RHD	1.38	0.41	41.5	52.0	147	6.10	37.0	0.015	6.085	14.7	99.75	0.102	41.09	99.01
				1.31	0.88	21.5	28.4	136	2.92	77.0	0.068	2.852	13.2	97.67	0.50	20.62	95.91
16	F	70	AHD	1.46	0.38	32.1	38.0	132	4.24	73.0	0.028	4.172	13.0	99.33	0.21	31.72	98.81
				1.25	1.21	28.8	39.8	137	3.95	135	0.163	3.787	13.1	95.87	1.20	27.59	95.80
17	M	72	AHD	1.76	0.37	23.5	23.1	128	3.00	56.0	0.020	2.970	12.7	99.30	0.16	23.13	98.43
18	F	59	RHD	1.38	1.33	34.0	42.6	130	4.42	28.8	0.038	4.382	12.6	99.14	0.29	32.67	96.09
19	M	21	RHD	1.30	0.25	30.6	40.6	122	3.73	8.87	0.002	3.728	12.2	99.94	0.016	30.35	99.18
20	F	13	RHD	1.33	0.70	67.9	88.1	140	9.50	58.8	0.041	9.459	13.9	99.56	0.29	67.20	96.97
21	M	32	RHD	1.74	0.35	59.0	58.6	135	8.00	7.7	0.003	7.967	13.6	99.96	0.022	58.65	99.41
22	M	44	RHD	1.58	0.38	70.8	77.4	133	9.42	77.0	0.030	9.390	13.2	99.68	0.22	70.42	99.46
23	F	28	RHD	1.30	0.88	77.0	102.2	133	10.24	12.0	0.011	10.230	13.2	99.89	0.08	76.12	98.86
24	F	55	PHD	1.27	0.62	41.5	57.0	129	5.35	12.0	0.007	5.343	12.9	99.86	0.06	40.88	98.51
25	F	53	AHD	1.52	0.54	35.9	39.5	138	4.95	91.0	0.049	4.901	13.7	99.01	0.35	35.36	98.50
				1.38	1.13	35.4	44.4	125	4.43	74.0	0.084	4.346	12.3	98.10	0.67	34.27	96.61
26	M	62	HHD	1.74	1.40	32.3	32.1	142	4.59	37.0	0.052	4.538	14.1	98.86	0.37	30.90	95.67
27	M	32	RHD	1.58	0.63	77.2	84.5	133	10.27	33.0	0.021	10.250	13.3	99.80	0.158	76.57	99.18
				1.55	3.33	190.0	211.2	135	25.65	38.0	0.127	25.520	13.4	99.50	0.94	186.7	98.25
28	F	53	RHD	1.44	0.45	43.0	51.6	143	6.15	132	0.059	6.090	14.2	99.02	0.41	42.55	98.95
				1.42	2.62	134.0	163.1	133	17.82	42.0	0.110	17.710	13.2	99.38	0.84	131.4	98.04
29	F	59	RHD	1.25	0.37	52.2	76.1	128	6.68	45.0	0.017	6.663	12.7	99.74	0.13	51.83	99.29
				1.17	0.32	59.0	87.2	130	7.67	65.0	0.021	7.649	13.0	99.72	0.16	58.68	99.45
30	M	50	HHD	1.60	0.75	37.5	41.0	113	4.24	35.0	0.026	4.214	11.2	99.38	0.23	36.75	98.00
31	M	74	PHD	1.56	1.00	20.8	23.1	141	2.93	26.4	0.026	2.904	14.0	99.11	0.19	19.8	95.19
				1.47	2.50	28.0	32.9	122	3.42	24.0	0.060	3.360	12.0	98.24	0.48	25.5	91.07
32	M	53	SHD	1.42	0.50	16.5	20.5	123	2.03	6.0	0.003	2.027	12.3	99.85	0.024	16.0	96.97
33	M	30	RHD	1.71	0.50	50.6	51.1	140	7.08	93.0	0.047	7.033	13.7	99.33	0.34	50.1	99.01
34	F	27	RHD	1.62	1.10	69.0	73.6	123	8.50	6.7	0.007	8.493	12.3	99.91	0.057	67.9	98.41

Note: Durations of recovery from congestive heart failure are also presented in Cases 15, 16, 25, 27, 28, 29 and 31. RHD = Rheumatic heart disease. AHD = Arteriosclerotic heart disease. PHD = Pulmonary heart disease. HHD = Hypertension heart disease. SHD = Syphilitic heart disease.

controls was 5-8 gm and that sodium excretion was greater than that in the patients on low salt diet. 2 of the normal controls (Cases 12 and 13) on low-salt diet excreted sodium 0.058 and 0.023 mEq/min respectively.

Sodium reabsorption ranged from 9.40 to 19.48 mEq/min with an average of 13.64 mEq/min in the control group, and from 2.027 to 10.25 with an average of 6.112 mEq/min in the cardiac patients. Sodium reabsorption, per 100 ml filtrate, was 12.7-14.9 mEq with an average of 13.6 mEq in the control group and 11.2-14.7 mEq with an average of 13.1 mEq in the patients; it ranged from 12.2 to 13.4 mEq with an average of 12.9 mEq in the patients during recovery from congestive heart failure. These values are comparable to those of 13.3 mEq by Mokotoff et al[3] and 13.42 mEq by Fejfar and Brod[4]. As Briggs et al[7] pointed out, since the sodium excretion was small the sodium reabsorption was approximate to the GFR. Our Fig. 1 shows a parallel relationship between GFR and sodium reabsorption.

Sodium reabsorption per 100 mEq filtered sodium ranged from 98.09 to 99.88% with an average of 98.93% in the control group and from 98.86 to 99.96% with an average of 99.55% in the patients. These data were similarly observed by others[3 7]. Among the 7 cases that recovered from congestive heart failure, sodium reabsorption was decreased in 6 cases and slightly increased in 1 case (Case 28).

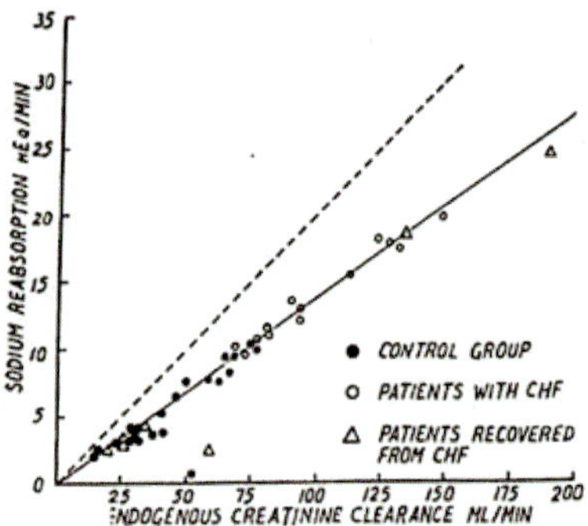

Fig. 1. The relationship between endogenous creatinine clearance and sodium reabsorption.

DISCUSSION

In early studies on excretion and reabsorption of sodium and chloride, inulin clearance was usually chosen for the determination of GFR[3 4]. This method is more accurate than that of endogenous creatinine clearance. But there are 2 disadvantages: (*a*) With the inulin method, a large amount of saline must be administered, which would be harmful to the patient with congestive heart failure. (*b*) Urine collected in too short a period (usually 10-20 minutes) would affect the accuracy of sodium excretion. On account of this, we used the more precise method of endogenous creatinine clearance. 4-hour urine specimens were collected in the fasting state for the determination of sodium excretion. These might represent the average value of GFR in the patients, though their value might be a little lower. Besides, the younger age of the control group (under 40 years of age) as compared with that of the patients might be another factor influencing the results.

The extensive studies on renal function and endocrine disorders in the past 20 years have led to the formulation of the "forward failure theory". Diminution of GFR was considered by some as the chief cause of sodium retention and edema formation in congestive heart failure. But Heller and Jacobson[8], Davis and Shock[9] found that GFR was within the normal range in some patients with congestive heart failure. Seymour et al[10], Briggs et al[7], Heller and Jacobson[8], and Sinclair-Smith et al[11] reported that GFR did not reach the normal level in some patients recovering from congestive heart failure. In our data, GFR were lower than normal in the majority of the patients. Furthermore, GFR remained to be significantly lower after the venous pressure had returned to normal in 5 of 7 cases which recovered from the heart condition. The above data support the view that reduction of GFR is not necessarily the chief cause of cardiac edema. Wesson et al[12] and Smith[13] hypothesized that the sodium reabsorption of renal tubules proceeded in 2 stages. In the first stage about 85% of sodium together with water was reabsorbed in the proximal convoluted tubules and this proximal reabsorption bore no close relationship to the GFR; in the second stage, on reaching the distal convoluted tubules, the remaining 15% of sodium was reabsorbed. There was a certain limitation for maximum reabsorption in this latter portion. When the serum sodium concentration was kept constant and GFR increased, the filtered sodium exceeded the amount of sodium reabsorbed in the distal convoluted tubules, and the excess sodium was thus excreted into the urine. However, when the GFR and sodium load in the distal convoluted tubules were reduced, sodium would be almost completely reabsorbed.

In our controls and cardiac patients, the sodium reabsorption per 100 ml filtrates was similar, averaging 13.3-13.6 with a range of 11.2 to 14.9 mEq, while the average of sodium reabsorption per 100 mEq filtered sodium was 99.55%. These data reveal the fact that the reabsorption in the proximal convoluted tubules may be quite normal in the cardiac patient and the main difference between the normal and the cardiac patients lies in their ability of reabsorption in the distal convoluted tubules.

The reabsorption per 100 mEq filtered sodium was higher in our group of cardiac patients than in the control group. Among the patients it was higher than 99.5 in 11 cases, the highest value being 99.96% in Case 21, and the average being 99.55%. In the control group, the highest value was 99.88% with an average of 98.93%. Slight increase in tubular sodium reabsorption in congestive heart failure was recorded by many other authors: 99.60-99.80% in Briggs et al's cases[7], and 99.96-99.99% in Mokotoff et al's cases[3]. However, Mokotoff et al did not consider it to be closely related to edema.

In fact, very marked change in GFR may be associated with only a minor change in tubular reabsorption[14], e.g. when tubular sodium and water reabsorption reached 99.5%, only 0.5% reduction of tubular reabsorption could accommodate a 50% reduction of GFR. Reduction of GFR, therefore, is not always followed by retention of sodium with the formation of edema; chronic glomerulonephritis, for example, may have marked reduction of GFR without edema. In patients with congestive heart failure, even slight increase in tubular reabsorption would induce edema. Of course, the more the reduction of GFR is the greater would be the tubular reabsorption.

In Cases 14 and 29 which recovered from congestive heart failure, the sodium load was 7.6 and 7.67 mEq/min, while their reabsorption was 99.46 and

99.72% respectively. These data show that though the sodium load of tubules is almost similar, its reabsorption may be entirely different. This may be an individual variation of maximum reabsorption, which Fejfar et al also observed in their study on chloride reabsorption.

SUMMARY

1. Studies on sodium excretion and reabsorption in 21 cases with congestive heart failure and 13 cases of normal controls were reported. 7 cases recovered from congestive heart failure.

2. The glomerular filtration rate in the majority of patients with congestive heart failure was markedly lower than normal, while in 5 of the 7 cases during recovery it was not increased to the normal range.

3. In patients with congestive heart failure, the tubular reabsorption of sodium exceeded 99.5% in 11 cases, with the highest value reaching 99.96%. Increased tubular sodium and water reabsorption is believed to be the main cause of renal retention of sodium and water.

4. Individual variation of reabsorption was observed in the cardiac patients, despite the same sodium load in the tubules.

REFERENCES

1. Warren JV, Stead EA Jr, Fluid dynamics in chronic congestive heart failure; interpretation of mechanisms producing edema, increased plasma volume and elevated venous pressure in certain patients with prolonged congestive failure, AMA Arch Intern Med 73:138, 1944.

2. Merrill AJ, Edema and decreased renal blood flow in patients with chronic congestive heart failure; evidence of "forward failure" as the primary cause of edema, J Clin Invest 25:389, 1946.

3. Mokotoff R, et al, Renal plasma flow and sodium reabsorption and excretion in congestive heart failure, J Clin Invest 27:1, 1948.

4. Fejfar Z, Brod J, The excretion of chloride in patients with heart failure, Quart J Med 19:221, 1950.

5. Shih YS, et al, Water and electrolyte balance during recovery from congestive heart failure, Chinese MJ 83:262, 1964.

6. Brod J, Sirota JH, The renal clearance of endogenous creatinine in man, J Clin Invest 27:645, 1948.

7. Briggs AP, et al, Renal and circulatory factors in the edema formation of congestive heart failure, J Clin Invest 27:810, 1948.

8. Heller BI, Jacobson WE, Renal hemodynamics in heart disease, Amer Heart J 39:188, 1950.

9. Davis JO, Shock NW, The effect of theophylline ethylene diamine on renal function in control subjects and in patients with congestive heart failure, J Clin Invest 31: 901, 1952.

10. Seymour WB, et al, Cardiac output, blood and interstitial fluid volumes, total circulating serum protein and kidney function during cardiac failure and after improvement, J Clin Invest 21:229, 1942.

11. Sinclair-Smith B, et al, The renal mechanism of electrolyte excretion and metabolic balances of electrolytes and nitrogen in congestive heart failure; the effects of excercise, rest and aminophylline, Bull Johns Hopkins Hosp 84:369, 1949.

12. Wesson LG, et al, The excretion of strong electrolytes, Bull NY Acad Med 24: 586, 1948.

13. Smith HW, Principles of Renal Physiology, pp. 95-107, Oxford, London, 1956.

14. Tung CL, T'ao SC, Practical Cardiology, pp. 238-239, Shanghai Scientific Technical Publishers, Shanghai, 1962.

11.《A–V NODAL DUAL PATHWAYS AND PAROXYSMAL SUPRAVENTRICULAR TACHYCARDIA》1985 年

Chinese Medical Journal, 98(8):568-574, 1985.

A-V NODAL DUAL PATHWAYS AND PAROXYSMAL SUPRAVENTRICULAR TACHYCARDIA

Shi Yu-shu 石毓澍, Li Zhong-cheng 李忠诚, Huang Ti-gang 黄体钢
Zhang Cheng-zong 张承宗, Jiang Tie-min 姜铁民 and Cai Jin-rong 蔡金荣

Department of Cardiology, 2nd Affiliated Hospital, Tianjin Medical College, Tianjin

In 16 cases of paroxysmal supraventricular tachycardia (PSVT), A-V nodal dual pathways were found in nine, and PSVT was initiated with programmed stimulation in seven of the nine cases. In the remaining two cases, atrial echo was seen in one, but in another, PSVT could not be initiated, and atrial echo was not seen. Among the nine cases, there was an unusual one which showed antegrade conduction through fast pathway and retrograde conduction through slow pathway.

In seven of the nine cases, there was interruption of H1H2/A1A2 curve and jump phenomenon of H1H2, while in one case the curve was smooth.

In electrophysiologic studies, A-V dual pathways were not seen in 53 cases without PSVT for various reasons. The authors believe that A-V nodal dual pathways are functional abnormality affected by autonomous nervous system. Whether PSVT may be initiated in cases with nodal dual pathways or not depends upon the equilibrium between the rates of coduction in these two pathways and the length of the refractory period.

After a debate for about 20 years, it has now been established that paroxysmal supraventricular tachycardia (SVT) are mainly caused by reentrant mechanism. However, some are caused by enhanced automaticity of supraventricular tissues. The site of reentry is most frequently seen in the auriculoventricular node (AVN), sometimes in the sinus node, the accessory pathway, the atrium and even the His-Purkinje system.

In 1913, Mines[1] confirmed in animal experiments that SVT might result from reentry of excitation. In 1956, Mendez and Moe[2] demonstrated in animal hearts the existence of longitudinal dissociation in A-V junction. Ten years later, they presented the data of their clinical electrophysiologic studies, and declared that most of the patients with SVT had dual pathways in the AVN, which is the pathophysiologic basis of reentry mechanism.[3] Since then, many cardiologists have reported their work on this subject.

Between 1982 and 1983, we carried out electrophysiologic studies in 18 patients with SVT. Of these, dual pathway in AVN was found in nine, which was believed to be the cause of reentry.

SUBJECTS AND METHODS

Of the 71 patients with various kinds of arrhythmias subjected to electrophysiologic study 18 had histories of SVT. All these 18 patients had undergone X-ray, ECG, PCG and other necessary laboratory examinations in addition to routine clinical ones. Among them, two showed ECG evidence of pre-excitation syndrome and were excluded from this analysis. All the remaining 16 had frequent episodes of SVT. During these episodes, the ECG showed regular QRS of normal duration, with nearly equal R-R intervals, and the ventricular rates 140-220/min.

The ECG was as a rule normal in between the episodes.

Electrophysiology was carried out before breakfast in the catheterization room, with withdrawal of all cardiac drugs for at least 48 hours. No sedatives were given.

A quadripolar catheter (5F or 6F) was inserted via the right femoral vein under local anethesia with procain into the high right atrium near the sinus node.[4] The two distal electrodes were used to record the high right atrial potential (HRA), and the two proximal electrodes were used for atrial stimulation. Another bipolar or quadripolar catheter was then introduced into the tricuspid valve opening via the same vein, and two appropriate electrodes were selected to record His bundle electrogram (HBE). The A wave of HBE was regarded as the low atrial depolarization. Sometimes, a special multipolar catheter was introduced into the esophagus to record the left atrial potential, too.

Both guadripolar catheters were connected to a switch box. All signals displayed were recorded with a 6-channel polygraph (Hellige) after filtration (40 to 400 Hz). We recorded simultaneously ECG leads I, III, and VI, as well as HRA and HBE. Occasionally, the ventricular V waves were recorded. The recording was taken usually at a paper speed of 100 mm/sec.

We first recorded the basic His bundle electrogram. Deflections A, H and V represented respectively the potential waves of atrium, His bundle and ventricle. Then we measured the intervals of PA (intraatrial conduction time), AH (intranodal conduction time), and HV (interval between His deflection and the earliest time of ventricular activation).

After the measurement of the atrial diastolic threshold potential, we conducted the atrial stimuli with voltage twice as high as the diastolic threshold. Usually we did the incremental pacing first. After that we started with a frequency of 90/min for one minute, and, after a pause of 2-3 minutes, increased the pacing frequency to 110/min, 130/min, 150/min and 170/min progressively, one minute for each frequency. We thus obtained the knowledge of the sinus recovery time, frequency of Wenckebach phenomenon in AV conduction, the functions of AVN, and the possibility for triggering SVT.

The programmed stimulation was delivered with a stimulator 3F51 (San-Ei). To begin with, we delivered the extrastimulus from the end of diastole. The extrastimulus was given at every eighth beat of the patient's own sinus rhythm with a shortening of premature beat interval by 10-20 ms each time, until the atrial refractoriness or the reentry zone was encountered. We then repeated the programmed stimulation by shortening the premature beat interval each time by 5 ms. From these successive recordings, we observed the variations of AH interval and noticed the possibility of initiation of SVT.

The nomenclatures used in our laboratory are as follows. A1: Atrial potential wave of patient's own sinus rhythm and in a few cases, atrial potential wave of artificial pacemaker; A2: Atrial wave of extrastimulus; H1: His deflection of patient's own rhythm; H2: His deflection of extrastimulus.

As the premature beat interval (A1 A2) was shortened successively, we observed the variations of H1 H2 and A1 A2. When A1A1 was shortened by 5-10 ms, A2H2 prolonged suddenly by more than 50 ms. This was used as the criterion of antegrade conduction through the slow pathway.

The refractory periods of AVN and its two pathways were also measured during the programmed stimulation. We used the relation curve of A1A2/H1H2 for measuring the functional refractory period (FRP) of fast pathway (the shortest H1H2 at which A1A2 can be conducted to His bundle) and the effective refractory period (ERP) of slow pathway (the longest A1A2 when A2 can not be conducted by slow pathway). On some occasions (Cases 3 and 4), the above measurements were not possible, we were satisfied by measuring the FRP and the ERP of AVN.

The suggested diagnostic criterion of AVN reentry was: when A1A2 was shortened to a critical point, a sudden prolongation of A2H2 appeared with atrial echo or the triggering of SVT; the sequence of atrial depolarizations was from the lower part to the upper part of the atrium.

Once SVT had been initiated, the rhythm was synchronized with the stimulator and we tried to terminate the tachycardia by one or two programmed stmiulus and if not successful, by overdriving.

RESULTS

Electrophysiologic examination showed evidence of reentry in AVN in nine of the 16 patients without obvious pre-excitation syndrome. Eight showed nodal dual pathways, one of which (Case 4) was considered to be an unusual one.

Clinical analysis (Table 1). Among the nine patients, there were six males and three females aged from 26 to 68 years. All patients had no evidence of organic heart disease, except one (Case 3) with essential hypertension and another (Case 6) with an old myocardial infarction. The histories of SVT had been lasting for six months to 20 years. The heart rates during the episodes ranged from 135 to 220/min, which was variable from episode to episode even in the same patient. The difference in heart rates may amount to several dozens per minute.

Electrophysiological data (Table 2). *Jump phenomenon of the refractory curve and the initiation of SVT.* The resting HBE in all cases were within normal limits, AH 60-90 ms, HV 40-55 ms.

Programmed atrial stimulation during sinus rhythm showed sudden prolongation of A2H2 in eight of the nine cases when shortening of A1A2 reached a critical point. One patient (Case 4) unusually showed antegrade conduction through the fast pathway and retroggrade conduction through the slow pathway. Seven cases showed jump phenomenon of refractory curves while one case (Case 3) showed a rather smooth curve (Figs 1, 2). However, not in all cases could H1H2 jump initiate episodes of SVT. We were able to trigger SVT in six cases with H1H2 jump, but in one case (Case 4), SVT was triggered in spite of the absence of H1H2 jump. In case 8, only a single atrial echo appeared when A2H2 amounted to 280 ms. In Case 9, A2H2 was as high as 420 ms, but no SVT and atrial echo could be initiated.

Case 4 was a rare condition, in which SVT was terminated by two extrastimuli. In the other

Table 1. Clinical analysis of nine patients with AVN dual pathways

Case No.	Sex	Age (yrs)	Organic heart disease	Heart rate during SVT beats/min	History of SVT (yrs)
1	M	29	No	175-200	0.5
2	M	26	No	135-150	20
3	M	56	Hypertension	175±	15
4	F	49	No	200-220	15
5	M	31	No	200±	16
6	M	68	Old MI	140-170	5
7	F	45	No	200±	7
8	F	58	No	180±	20
9	M	28	No	170±	6

Table 2. Electrophysiologic data

Case No.	Resting state AH (ms)	Resting state HV (ms)	AH (ms) initiating reentry	FRP of fast pathway (ms)	FRP of slow pathway (ms)	Echo zone	Relation of P and QRS SVT	Termination SVT
1	80	45	150	490	240	240-310	P at end of QRS	Extrastimulus
2	70	45	200	410	260	270-290	P at end of QRS	Spontaneous
3	60	45	150	400*	310*	290-360	P within QRS	Overdriving
4	60	40	70	400*	350**	420-400	P at end of QRS	Spontaneous extrastimulus
5	70	40	200	340	280	220-270	P at end of QRS	Extrastimulus
6	75	55	210	420	220	270-350	P within QRS	Extrastimulus
7	90	40	210	450	280	310-360	P at end of QRS	Spontaneous
8	70	40	280	390	250	280***	P at end of QRS	Spontaneous
9	80	40	420	410	190	—	—	—

* AVN, ** ERP of atrium, ***atrial echo.

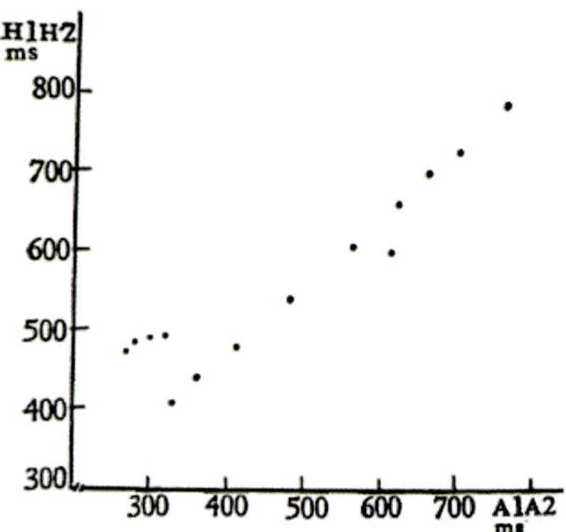

Fig 1. H1H2/A1A2 curve of Case 2, showing sudden prolongation of A2H2 when A1A2 was at 310 ms jump of H1H2 and SVT was initiated.

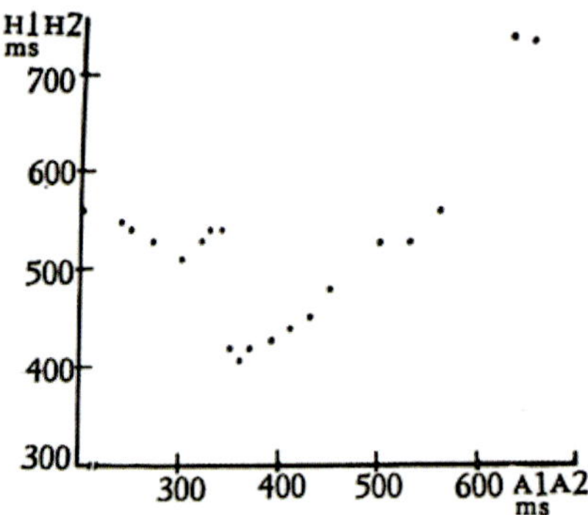

Fig. 2 H1H2/A1A2 curve of Case 9, showing sudden prolongation of A2H2 to 420 ms, when A1A2 was at 340 ms, but no SVT was initiated.

six cases with SVT triggered by programmed excitation, the crisis stopped spontaneously in 2 cases (Cases 2, 7). We were not able to stop the crisis in Case 3 even with two successive extrastimuli until an overdriving stimulation with a frequency of 200/min was given. The other three cases restored their sinus rhythm by a single extrastimulus (Figs 3,4).

In six cases with triggered SVT, the ECG showed that P wave was burried in QRS wave in Cases 3 and 6, while in the other four, P wave appeared at the end of QRS wave.

The patient in Case 4 had SVT for 15 years. And the crisis had become very frequent prior to admission. During the electrophysiologic examination, we were not able to initiate SVT even by repeated atrial stimulation with different A1A2. However, four spontaneous episodes of SVT appeared with the heart rate up to 200/min.

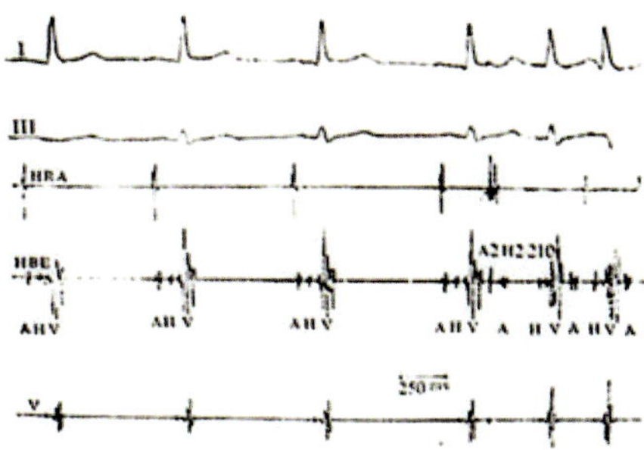

Fig 3. Programmed stimulation in Case 2, as A1A2 was at 270 ms, A2H2 was prolonged to 210 ms, SVT was initiated, sequence of A was from low to high atrium, A was at the end of V, AH was prolonged.

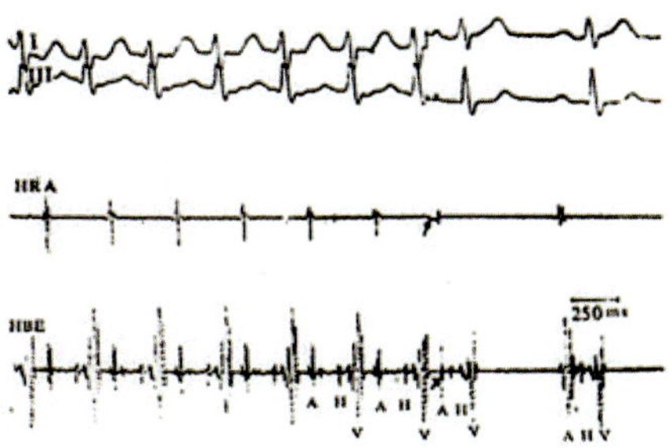

Fig 4. Case 1. Programmed atrial stimulation terminated SVT when A1A2 was at 260 ms.

The sequence of A wave was from low to high atrium without prolongation of A2H2 (70 ms), HA being 170 ms. The crisis either stopped spontaneously or was terminated by extrastimulus. The diagnosis was supraventricular tachycardia and reentry within AVN. The antegrade pathway was perhaps the fast pathway and the retrograde pathway was the slow one, which was a very rare case (Fig 5).

Functions of AVN. A2H2 were prolonged from 130 to 210 ms at the beginning of SVT in all the six cases except Case 4. There was a close relation between the prolongation of A2H2. and the shortening of A1A2. During the initia-

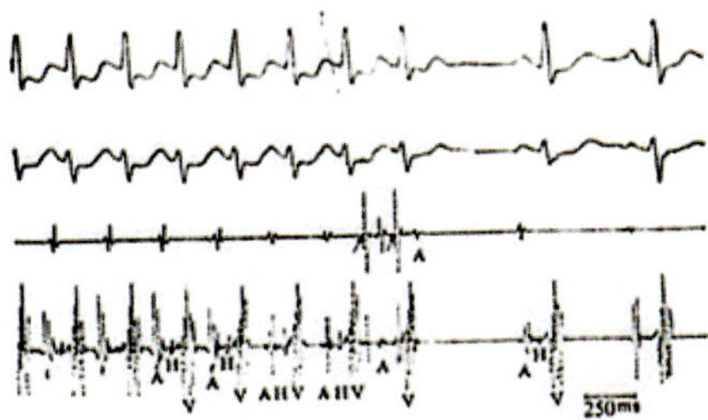

Fig 5. Case 4. SVT was induced, sequence of A was from low to high atrium. AH was not prolonged. Two successive atrial stimulations terminated SVT.

tion of SVT, each patient had a certain value of A2H2. In other words, the initiation of SVT was related to a certain critical value of A2H2, but not to the shortening of A1A2.

In Case 5, the resting sinus rhythm was taken as the baseline for studying the functions of AVN, A1A1 being 750 ms. As the A1A2 coupling time was shortened to 360 ms there was no prolongation of A2H2, but H2V2 was prolonged and followed by an atrial echo. When A1A2 was further shortened to less than 350 ms H2 was not followed by V2. Therefore, we concluded that there was conduction disturbance in His-Purkinje system and possible existence of a reentrant mechanism within Purkinje system. When the right atrium was paced artificially, A1A1 was 600 ms. When a series of programmed extrastimulus were given and A1A2 reached 270-220 ms, there was a sudden prolongation of A2H2 up to 200 ms resulting in SVT.

The refractory periods of AVN are shown in Table 2. The FRP of fast pathway measured ranged from 340 to 490 ms. Those of the 27 cases reported by Denes et al[5] in 1975 were 400 to 760 ms. The ERP of slow pathway in our series were 190 to 310 ms, while those of Denes were 285 to 530 ms. The FRP in case 3 was 400 ms, ERP 310 ms. The FRP of normal subjects in Denes Series were 350 to 495 ms. Therefore, we can not tell whether the dual pathways have any characteristic abnormalities merely by the values of refractory periods.

DISCUSSION

Reentry in SVT may occur in AVN, sinus node, accessory fibers, His bundle, Purkinje system and even in the atrium. The nine cases reported here had reentry in SVT due to AVN dual pathways. The diagnostic criteria are: a. Existence of dual pathways in the AVN, all patients except Case 4 showed interruption of H1H2/A1A2 curve and jump phenomenon of H1H2. b. SVT can be initiated and terminated by programmed or incremental pacing. c. During the SVT, the sequence of atrial depolarization is always from low to high atrium. Nine cases in our series met the above-mentioned criteria. We believe that the atrial echo has the same diagnostic value as SVT. During the crisis, P wave is either burried in QRS or situated at the end of it. This is in accord with intranodal reentrant mechanism.

According to Moe et al,[2] Denes et al,[6] Rosen et al[7] and others, there are two pathways in AVN, one is the ß pathway which conducts fast with a long refractory period, and the other is α pathway which conducts slowly with a short refractory period. Using the atrial extrastimulus, as A1A2 shortens to a critical point, an antegrade conduction block occurs in ß pathway, and the stimulus can then be conducted only by α pathway slowly, leading to the sudden prolongation of A2H2. When the stimulus arrives at the lower common pathway of AVN, if at that moment the β pathway is no more refractory, the retrograde conduction of stimulus can trigger an atrial echo. If the α pathway has recovered, the stimulus can be conducted again through it antegradely and SVT is triggered.

Among the 16 patients we have studied, only nine was proven to have dual pathways in AVN. Of the nine cases, we could initiate SVT only in six and an atrial echo in one. We also have noted that Case 9 had a sudden prolongation of A2H2 up to 420 ms but without inducing SVT or atrial echo. In Case 4, there was spontaneous crisis of SVT without prolongation of A2H2. All these facts show that dual pathways are not always found in cases with AVN dual reentrant SVT and SVT is not initiated in every case with dual pathways.

Initiation of intranodal reentrant SVT occurs only under the following three circumstances: a. Existence of a bypass conduction forming a circuit; this was present in our cases with intranodal reentry in which the higher and the lower common pathways together with the dual pathways formed a circuit. b. Unidirectional block, as the premature coupling interval shortens to a critical point, the antegrade block of ß pathway occurs. c. Slow conduction velocity, i.e. the velocity of conduction through α pathway becomes slow. Therefore, confirmation of existence of dual pathways in AVN serves as a reliable proof of the presence of reentry in AVN. But is there any possibility that on some occasions the existence of dual pathways does not initiate any episode of SVT? In other words, the presence of dual pathways may not be the necessary condition for initiation of SVT. According to our electro-physiologic studies in 71 patients between 1982-1983, we did not identify any dual pathways in 53 patients who had had no history of SVT, but had had sick sinus syndrome, AV blocks, and in another two SVT cases, had Wolff-Parkinson-White syndrome. On the contrary, in 16 patients with history of SVT, nine showed dual pathways. For this reason, we believe that the existence of AVN dual pathways is an abnormal condition which has definite causality with the initiation of SVT. Our data are not in accordance with those of some other authors. Bissett et al[8] in 1976 found dual pathways in 7.5% of his patients with no SVT history. Dual pathways appeared in 10% of the patients in the series of Denes et al.[5] Now a question is raised: Are the dual pathways, even if they are functional, a type of normal intranodal conduction? Our work gives a negative answer. Nevertheless, the number of our patients submitted to electrophysiologic study is still limited, so the final conclusion can not yet be achieved. Perhaps, by using the artificial pacing, which gives a short A1A1 interval as the basis, the programmed atrial stimulation could help discover more cases of dual pathways. However, according to our data, the incidence of dual pathways is significantly higher in the group with a history of SVT than the group without it. We believe that the dual pathways belong to an abnormal phenomenon, which is perhaps functional and influenced evidently by the autonomic nervous system.

Although we have not been able to demonstrate the dual pathways in seven out of the 16 cases, their existence could not be excluded. Because there are two conditions for confirming the existence of the dual pathways by electrophysiologic method: The ERP of the fast pathway must be long enough, if it is shorter than that of the slow pathway, the conduction of the slow pathway will be disturbed; ERP of the atrium must be shorter than that of the slow pathway, otherwise the conduction through the slow pathway will be limited. In general, when the extrastimulus can not discover the dual pathways using the patient's own sinus rhythm as the basis, they can be revealed more easily by atrial artificial pacing with a shorter cycle, together with extrastimulus, due to the shortening of ERP of atrium. This is a probable explanation for the faliure in discovering the dual pathways in the seven cases. Of course, it is also possible that there is no reentry at all in the AVN.

In two cases (Cases 8 and 9) of our series, although dual pathways were demonstrated and A2H2 were prolonged significantly, no episodes of SVT could be induced. The same observations were also reported in the literature.[9-11] In fact, the functions of AVN are considerably influenced by the autonomic system. The induction of SVT depends on the relations of conduction velocities with the refractoriness of the fast and slow pathways. The conduction of slow α pathway must be slow enough and the ERP of β pathway must not be too long, otherwise, the initiation of SVT will not be possible. These relations are again much influenced by the autonomic system.

REFERENCES

1. Mines. Quoted from reference 2.

2. Moe GK, et al. Physiologic evidence for a dual A-V transmission system. Circ Res 1956; 36: 782.

3. Mendez C, Moe GK. Demonstration of dual nodal conduction system in the isolated rabbit heart. Circ Res 1966; 19:378.

4. Scherlag BJ, et al. Catheter technique for recording His bundle activity in man. Circulation 1969; 49:13.

5. Denes P, et al. Dual A-V nodal pathways. Br Heart J 1975; 37:1069.

6. Denes P, et al. Demonstration of dual nodal pathways in patients with paroxysmal supraventricular tachycardia. Circulation 1973; 48:549.

7. Rosen KM, et al. Demonstration of dual atrioventricular nodal pathways in man. Am J Cardiol 1974; 33:291.

8. Bissett JK, et al. Atrioventricular conduction patterns in patients with paroxysmal supraventricular tachycardia. Am Heart J 1976; 91:287.

9. Wu D, Denes P. Mechanisms of paroxysmal supraventricular tachycardia. Arch Intern Med 1975; 135:437.

10. Denes P, et al. The determinant of atrioventricular nodal reentrance with premature stimulation in patients with dual A-V nodal pathways. Circulation 1977; 56:253.

11. Goldreyer BM, Damato AN. The essential role of atrioventricular conduction delay in the initiation of paroxysmal supraventricular tachycardia. Circulation 1971; 43:679.

12.《石毓澍教授论文选集》1991 年

石毓澍教授论文选集

SHIYUSHUJIAOSHOULUNWENXUANJI

天津医学院著名医学家论文选集编委会

1991年10月

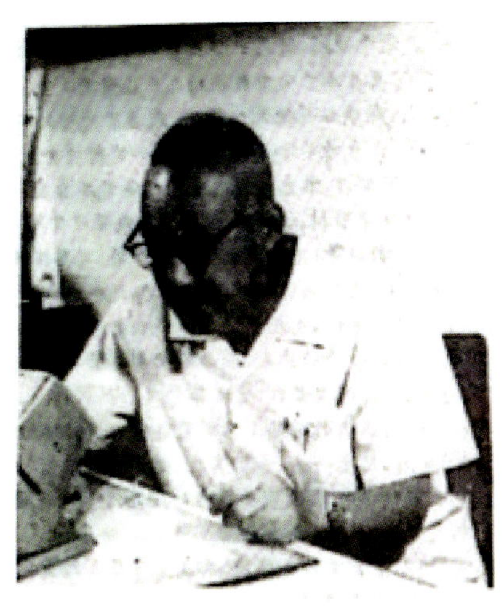

石毓澍教授

作者简介

石毓澍教授原籍天津杨柳青，1918年生于北京。1937—1945年在法国里昂大学医学院学习，毕业并获医学博士学位。1945年回国先后在天津及昆明参加工作。解放后于1951年来天津市总医院，后称天津医学院附属医院任内科主治医师，副主任医师，副教授职务，1957年升为内科学教授。1974年任天津医学院第二附属医院内科主任，后任心脏科主任。1980年创建心血管病研究室，1990年改称为天津心脏病学研究所。

1952年曾参加调查美军细菌战国际委员会工作，参加编著法文版调查书，并赴维也纳、布拉格及东柏林的展览会和记者招待会，揭露细菌战实质。

自1954年按科室安排，从事心血管病专业的研究工作。当年首先在天津倡用单极心电图，1955年在附属医院开展心导管检查术，为心外科工作的开展打下基础。1980年在第二附属医院成立心脏科并开展电生理学检查及起搏器工作，出版《心律失常的诊断与治疗》一书，书中材料皆选自本院病例，对全国临床工作者起到指导作用。1990年石教授等又以自己的材料著成我国第一本《临床心脏电生理学》，并获当年全国科技出版书籍二等奖。

自1978年接受培养研究生任务，先后培养硕士生14名。1981年起被批准为全国首批博士学位授予权的教授，至今已培养毕业的博士4名，尚有数名在培养中。

1978年后为天津市政协常委，1984—1990年被选为中华医学会副会长，中华医学会天津分会会长，历任中华心血管病学会常委，中华心血管病杂志编委，中华内科学会常委，中华内科杂志副主编，天津医药杂志主任委员。1986年被评为天津市劳动模范，1987年为特等劳动模范，并获五一劳动奖章。

1988年辞去行政职务，为天津医学院终身教授。同年法国里昂市政府授予里昂市荣誉市民。

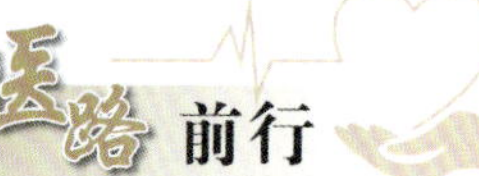

目　录

13. 心电图（这些心电图是石毓澍教授当年撰写论文和著书立说时亲自整理、剪贴的）

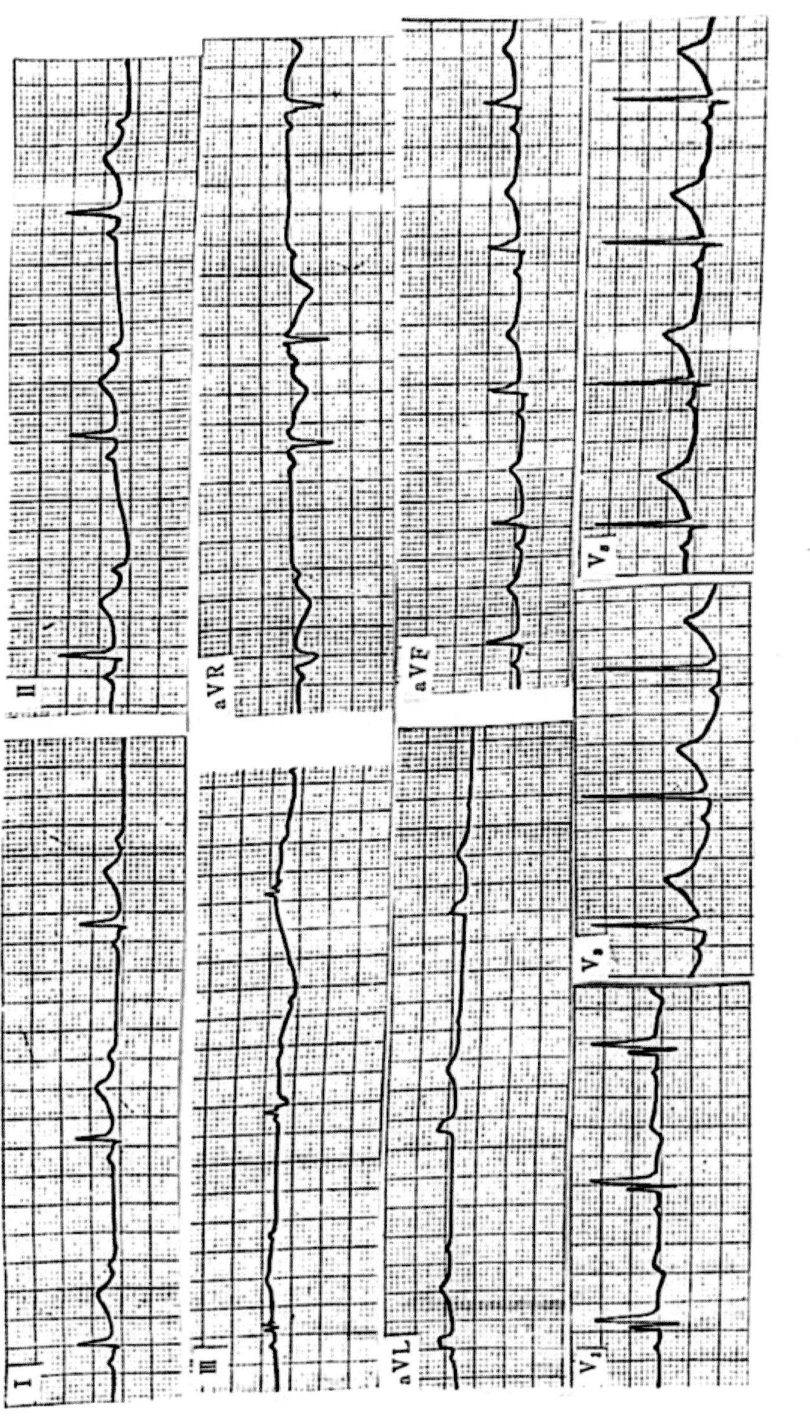

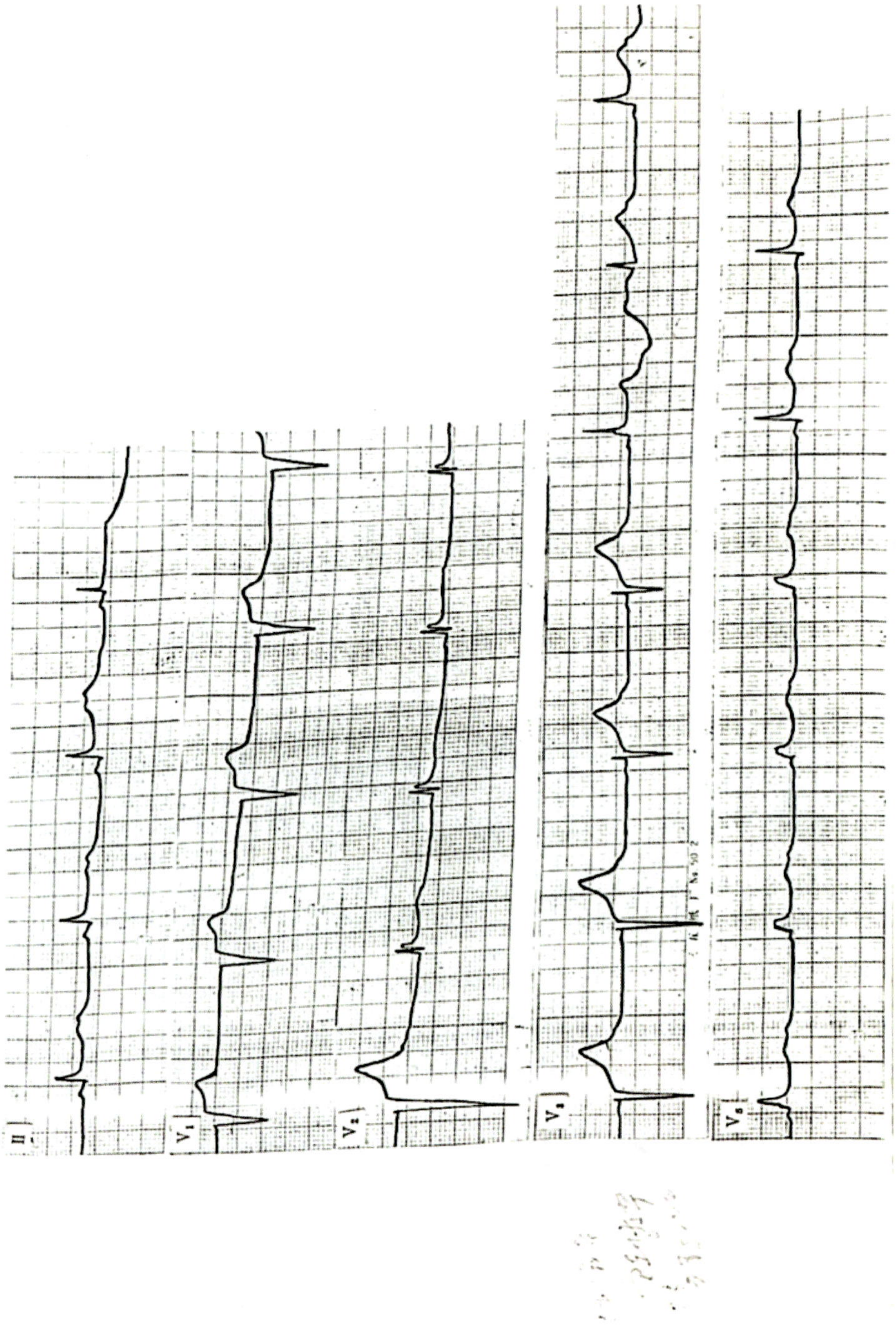

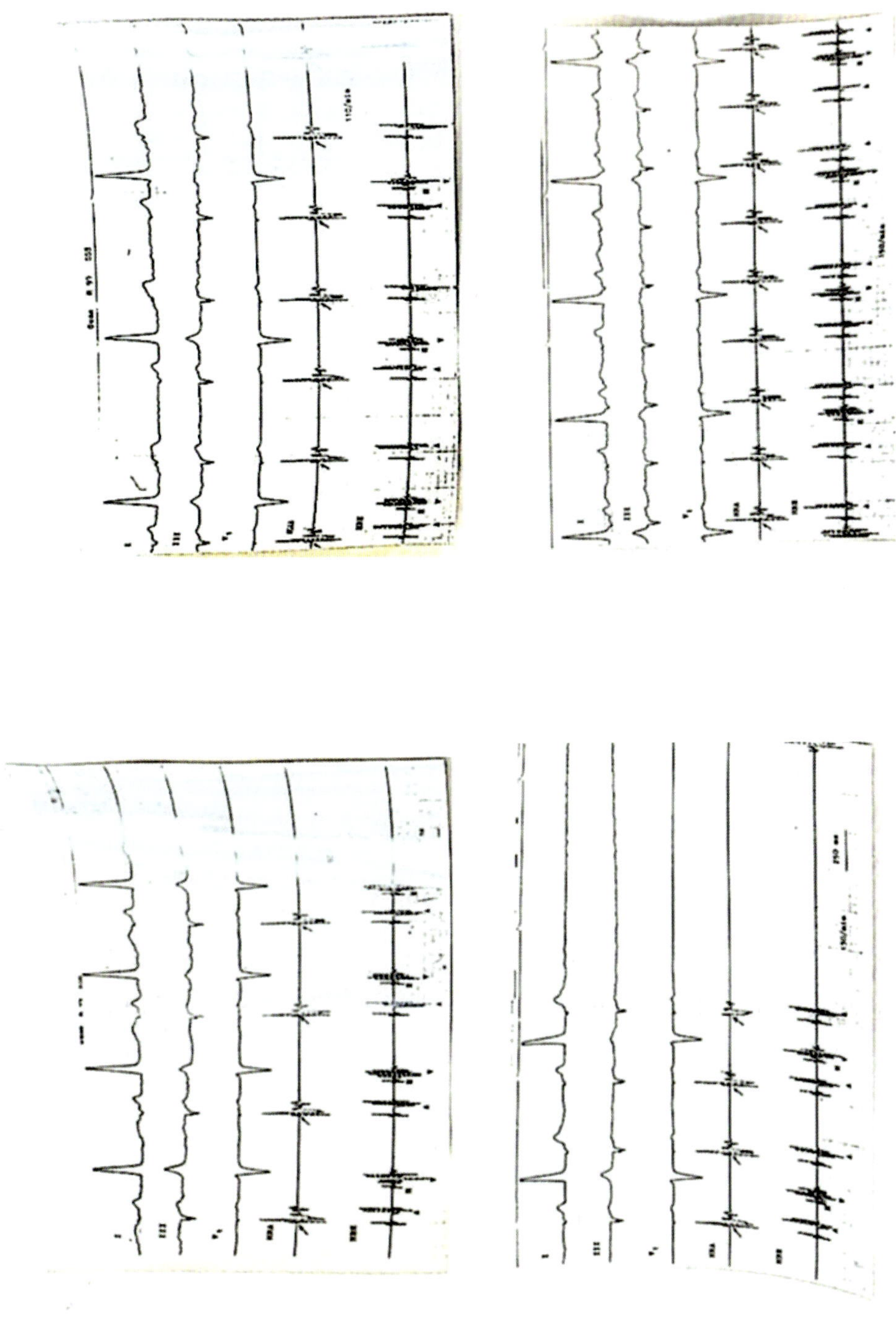

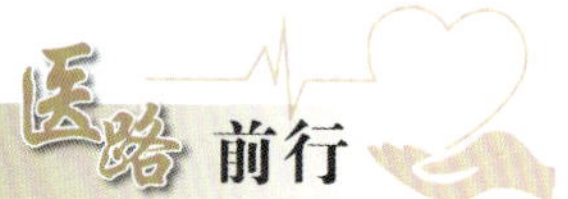

石毓澍教授亲自撰写或指导的论文与著作的部分原件照片

1.《充血性心力衰竭的研究Ⅰ》1963 年

目　錄

論　著

祖国医学

公共卫生学

講　座

綜　述

論　著

充血性心力衰竭的研究

Ⅰ、心力再代償期之水及电解質平衡的观察

石毓澍*　周金台*　黄体鋼*　茅国良**　张桂芝**

自从 Widal 氏(1909年)提出限制食盐可以治疗心力衰竭的浮肿后，几十年来許多学者[1-4]认为在心力衰竭时，腎小球濾过率降低或腎小管再吸收力增强，使鈉瀦留体内，继而引起水的停滯，細胞外液容积增大，最后导致水肿（前向性衰竭学說）。反之，当心脏功能再度代償时，这些現象乃相继消失。

为了了解心力衰竭过程中，水及电解质代謝紊乱的性质以及其在細胞内外分布的变化，我們從本院內科住院治疗的心力衰竭患者中，选择7例进行过八次較完整的水盐平衡观察。茲将結果报告于后。

材料与方法

（1）患者　自本院內科門診及病房中曾选出10例充血性心力衰竭患者进行过11次平衡試驗，其中三次因病人不能合作或病情变重而中途停止；其余7例进行过八次完全的平衡試驗，其中1例〔例（1）〕前后进行过两次观察。

7例中，男2例，女5例；3例为动脉硬化性心脏病（62—73岁），4例为风湿性心脏瓣膜病（50—56岁）。所有患者入院时皆有全身性水肿，靜脉压在200毫米水柱以上，且无明显的腎功能障碍。研究工作系在心脏病房內进行，由专人負責观察。当水肿消退，症状好轉，靜脉压恢复在正常范围时（一般在120毫米水柱以下）便結束試驗。一般观察日数为5—15日。

（2）方法　用平衡方法进行研究。病人于入院后記录詳細病史，体格检查、心电图、靜脉压及各种常規化驗。在試驗开始前洋地黄化，并予特殊定量飲食1—2天，以資适应。

为了便于研究期間飲食比較恒定，并避免过繁的食物分析工作，我們一律給以包括牛奶、鸡蛋、糖及大米构成的特殊飲食（飲水則自由摄取）。这些食物皆經过我們实驗室分析过。

在观察期間，病人除接受洋地黄維持剂量外，例（1）的第Ⅰ观察期，例4、5、6、7皆接受过汞利尿剂（Salyrgan），不少病例按情况給以氯化銨及氯化鉀；例3系用毒毛旋花子素治疗。

每24小时为一代謝日，上午七时記录体重，(秤称的准确度为100克)，每日准确記录液体入量及出量，測定尿及大便的鈉、鉀、氯及氮含量。每日晨空腹不用束臂带取血測血清鈉、鉀、氯及血浆二氧化炭結合力，肌酐及非蛋白氮及尿肌酐，計算出每24小时肌酐清除率。在試驗开始日及結束日測血清水

* 天津医学院附属医院內科教研組
** 河北省医学科学院

有鈉瀦留，但有两例在消肿期出现細胞內鈉代謝为正平衡，两例皆伴有低血鈉症，1例（例6）最后死亡，其机制尚待闡明。

心力恢复期鉀代謝多呈正平衡，只例2为負平衡。在利尿期适当补充鉀盐对心力恢复可有促进作用。

參考文献

① Warren, J. V. and Stead, E. A. Jr.: Fluid dynamics in chronic congestive heart failure. Arch. Int. Med. 73:138, 1944. ② Mokotoff, R. et al: Renal plasma flow and sodium reabsorption and excretion in congestive heart failure. J. Clin. Investig. 27:1, 1948. ③ Newmann, E. V.: Function of the kidney and metabolic changes in cardiac failure. Am. J. Med. 6:470, 1949. ④ Miller, G. E.: Water and electrolyte metabolism in congestive heart failure. Circulation, 4:270, 1951. ⑤ Schales, O. and Schales, S. S.: A simple & accurate method for the determination of chloride in biological fluids, J. Biol. Chemistry 140:879, 1941. ⑥ Brod, J. and Sirota, J. H.: The renal clearence of endogenous "creatinine" in man. J. Clin. Investig. 27:645, 1948. ⑦ Eder, H. A.: In Visscher's Methods in medical reserch. Vol. 4, p. 48. The Year Book Publisher's. Chicago. ⑧ Elkinton, J. R. and Danowski, T. S.: The body fluids. P. 84-86, The Williams & Wilkins Co. Baltimore. 1955. ⑨ Stock, K. J., et al: Congestive heart failure. Variations in electrolyte metabolism with salt restriction and mercurial diuretics. Circulation, 4:54, 1951. ⑩ Darrow, D. C.: Retention of electrolytes during recovery from severe dehydration due to diarrhea. J. Pediat. 28: 515, 1946. ⑪ Iseri, L. T., et al: Water and electrolyte balance during recovery from severe congestive heart failure on a 0.5 mg. sodium diet. Am. Heart J. 40:706, 1950. ⑫ Squires, R. D., et al: The distribution of body fluids in congestive heart failure. III. Exchanges in patients during diuresis. Circulation 4:868, 1951. ⑬ Darrow, D. C., Body fluid physiology: The role of potassium in clinical disturbances of body water and electrolyte. New England J. Med. 242:928, 1014, 1950. ⑭ Blumgart, H. L., et al: Quoted from 12. ⑮ Fabre, J.: Les Oedemes. P. 28, Masson et Cie. Paris. 1959. ⑯ Moore, F. D., et al: Body composition. Total body water and electrolytes, intravascular and extrasecular phase volumes. Metabolism 5: 447, 1956. ⑰ Faber, S. G. and Soberman R. J.: The total body water and total exchangeable sodium in edematous states due to cardiac, renal and hepatic diseases. J. Clin. Investig. 35:779, 1956. ⑱ Miller, G. E.: Electrolyte exchange between body fluid compartments during recovery from congestive heart failure. J. Clin. Investig. 29:836, 1950. ⑲ Iseri, L. T. and Mader, I. J.: Sodium, potassium and magnesium balance during recovery from congestive heart failure due to corpulmonale. J. Clin. Investig. 34:942, 1955. ⑳ Fabre, J., et al: Sur le metabolism des électrolytes dans l'insuffisance cardiaque. Essai d'exploration du milieu cellulaire. Arch. Mal. Coeur. 45:903, 1952. ㉑ Demanet J. O., et al: Quoted from 15. ㉒ Aikawa J. K., et al: Exchangeable potassium content of the body in congestive failure. Circulation 14:1093, 1956. ㉓ Schwartz W. B. and Wallace W. M.: Electrolyte equilibrium during mercurial diuresis. J. Clin. Investig. 30:1089, 1951.

本文图片蒙天津医学院教材科医学摄影室协助摄制，謹致謝忱。

（收稿日期：1963.3.4.）

2.《充血性心力衰竭的研究Ⅱ》1964 年

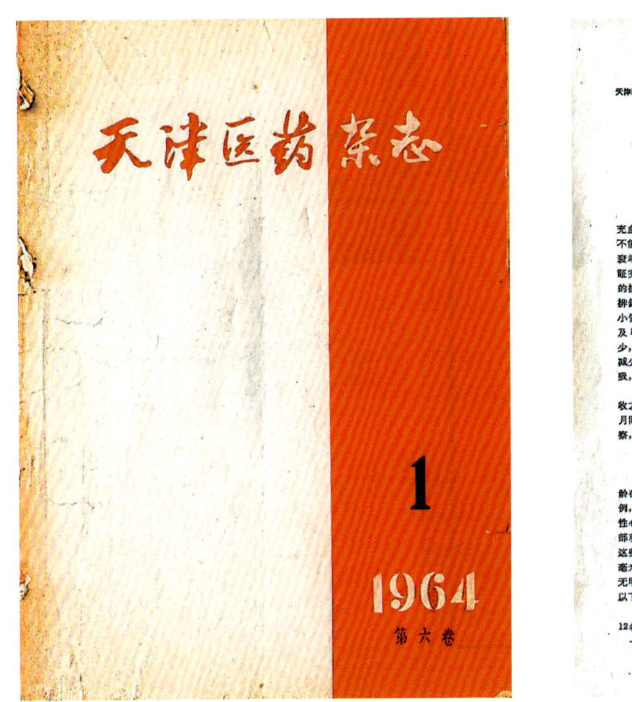

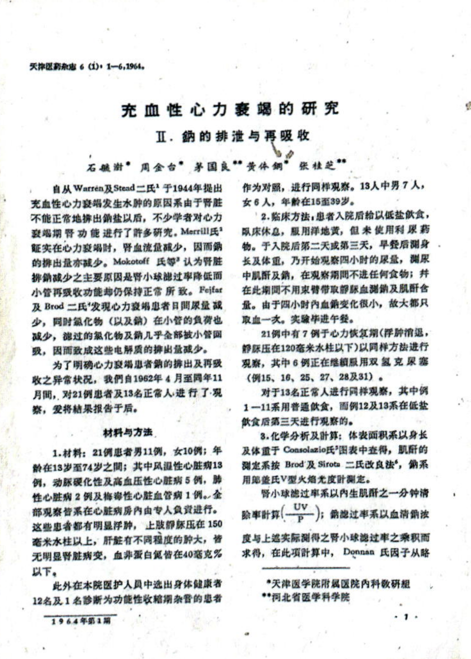

天津医药杂志 6 (1)：1—6，1964。

充血性心力衰竭的研究

Ⅱ. 鈉的排泄与再吸收

石毓澍[*] 周金台[*] 茅国良[**] 黄体鋼[*] 张桂芝[**]

自从Warren及Stead二氏[1]于1944年提出充血性心力衰竭发生水肿的原因系由于肾脏不能正常地排出鈉盐以后，不少学者对心力衰竭期肾功能进行了許多研究。Merrill氏[2]証实在心力衰竭时，肾血流量减少，因而鈉的排出量亦減少。Mokotoff 氏等[3]认为肾脏排鈉减少之主要原因是肾小球滤过率降低而小管再吸收功能却仍保持正常所致。Fejfar 及 Brod 二氏[4]发现心力衰竭患者日間尿量減少，同时氯化物（以及鈉）在小管的負荷也減少，濾过的氯化物及鈉几乎全部被小管回吸，因而致成这些电解质的排出量減少。

为了明确心力衰竭患者鈉的排出及再吸收之异常状况，我們自1962年4月至同年11月間，对21例患者及13名正常人进行了观察，爰将結果报告于后。

材料与方法

1. 材料：21例患者男11例，女10例；年龄在13岁至74岁之間；其中风湿性心脏病13例，动脉硬化性及高血压性心脏病5例，肺性心脏病2例及梅毒性心脏血管病1例。全部观察皆系在心脏病房內由专人負責进行。这些患者都有明显浮肿，上肢靜脉压在150毫米水柱以上，肝脏有不同程度的肿大，皆无明显肾脏病变，血非蛋白氮皆在40毫克%以下。

此外在本院医护人員中选出身体健康者12名及1名診断为功能性收縮期杂音的患者作为对照，进行同样观察。13人中男7人，女6人，年龄在15至39岁。

2. 临床方法：患者入院后給以低盐飲食，臥床休息，服用洋地黄，但未使用利尿葯物。于入院后第二天或第三天，早餐后測身长及体重，乃开始观察四小时的尿量，測尿中肌酐及鈉，在观察期間不进任何食物；并在此期間不用束臂带取靜脉血測鈉及肌酐含量。由于四小时內血鈉变化很小，故大都只取血一次。实驗毕进午餐。

21例中有7例于心力恢复期（浮肿消退，靜脉压在120毫米水柱以下）以同样方法进行观察，其中6例正在継續服用双氢克尿塞（例15、16、25、27、28及31）。

对于13名正常人进行同样观察，其中例1—11系用普通飲食，而例12及13系在低盐飲食后第三天进行观察的。

3. 化学分析及計算：体表面积系以身长及体重于Consolazio氏[5]图表中查得，肌酐的測定系按Brod及Sirota二氏改良法[6]，鈉系用郎executor氏V型火焰光度計測定。

肾小球濾过率系以內生肌酐之一分钟清除率計算$\left(\frac{UV}{P}\right)$；鈉濾过率系以血清鈉浓度与上述实际測得之肾小球濾过率之乘积而求得，在此項計算中，Donnan 氏因子从略

*天津医学院附属医院內科教研組
**河北省医学科学院

1964年第1期 · 1 ·

3.《我们的三十年》2010 年

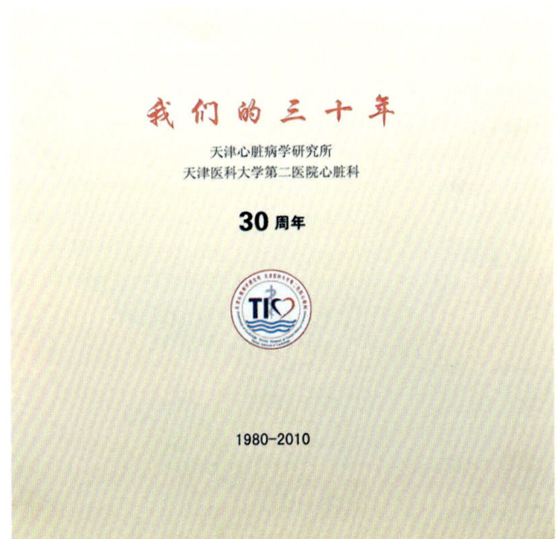

序

三十年，在历史的长河中不过是短短的一瞬间，对一个人来说，可能是从咿呀学语走向而立之年的30年，可能是英俊少年风华正茂创事业走向不惑之年的30年。对一个人来说，这30年，也可能是在对事业努力追求中迈向知天命之年的30年，也可能是承上启下成为事业中坚的30年，也可能是培养后来者完成接力的30年。当然，你的这30年，还可能是老骥伏枥，再创辉煌的30年，或是对你所关注的事业后继有人感到欣慰的30年。

我们学科所走过的30年历程不算太长，但，是不平凡的30年。留在我们记忆中的，或是清晰的，或是模糊的，都已经成为历史。只有这本书留给人们的照片记录了我们的脚步，让我们记住历史。从有些模糊的照片里我们追忆过去，正视现在，展望未来。30年来所改变的，是我们成长壮大的年轮，是你的白发；不变的只有我们对事业的执著追求和我们踏实做事的科学精神。30年来我们欣慰的是后来者的蓬勃朝气。

作为我们学科建设和发展的30年，有值得我们感到自豪的，也有我们应该思索的和我们不懈追求的。这本收集学科30年历史的生动图集，让我们思考，给我们启迪。我们每个人都是这条道路上的一个小石子，但每个石子铺就了我们今天的大道。我们记住的是每个人的贡献和音容，忘却的是你曾经的荣耀。

这本图集见证了我们的过去，彰显我们的现在，鞭策我们的未来。希望这本图片集，能够留住历史，留住记忆，留住音容，也留下你的思考和感悟。

作序　石毓澍　2009年12月01日于 澳京 堪培拉
李广平　2010年01月01日于 中国　天津

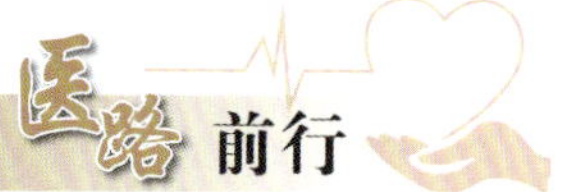

4.《我们的四十年》2020 年

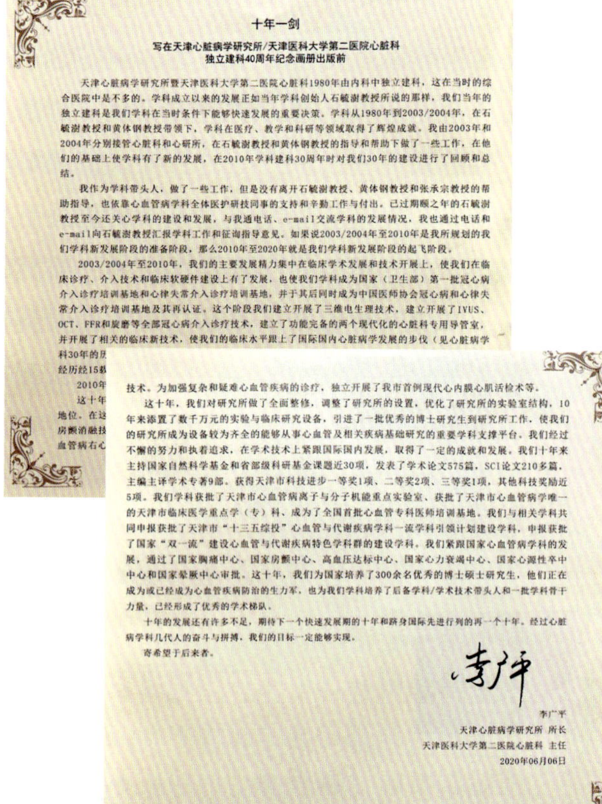

十年一剑

写在天津心脏病学研究所/天津医科大学第二医院心脏科
独立建科40周年纪念画册出版前

天津心脏病学研究所暨天津医科大学第二医院心脏科1980年由内科中独立建科，这在当时的综合医院中是不多的。学科成立以来的发展正如当年学科创始人石毓澍教授所说的那样，我们当年的独立建科是我们学科在当时条件下能够快速发展的重要决策。学科从1980年到2003/2004年，在石毓澍教授和黄体钢教授带领下，学科在医疗、教学和科研等领域取得了辉煌成就。我由2003年和2004年分别接管心脏科和心研所，在石毓澍教授和黄体钢教授的指导和帮助下做了一些工作，在他们的基础上使学科有了新的发展，在2010年学科建科30周年时对我们30年的建设进行了回顾和总结。

我作为学科带头人，做了一些工作，但是没有离开石毓澍教授、黄体钢教授和张承宗教授的帮助指导，也依靠心血管病学科全体医护研技同事的支持和辛勤工作与付出。已过期颐之年的石毓澍教授至今还关心学科的建设和发展，与我通电话、e-mail交流学科的发展情况，我也通过电话和e-mail向石毓澍教授汇报学科工作和征询指导意见。如果说2003/2004年至2010年是我所规划的我们学科新发展阶段的准备阶段，那么2010年至2020年就是我们学科新发展阶段的起飞阶段。

2003/2004年至2010年，我们的主要发展精力集中在临床学术发展和技术开展上，使我们在临床诊疗、介入技术和临床软硬件建设上有了发展，也使我们学科成为国家（卫生部）第一批冠心病介入诊疗培训基地和心律失常介入诊疗培训基地，并于其后同时成为中国医师协会冠心病和心律失常介入诊疗培训基地及其再认证。这个阶段我们建立开展了三维电生理技术，建立开展了IVUS、OCT、FFR和旋磨等全部冠心病介入诊疗技术，建立了功能完备的两个现代化的心脏科专用导管室，并开展了相关的临床新技术，使我们的临床水平跟上了国际国内心脏病学发展的步伐（见心脏病学科30年的历……

经历经15载……

2010年……

这十年……地位。在这……房颤消融技……血管病右心……技术。为加强复杂和疑难心血管疾病的诊疗，独立开展了我市首例现代心内膜心肌活检术等。

这十年，我们对研究所做了全面整修，调整了研究所的设置，优化了研究所的实验室结构，10年来添置了数千万元的实验与临床研究设备，引进了一批优秀的博士研究生到研究所工作，使我们的研究所成为设备较为齐全的能够从事心血管及相关疾病基础研究的重要学科支撑平台。我们经过不懈的努力和执着追求，在学术技术上紧跟国际国内发展，取得了一定的成就和发展。我们十年来主持国家自然科学基金和省部级科研基金课题近30项，发表了学术论文575篇，SCI论文210多篇，主编主译学术专著9部。获得天津市科技进步一等奖1项、二等奖2项、三等奖1项，其他科技奖励近5项。我们学科获批了天津市心血管病离子与分子机能重点实验室、获批了天津市心血管病学唯一的天津市临床医学重点学（专）科、成为了全国首批心血管专科医师培训基地。我们与相关学科共同申报获批了天津市“十三五综投”心血管与代谢疾病学科一流学科引领计划建设学科，申报获批了国家“双一流”建设心血管与代谢疾病特色学科群的建设学科。我们紧跟国家心血管病学科的发展，通过了国家胸痛中心、国家房颤中心、高血压达标中心、国家心力衰竭中心、国家心源性卒中中心和国家晕厥中心审批。这十年，我们为国家培养了300余名优秀的博士硕士研究生，他们正在成为或已经成为心血管疾病防治的生力军，也为我们学科培养了后备学科/学术技术带头人和一批学科骨干力量，已经形成了优秀的学术梯队。

十年的发展还有许多不足，期待下一个快速发展期的十年和跻身国际先进行列的再一个十年。经过心脏病学科几代人的奋斗与拼搏，我们的目标一定能够实现。

寄希望于后来者。

李广平

天津心脏病学研究所 所长

天津医科大学第二医院心脏科 主任

2020年06月06日

5.《冠心病》1981 年

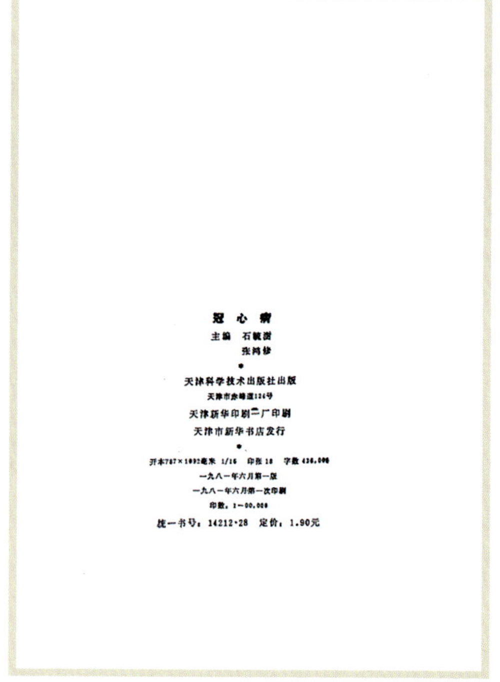

冠 心 病

主编 石毓澍

张鸿修

●

天津科学技术出版社出版

天津市赤峰道124号

天津新华印刷二厂印刷

天津市新华书店发行

●

开本787×1092毫米 1/16 印张18 字数436,000

一九八一年六月第一版

一九八一年六月第一次印刷

印数：1—[illegible]

统一书号：14212·28 定价：1.90元

6.《心律失常的诊断与治疗》1980 年第一版、1987 年第二版

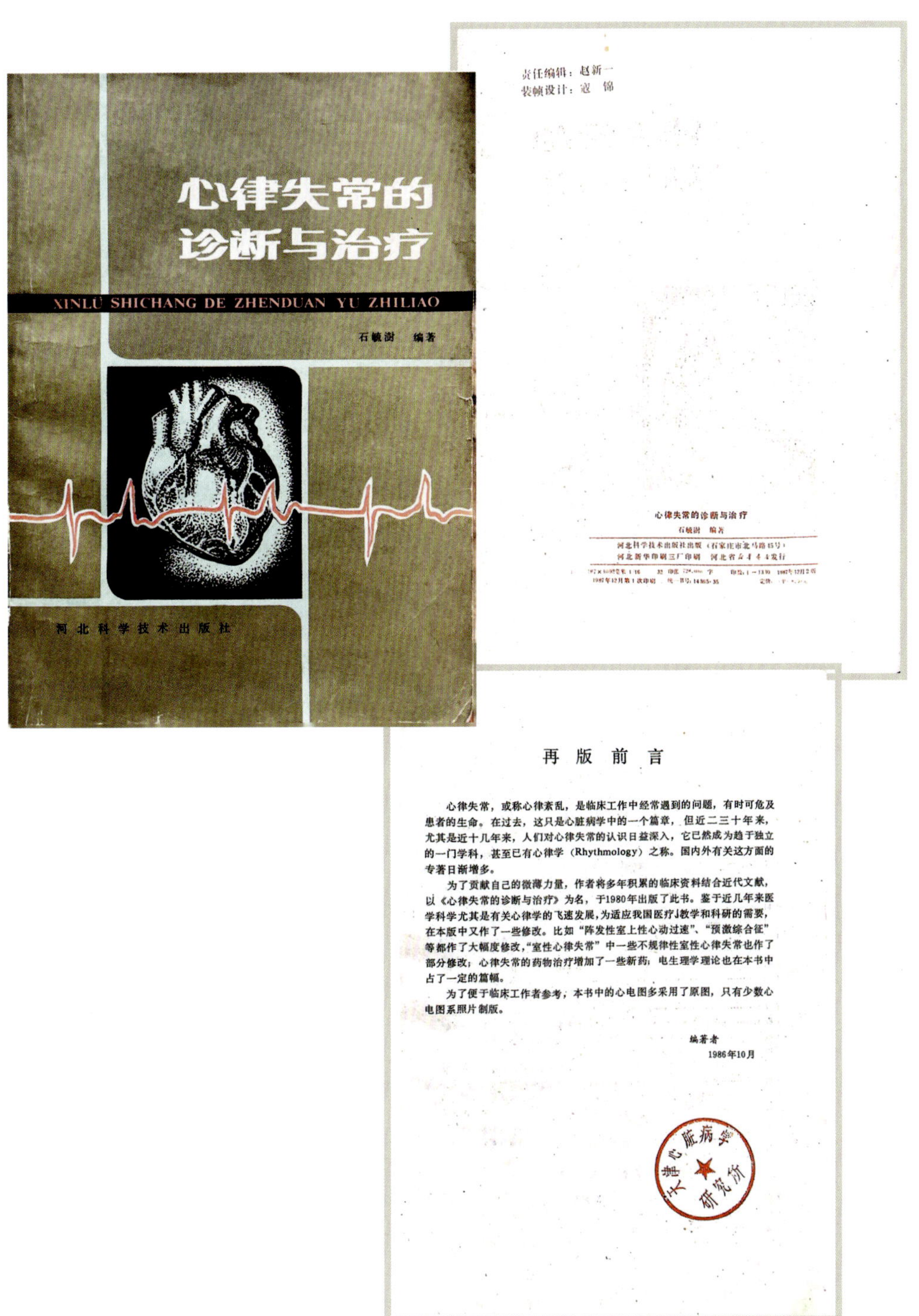

责任编辑：赵新一
装帧设计：寇　锦

心律失常的诊断与治疗
石毓澍　编著
河北科学技术出版社出版（石家庄市北马路45号）
河北新华印刷三厂印刷　河北省新华书店发行

再版前言

心律失常，或称心律紊乱，是临床工作中经常遇到的问题，有时可危及患者的生命。在过去，这只是心脏病学中的一个篇章，但近二三十年来，尤其是近十几年来，人们对心律失常的认识日益深入，它已然成为趋于独立的一门学科，甚至已有心律学（Rhythmology）之称。国内外有关这方面的专著日渐增多。

为了贡献自己的微薄力量，作者将多年积累的临床资料结合近代文献，以《心律失常的诊断与治疗》为名，于1980年出版了此书。鉴于近几年来医学科学尤其是有关心律学的飞速发展，为适应我国医疗J教学和科研的需要，在本版中又作了一些修改。比如“阵发性室上性心动过速”、“预激综合征”等都作了大幅度修改，“室性心律失常”中一些不规律性室性心律失常也作了部分修改；心律失常的药物治疗增加了一些新药；电生理学理论也在本书中占了一定的篇幅。

为了便于临床工作者参考，本书中的心电图多采用了原图，只有少数心电图系照片制版。

编著者

1986年10月

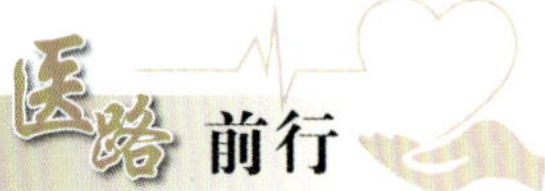

7.《冠心病》1988 年

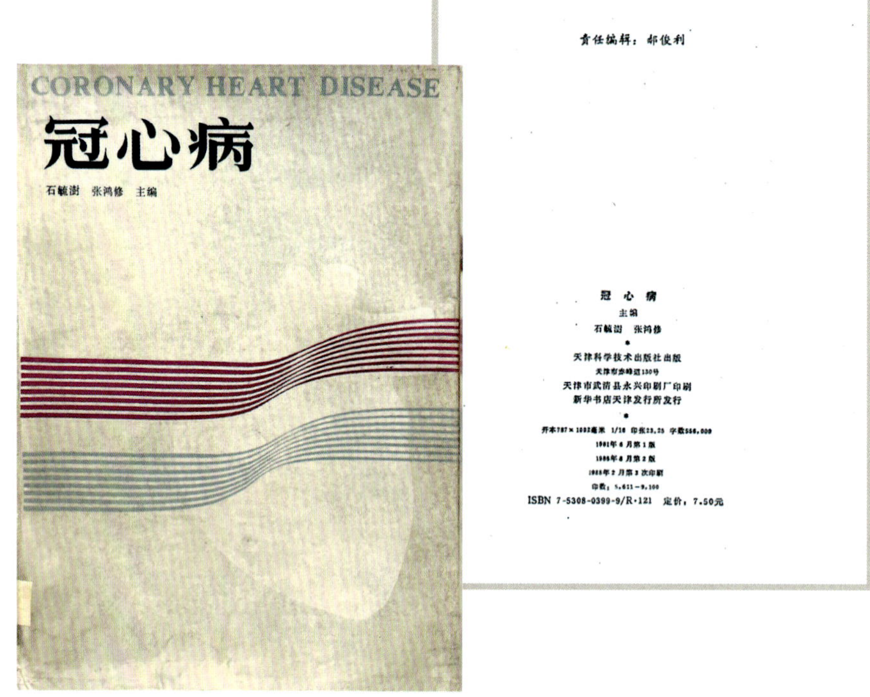

责任编辑：邮俊利

冠 心 病
主编
石毓澍 张鸿修
•
天津科学技术出版社出版
天津市赤峰道130号
天津市武清县永兴印刷厂印刷
新华书店天津发行所发行
•
开本787×1092毫米 1/16 印张23.25 字数556,000
1981年6月第1版
1986年8月第2版
1988年2月第3次印刷
印数：5,611－9,100
ISBN 7-5308-0399-9/R·121 定价：7.50元

8.《临床心脏电生理学》1989 年

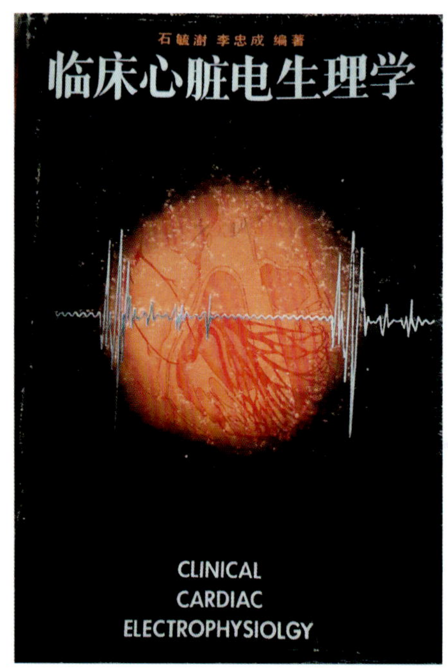

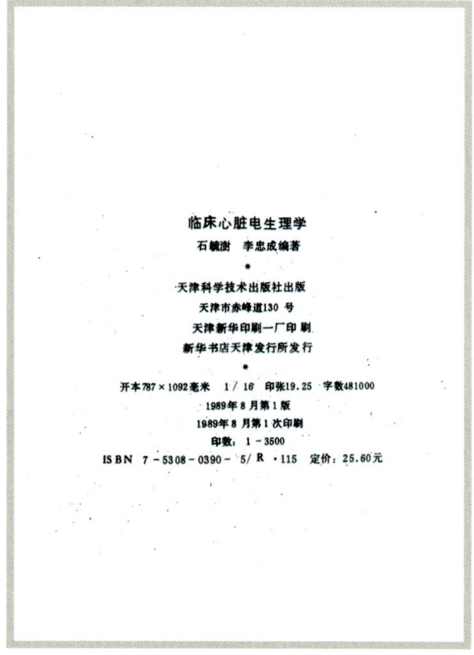

临床心脏电生理学
石毓澍 李忠成编著
•
天津科学技术出版社出版
天津市赤峰道130 号
天津新华印刷一厂印刷
新华书店天津发行所发行
•
开本787×1092毫米 1/16 印张19.25 字数481000
1989年8月第1版
1989年8月第1次印刷
印数：1－3500
ISBN 7－5308－0390－5/R·115 定价：25.60元

9.《人体循环系统与麻醉学》1994 年

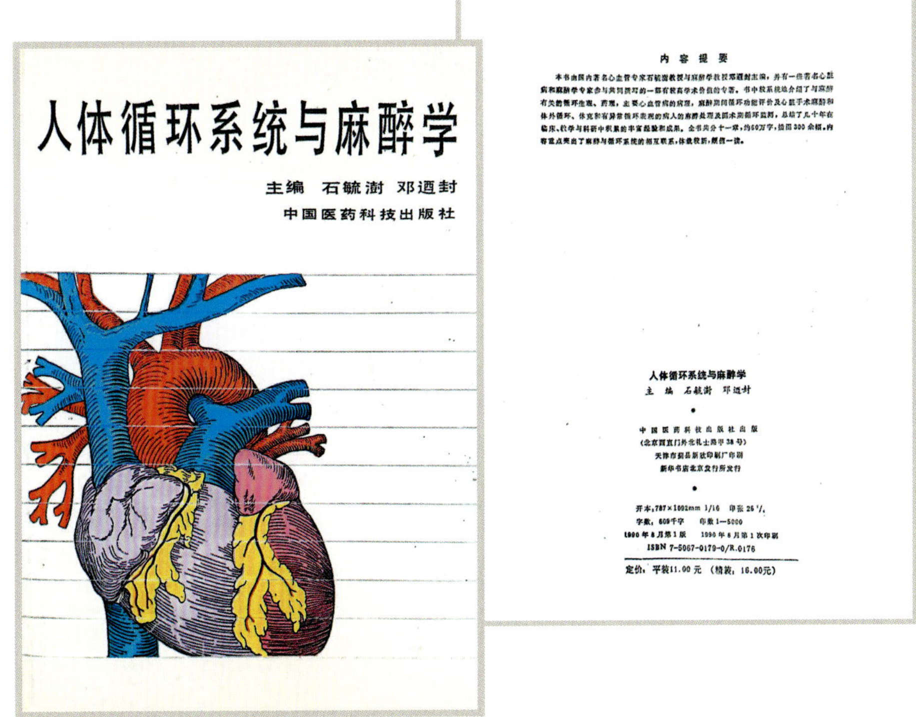

人体循环系统与麻醉学

主编 石毓澍 邓迺封

中国医药科技出版社

内 容 提 要

本书由国内著名心血管专家石毓澍教授与麻醉学教授邓迺封主编，并有一些著名心脏病和麻醉学专家参与共同撰写的一部有较高学术价值的专著。书中较系统地介绍了与麻醉有关的循环生理、药理，主要心血管病的病理，麻醉期间循环功能评价及心脏手术麻醉和体外循环、休克和有异常循环表现的病人的麻醉处理及围术期循环监测，总结了几十年在临床、教学与科研中积累的丰富经验和成果。全书共分十一章，约60万字，插图300余幅，内容重点突出了麻醉与循环系统的相互联系，体裁较新，颇值一读。

人体循环系统与麻醉学
主 编 石毓澍 邓迺封

中国医药科技出版社出版
（北京西直门外北礼士路甲38号）
天津市蓟县新欣印刷厂印刷
新华书店北京发行所发行

开本：787×1092mm 1/16 印张 26 1/4
字数：609千字 印数 1—5000
1990 年 8 月第 1 版 1990 年 8 月第 1 次印刷
ISBN 7-5067-0179-0/R.0176

定价：平装11.00 元（精装：16.00元）

10.《临床心律学》1995 年

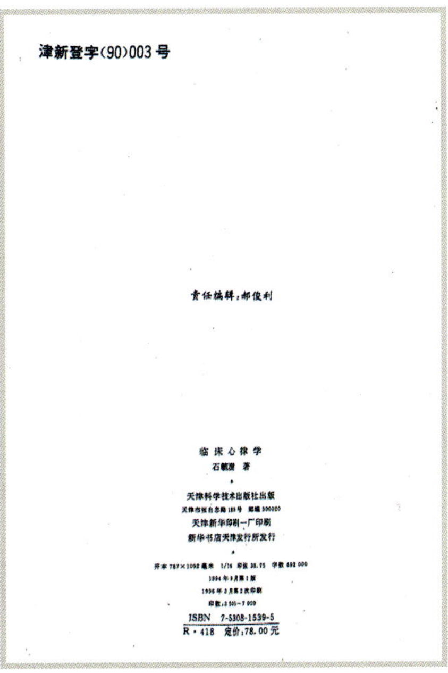

津新登字(90)003 号

责任编辑：郝俊利

临 床 心 律 学
石毓澍 著

天津科学技术出版社出版
天津市张自忠路189号 邮编300020
天津新华印刷一厂印刷
新华书店天津发行所发行

开本 787×1092 毫米 1/16 印张 35.75 字数 892 000
1994 年 3 月第 1 版
1996 年 3 月第 2 次印刷
印数：3 501～7 000
ISBN 7-5308-1539-5
R·418 定价：78.00 元

11.《心脏电生理学进展》1990 年

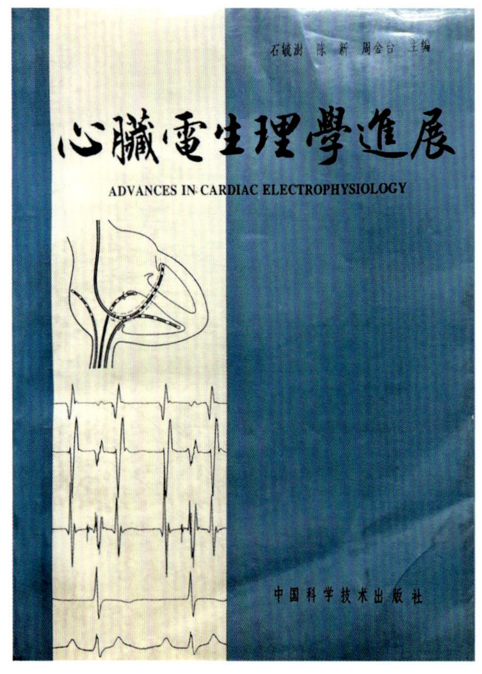

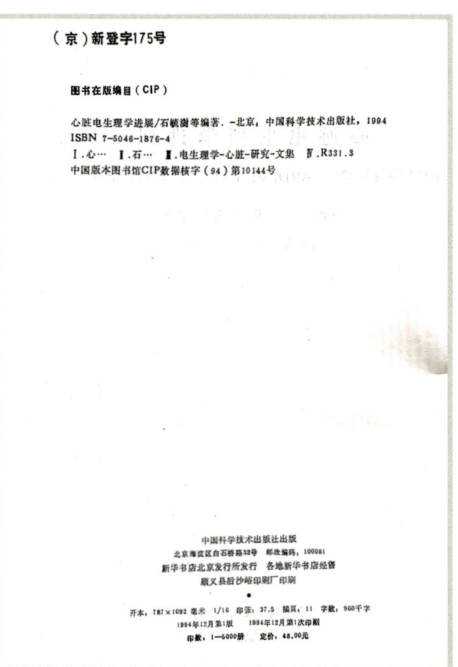
（京）新登字175号

图书在版编目（CIP）

心脏电生理学进展/石毓澍等编著. -北京：中国科学技术出版社，1994
ISBN 7-5046-1876-4
Ⅰ.心… Ⅱ.石… Ⅲ.电生理学-心脏-研究-文集 Ⅳ.R331.3
中国版本图书馆CIP数据核字（94）第10144号

中国科学技术出版社出版
北京海淀区白石桥路32号 邮政编码：100081
新华书店北京发行所发行 各地新华书店经售
顺义县后沙峪印刷厂印刷
•
开本：787×1092 毫米 1/16 印张：37.5 插页：11 字数：960千字
1994年12月第1版 1994年12月第1次印刷
印数：1—5000册 定价：48.00元

12.《导管消融治疗学》1996 年

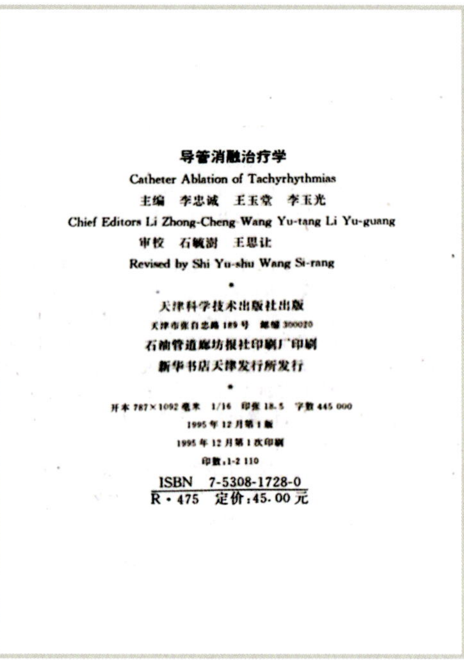
导管消融治疗学
Catheter Ablation of Tachyrhythmias
主编 李忠诚 王玉堂 李玉光
Chief Editors Li Zhong-Cheng Wang Yu-tang Li Yu-guang
审校 石毓澍 王思让
Revised by Shi Yu-shu Wang Si-rang
•
天津科学技术出版社出版
天津市张自忠路 189 号 邮编 300020
石油管道廊坊报社印刷厂印刷
新华书店天津发行所发行
•
开本 787×1092 毫米 1/16 印张 18.5 字数 445 000
1995 年 12 月第 1 版
1995 年 12 月第 1 次印刷
印数：1-2 110
ISBN 7-5308-1728-0
R·475 定价：45.00 元

13.《实用冠心病学》1995 年

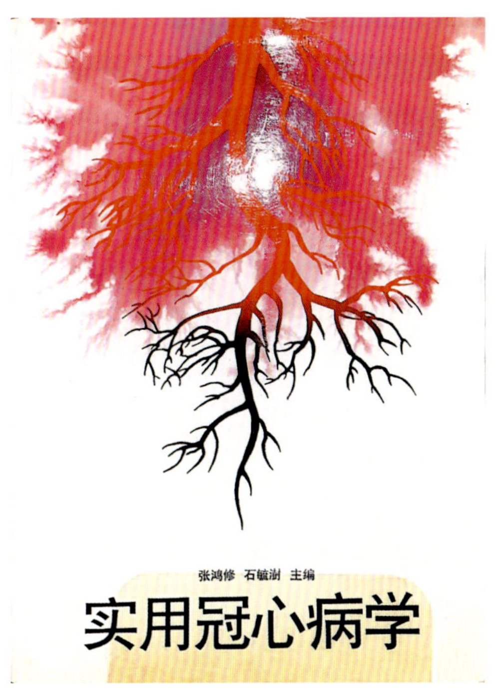

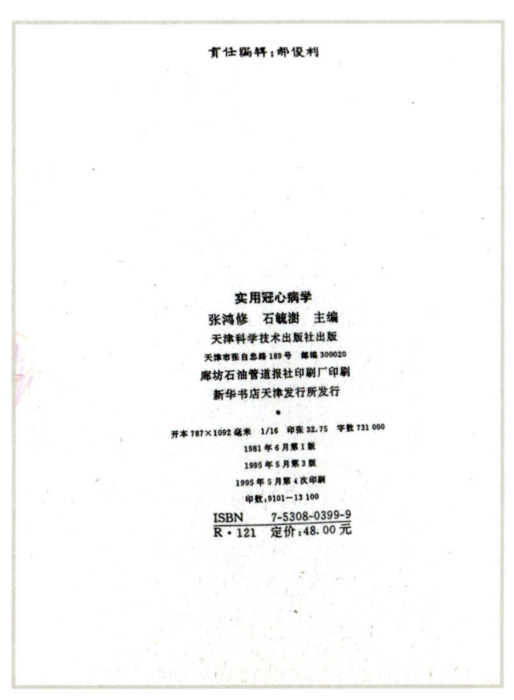
责任编辑：郝仪利

实用冠心病学
张鸿修　石毓澍　主编
天津科学技术出版社出版
天津市张自忠路 189 号　邮编 300020
廊坊石油管道报社印刷厂印刷
新华书店天津发行所发行

开本 787×1092 毫米　1/16　印张 32.75　字数 731 000
1981 年 6 月第 1 版
1995 年 5 月第 3 版
1995 年 5 月第 4 次印刷
印数：9101—13 100
ISBN　7-5308-0399-9
R・121　定价：48.00 元

14.《2005 年首届海河之滨全国心脏病学进展学术会议论文汇编》2005 年

15.《2006 年第二届海河之滨全国心脏病学进展学术会议论文汇编》2006 年

16.《2007 年第三届海河之滨心脏病学会议论文汇编》2007 年

17.《2008 年第四届海河之滨心脏病学会议论文汇编》2008 年

18.《2009 年第五届海河之滨心脏病学会议论文汇编》2009 年

19.《2010 年第六届海河之滨心脏病学会议论文汇编》2010 年

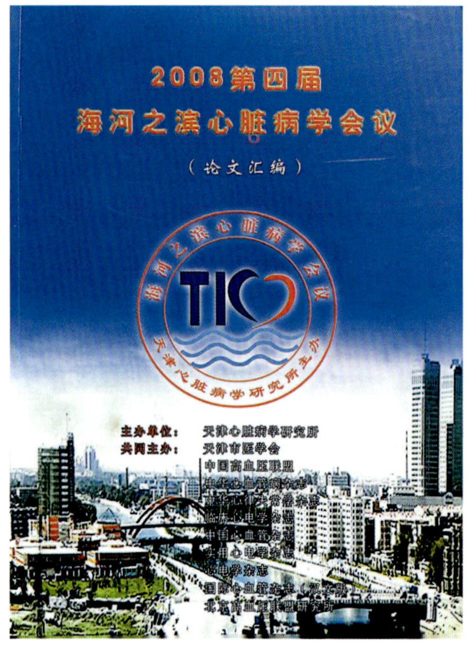

20.《2011 年第七届海河之滨心脏病学会议论文汇编》2011 年

21.《2012 年第八届海河之滨心脏病学会议论文汇编》2012 年

22.《2013 年第九届海河之滨心脏病学会议论文汇编》2013 年

23.《2014 年第十届海河之滨心脏病学会议论文汇编》2014 年

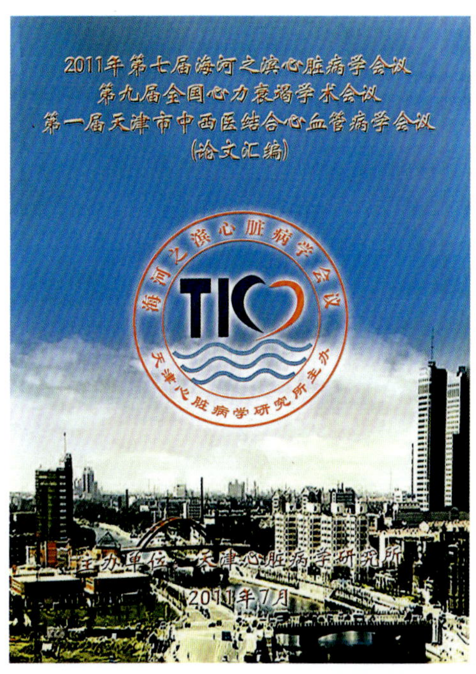

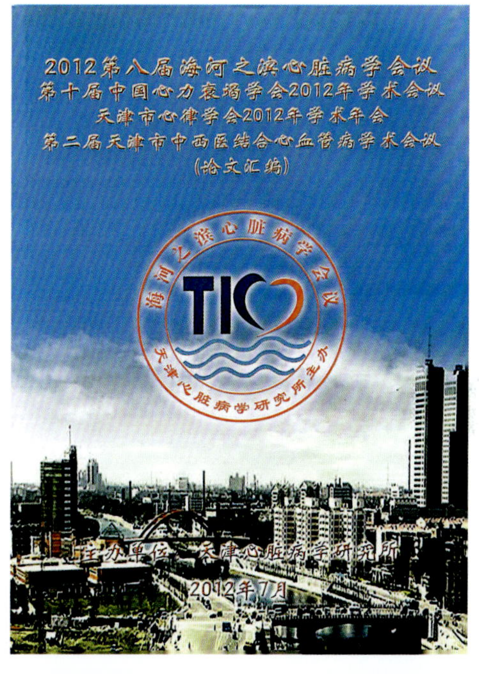

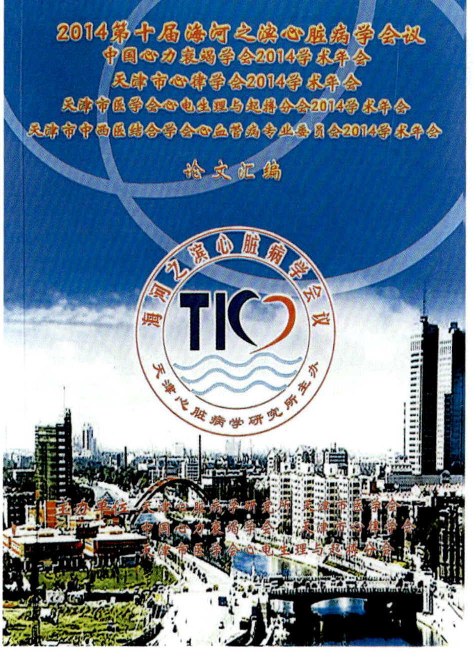

24.《2015 年第十一届海河之滨心脏病学会议论文汇编》2015 年

25.《2016 年第十二届海河之滨心脏病学会议论文汇编》2016 年

26.《2017 年第十三届海河之滨心脏病学会议论文汇编》2017 年

27.《2018 年第十四届海河之滨心脏病学会议论文汇编》2018 年

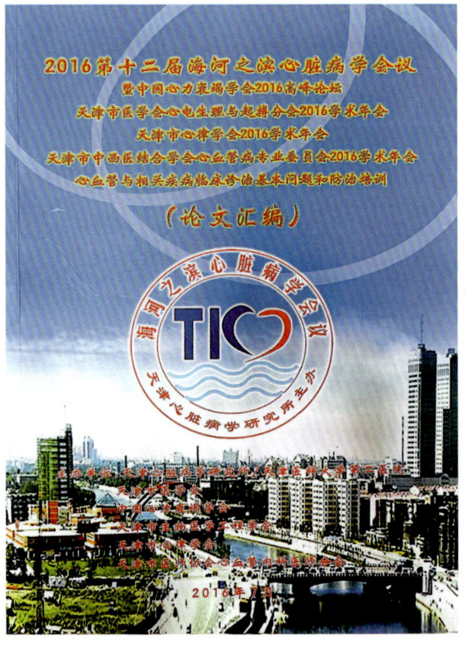

28.《2019 年第十五届海河之滨心脏病学会议论文汇编》2019 年

29.《2020 年第十六届海河之滨心脏病学会议论文汇编》2020 年

30.《2021 年第十七届海河之滨心脏病学会议论文汇编》2021 年

31.《2022 年第十八届海河之滨心脏病学会议论文汇编》2022 年

32.《2023 年第十九届海河之滨心脏病学会议论文汇编》2023 年

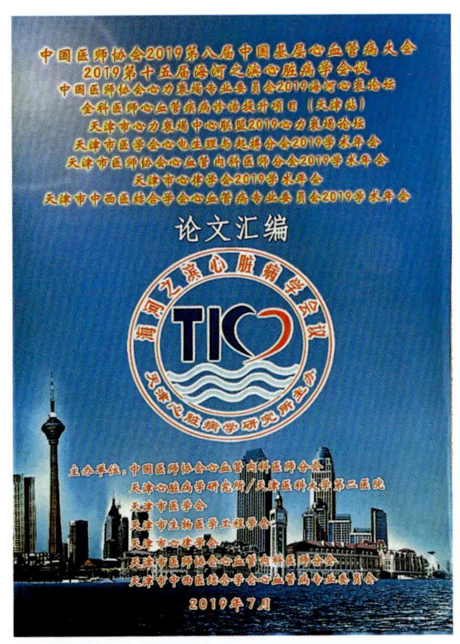

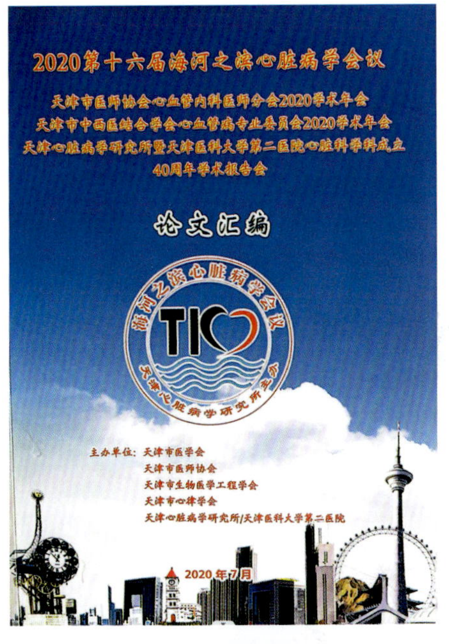

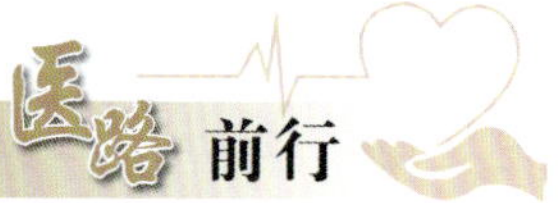

33.《实用冠心病学（第四版）》2005 年

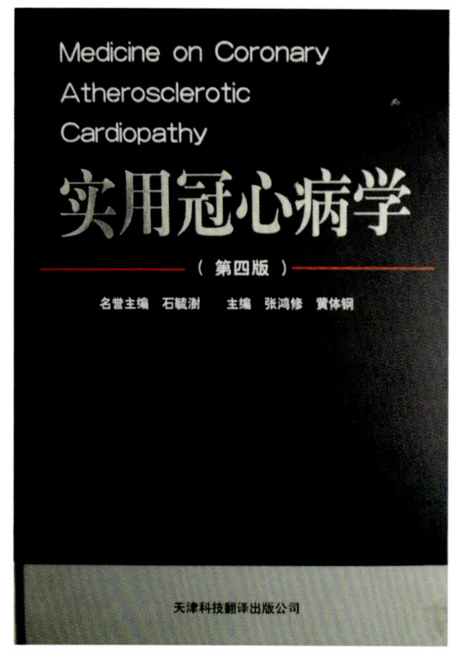

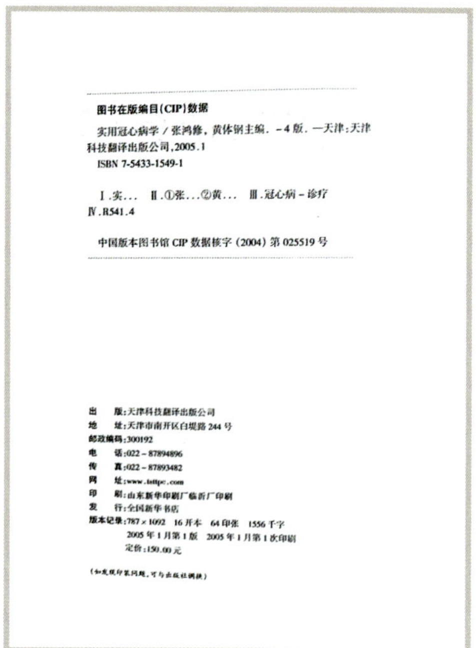
图书在版编目(CIP)数据

实用冠心病学/张鸿修，黄体钢主编．–4版．—天津:天津科技翻译出版公司,2005.1

ISBN 7-5433-1549-1

Ⅰ.实...　Ⅱ.①张...②黄...　Ⅲ.冠心病–诊疗

Ⅳ.R541.4

中国版本图书馆 CIP 数据核字（2004）第 025519 号

出　　版:天津科技翻译出版公司
地　　址:天津市南开区白堤路 244 号
邮政编码:300192
电　　话:022–87894896
传　　真:022–87893482
网　　址:www.tsttpc.com
印　　刷:山东新华印刷厂临沂厂印刷
发　　行:全国新华书店
版本记录:787×1092　16 开本　64 印张　1556 千字
2005 年 1 月第 1 版　2005 年 1 月第 1 次印刷
定价:150.00 元

（如发现印装问题，可与出版社调换）

34.《天津心脏病学研究所 30 年学术论文集》2010 年

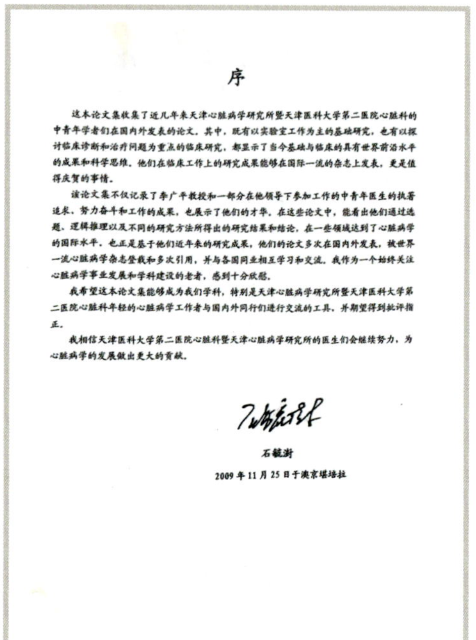

序

这本论文集收集了近几年来天津心脏病学研究所暨天津医科大学第二医院心脏科的中青年学者们在国内外发表的论文。其中，既有以实验室工作为主的基础研究，也有以探讨临床诊断和治疗问题为重点的临床研究，都显示了当今基础与临床的具有世界前沿水平的成果和科学思维。他们在临床工作上的研究成果能够在国际一流的杂志上发表，更是值得庆贺的事情。

该论文集不仅记录了李广平教授和一部分在他领导下参加工作的中青年医生的执著追求、努力奋斗和工作的成果，也展示了他们的才华。在这些论文中，能看出他们通过选题、逻辑推理以及不同的研究方法所得出的研究结果和结论，在一些领域达到了心脏病学的国际水平。也正是基于他们近年来的研究成果，他们的论文多次在国内外发表，被世界一流心脏病学杂志登载和多次引用，并与各国同业相互学习和交流。我作为一个始终关注心脏病学事业发展和学科建设的老者，感到十分欣慰。

我希望这本论文集能够成为我们学科，特别是天津心脏病学研究所暨天津医科大学第二医院心脏科年轻的心脏病学工作者与国内外同行们进行交流的工具，并期望得到批评指正。

我相信天津医科大学第二医院心脏科暨天津心脏病学研究所的医生们会继续努力，为心脏病学的发展做出更大的贡献。

石毓澍

2009 年 11 月 25 日于澳京堪培拉

再创辉煌的天津心脏病学研究所暨天津医科大学第二医院心脏科

天津心脏病学研究所、天津医科大学第二医院心脏科　李广平

近几年，天津医科大学第二医院心脏病学科取得了飞快的发展。近年来，我们坚持了学术与技术的共同发展，坚持循证医学，贯彻落实心血管指南，严格心血管诊疗适应症，我们规范技术操作，强调临床综合预防与治疗相结合，注重心血管疾病危险因素预防，坚持走学科发展和创新之路。

回顾过去，我们有过辉煌的历史：70年代初在国内最早开展心脏起搏器安装术；1980年在国内最早开展了室上性心动过速等心律失常的电生理学检查和窦房结心电图记录工作；1983年在我市开展了第1例冠状动脉造影术；率先在国内开展了急性心肌梗死静脉和冠状动脉内溶栓治疗；1991年在天津最早开展了室上性心动过速的射频消融治疗和心脏病瓣膜病的介入治疗，1992年在我市最早开展了经皮冠状动脉腔内成型术（PTCA）；1993年开展特发性室性心动过速的射频消融术；1994年开展了冠脉内斑块旋磨术和冠脉内支架置入术。辉煌已经成为历史，我们面向未来。

2005年，医院新住院部大楼启用，为各学科的发展建立了更新、更好的平台。我们学科经过近5年的建设，学科的硬件条件已经达到国内的领先水平。目前已拥有最先进的冠脉血管内超声系统（IVUS）、光学相干成像系统（OCT）、冠状动脉旋磨设备、压力导丝系统（FFR）、主动脉内球囊反搏系统（IABP）和EnSite 3000系统、先进的多导生理记录仪、三维实时经胸与经食道心脏彩色多普勒超声心动仪、最新型的X光造影机和中央监护系统。

我们学科2009年介入诊治质量和数量都有了长足的进步，CTO病变、左主干病变、前三叉病变、后三叉病变、弥漫性病变、严重钙化病变和扭曲成角病变的处理都上了一个新的台阶。自2004年以来，我们开展了心室同步化治疗（CRT-P、CRT-D），直入式电复律除颤器（ICD）等技术，开展了心房扑动/心房颤动的射频消融工作，随后成功开展了心肌梗死后室性心动过速、室性早搏、房性心动过速等心律失常的消融工作。近年来，我们开展了干细胞移植治疗心肌梗死和心力衰竭的临床治疗工作和基础临床研究工作，开展了肥厚型心肌病的室间隔化学消融、先天性心脏病和瓣膜病的介入治疗、外周血管疾病的介入治疗等。2009年我科室收治病人总数在我院名列第一，完成介入诊疗3000余例次。2008年我学科被卫生部命名为首批全国冠心病介入诊疗培训基地和全国心律失常介入诊疗培训基地。

在科学研究和人才培养上，我学科临床一线的副高级以上的专业技术人员全部具有第一学历的博士学位或博士后，目前仍有博士和博士后在国外学习和工作。我们学科的临床医生中，具有第一学历博士学位的占80%以上。目前，我学科在学博士、硕士研究生近70人，每年都有高质量的研究生毕业走向全国的各个医疗、科研岗位，成为或正在成为学科的骨干力量。

近几年来，我门学科在国外的学术杂志上发表SCI收录的论文40余篇，其中包括全文发表在影响因子较高的JACC（Journal of American College of Cardiology）和Circulation等杂志上的研究论文。迄今，这些研究论文已经被国外学者引用数十次，仅2009年我学科就在国外发表SCI文章14篇。近年来，我学科共取得科研成果20余项，承担国家等各级科研课题20余项，主持和参与国家各种科研计划、循证医学和多中心临床试验、临床药物研究项目30余项。我学科的专家教授在国内外多个学术机构任职，包括中华医学会专科学会的副主任委员、杂志副主编和编委、学会的常委/或委员等任职共计30余个，积极参与了我国心脏病学事业的发展，为推动我国的心血管病学事业做出了应有的贡献。

2009年，我学科成功主办了第五届海河之滨心脏病学会议，与会专家代表1000余人，并举行了Cordis病例研讨会、美敦力学院揭牌活动、主办2009中美心血管病介入诊断与治疗高峰论坛等学术会议。2010年第六届海河之滨心脏病学会议将于7月8日至7月11日在美丽的滨海城市天津开幕，届时将有来自全国各地的医学同道和专家教授莅临会议。历届海河之滨心脏病学会议得到了我市和全国各地专家教授的大力支持，石毓澍、方圻、傅世英、陈灏珠、刘力生、顾复生、周金台、高润霖、胡大一、王方正、郭继鸿等国内外知名专家教授主持会议、做学术报告和学术指导，一大批活跃在国内外的优秀中青年学者来津授课，使历届海河之滨心脏病学会议取得了圆满成功。在过去的一年里，我们邀请了来自美国、台湾、韩国、日本、意大利、希腊等国家和地区的多名专家讲学和手术交流，我们学科的学术骨干参加国内外各种学术会议百余人次，主持国内和国际学术会议，做大会讲座和学术报告等。近3年来，我学科连续在欧洲心脏病年会（ESC）和欧洲起搏电生理年会（EUROPACE）上宣读我们的研究论文，展示我们的成果。

位于天津医科大学第二医院内的天津心脏病学研究所与天津医科大学第二医院心脏科作为统一的心脏病学科，承担着心脏病学科的临床、科研、教学、人才培养等任务。天津心脏病学研究所、天津医科大学第二医院心脏科具有国内一流的从事临床基础研究和临床工作的条件，为天津市和全国培养了大批临床和科学研究人才，是我国首批博士、硕士学位授权点，是天津市卫生系统重点学科和天津医科大学重点学科。自1980年独立建所（科）以来，经历了30年的建设历程，已经成为国内外知名的心血管疾病诊断、治疗与研究中心之一。2010年，恰逢天津心脏病学研究所成立30周年，我们将以此为契机，加快学科建设，提高医教研水平，为广大病患者提供一流的医疗技术服务，为我国的心脏病学事业的发展贡献出我们的力量。

2010年6月

35.《中国心血管内科及相关学科疾病近期指南与共识荟萃（2011年）》

36.《中国心血管内科及相关学科疾病近期指南与共识荟萃（2012年）》

37.《中国心血管内科及相关学科疾病近期指南与共识荟萃（2023年）》

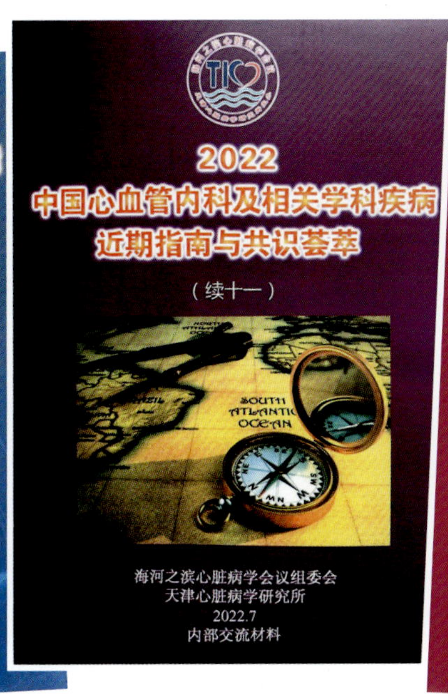

38.《心血管疾病诊疗手册》2014 年

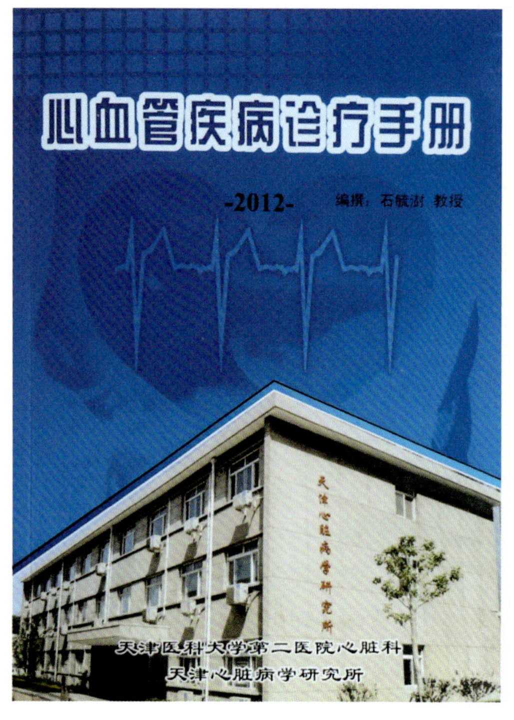

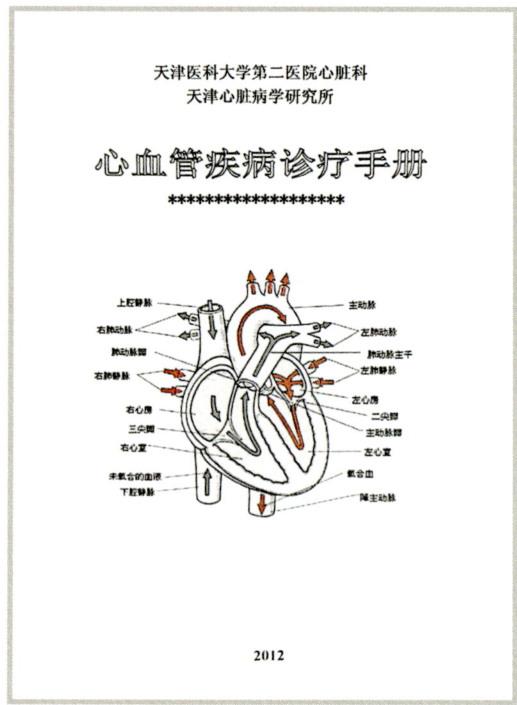

图书在版编目（CIP）数据

海河心脏病学理论与临床．2014/李广平主编．—北京：中国科学技术出版社．2014.6

ISBN 978-7-5046-6647-5

Ⅰ．①海… Ⅱ．①李… Ⅲ．①心脏病学 Ⅳ．①R541

中国版本图书馆 CIP 数据核字（2014）第 124411 号

责任编辑 刘洪岩 孟华英 何士如
封面设计 中尚图
责任校对 韩 玲
责任印制 张建农

出　　版 中国科学技术出版社
发　　行 科学普及出版社发行部
地　　址 北京市海淀区中关村南大街 16 号
邮　　编 100081
发行电话 010-62173865
传　　真 010-62179148
投稿电话 010-62176522
网　　址 http：//www.cspbooks.com.cn

开　　本 889mm×1194mm 1/16
字　　数 1619 千字
印　　张 53.75
版　　次 2014 年 7 月第 1 版
印　　次 2014 年 7 月第 1 次印刷
印　　刷 北京紫瑞利印刷有限公司
书　　号 ISBN 978-7-5046-6647-5/R·1756
定　　价 168.00 元

（凡购买本社图书，如有缺页、倒页、脱页者，本社发行部负责调换）

序言一

天津心脏病学研究所暨天津医科大学第二医院心脏科创办至今已经 30 多年了。这 30 多年来，在学科建设、基础与临床科学研究、心血管疾病的诊断和防治、人才培养和博硕士研究生教育等方面都发挥了重要作用。

自 2005 年创办海河之滨心脏病学会议以来，提升了天津市心血管病学与国内外专家和同道的交流水平，对天津市心血管病学事业的发展起到了积极的推动作用。今年是海河之滨心脏病学会议十周年，天津心脏病学研究所计划出版系列心血管病进展丛书《海河心脏病学理论与临床》，必将进一步推动心脏病学的知识更新、理论和临床诊疗技术的进步与发展。

希望系列丛书的出版，能够与海河之滨心脏病学会议一样，成为天津心脏病学研究所与国内外医生共同学习和交流的又一个平台。

作为一名经历了中国心血管病事业发展历程的鲐背老人，依然关注着心脏病事业的发展，为你们的进步感到高兴，为新一代心脏病医生的成长感到欣慰。

石毓澍

于澳大利亚首都堪培拉

2014 年 3 月 20 日

39.《临床心脏病学讲义》2016 年

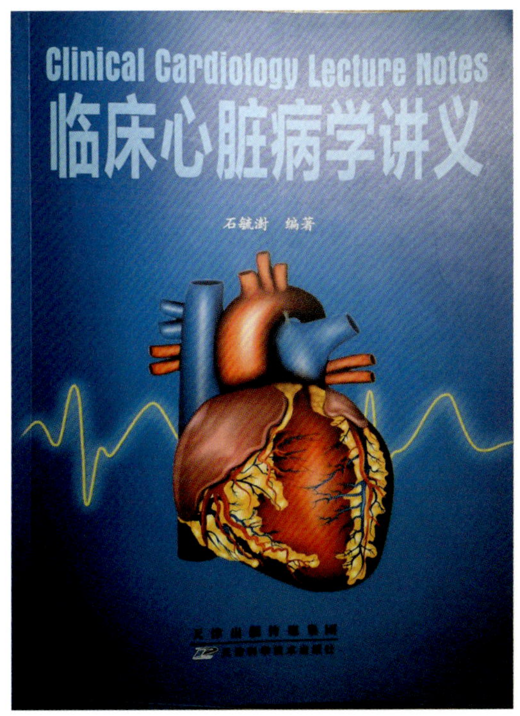

图书在版编目(CIP)数据

临床心脏病学讲义 / 石毓澍编著 . — 天津 : 天津科学技术出版社 , 2016.7
ISBN 978-7-5576-1386-0

Ⅰ . ①临… Ⅱ . ①石… Ⅲ . ①心脏病学 Ⅳ . ① R541

中国版本图书馆 CIP 数据核字 (2016) 第 157417 号

出版策划:宋庆伟
责任编辑:孟祥刚
责任印制:兰 毅

天津出版传媒集团
天津科学技术出版社 出版
出版人:蔡 颢
天津市西康路 35 号 邮编 300051
电话:(022)23332379
网址:www.tjkjcbs.com.cn
新华书店经销
天津金彩美术印刷有限公司印刷

开本 889×1194 1/16 印张 24 字数 580 000
2016 年 7 月第 1 版第 1 次印刷
定价:180.00 元

前言

医学的进步很快，以致从前学的诊断治疗的理论和方法很多已过时，一个简单的例子就是洋地黄治疗心力衰竭，在过去一直是标准疗法，但是现在已经变为次要的药品。可是我国甚多地方仍未改变。这是由于接触国外文献不多，我们自己又缺少研究。我们的教材改动很小，内容更新慢，医生在临床实践中也总感觉力不从心。因此我多年来有一个想法，即努力为我比较熟悉的专业心脏病学的现代诊疗技术，选用现代国内外文献的图文，面向我国青年医生编写一本实用的讲义。使他们迅速跟上时代发展，与其他国家的青年医生有了共同的语言，探讨共同的问题，相信会有不少人会将对心脏病学做出更大的贡献。

这就是我编写这本书的原意。当然我个人对于现代心脏病学的认识是有一定限度的，但作为引玉的砖何乐不为。

本书中英文共存，中文为主，读得方便即可。书中一定有错误不足的地方请不吝赐教，不胜欢迎。

石毓澍

2016 年 2 月 5 日

40.《世纪回眸：石毓澍自传》2018 年

图书在版编目(CIP)数据

世纪回眸：石毓澍自传 / 石毓澍著；天津市口述史研究会编. —— 天津：天津人民出版社, 2018.10
(天津口述历史丛书)
ISBN 978-7-201-14076-6

Ⅰ. ①世… Ⅱ. ①石… ②天… Ⅲ. ①石毓澍-自传 Ⅳ. ①K826.2

中国版本图书馆 CIP 数据核字(2018)第 207241 号

世纪回眸 石毓澍自传
SHIJI HUIMOU SHIYUSHU ZIZHUAN

出　　版　天津人民出版社
出 版 人　刘　庆
地　　址　天津市和平区西康路 35 号康岳大厦
邮政编码　300051
邮购电话　(022)23332469
网　　址　http://www.tjrmcbs.com
电子信箱　tjrmcbs@126.com

责任编辑　岳　勇
装帧设计　明轩文化 ·王　烨

印　　刷　高教社(天津)印务有限公司
经　　销　新华书店
开　　本　880 毫米×1230 毫米　1/32
印　　张　9
插　　页　4
字　　数　170 千字
版次印次　2018 年 10 月第 1 版　2018 年 10 月第 1 次印刷
定　　价　58.00 元

版权所有　侵权必究
图书如出现印装质量问题，请致电联系调换(022-23332469)

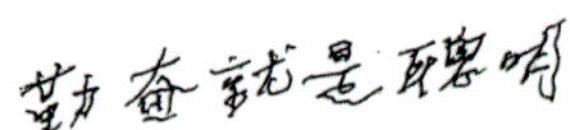

百岁老人石毓澍 2018 年手书

2017 年在石毓澍百岁寿辰之际，全家聚会在澳大利亚
（前排左起：Allan、伟年、季鸿、毓澍、路年、象同，后排左起：Andy、Emily、Emma、Pierre、Melissa、若男、Rémy、Clément、Jessica）

世纪回眸——石毓澍自传

片飞扬的尘土而已。

我亲历了第二次世界大战和史无前例的“文化大革命”，看到了中国改革开放后的繁荣。上天待我独厚，我与有荣焉，我很知足。以一个普通智慧的人能在一所医学院做了我所能做的事，这已经是很不容易了。虽然我在年幼时生活不很好，但晚年还是很满意的。要用气象报告的话来说是“早晨阴，大风，有雷雨，晚间转晴”。但愿今后不来暴风雨。

石毓澍

2018 年 8 月 8 日于澳洲悉尼

14

41.《海河心脏病学理论与临床 2020》

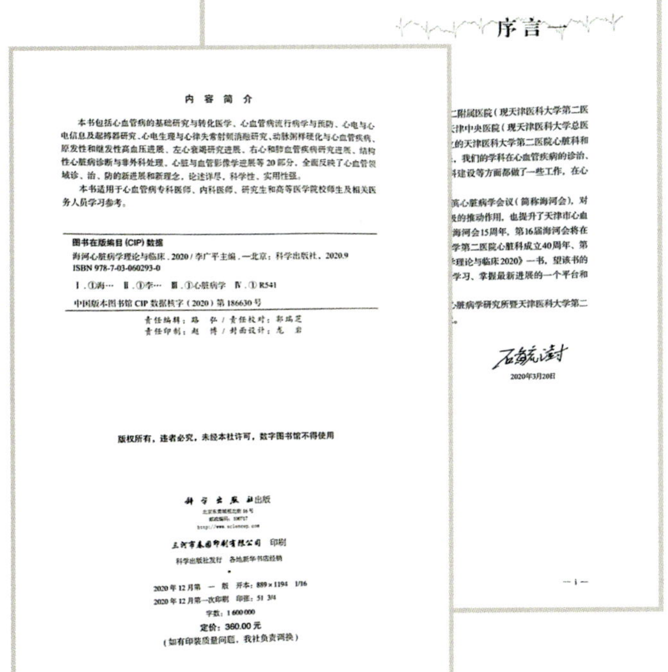

内 容 简 介

本书包括心血管病的基础研究与转化医学、心血管病流行病学与预防、心电与心电信息及起搏器研究、心电生理与心律失常射频消融研究、动脉粥样硬化与心血管疾病、原发性和继发性高血压进展、左心衰竭研究进展、右心和肺血管疾病研究进展、结构性心脏病诊断与非外科处理、心脏与血管影像学进展等 20 部分，全面反映了心血管领域诊、治、防的新进展和新理念，论述详尽，科学性、实用性强。

本书适用于心血管病专科医师、内科医师、研究生和高等医学院校师生及相关医务人员学习参考。

图书在版编目（CIP）数据
海河心脏病学理论与临床．2020 / 李广平主编．—北京：科学出版社，2020.9
ISBN 978-7-03-060293-0
Ⅰ．①海… Ⅱ．①李… Ⅲ．①心脏病学 Ⅳ．① R541
中国版本图书馆 CIP 数据核字（2020）第 186630 号

责任编辑：路 弘 / 责任校对：郭瑞芝
责任印制：赵 博 / 封面设计：龙 岩

版权所有，违者必究，未经本社许可，数字图书馆不得使用

科学出版社出版
三河市春园印刷有限公司 印刷
科学出版社发行 各地新华书店经销
2020 年 12 月第 一 版 开本：889×1194 1/16
2020 年 12 月第一次印刷 印张：51 3/4
字数：1 600 000
定价：360.00 元
（如有印装质量问题，我社负责调换）

序言一

二附属医院（现天津医科大学第二医
天津中央医院（现天津医科大学总医
的天津医科大学第二医院心脏科和
，我们的学科在心血管疾病的诊治、
科建设等方面都做了一些工作，在心

滨心脏病学会议（简称海河会），对
设的推动作用，也提升了天津市心血
海河会15周年，第16届海河会将在
学第二医院心脏科成立40周年、第
学理论与临床 2020》一书，望该书的
学习、掌握最新进展的一个平台和

心脏病学研究所暨天津医科大学第二
。

石镜澍
2020年3月20日

42.《天津心脏病学研究所学术论文集（2010—2020）》

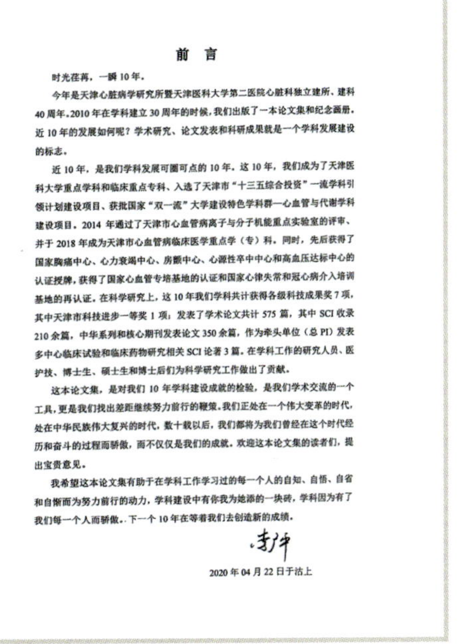

前 言

时光荏苒，一瞬 10 年。

今年是天津心脏病学研究所暨天津医科大学第二医院心脏科独立建所、建科 40 周年。2010 年在学科建立 30 周年的时候，我们出版了一本论文集和纪念画册。近 10 年的发展如何呢？学术研究、论文发表和科研成果就是一个学科发展建设的标志。

近 10 年，是我们学科发展可圈可点的 10 年。这 10 年，我们成为了天津医科大学重点学科和临床重点专科、入选了天津市“十三五综合投资”一流学科引领计划建设项目、获批国家“双一流”大学建设特色学科群—心血管与代谢学科建设项目。2014 年通过了天津市心血管病离子与分子机能重点实验室的评审、并于 2018 年成为天津市心血管病临床医学重点学（专）科。同时，先后获得了国家胸痛中心、心力衰竭中心、房颤中心、心源性卒中中心和高血压达标中心的认证授牌，获得了国家心血管专培基地的认证和国家心律失常和冠心病介入培训基地的再认证。在科学研究上，这 10 年我们学科共计获得各级科技成果奖 7 项，其中天津市科技进步一等奖 1 项；发表了学术论文共计 575 篇，其中 SCI 收录 210 余篇，中华系列和核心期刊发表论文 350 余篇，作为牵头单位（总 PI）发表多中心临床试验和临床药物研究相关 SCI 论著 3 篇。在学科工作的研究人员、医护技、博士生、硕士生和博士后们为科学研究工作做出了贡献。

这本论文集，是对我们 10 年学科建设成就的检验，是我们学术交流的一个工具，更是我们找出差距继续努力前行的鞭策。我们正处在一个伟大变革的时代，处在中华民族伟大复兴的时代，数十载以后，我们都将为我们曾经在这个时代经历和奋斗的过程而骄傲，而不仅仅是我们的成就。欢迎这本论文集的读者们，提出宝贵意见。

我希望这本论文集有助于在学科工作学习过的每一个人的自知、自悟、自省和自惭而为努力前行的动力，学科建设中有你我为她添的一块砖，学科因为有了我们每一个人而骄傲。. 下一个 10 年在等着我们去创造新的成绩。

李广平
2020 年 04 月 22 日于沽上

实物留痕，传承思想

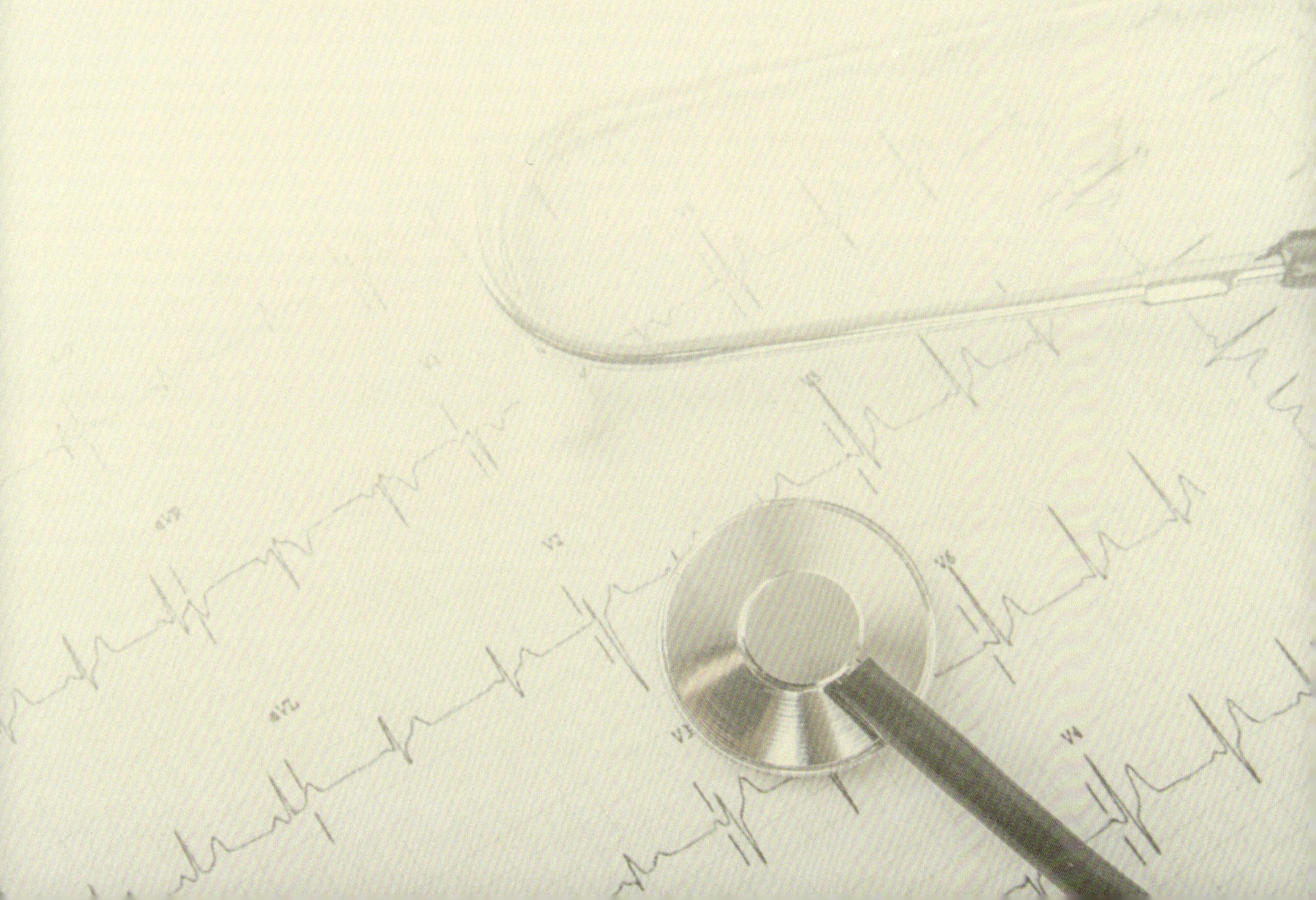

文件资料类照片

1. 心脏科年度总结（1981年）

2. 天津医学院科学研究项目（1985—1987 年）

密级

编号

天津医学院科学研究项目

开 题 报 告 书

项目名称 病态窦房结综合征的临床和实验电生理学研究

承担单位 二附院心脏科 心血管病研究室

协助单位

项目负责人 石毓澍

起止年限 1986.10—1988.6.

填报日期 86年 5月 25日

密级

编号

天津医学院科学研究项目

开 题 报 告 书

项目名称 [illegible] RAA [illegible]

承担单位 二附院 心脏科

协助单位

项目负责人 石毓澍

起止年限 1986—1987

填报日期 86年 [illegible] 月 27 日

密级

编号

天津医学院科学研究项目

开 题 报 告 书

项目名称 [illegible]的临床及实验电生理学研究.

承担单位 二附院心脏科

协助单位 天津医工所 [illegible]

项目负责人 石毓澍

起止年限 1986.10—1988.6

填报日期 1986年 5月 25日

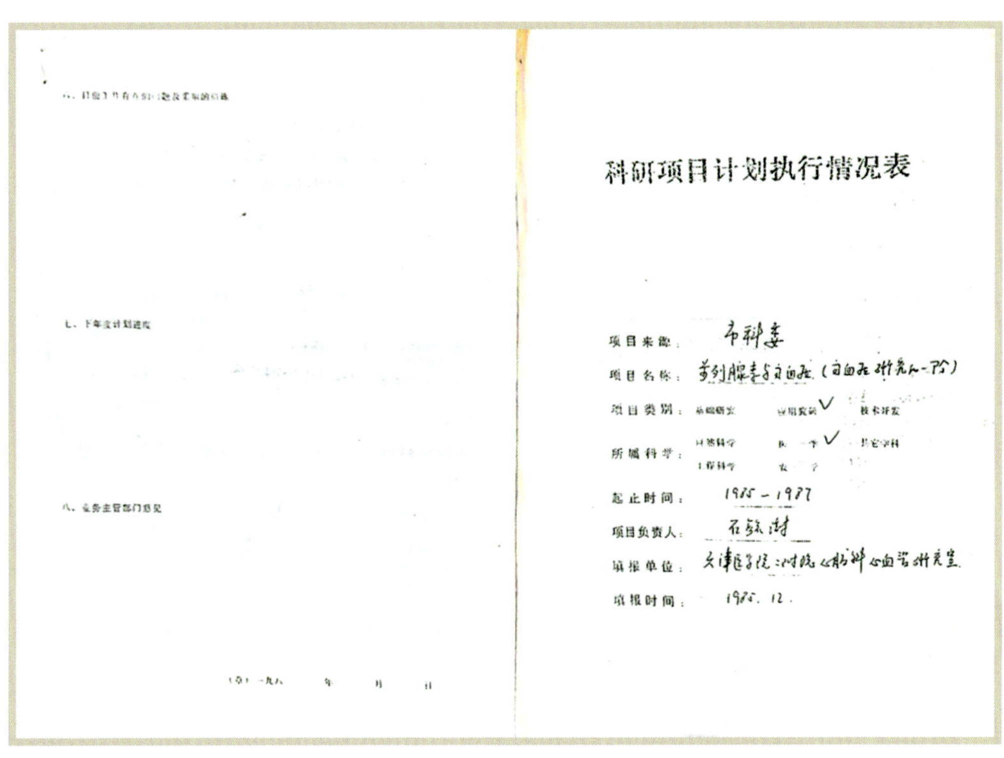

六、目前工作存在的问题及采取的措施

七、下年度计划进度

八、业务主管部门意见

（章）一九八　　年　　月　　日

科研项目计划执行情况表

项目来源：市科委

项目名称：前列腺素与心血管（心血管研究之一-PG）

项目类别：基础研究　应用研究✓　技术开发

所属科学：自然科学　医学✓　其它学科　工程科学　农学

起止时间：1985－1987

项目负责人：石毓澍

填报单位：天津医学院二附院心脏科心血管研究室

填报时间：1985.12.

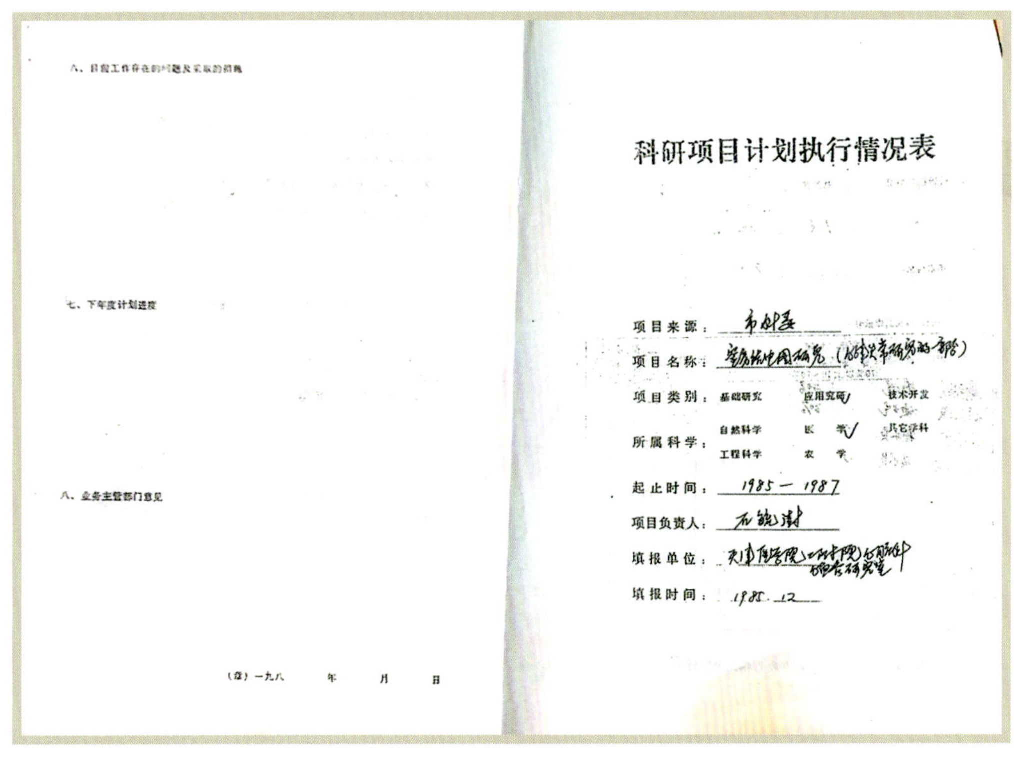

六、目前工作存在的问题及采取的措施

七、下年度计划进度

八、业务主管部门意见

（章）一九八　　年　　月　　日

科研项目计划执行情况表

项目来源：市科委

项目名称：[illegible]图研究（[illegible]）

项目类别：基础研究　应用研究✓　技术开发

所属科学：自然科学　医学✓　其它学科　工程科学　农学

起止时间：1985－1987

项目负责人：石毓澍

填报单位：天津医学院二附院心脏科[illegible]研究室

填报时间：1985.12

六、目前工作存在的问题及采取的措施

七、下年度计划进度

八、业务主管部门意见

（章）一九八　　年　　月　　日

科研项目计划执行情况表

项目来源：

项目名称：

项目类别：基础研究　应用研究 ✓　技术开发

所属科学：自然科学　医 ✓ 学　其它学科　工程科学　农　学

起止时间：84.1—87.12.

项目负责人：

填报单位：

填报时间：85.12

密级

编号

天津医学院科学研究项目

开题报告书

项目名称

承担单位

协助单位

项目负责人

起止年限　1986—1987

填报日期　86 年 5 月 13 日

密级

编号

天津医学院科学研究项目

开题报告书

项目名称

承担单位

协助单位

项目负责人

起止年限　86—88

填报日期　86 年 5 月 22 日

密级
编号

天津医学院科学研究项目

开 题 报 告 书

项目名称 血管扩张剂治疗心力衰竭
承担单位 第二附属医院心脏科 心血管研究室
协助单位
项目负责人 石毓澍
起止年限 86.1.1—88.1.1

填报日期 86年 5月 20日

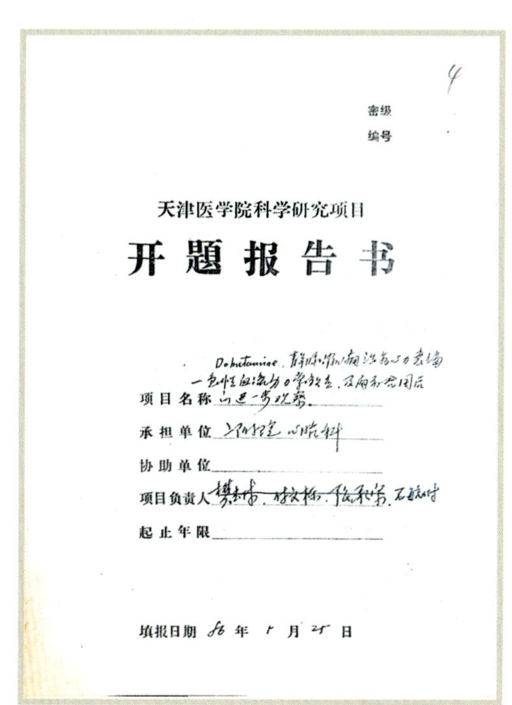

4

密级
编号

天津医学院科学研究项目

开 题 报 告 书

项目名称 Dobutamine、[illegible]治疗心力衰竭[illegible]
承担单位 二附院 心脏科
协助单位
项目负责人 [illegible] 石毓澍
起止年限

填报日期 86 年 5 月 25 日

3. 中华医学会天津分会第三届理事会理事名录（1986 年）

中华医学会天津分会第三届理事会理事名录 1986.2.

学会职务	姓名	性别	出生年月	民族	党派	专业	工作单位及职务	其他职务	备注
理事长	石毓澍	男	1918	汉	中共党员	心内	天津医学院第二附属医院教授		
付理事长	吴咸中	〃	1925	满	〃	普外	天津医学院院长，教授	学术委员会主委	
〃	甄国才	〃	1930	汉	〃	医行	天津卫生局付局长	组织委员会主委	
〃	黄[illegible]	〃	1923	〃	农工	普外	第一中心医院主任医师	对外交流委员会主委	
〃	江德华	〃	1931	〃	中共党员	神经内科	天津医学院附属医院内科付主任	科普委员会主委	
秘书长	孙家瑞	〃	1932	〃	〃	管理	学会办公室主任	组织委员会委员	
付秘书长	成俊之	女	1929	〃	〃	妇产	中心妇产科医院院长	学术委员会委员	
常务理事	郭仓	男	1914	〃	农工	呼吸	天津医学院附属医院教授	科普委员会委员	
〃	叶明[illegible]	〃	1920	〃	中共党员	儿科	儿童医院院长	学术委员会委员	
〃	方琥	〃	1926	〃	〃	外科	天津医药情报所所长	科普委员会委员	
〃	孔令震	〃	1924	〃	〃	矫形外科	天津医院主任医师	学术委员会委员	
理事	马骏	〃	1928	〃	〃	医疗	天津医学院主任医师	〃	
〃	马腾骧	〃	1926	〃	〃	泌尿外科	天津医学院第二附属医院教授	〃	
〃	王乃[illegible]	〃	1917	〃	〃	[illegible]	天津医药科学研究所名誉所长	组织委员会委员	
〃	王今达	〃	1925	〃	〃	急救	第一中心医院主任医师	对外交流委员会委员	
〃	王延华	女	1923	〃	〃	眼科	天津医学院附属医院眼科主任	学术委员会委员	

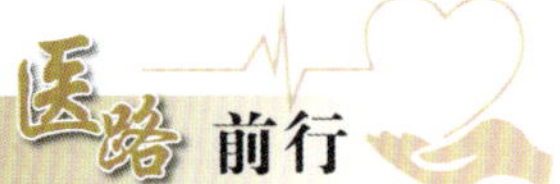

学会职务	姓名	性别	出生年月	民族	党派	专业	工作单位及职务	其他职务	备注
理事	王思慧	女	1929	汉		眼科	眼科医院院长	科普委员会委员	
〃	王源昶	男	1922	〃	中共党员	麻醉	天津医学院附属医院教授	组织委员会委员	
〃	甘幼琮	〃	1920	回	〃	体疗	天津医学院第二附属医院教授	学术委员会委员	
〃	王侠馨	〃	1924	汉	九三	皮肤	天津医学院附属医院皮肤科主任	对外交流委员会委员	
〃	卢倜章	〃	1923	〃	中共党员	核医学	天津医学院附属医院教授	学术委员会委员	
〃	丛培莲	女	1932	〃	〃	管理	天津卫生局科研处副处长	〃	
〃	李文硕	男	1931	〃	〃	麻醉	天津医学院附属医院副教授	〃	
〃	李承志	〃	1934	〃	〃	精神	精神病院科主任	科普委员会委员	
〃	李树玲	〃	1920	〃	〃	肿瘤	人民医院主任医师	学术委员会委员	
〃	单成五	〃	1930	〃	〃	解剖	第二医学院副院长	〃	
〃	杨沐华	〃	1921	〃	〃	医疗	第二医学院	组织委员会委员	
〃	闻承先	〃	1916	〃	农工	耳鼻喉	天津医学院第二附属医院教授	学术委员会委员	
〃	祁敏如	女	1921	〃	中共党员	免疫	天津医学院附属医院免疫室主任	学术委员会委员	
〃	吴汉章	男	1941	〃	〃	医务	天津卫生局医政处副处长	〃	
〃	吴言瑞	〃	1920	〃	〃	神经	天津医学院附属医院副教授	科普委员会委员	
〃	吴恩惠	〃	1925	〃	〃	放射	天津医学院附属医院院长、教授	组织委员会委员	

学会职务	姓名	性别	出生年月	民族	党派	专业	工作单位及职务	其他职务	备注
理事	张化新	男	1920	汉	中共党员	心外	胸科医院主任医师	学术委员会委员	
〃	陈子伟	〃	1918	〃	〃	口腔	口腔医院主任医师	科普委员会委员	
〃	林本柏	女	1912	〃	〃	妇产	中心妇产科医院名誉院长	对外交流委员会委员	
〃	杨崇礼	〃	1923	〃	〃	血液	医科院血研所教授	学术委员会委员	
〃	郑武飞	男	1925	〃	〃	免疫	天津医学院教授	对外交流委员会委员	
〃	周淑梅	女	1933	〃	〃	理疗	天津医学院附属医院理疗科主任	学术委员会委员	
〃	郭世绂	男	1921	〃	农工	骨科	天津医学院附属医院主任	对外交流委员会委员	
〃	顾景范	〃	1927	〃	中共党员	营养	军事医学科学院十所所长	学术委员会委员	
〃	耿贯一	〃	1925	〃	农工	流行病	天津医学院教授	〃	
〃	黄象谦	〃	1923	〃	〃	消化	天津医学院附属医院副教授	学术委员会委员	
〃	俞炳武	女	1924	〃	中共党员	血液	天津医学院副教授	对外交流委员会委员	
〃	薛庆澄	男	1922	〃	〃	神经外科	天津医学院附属医院教授	学术委员会委员	
〃	谭郁彬	〃	1924	〃	〃	病理	天津医学院教授	〃	

4. 党员手册（1990 年）

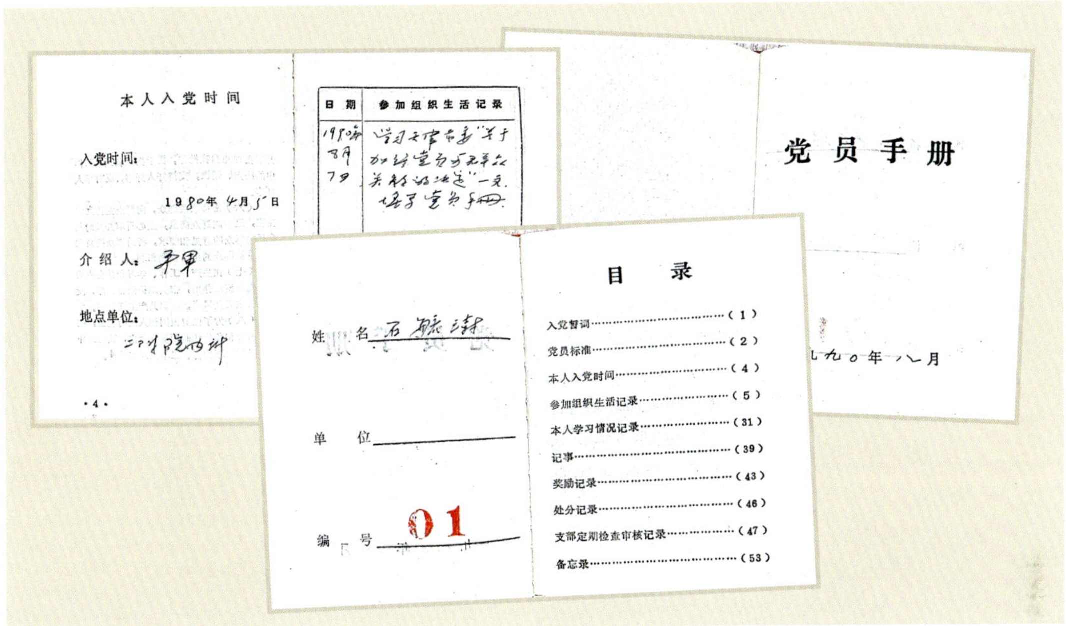

本人入党时间

入党时间：

1980年4月5日

介绍人：

地点单位：

·4·

日 期	参加组织生活记录

党 员 手 册

一九九〇年八月

姓 名

单 位

编 号 01

目 录

5. 天津心脏病学研究所建所文件（1981—1990 年）

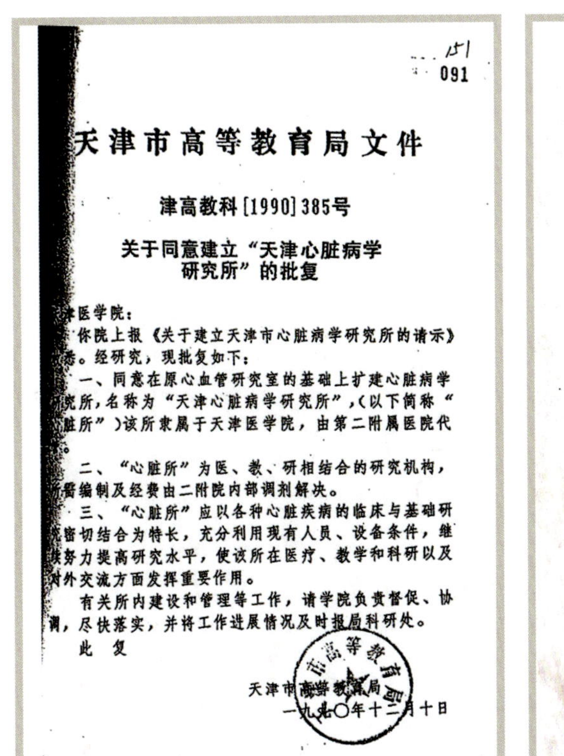

091

天津市高等教育局文件

津高教科[1990]385号

关于同意建立“天津心脏病学研究所”的批复

津医学院：

你院上报《关于建立天津市心脏病学研究所的请示》悉。经研究，现批复如下：

一、同意在原心血管研究室的基础上扩建心脏病学研究所，名称为“天津心脏病学研究所”，（以下简称“心脏所”）该所隶属于天津医学院，由第二附属医院代管。

二、“心脏所”为医、教、研相结合的研究机构，所需编制及经费由二附院内部调剂解决。

三、“心脏所”应以各种心脏疾病的临床与基础研究密切结合为特长，充分利用现有人员、设备条件，继续努力提高研究水平，使该所在医疗、教学和科研以及对外交流方面发挥重要作用。

有关所内建设和管理等工作，请学院负责督促、协调，尽快落实，并将工作进展情况及时报局科研处。

此 复

天津市高等教育局

一九九〇年十二月十日

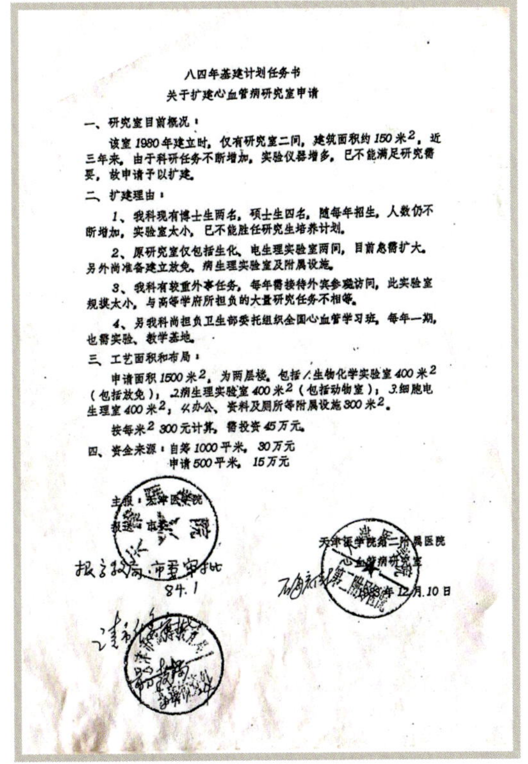

八四年基建计划任务书

关于扩建心血管病研究室申请

一、研究室目前概况：

该室1980年建立时，仅有研究室二间，建筑面积约150米^2，近三年来，由于科研任务不断增加，实验仪器增多，已不能满足研究需要，故申请予以扩建。

二、扩建理由：

1、我科现有博士生两名，硕士生四名，随每年招生，人数仍不断增加，实验室太小，已不能胜任研究生培养计划。

2、原研究室仅包括生化、电生理实验室两间，目前急需扩大。另外尚准备建立放免、病生理实验室及附属设施。

3、我科有较重外事任务，每年需接待外宾参观访问，此实验室规模太小，与高等学府所担负的大量研究任务不相称。

4、另我科尚担负卫生部委托组织全国心血管学习班，每年一期，也需实验、教学基地。

三、工艺面积和布局：

申请面积1500米^2，为两层楼。包括1.生物化学实验室400米^2（包括放免），2.病生理实验室400米^2（包括动物室），3.细胞电生理室400米^2，4.办公、资料及厕所等附属设施300米^2。

按每米^2 300元计算，需投资45万元。

四、资金来源：自筹1000平米，30万元

申请500平米，15万元

主报：天津医学院

报送：市卫生局

天津医学院第二附属医院

12月10日

天津医学院 （报告）

〔198 4〕津医 6 号

关于扩建心血管研究室基建任务书的报告

天津市高教局：

心血管研究室是为满足我院科研及教学任务的急需的基建项目，经研究，同意该院心血管研究室进行扩建，请批示。

同意第二附属医院1983年12月10日申请扩建心血管病研究室1500m²投资45万元（其中自筹30万元）经市计委审批，列入1984年基建计划。

天津医学院
一九八四年一月二十日

抄报：市计委

天津医学院 （批复）

〔1981〕津医 5 号

科研处、基础部、卫生系、二附院：

经院领导研究同意，在基础部建立免疫学研究室，在卫生系建立流行病学研究室和在第二附属医院建立心血管研究室。

特此批复

天津医学院
一九八一年一月六日

抄送：附属医院、口腔系、医学系学生办公室，图书馆、机关各部处

订货合同

字第550024号

立合同人（以下简称甲乙方）兹因甲方向乙方订购下列货品，经双方议妥条款如下，以资共同遵守

1.货品名称数量及规格列下。

货品名称、牌号及规格	数量	单位	单价	金额	备注
轿箱、轿架	1	套	15000.00	48900.00	
升降部件	1	〃	13900		
减速机	1	〃	10000		
导轨装置	1	〃	10000		
货款合计人民币（大写）	肆万捌仟玖佰元正				

2.交货期限 85年6月

3.交货地点 乙方厂内

4.货款之交付

5.包装方法及费用负担 乙方负担

6.运输方法及费用负担 甲方负担

7.其它费用负担

8.

甲方盖章　　乙方盖章　　鉴定机关

负责人　　负责人

地址及电话　　地址

开户银行　　电话

帐号　　开户银行

帐号

85年2月11日签订

订货合同

字第　号

立合同人（以下简称甲乙方）兹因甲方向乙方订购下列货品，经双方议妥条款如下，以资共同遵守

1.货品名称数量及规格列下。

货品名称、牌号及规格	数量	单位	单价	金额	备注
轿箱、轿架	1	套	15000.00	48900.00	
升降部件	1	〃	13900		
减速机	1	〃	10000		
导轨装置	1	〃	10000		
货款合计人民币（大写）	肆万捌仟玖佰元正				

2.交货期限 85年6月

3.交货地点 乙方厂内

4.货款之交付

5.包装方法及费用负担 乙方负担

6.运输方法及费用负担 甲方负担

7.其它费用负担

8.

甲方盖章　　乙方盖章　　鉴定机关

负责人　　负责人

地址及电话　　地址

开户银行　　电话

帐号　　开户银行

帐号

85年2月11日签订

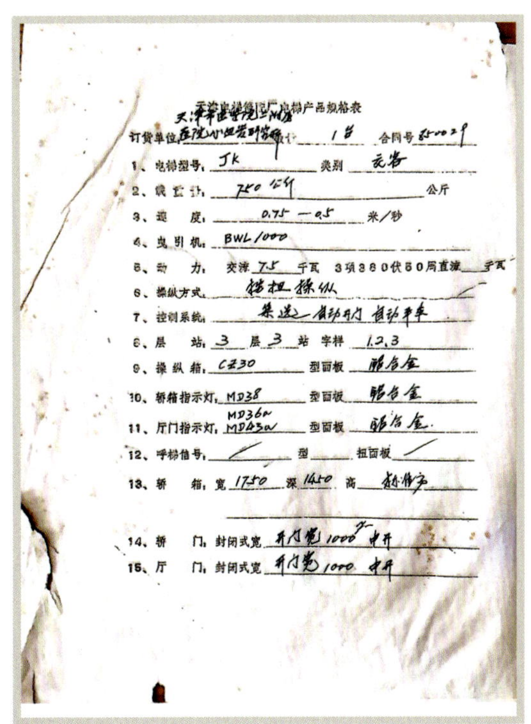
天津市医学院二附属 电梯产品规格表

订货单位 医院心血管研究所　台数 1台　合同号 85—029

1、电梯型号：JK　类别 客梯

2、载重量：750公斤　公斤

3、速度：0.75—0.5　米/秒

4、曳引机：BWL1000

5、动力：交流 7.5 千瓦　3项380伏50周直流　千瓦

6、操纵方式：按钮操纵

7、控制系统：集选 自动开门 自动平车

8、层站：3 层 3 站　字样 1.2.3

9、操纵箱：CZ30　型面板 铝合金

10、轿箱指示灯：MD38　型面板 铝合金

11、厅门指示灯：MD36a MD43a　型面板 铝合金

12、呼梯信号：／　型　扭面板 ／

13、轿箱：宽 1750　深 1450　高 标准

14、轿门：封闭式宽 开门宽1000 中开

15、厅门：封闭式宽 开门宽1000 中开

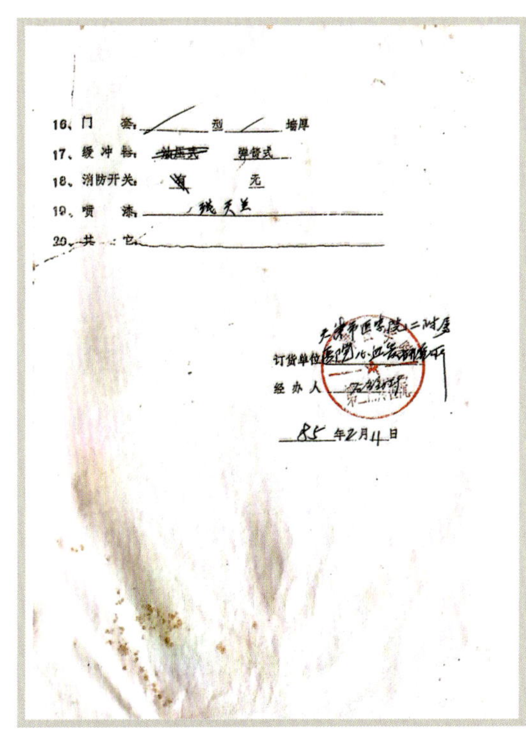
16、门套：／　型 ／　墙厚

17、缓冲器：~~油压式~~　弹簧式

18、消防开关：~~有~~　无

19、喷漆：浅天兰

20、其它：

天津市医学院二附属医院心血管研究所

订货单位

经办人

85年2月14日

电梯安装合同

立安装电梯合约 甲 天津市医学院二附属医院心血管研究所 乙 天津市电梯修配厂 (以下简称甲乙方)兹甲方委托乙方安装电梯 壹 部

经双方同意订立以下条款：

一、电梯规格：JK　型号 0.75T 载重　行程 3/3 停站。

二、予计施工日期：由甲方提前通知　日

三、安装费用：6100.00元

即：陆仟壹佰元正

四、付款办法：开工前予收安装费70%，完工验收后一次付清。

五、甲方配合：

(1)电梯安装前甲方应及时作好安装工程的准备工作，并在施工过程中，密切配合乙方施工。

(2)甲方应解决在工程中所需的起重工、木工、瓦工等辅助工或其他工人 2 名至 3 名配合乙方工人工作，并听从乙方工人的调度，其工资费用及思想工作由甲方负责。

(3)脚手架及梯井照明设施由甲方在施工前负责安装，乙方可给予技术指导，费用由甲方负担。

(4)乙方在工程中所需的台钳、工作台、电焊机等，由甲方负责无偿提供乙方使用。

(5)乙方在工地之所需办公室、仓库、工作室及施工中所需用水泥、木材、水电等消耗品，均由甲方负责供给。

六、工程范围：(甲方应配合部份)

(1)电梯所需之电源由甲方接至电梯机房之控制间。

(2)电梯厅门外部及梯井内部机房等地有关土建配合等工作均由甲方负责。

七、工程保管：由工程开始至工程验收前，全部工程及其所需原材物料由甲方负责保管，如工程竣工后甲方不能及时验收时，甲方不得使用，并由甲方负保管责任。

八、工程用料：因甲方井道宽阔不适合电梯的安装，所需支撑角铁或机器间地板所需之工字梁支架时，由甲方负责供给。

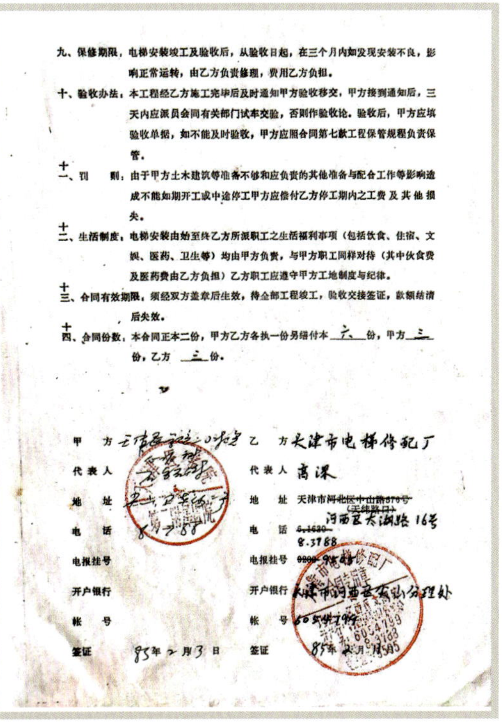
九、保修期限：电梯安装竣工及验收后，从验收日起，在三个月内如发现安装不良，影响正常运转，由乙方负责修理，费用乙方负担。

十、验收办法：本工程经乙方施工完毕后及时通知甲方验收移交，甲方接到通知后，三天内应派员会同有关部门试车交验，否则作验收论。验收后，甲方应填验收单据，如不能及时验收，甲方应照合同第七款工程保管规程负责保管。

十一、罚则：由于甲方土木建筑等准备不够和应负责的其他准备与配合工作等影响造成不能如期开工或中途停工甲方应偿付乙方停工期内之工费及其他损失。

十二、生活制度：电梯安装由始至终乙方所派职工之生活福利事项（包括饮食、住宿、文娱、医药、卫生等）均由甲方负责，与甲方职工同样对待（其中伙食费及医药费由乙方负担）乙方职工应遵守甲方工地制度与纪律。

十三、合同有效期限：须经双方盖章后生效，待全部工程竣工，验收交接签证，款额结清后失效。

十四、合同份数：本合同正本二份，甲方乙方各执一份另缮付本 六 份，甲方 三 份，乙方 三 份。

甲方		乙方	天津市电梯修配厂
代表人		代表人	高深
地址		地址	天津市~~河北区中山路570号（天纬路口）~~ 河西区大沽路16号
电话		电话	~~5.1620~~ 8.3788
电报挂号		电报挂号	
开户银行		开户银行	天津市河西区友谊分理处
帐号		帐号	6054799
签证	85年2月3日	签证	85年2月1日

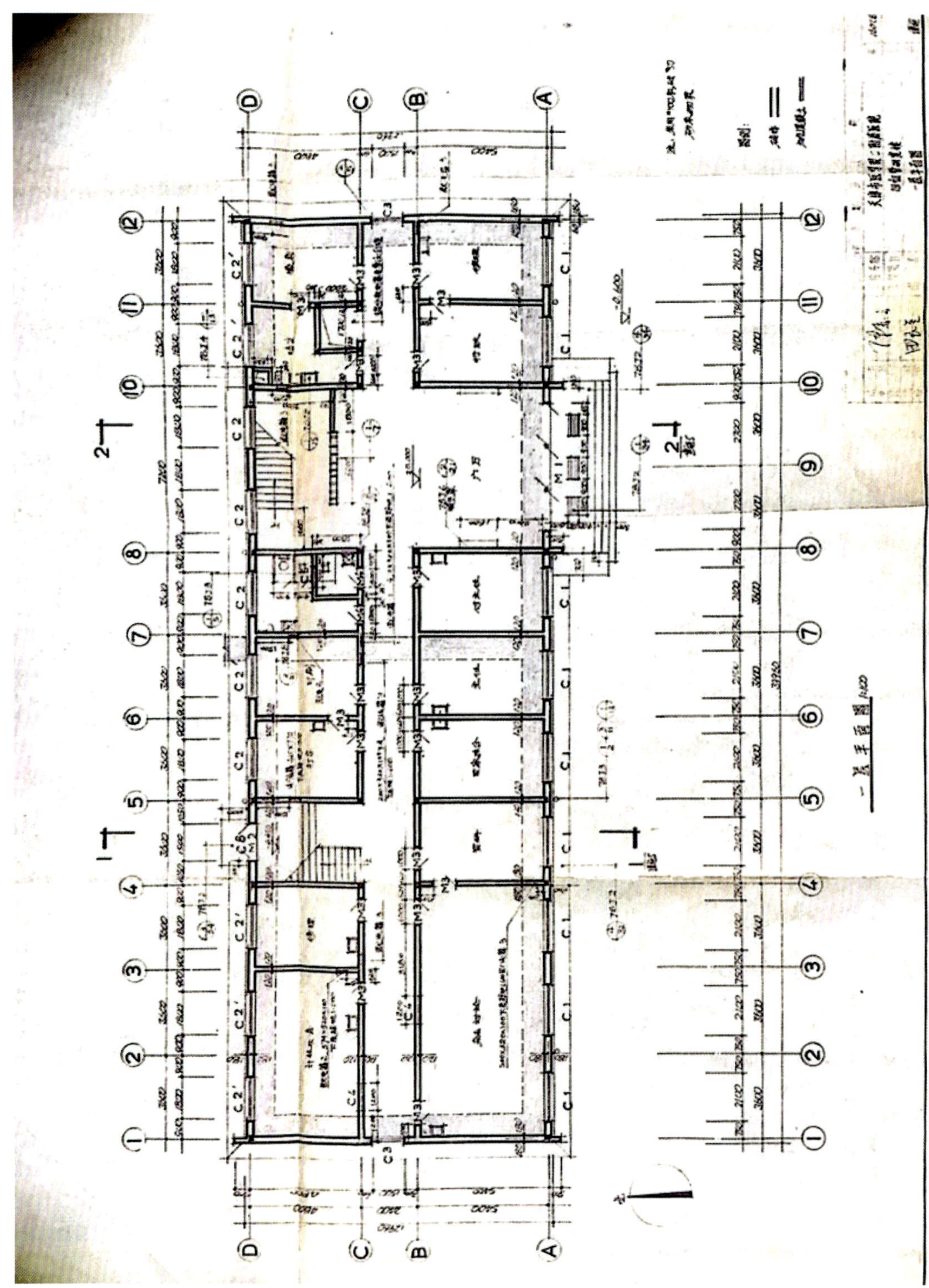

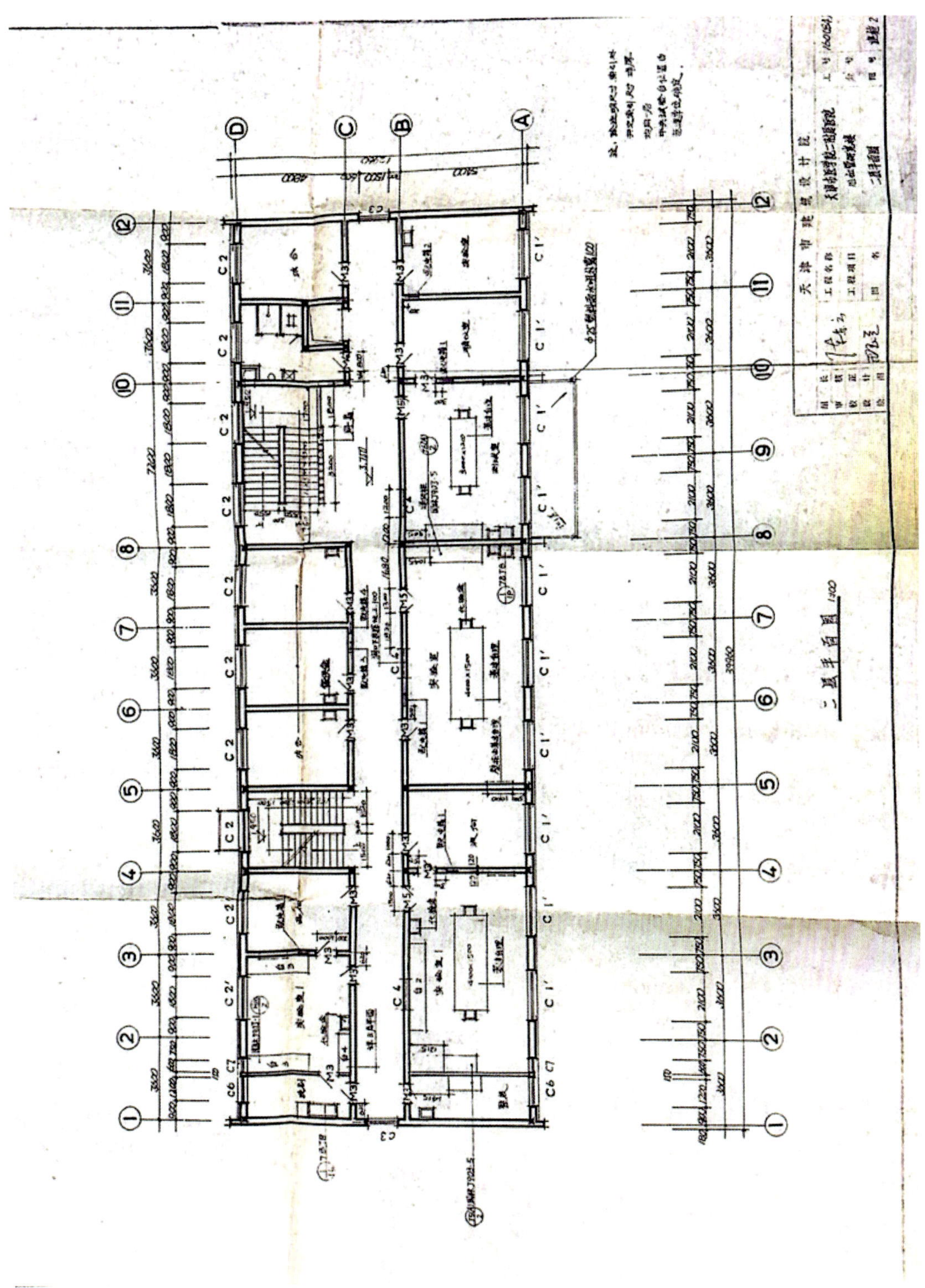

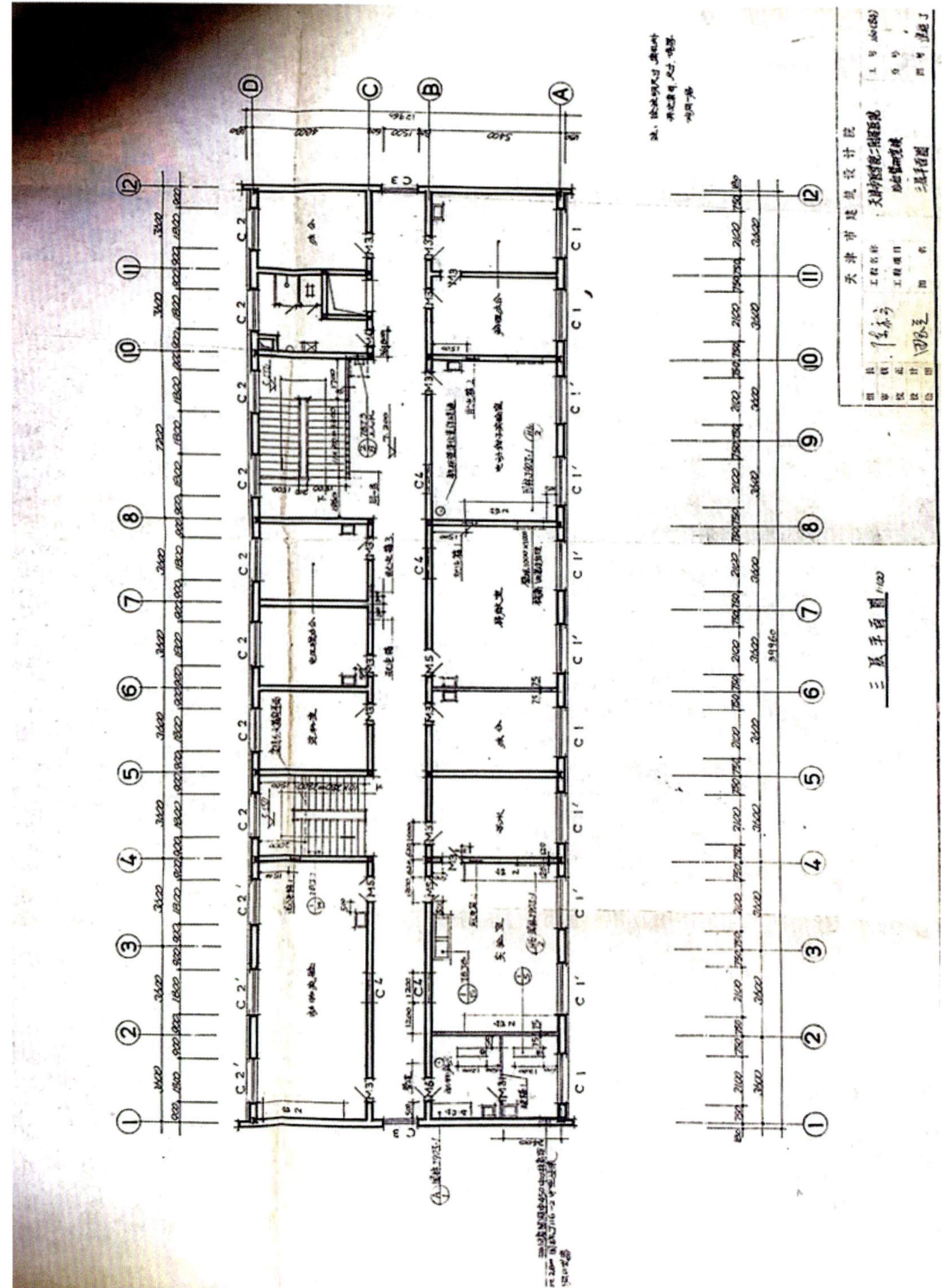

天津市建筑设计院
三层平面图

6.《临床心脏病学进修医师教程》（1993 年）

临床心脏病学进修医师教程

天津心脏病学研究所

天津医学院二附院心脏科

一九九三年五月

目　　录

序

这本讲义可称之为心脏病学高级教程是因为它是具有两个特点，其一是利用近年世界各国在心脏病学的最新成就写成的，文献的引用直到1992年。其二是引入了符合九十年代将出现的介入性心脏病学的特点而撰写的几篇文章。

讲义是以简而该文笔引导青年心脏病学工作者掌握近代研究取得的可靠成果，读者应反复阅读，仔细体会，庶以掌握其精髓，这就是本讲义的目的。

本教程的印刷出版，得到天津医学院栗政中副院长和教务处的大力支持、罗素.优克福制药公司的赞助，在此深表谢意。

石毓澍

1993年5月17日

7. 学习研讨讲义（1984—1994 年）

《当代心脏病学进展学习班及研讨会》

讲　　义

上　　册

天津心脏病学研究所
天津医学院二附院心脏科

一九九二年七月一日

《当代心脏病学进展学习班及研讨会》

讲　　义

下　　册

天津心脏病学研究所
天津医学院二附院心脏科

一九九二年七月一日

目　　录

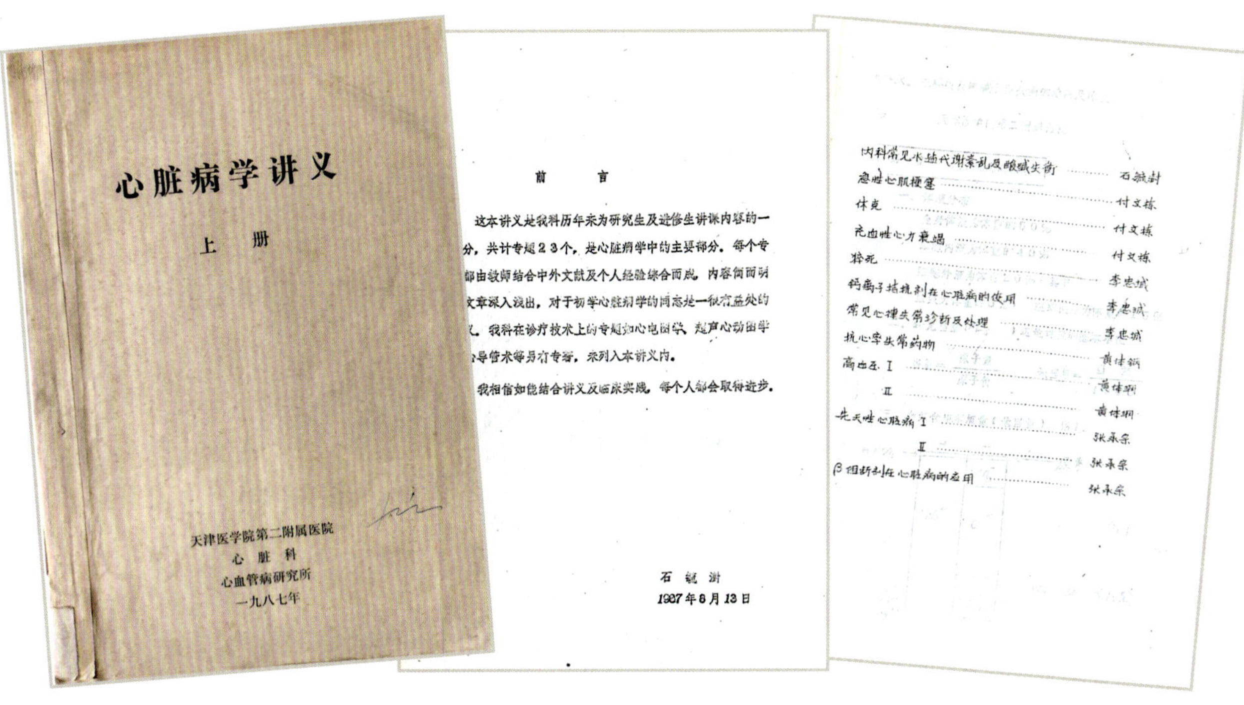
心脏病学讲义

上 册

天津医学院第二附属医院
心 脏 科
心血管病研究所
一九八七年

前 言

这本讲义是我科历年来为研究生及进修生讲课内容的一……分，共计专题23个，是心脏病学中的主要部分。每个专……都由教师结合中外文献及个人经验综合而成。内容简而明……文章深入浅出，对于初学心脏病学的同志是一很有益处的……。我科在诊疗技术上的专题如心电图学、超声心动图学……导管术等另有专著，未列入本讲义内。

我相信如能结合讲义及临床实践，每个人都会取得进步。

石毓澍
1987年6月13日

内科常见水盐代谢紊乱及酸碱失衡 …… 石毓澍
急性心肌梗塞 …… 付文栋
休克 …… 付文栋
充血性心力衰竭 …… 付文栋
猝死 …… 李忠诚
钙离子拮抗剂在心脏病的使用 …… 李忠诚
常见心律失常诊断及处理 …… 李忠诚
抗心律失常药物 …… 黄体钢
高血压 Ⅰ …… 黄体钢
Ⅱ …… 黄体钢
先天性心脏病 Ⅰ …… 张承宗
Ⅱ …… 张承宗
β阻断剂在心脏病的应用 …… 张承宗

心脏病学讲义

下 册

天津医学院第二附属医院
心 脏 科
心血管病研究所
一九八七年

心脏病学讲义下册目录

1. 二尖瓣病变　张承宗
2. 高脂血症与动脉粥样硬化　鲁肇宪
3. 心肌病　鲁肇宪
4. 主动脉瓣疾患　赵文鼎
5. 风湿热和风湿性心内膜炎　赵文鼎
6. 主动脉瓣关闭不全　赵文鼎
7. 心包疾病　姜铁民
8. 心包积液　姜铁民
9. 人工心脏起搏的临床应用　姜铁民
10. 感染性心内膜炎　姜铁民

心脏内科
进修医师讲义

1984

天津医学院二附院

心脏内科进修医師講義

天津医学院第二附属医院心脏科编

一九八四年六月

（注：此为石主任亲自手写的全国性心脏病学进修班讲义封面）

前　言

我国卫生部委托我科从 1983 年起举办全国性心脏病学
我们感到责任重大。除临床学习之外，特举行讲座。然
中一些教材编成讲义，供学员阅读。

本讲义多为各位医师平日累集的材料，尽量使之更
年的水平，使读者避免寻找资料耗费时间。内容难免有
，尚祈提出宝贵意见。

讲义编目分两部份：基础医学和临床医学，来不及
他讲课内容，则仅在附录中列题备考。

石毓澍

一九八四年六

天津医学院第二附属医院心

目　录

8. 国外学者赠书

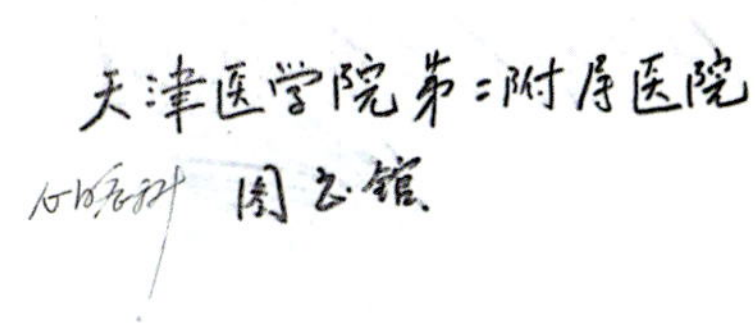

刘赐江谨送
Sept. 12. 1981

INTRACARDIAC PHENOMENA

In Right and Left Heart Catheterization

by ALDO A. LUISADA, M.D.

Director, Division of Cardiology and Associate Professor of Medicine, The Chicago Medical School.

and CHI KONG LIU, M.D.

Chief, Laboratory of Catheterization, and Associate of Clinical Medicine, The Chicago Medical School.

A Second Edition, Revised and Enlarged, of
CARDIAC PRESSURES AND PULSES

GRUNE & STRATTON 1958
New York • London

Contents

v

Introduction to the Second Edition

Part of the material presented here was published in 1956 under the title "Cardiac Pressures and Pulses." A revision was imposed by the development of left heart catheterization, due to Bjoerk, Kent and Fisher, and Morrow. As this method has been applied in our laboratory since 1956, we are now able to present original documents.

Intracardiac phonocardiograms and electrocardiograms, recorded in this laboratory for over two years, cannot be separated from pressure tracings in their interpretation. Therefore, the scope of this book has been extended to include the results obtained through use of these methods.

Technical details, analysis of blood gases and "formulas" have been included simply in order to help the reader without obliging him to consult other works. Therefore, this monograph should not be considered as a "manual" and does not pretend to be one.

The presentation of personal viewpoints will add, we hope, to the value of this monograph for those wishing to increase their knowledge in the fascinating field of "Intracardiac Phenomena."

The authors wish to acknowledge the work of the various members of their *cardiac team*, and particularly Drs. C. Aravanis, M. R. Testelli. J. Szatkowski and J. Bendezú, as well as that of Mr. J. Morris and Mrs. S. Misic.

ALDO A. LUISADA
CHI KONG LIU

Chicago, 1958

刘赐江

Introduction to the First Edition

ization of the right heart was initiated by a German surgeon
) in 1930. It is not surprising that a surgeon, and not a
was the first to try this technique. At that time, physicians
ss familiar with the use of catheters and intravenous drip

rssmann's attempts on himself were considered at the time
usual technical exercise, Cournand and his group perfected
to such a degree that it was gradually accepted and utilized
l more researchers. Dexter, Lenègre, McMichael, P. Wood
, together with their teams, further developed the techniques
rently used.

d, as originally described, was based on the oxygen deter-
lood samples aspirated from the chambers of the right heart
artery, and on pressure measurements. Later, catheteriza-
ambers of the left heart through septal openings added
ta to those already known. Intracardiac electrocardiog-
ination of cardiac output by means of the Fick principle,
the pulmonary venous pressure by firmly wedging the
ulmonary arteriole were subsequent additions.

atheterization is a relatively recent development which
extend the realm of this technique to include a much
f patients. Cases with aortic valve lesions (which are
lm of right heart catheterization) and cases with mitral
n which right heart catheterization gives only indirect
udied by left heart catheterization.

ngs are usually taken with a conventional film speed
ate for the study of accurate details of the pulse. This
is based on tracings recorded with a somewhat different
g to study in detail various patterns of the pressure
t and vessels.

physiology, details of technique, formulas used in
nd a study of artifacts have been included in this
y the task of young cardiologists who may wish to
the fascinating and ever-expanding field of cardiac

h to thank Dr. A. B. Lima, who collaborated in the
s during his sojourn in Chicago in 1953-1954.

ALDO A. LUISADA
CHI KONG LIU

Chicago, 1956

ix

9. 海河之滨全国心脏病学进展学术会议 Logo（2005 年）

10. 庆祝石毓澍教授从医 60 周年学术报告会（2005 年）

11. 海河之滨心脏病学会议 Logo（2007 年）

12. 天津市心脏病学研究所认定文件（2014 年）

天津市科学技术委员会
天津市教育委员会 文件

津科基〔2014〕127 号

市科委市教委关于
认定生物传感与分子识别实验室等 8 个
实验室为天津市重点实验室的通知

各有关单位：

经研究，决定认定生物传感与分子识别实验室等 8 个实验室为天津市重点实验室（名单见附件）。

请你单位按照《天津市重点实验室管理暂行办法》（津科基〔2011〕002 号）的规定与要求，进一步凝练实验室研究方向，根据研究方向设置开放基金和开放课题，建立健全内部规章制度，定期召开学术委员会会议，尤其要加强人才梯队建设、实验条件建设，重视科学道德和学风建设，营造宽松民主、潜心研究的科研环境，

- 1 -

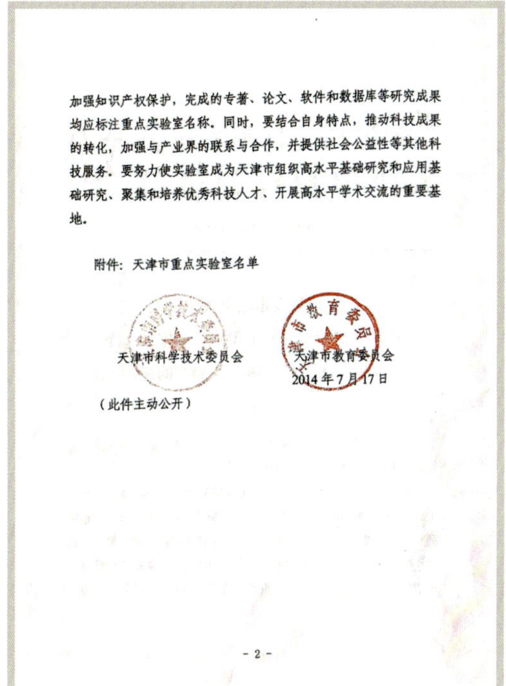

加强知识产权保护，完成的专著、论文、软件和数据库等研究成果均应标注重点实验室名称。同时，要结合自身特点，推动科技成果的转化，加强与产业界的联系与合作，并提供社会公益性等其他科技服务。要努力使实验室成为天津市组织高水平基础研究和应用基础研究、聚集和培养优秀科技人才、开展高水平学术交流的重要基地。

附件：天津市重点实验室名单

天津市科学技术委员会　　天津市教育委员会

2014 年 7 月 17 日

（此件主动公开）

- 2 -

附件

天津市重点实验室名单

序号	实验室名称	依托单位
1	天津市生物传感与分子识别重点实验室	南开大学
2	天津市室内空气环境质量控制重点实验室	天津大学
3	天津市复杂管理系统重点实验室	天津大学
4	天津市先进机电系统设计与智能控制重点实验室	天津理工大学
5	天津市轻工与食品工程机械装备集成设计与在线监控重点实验室	天津科技大学
6	天津市材料层状复合与界面控制技术重点实验室	河北工业大学
7	天津市心血管病离子与分子机能重点实验室	天津医科大学第二医院
8	天津市神经创伤修复重点实验室	中国人民武装警察部队后勤学院附属医院

- 3 -

25/09 2014 14:21

天津市科学技术委员会

津科依函〔2014〕29 号

市科委关于确认天津市妇产科
研究所等四家单位为科学研究机构的函

天津海关：

按照《中华人民共和国天津海关公告（2007 年第 5 号）》的要求，天津市科委对天津市妇产科研究所、天津市眼科研究所、天津市环湖医院（天津市神经外科研究所、天津市脑系科中心医院）和天津心脏病学研究所四家单位的科学研究机构性质进行了审查，确认上述四家单位为科学研究机构（有效期两年）。

2014 年 9 月 25 日

（此件依申请公开）

13. 天津心脏病学研究所、天津医科大学第二医院心脏科建立40周年(2020年)

14.《里昂中法大学简史》及《里昂中法大学海外部同学录（1921—1946年）》

里昂中法大學簡史

（一）成立的經過

一九一九年在巴黎召開第一次世界大戰和會的時候，中國由於戰時站在協約國一邊而改變了過去幾十年一貫的戰敗國的地位。在會上中國代表提出了退還庚子賠款的要求。庚子賠款是由於1900年八國聯軍打敗了中國的滿清政府，而在1901年簽訂的辛丑條約中規定的中國給予戰勝國——英、法、德、奥、意、俄、日、美八個國家的賠款。對於已處於戰敗地位的德國和奥國，中國自可不必再給它們賠款，但其他六個國家願意不願意，退還多少，在什麼條件下退，都是難以確定的。中國早期留法學生李石曾（1882——1973）等人當時在法國，參加了促使退還賠款的各種活動，提出了將退還的賠款用於教育的建議。李氏將此意見與法國議員兼教育部長奥拉拿（A. Honnarat 1868——　　）商議。奥氏贊同，並轉告外交部長。外長也贊同，但說這事必須得到財政部的同意。財政方面是否有困難，各方面的意見是否一致，還要繼續商議。

當時中國應償法國的賠款尚需四億法朗，如按美國肯退一半來計算，也不是一個小數字。①

這時北京大學校長蔡元培（1868—1940）和《蘇報》記者吳稚暉（1866—1953）等認爲：如果法國政府怕中國政府不將這筆錢用於教育，那麼乾脆用這筆錢在法國建立一所中國大學以培養中國留學生，這樣法國政府就可以放心。這個設想得到里昂大學校長儒朋（Joubin）、里昂市長赫里歐（Edouard Herriot 1872—1957）和里昂大學醫學院院長雷賓（Lépine Jean）的大力支持。雷氏說："退還賠款不是一朝一夕可以解決，恐怕候款太久建設中國大學之事反至無形消滅。不若先得一校舍，由中法分擔小款，辦一個雛形，可促成賠款的退還。"②儒朋首先贊成這個意見，並提交里昂大學評議會討論，

119

討論的結果是里昂大學將扶助這所中國大學，並向里昂市政府請求分配校舍。市長赫里歐也贊成，指出了一所兵營、一所舊教會學校和一片空地，任憑李石曾選擇建校。

李氏帶着這個意見去找中國和會總代表陸徵祥（1871—1949），陸氏也贊成在法國辦中國學校，答應中國政府將爲這所學校出常年經費十萬法朗。法國方面說：中國出十萬，法國也將出同樣的數目。既然有人答應肯出錢，學校就在口頭上成立了。但開辦費還沒有着落，那來的錢修房子，佈置教室、宿舍，購買圖書資料等等。於是李氏就在一九二〇年元月份回國想辦法，把在法國的建校籌備工作交給了前同盟會交際部主任張繼（1882—1947）和褚民誼（1884—1946）。張褚兩人選擇了里昂西郊山坡上的一所舊軍事建築——聖伊雷內堡（Fort St. Irénée）作爲建校的場所。原有建築物堅固寬敞，修葺後供一個小型學校之用是綽綽有餘的。堡內外還有許多空地可以擴建，或築球場，或作花園都可以，具有進一步發展的條件。堡內還保留着古羅馬時代幾段引水渠殘高石壁的遺迹，是那裏風景的一個特色。

一九二一年初李石曾回國時中國正處於軍閥割據、南北對峙的分裂局面。這時設在廣東的西南軍政府準備利用"關餘"③（有二百六十萬元）來辦一所西南大學，由汪精衛（1883—1944）和前教育總長章士釗（1882—1973）兩人負責籌備，並找陳獨秀（1879—1942）和吳稚暉幫忙。吳氏認爲中國的大學雖爲數不多，但把現有的加以改進，已覺財力和師資都不夠。不如將大學設在海外，能更快的培養出衆多的高級人材。汪章兩人也贊同，但反對的人太多，他們的計劃無法實現。只能從西南大學的經費內撥出一部份，用於里昂建校，作爲西南大學在海外的一部份，稱爲海外部。這樣就決定了海外部的開辦費二十萬元，每年經費亦二十萬元。這時孫中山（1866—1925），正在廣東，對成立海外部大力支持，並向軍政府提了書面意見。在同年三月二十六日的政務會議上，關於西南大學及海外部的大綱，全部通過。三月海外部領到了開辦費港幣十五萬元，由汪精衛、李石曾存入銀行備用。

在福建，愛國華僑陳嘉庚（1874—1961），這時正在辦集美學校並籌備厦門大學。他對在里昂設立中國大學也極贊同，並願每年借出新加坡銀十五萬元，作爲高級專門人材進修的貸款。貸款進修在外國並不罕見，但在中國無此習慣。辦校的人怕貸款收不回來，影響不好，結果這事未成。④

李石曾到了北京，曾要求北京大學也像西南大學那樣，在里昂設一分部，以便向國務院申請經費，但遭北大評議會否决。由張弧以僑工局名義申請撥給里昂海外部的常年經費十萬元，在七月份的一次國務會議上也遭否决。直到八月份才由張弧從僑工局經費中籌得十萬法朗、蔡元培和李石曾也代借了十萬法朗，寄交里昂大學校長儒朗。蔡李二氏所借之款在北大臨時費內報銷，但蔡李等人原來指望從西南大學中得到每年二十萬元的常年經費，因當時掌握中國海關控制權的外交團已將"關餘"交給了北京政府。而北京政府在分配該款時有所謂駐外使館費，獨無教育費。這樣建設西南大學的計劃落了空，里昂海外部二十萬元的常年經費也成了泡影。這使得當時辦校的人慨然長曰："哀哉，官不能不肥而學生可瘦。强權世界眞無公理可言！"⑤

一九二〇年十月四日吳稚暉會見了當時廣東省的統治者陳炯明（1875—1933），向其建議廣東省政府每年撥八萬元作爲選派粤籍學生一百人到里昂海外部學習的經費，以便爲廣東大學培養師資。陳氏表示贊同並批准了這個建議。這使得里昂的中國學校又找到了一個財源，增加了一點生氣。1921年7月公開招考第一批學生。預定北京、上海各招二十名，廣州招一百名。北京的考試由李石曾主持，上海由吳稚暉主持，廣州則由革命政府教育廳主持。⑥

（二）學校的性質

在法國建立中國大學的設想是從退還庚子賠款的願望出發的。八國聯軍之役後簽訂的辛丑和約規定中國賠款額爲海關銀四億五千萬兩。按年利四厘計算，三十九年還清，本息合計九億八千餘萬兩。其中法國約佔全數的百分之十三，每年約攤一千四百萬法朗。退還賠款的願望最後並沒有實現。即辦一個小型學校的計劃，雖經多方奔走，東拼西湊，最後也只籌得十七萬五千法朗（中國政府出十萬，法國外交部從國外教育費中撥出五萬，法國教育部出二萬五千）和八萬華銀（廣東大學海外部）的常年經費⑦。這筆錢有多大？十七萬五千法朗還不夠支付十五個法國教員的年薪。而八萬華銀除了支付一百名廣東籍學生的旅費、學費和生活費以外也所餘無幾。像這樣的經濟條件想辦一個普通中學都困難，根本談不上辦什麼大學。所以，在法國方面把這所學校稱爲Institut Franco-chinois，在漢語上，勉强譯成中法大學也可以；但在中國方面，⑧負責籌備建校的李石曾、吳稚暉等認爲，要給這樣一所簡陋的學校掛上大學的招牌，未免失實太遠。所以就給它留個"海外部"的尾巴。如里昂中國大學海外部，西南大學海外部，廣東大學海外部，以及後來的北平中法大學海外部等等。由於法國朋友，如上所述的里昂市長、里昂大學各部門負責人等的大力支持，里昂市所有的大專院校都向中國學生敞開大門並盡可能提供各種便利。里昂中法大學實際上只起一個大學預科或法語補習學校的作用，並爲中國學生提供食宿的場所。該校學生除在本校學習法語外都分散在里昂的所有校院中學習各種專業。

學校的經濟收支和行政管理在中國由西南大學董事會等監督，在法國由里昂大學校長儒朋、醫學院院長雷賓、市長赫里歐，議員莫岱（M. Moutet 1876—　　）、華法教育會會長巴黎大學教授豪拉（A. Aulard 1849—　　）和中國駐法公使等組成董事團來經營監督。⑨

（三）艱難的里程

學校是根據自己的經濟能力和收入來源來決定招生的名額和給予待遇的。第一學年招生140人。考生起碼要有中學畢業水平並驗交畢業證書，才能報考。若有大專學校畢業水平或肄業證明書者，可以免考即行錄取。凡屬海外本部所收學生，往來川資、伙食、書籍紙張、衣服和零用等等，一概自理，學費則可免繳。凡屬廣東大學海外部所收學生，都屬廣東省籍，除免繳學費外，往來川資和伙食費都由學校供給，每年還給津貼二百元。同是中國學生只由於省籍不同在待遇上就有極大差別，這反映了中國社會在政治上和經濟上的分裂局面。當考生還沒有確定自己能否入學的時候，他們是無暇顧及甚至可能不知道這些差別的，但當他們在一起學習和生活了一段時期以後，這個矛盾就愈來愈尖銳並導至一次學潮，結果第一學年還沒有結束，就把首任校長吳稚暉轟跑了。⑩

從附表中可以看出，學校第一年招生實際爲138人，數量雖不多，但在該校歷史上却是絕無僅有的。到第二年，曾經批准給廣東大學海外部八萬元的陳炯明，因倡言聯省自治，反對孫中山和砲轟觀音山總統府而使廣東省陷入一場新的混戰之中，西南大學早已煙消雲散，里昂中法大學又找不到其他財源，再也沒有能力在中國本土上公開招生。即由中國方面承擔的常年經費也無形中斷。津貼斷了，除法國政府臨時墊出少許以外，各人都要在艱苦中自行掙扎。就學人數不再增加，只能根據其缺額情況，學校每年就地在已在法國的中國勤工儉學生中錄取若干名，加以補充，維持現狀。這時在法國的勤工儉學生數以千計，他們都想進入里昂中法大學以便得到一個安靜學習的機會。由於他們不了解學校的經濟情況，在他們的要求無法滿足的時候，攻擊者有之，進駐者有之；有一次不得不由警察來干預，並把強行進駐學校的人驅逐出境。①

1926年以後廣州中山大學和北平中法大學開始每年選拔少數優秀畢業生送到里昂中法大學來進修，特別是北平中法大學，連綿不斷，學生質量也較高。這種情況延續到1937年蘆溝橋事變日軍佔領了北平爲止。

八年抗日戰爭打斷了正常的中外關係。國內教育界因應變和遷移已自顧不暇，哪能希得到遠在海外的中法大學。緊接着歐洲也捲入第二次世界大戰的漩渦。1940年六月十四日巴黎淪陷，六月二十五日德法兩國簽訂停戰合約，法國北部，約佔全法四分之三的土地由德國佔領。法國貝當（Ph. Pétain 1856—1951）老將軍組織偏安政府於礦泉療養區維希城（Vichy）。當時里昂屬於自由區，所以有一些在巴黎和法國北部學習的中國留學生就轉到里昂中法大學來了。於是學校的學生又增加了二十八人。事隔不久，法國所謂的自由區也由德軍佔領，中法大學校舍，聖·伊雷內堡改爲德軍兵營，校內學生遷到里昂市內的學生宿舍裏居住，該校的檔案及藏書暫存於里昂大學內。1944年8月26日戴高樂將軍勝利收復巴黎，德軍撤出法境以後，里昂市的中國留學生又遷回原址。學校的檔案與圖書也搬回原處。在這兩次遷運中損失了許多書籍。

第二次世界大戰結束後法國正忙於治療戰爭創傷，而中國還酣於內戰，中法大學就處於無人過問的狀態中，經費無着，奄奄一息。1943年以後就再沒有新生入學，原有的學生或學成歸國，或就職他地，漸漸地走得差不多了，剩下幾個未走的學生雖有護校之舉，但回天乏術。學校可以說一開始就先天不足，出生後又缺乏營養，最後是患了嚴重的貧血症，拖了很長一段時間，直到1950年才停止了一切活動。

（四）結束語

里昂中法大學的建立反映了中國人民要學習外國先進科學以改變自己的落後狀況的強烈願望，但它一開始就寄托在得到退還庚子賠款這個經濟基礎上。在一個弱肉強食的世界裏，這是不現實的。以後的事實證明，賠款不但沒有退還，反因爲獲得賠款的國家堅持採取新的計算方法使中國的賠款額增加了。這樣就注定了學校的命運，自招收了第一批學生以後便沒有更大的發展，連維持都非常困難。儘管如此，它還是培養了一批有用的人材。這是跟里昂市的許多法國朋友的熱心幫助是分不開的。例如，面積寬闊，環境幽美，屋宇軒昂的整個中法大學的校舍和場地，里昂市政府僅以每年一法朗的象徵性租金租給中國。爲什麼中國當時不在世界其他地方建校而在里昂呢？回顧一下里昂市與中國的經濟聯系是很有意義的。當時里昂是世界絲織業的一個中心，中國每年蠶絲出口有百分之五十到六十運到里昂市，而里昂市居民中有十四萬人從事絲織業，佔市民的百分之十到二十。兩者密切的經濟聯系也就譜寫了文化上友好合作的樂章，中法大學的產生就是明證。時過境遷，現在里昂市的許多其他工業已取代了原來的絲織業，但兩國人民的友好往來是源遠流長的，現在也還存在着進一步發展的可能性。

註:

①1908年美國國會通過了國務聊海约翰的建議，以中國應付的庚子賠款之半還給中國，作爲中國留學生到美國留學之用。當年中國政府爲此招生、投考的六百多人，錄取了四十七人。1909年送到美國學習，以後歷年繼續用此款派遣留學生，開利用庚子賠款來培養人材的先導。

②《里昂中國大學海外部的經過、性質、狀况》，第六頁，以後簡稱"狀况"，請參看附後的"資料來源"。

③當時中國關稅收入中扣除償還外債、賠款及海關經費等所剩的餘額。

④"狀况"第十一——十二頁。

⑤"狀况"，第二十頁。

⑥《吳稚暉先生紀念集》第十九頁，台北世界社1974年版。

⑦"狀况"，第七十一頁。

⑧"狀况"，第二十四頁："當初……是想得了法國賠款，用五百萬元作開辦費，每年用一百萬元作經費……若成功了，名詞必叫做海外中國大學，不會叫做中國大學海外部。""至於里昂的一局東湊止有一萬二萬元，西湊止有十萬八萬元，遇着了西南大學一個大施主，亦才得了十五萬元的開辦費和二十萬元寫在紙上的常年費，若是到人家大學旁邊去班門弄斧，也要設起一科一科，請起許多外國教授來，這個大學的內容，便如何的望他不可笑，勢必至於可笑。"

⑨"狀况"，第七〇——七一頁。

⑩蘇雪林：《一個五四時代青年的自白》，載《吳稚暉先生紀念集》第七九——八〇頁。

⑪《吳稚暉先生紀念集》第七十九頁。

資料來源：本文資料主要來自原里昂中法大學藏書及檔案材料，（現存於里昂市立圖書館），特别是《里昂中國大學海外部的經過、性質、狀况》這個小册子，它雖然没有註明出版日期和作者姓名，但從內容看可知這是當時學校創辦人在第一期招生時對考生所作的情况報告，（可能出自該校首任校長吳稚暉之手）對建校的經過記述猶爲詳盡。當然，該書對情况的估計和以後的事實有些也有出入，如該書提到校本部的招生爲60人，實際後來改爲40人。又如對修理校舍的估計該書認爲所費不多，現成的已用不了。後來實際證明將軍事建築改爲校舍所費比新建的費用還多。儘管如此，該書還是提供了許多建校時的原始資料。

參考書目：1.《里昂中法大學管理學生章程》，1928年4月出版。2.《里昂中國大學海外部的經過、性質、狀况》，1921年出版。3.《旅歐雜誌》第二期，1928年12月1日出版。4.《北平中法大學一覽》1935年10月出版。

李塵生編

1921—1946年 里昂中法大學海外部同學錄

本同學錄，是根據過去里昂中法大學註册處及事務處的學生檔案編制的。由於資料不全，未能像一般同學錄那樣加上各人的通訊地址。其他差錯亦在所難免。所以希望讀者過目後，踴躍地向我們提供新資料，以便編者在《歐華學報》下一期中進行補正。

爲便於檢查，本同學錄附有三種姓名索引：

(1)依中文繁體字的筆畫順序。(2)依同學原用拼音音序。(3)依現代漢語拼音音序。關於同學原用拼音音序，常有同一中文姓名存在幾種不同的拼音方法。本同學錄只擇其中最常用的一種。

下列四百七十三位同學姓名，均按其入學日期排列。姓名左邊的數字與學生當時註册時的號碼無關。"費別"項目，説明當時補助學生學費與生活費的機構："廣東"即"廣東省教育廳"，"平"即"北平中法大學"，"校"即"里昂中法大學"。

	姓名	籍貫	生年	性別	費別	學科	入學日期	返國或離校日期	備考
1	黄式坤	廣東	1897	女	廣東	醫科	1921.10.3.	1924.8.14.	
2	黄明敏	廣東	1901	女	廣東	法科	1921.10.3.	1931.6.19.	
3	黄偉惠	廣東	1902	女	校	文科	1921.10.3.	1931.6.19.	
4	蘇梅	安徽	1900	女	校	美術	1921.10.3.	1925.5.22.	
5	楊潤餘	湖南	1902	女	校	文科	1921.10.3.	1929.9.6.	

李塵生：里昂第三大學中文系副教授

127

1921-1946年里昂中法大學海外部同學錄

	姓名	籍貫	生年	性別	費別	學科	入學日期	返國或離校日期	備考
426	周 麟	江蘇	1915	男	平	文科	1937.10.7.	1947.5.1.	•已故
427	貢任俊	江西	1913	男	平	商科	1937.10.7.	1941.3.24	•前杭州中國農工銀行會計處處長
428	吳徵鎧	河南	1916	男	平	理科	1937.10.7.	1947.5.1.離校	•已故
429	馬民元	河南	1912	男	平	理科	1937.10.7.	1947.5.1.離校	•6, Avenue Albert Ier de Belgique 38000 Grenoble
430	陳 機	河北	1915	男	平	理科	1937.10.7.	1946.8.11.	•山東濟南山東大學教授
431	吳 斌	浙江	1916	男	平	醫科	1937.10.7.	1945.8.15.	•已故
432	石毓澍	河北	1917	男	平	醫科	1937.10.7.	1945.8.14.	•天津心血管研究所主任，內科主任兼教授
433	李念秀	河北	1914	女	平	醫科	1937.10.7.	1945.8.16.	•昆明雲南醫學院教授
434	宋守信	河北	1914	男	平	醫科	1937.10.7.		•7, Parc des Marronniers 91600 Sa ygy Sloise (France)
435	龍 吟	廣東	1911	男	平	法科	1937.11.8.	1945.10.21.	•已故
436	陳博君	河北	1916	男	平	理科	1938.2.24.	1945.10.	•石家莊衛生局副局長
437	葉述武	廣東	1910	男	校	理科	1938.5.17.	1938.9.2.	
438	林 遷	湖北	1910	男	平	文科	1938.10.18.	1938.12.23.	
439	陳榮生	浙江	1918	男	平	法科	1938.10.18.	1945.10.	
440	黃麗華	廣東	1913	女	平	理科	1938.10.18.	1948.4.29.	•海南島
441	陳 儉	福建	1913	男	平	理科	1938.10.18.		•10, Allée Gay-Lussac, 69310 Pierre-Bénite
442	衛念祖	四川	1916	男	平	理科	1938.10.18.	1948.4.29.	•雲南大學數學系主任，兼教授
443	王婉芳	安徽	1917	女	平	醫科	1938.10.18.	1945.10.15.	•石家莊
444	梁珮貞	山西	1905	女	校	文科	1938.11.17.	1945.8.31.	
445	顧文霞	江蘇	1915	女	校	藥科	1939.9.22.	1946.1.	
446	唐啓南	湖南	1916	女		文科	1941.11.16.	1946.8.1.	
447	劉淑芳	廣東	1910	女		美術	1941.11.16.	1946.3.12.	
448	陳燕俠	廣東	1915	女		文科	1941.11.16.	1944.9.30.離校	•40, rue St. André des Arts 75006 Paris
449	唐衡楚	湖南	1918	男		理科	1941.11.16.		
450	姚榮吉	廣東	1910	男		理科	1941.11.16.	1948.4.29.	
451	梁建榮	廣東	1920	男		理科	1941.11.16.	1944.9.30.離校	
452	林漢長	廣東	1913	男		法科	1941.11.16.	1945.9.15.	•已故
453	金世鼎	江蘇	1903	男		法科	1941.11.16.	1945.9.27.	
454	張祖庚		1911	男			1941.11.16.	1942.10.16.離校	
455	陳榮發	廣東	1923	男		化學	1941.11.16.		
456	何昌熾	廣東	1911	男		法科	1941.11.16.	1944.9.30.離校	
457	詹述曾	浙江	1919	男		理科	1941.11.16.	1944.9.30.離校	•已故
458	謝先丞	江西	1912	男		法科	1941.11.16.	1942.11.16.離校	
459	周輕鼎	湖南	1909	男		美術	1941.11.16.	1945.10.	
460	陳翔冰	福建	1906	男		文科	1941.11.16.	1945.8.15.	
461	陳德義	河北	1905	男		音樂	1941.11.16.	1945.9.27.	
462	吳恭恒	廣東	1913	男		法科	1941.11.16.	1948.4.29.	
463	邵承斌	河北	1917	男		法科	1941.11.16.	1945.10.	
464	劉智慧	河内	1916	男		法科	1941.11.16.		
465	劉智卿	河内	1915	男		法科	1941.11.16.		
466	劉克俊	江西	1912	男		法科	1941.11.16.	1945.8.15.	
467	衞青心	江蘇	1906	男		文科	1941.11.16.		•26, rue du Général Foy 75008 Paris

138

1921-1946年里昂中法大學海外部同學錄

	姓　名	籍貫	生年	性別	費別	學科	入學日期	返國或離校日期	備　考
468	吳伯君	四川	1911	男		理科	1941. 11. 24.	1945. 9. 27.	
469	涂覺初	福建	1910	男		法科	1941. 11. 24.		• 已故
470	張起覃	湖北	1916	女		理科	1942. 11. 16.	1945. 6.	• 現在美國
471	常麟定	河南	1902	男		理科	1942. 11. 16.	1945. 8. 14.	
472	楊景梅	廣東	1910	男		文科	1942. 12. 16.	1946. 8. 11.	
473	石貞德	山西	1926	女		化學	1946. 10. 1.		• 10. Allée Gay-Lussac, 69310 Pierre-Bénite

學生姓名索引(按原來拼音音序排列)

139

15. 石毓澍教授早年论文和著作以及编撰讲义的珍贵手写稿（部分）

3.2 心房扑动(Atrial flutter)

心房扑动是较常见的且具有特征性的心律失常。它多见于风湿性心脏病二尖瓣狭窄、冠状动脉硬化性心脏病、高血压、主动脉瓣病变、心肌病等器质性心脏病患者，但也见于无明显器质性心脏病的病人。心房扑动多呈阵发性状态，可以偶尔发作，也可反复发作，甚至呈持续性状态，不少人转变为心房纤颤。

3.2.1 类型

心房扑动用心电图检查能比较准确诊断。过去学者从心电图角度将心房扑动分为两个类型，其一是普通型，也就是Waldo(1)称的I型，也是常见的一型，其心房扑动的频率为240-340/分，常在300/分左右，体表心电图P波消失；在心电图F波在II、

及 aVF 导联负向波与正向波的错出来，仔细观察

下波的组成，（在II，III，aVF导联）先有一缓慢下降

的波，[illegible]继以更为快速下降，然后再迅速地一次

迅速向上的，这样[illegible]的形状的有是下波的[illegible]，

给人以负向波的感觉。（图3-7）。主要是，下波

II

图3-7 [illegible]

[illegible]

[illegible]

3-8，3-9

（图[illegible]）

[illegible]

[illegible] Waldo [illegible]

340～430/s，[illegible] II，III，aVF [illegible]

[illegible]

15×20=300

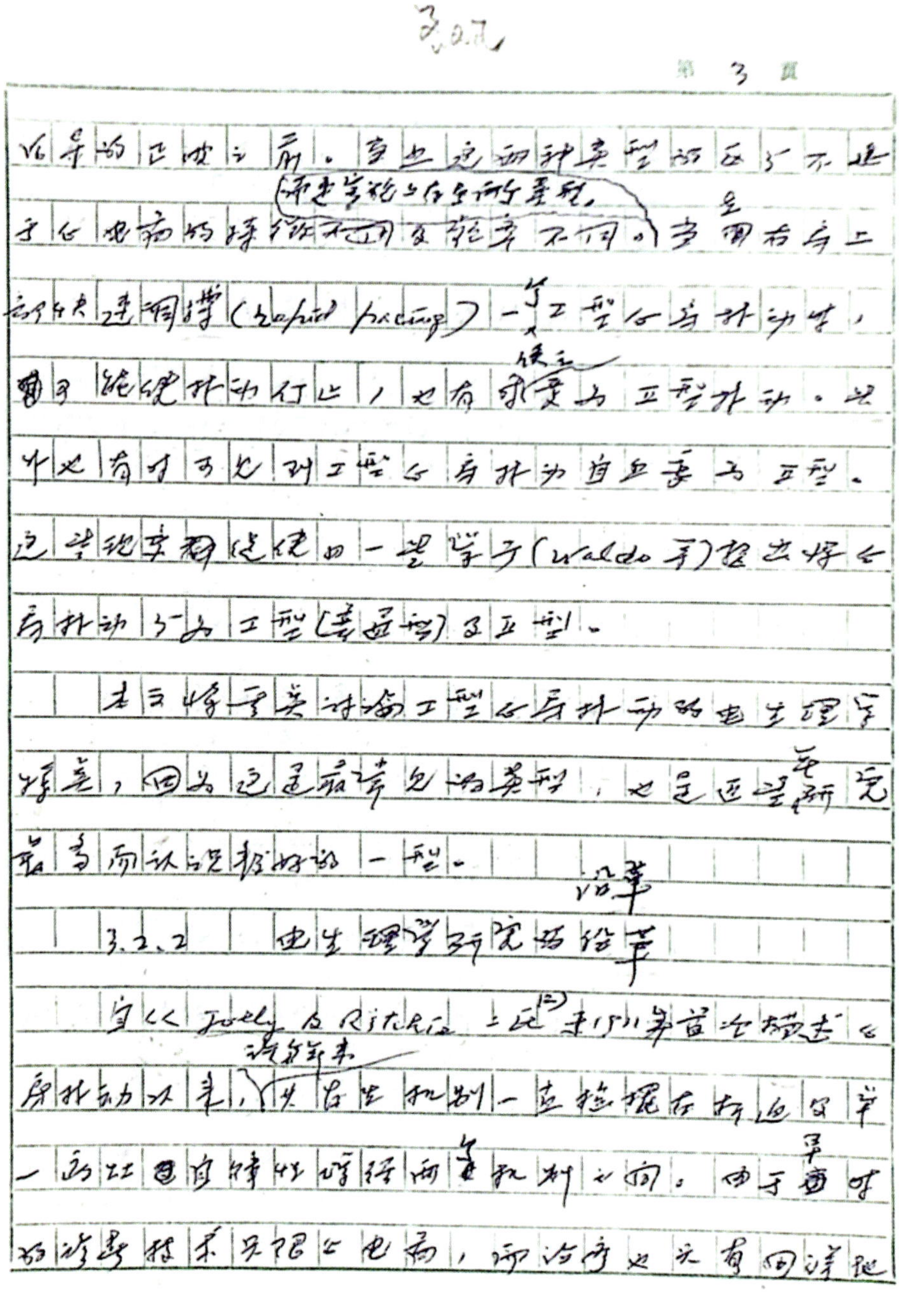

第 3 页

以导的正波之前。事实上这两种类型的区别不仅涉及学说上的各种不同类型，于心电图的标准不同及频率不同。事实上两者存在上部分快速调搏(rapid pacing)一个I型心房扑动时，常可终止扑动进行，也有使之变为II型扑动。也什也有时可见到I型心房扑动自然变为II型。这学说实际促使如一些学者(Waldo等)提出将心房扑动分为I型(典型)及II型。

本文将重点讨论I型心房扑动的电生理学特点，因为这是最常见的类型，也是近年来研究最多而认识较好的一型。

3.2.2 电生理学研究的沿革

自《Jolly & Ritchie 二氏[12]于1911年首先描述心房扑动以来，许多年来其发生机制一直徘徊在折返[illegible]一与比自律性增高两机制之间。由于早年的诊断技术只限于心电图，而治疗也只有洋地

第 4 页

发表过防心室率，一直到第二次心律失常发作才有的心室纤颤，但对其机制研究（特别是动物实验）。直到60年代，由于电子学兴起，新的药物也在发展，对心室颤动的诊断，机制和治疗方法（如电除颤，人工起搏等）都有了长足的进步，对心室颤动的机制有了更深入的研究。

目前各国学者已都一致认为心室颤动是由于微折返激动所引起，单一病灶异常的理论已被否定。这个结论是经过了许多年几十学者的深入细致的研究才取得的。但是简单谈到这段历史对了解心室颤动仍然是有益的。

最早英国学者Thomas Lewis于1913年经过动物实验认为心室颤动是由于心室的单一病灶发出快速激动所引起。此后有些学者（Scherf[3]，Pringsheim[4]，Wallace[5]等）（用动物实验）支持这种论点。这些试验多是在狗的心房等一些化学刺激　　　(Aconitine) 或16房间隔到房室开动的乌头碱对控制的心电图

第 5 页

与心房扑动很相似而得到的结论。但有一些学人怀疑这种实验引起的所谓心房扑动都与临床非常见的、不能持续存在、与人体的心房扑动不同，而且能引起扑动的条件是很少，不是在心房任何一点刺激(Aconitine)均能引起心动过速。Lewis[6]于1921年又重新进行动物实验并对于所谓心房扑动与人体的心房扑动的心电图进行测量分析，它改变了原先的看法，认为心房扑动是由于心房的环形运动(circus movement)所引起。这一研究的结论得到公认。待至1947年Rosenblueth[7]于上下腔静脉间，或在右房做切口，刺激一定部位而在该处进行电刺激之，均能引出明显的心房扑动是由于心房的环形折返所引起。Frame[8]于1956年重新用犬为模型引起心房扑动，并认为扑动的折返运动是围绕三尖瓣环进行的。现在已知动物

15×20=300　　天津科学技术出版社

第 6 頁

以右房切口引起的扑动与临床所见的先天性心脏病施行心外科手术治疗后所引起的心房扑动非常近似，但与非手术病人出现的心房扑动是否为折返运动引起，但并不完全一样。

特别1980年Boineau[9]发表了他所见到的狗的由右心房高部发育不良所致自发性心房扑动的心电图，与人的心房扑动[illegible]非常近似，并首先提出发育不良部位的传导延缓与阻滞，成为折返的基础。Allessie[10]证明心房扑动的折返环路可以是[illegible]不同于传统折返的形式，并不需要一解剖障碍。

临床电生理学在研究心房扑动是比较困难的。首先在心房的解剖上很难确定，至今还没有确定心房的第一个分位作为解剖标志，难以掌握。此外体表心电图的F波几乎是连续的，其间无明显的基线，F波与QRS之间的关系不易确定，所以也就给分析带来了困难，这增加了检查诊断的难度。最近，左心房的标测

15×20=300　　天津科学技术出版社

第 7 页

因为无法通过冠状窦导管进行，不得不在心房表面进行，鉴于这些因素，右心房的记录这样做就不可能使右心房扑动的标准确。除了以上，Ryland[11]于1966年用双极电极在犬的右房内电极的标测结果，结合心电学分析，提出心房扑动是由于心房折返的引起，并提出激动的运行是在右房是逆钟向的，右房外是顺钟向的。1970年Puech[12]记录心房扑动者用导管标测法首先提出扑动的整个扑动回路只在右房内进行，但右房内折返环路。这种看法后来得到Klein[13]（1986）的证实，他把右房心内膜标测的发现

1986年Waldo[14]和Cosio[15]等再次证实心房扑动均是由于右房的激动折返引起，右房内折返环有一个激动的缓慢区（excitable gap），并证实折返运行是经下腔静脉口和三尖瓣环之间到达右房上部，再沿着右房游离壁自上而下回到折返的起始点。Waldo等用心房快速调搏扑动的

这一点很难肯定。

15×20=300　　天津科学技术出版社

的人中，不但观察到了心房扑动的终止，也观察到出现瞬时性拖带现象（transiant entrainment），更支持了一部分心房扑动是折返机制引起。

以后不少学者在心房扑动的机制研究上作了大量许多细致的工作（Cosio[16]，Olshausky[17]，Saoudi[18]等），这些学者用电生理标测仪发现在右心房的后下部有一组小的区域可记录到碎裂电位（fractionated electrogram），提示该处是缓慢传导区（area of slow conduction），有时可记录到双电位（double potential）也有同样意义，它提示折返环的入口区。因此一般认为I型房扑动是由于折返引起，折返环的起始点是在右心房的后下部位。一些中心用导管消融治疗这个部位使得右心房扑动的发作已获得成功[18,19]。

总之，今天已经明确Ⅰ型心房扑动是由于折返机制引起，且有一可激动间隙(excitable gap)，折返环局限于右房内，在右房的后下部有一传导缓慢的区，是折返的起始点。若先天性心脏病心房手术后发生的心房扑动，解剖不一样，其折返环不只限于围绕三尖瓣环。

3.2.3. 心房扑动的电生理学特点

3.2.3.1 传导障碍

患心房扑动的病人中不少人有房内传导障碍。平时窦性心律时的P波可出现宽大且有切迹的P波，其时限可在110ms或更宽（图4,5）。Josephson[19]总结71例心房扑动病人中，窦性心律时有56例有房内传导延缓，其中46例P波时限大于120ms。不但这个传导障碍主要发生在右房心耳方面，Josephson的71例病人中，55例右房内传导时间

第 11 页

是正常的，这个时间是通过体表心电图的P波开始至希氏束电图A波开始之间的传导时间。正常人为35-55ms，只有16例延长，但心房间的传导时间即从P波开始至冠状窦中部的时间（正常人为50-75ms），仅6例未见延长。

对有心房扑动史的患者，应用心律失常进行心房的程序性期外刺激，在诱发心房扑动和做的程序性期前刺激时也可见到右房内及左右房之间的传导时间延长。

15例不应期缩短至正常时的一半以上。

此外，在心房扑动患者中于右房上诱发出来的心房有效不应期比在冠状窦测出的要短些。

当心房扑动时房室传导常呈2:1阻滞，有时传导能力可变化不定，严重时可达4:1，被阻滞的激动多行在房室结，偶也可传到希氏束

15×20=300 天津科学技术出版社

以下，可为希氏束下阻滞。

3.2.3.2. 心房扑动的引发

虽大多数有Ⅰ型心房扑动史的病人，用右房程序期外刺激法可引发出心房扑动。如果要用两个不同驱动周期(drive cycle length)(600 ms～300 ms)在心房不同部位进行期外刺激，引发出心房扑动的成功率是很高的，尤其是通过两个期外刺激更易成功。如果不能引发成功，可改用快速调搏法(rapid atrial pacing)，调搏周期为350～160 ms，此成功率很高，二者组合的成功率可达95%。一般认为是右心房上部的刺激比冠状窦口部的刺激更易于成功。在右房上部有引发出心房扑动的开始时，P波距右房上部电极(HRA)，冠状窦口部(CS)及希氏束部(HBE)的心房波A波出现的时间(传导)延迟。

 fragmented

右房下部的心房波可出现碎裂波（fragmented electrogram），标示着扑动引发的开始。当刺激冠状窦口时，亦可引发出扑动，但碎裂波不会出现。

当且I型心房扑动易于引发成功，相反的，在II型扑动经常用同样方法引发，其成功率仅占75%（Josephson）。

应当指出，在无心房扑动史的人，很少能用上述方法引发出心房扑动，但并非表示心房正常。

值得注意的是不同的病人，不论病因如何，用程序期外刺激或加速调搏所引发出的心房扑动，其频率，心电图形态等都是一样的或非常接近的，这使人想到这种心律失常的病理基础可能也是非常近似的。一般引发出的扑动其F波周期长度为180~300ms。在持续的扑

第14页

动这个周期后频率变化不大，不多于20次/5。这种扑动可自然转变为窦性心律，也可持续下去很长时间，多年也可变为心房纤颤。

3.2.3.3 电刺激中止心房扑动发作

根据一些学者（Watson[21] 1980，Josephson[19] 1985，Waldo[20] 1977）经验，多数心房扑动可以电刺激中止发作，不过用程序期外刺激可使其中止发作的成功率很低，可以说用单个一次期外刺激几乎无一成功，连用两个期外刺激偶然可以中止发作。据报用心房快速调搏法去中止发作时成功率很高，不过正如Waldo[23]所指出的，心房调搏的频率必须达到一定的临界水平而且调搏时间也要达到一临界时间才能成功。根据一些学者的经验，调搏时间至少为15秒～30秒。在这些情况，中止扑动而又不出现

15×20=300 天津科学技术出版社

心房纤颤的调搏周期长度要比扑动的房波周期长度少20～50 ms才能成功。当要中止扑动所用调搏的时间与调搏周期长度是相关的，所用调搏周期长度越短所需调搏时间也就越短。一般情况用不少于15秒的时间，以扑动的房波周期180 ms为调搏周期长度，在多数情况可以使扑动停止。用过短的周期长度去调搏可引起心房纤颤。

至于调搏的部位，在右房上部或冠状窦口其成功率可能相差不多，因为这个问题很少人对比过这两个部位，所以没有准确比较。

在用心房加速调搏去尝试中止扑动的过程中，我们势必以较长的调搏周期开始，当不成功时逐步缩短调搏周期至到扑动中止。在这个过程中我们可以看到在达到中止扑动之前，即以长于中止扑动所用的调搏周期长度去调搏时

Entrainment

出现所谓拖带现象(Entrainment)。这是很重要的现象，因为它是更有力的证据证明心房扑动是由于激动折返所引起的。

3.2.3.4　暂时性拖带现象(Transient entrainment)

上面提到在用右心房上部快速调搏一正在发作(自主发作或电刺激引起)的心房扑动时，我们仔细观察并比较12导心电图与未调搏时扑动的心电图，我们可以发现F波(P波)的频率增快于未调搏时扑动的心房率，停调搏以后，心房率又恢复到原来扑动时的频率，心房扑动并未因调搏而中止，这就是说调搏的频率(都是快于原来扑动的频率否则不会带动心房)成为一时性的扑动频率。这就是暂时性拖带。要想证明确实拖带还可观察P波的形态变化，在调搏时的P波形态与原来心房扑动时P波不同，它仍是调

第 17 页

调撑的P波与原来扑动的P波的融合波，随着调撑频率的变化，融合的程度有变化，P波的形态也有不同程度的改变。传导法产的起搏后一个调撑的心房波只有拖带而无融合，其理由详见下文。

加速调撑引起的心房拖带现象是Waldo（1977）首先观察到的，后来认为这是心房扑动属于折返机制的一有力证据。目前对加速调撑心房扑动的患者诊断有拖带现象的标准是：(1)调撑引起的P波形态介于病人在作心房扑动时的F波与病人未在作扑动时（窦性心律）是同一心房位置调撑所引出的P波之间的形态；(2)在心房扑动时在同一部位，用同一频率去调撑，出现的P波其形态是相同的，不同频率调撑引起的P波形态是不同的。

15×20=300　天津科学技术出版社

第 18 页

当我们用超速起搏终止心动过速，应该当停止起搏时，心动过速被中止（或加速心动过速），或变为心房纤颤。

在房扑病人上所看到的是心房扑动时在右房上部加速起搏所出现的隐匿性拖带现象。但如果在同样情况下改在冠状窦口处去起搏，我们可以看到有心房率增快（但仍不能终止），但不引起心房融合波，这不是真正的拖带，而称之为隐匿性拖带（concealed entrainment），这是因为冠状窦口处于折返环的传出口的远端之故，这一点又说明在折返环中有一段呈传导缓慢区域，详情参考文献[illegible]。

临床医生对于拖带的诊断标准：（1）对一心房扑动进行心房起搏时的过程中，所有记录到的心房激动与心房起搏频率相同且增快，但未出现心房融合波；（2）当停止起搏时，心房扑动立即恢复（3）原来的频率；（3）至少心房的另一部位起搏出现不同程度的拖带。

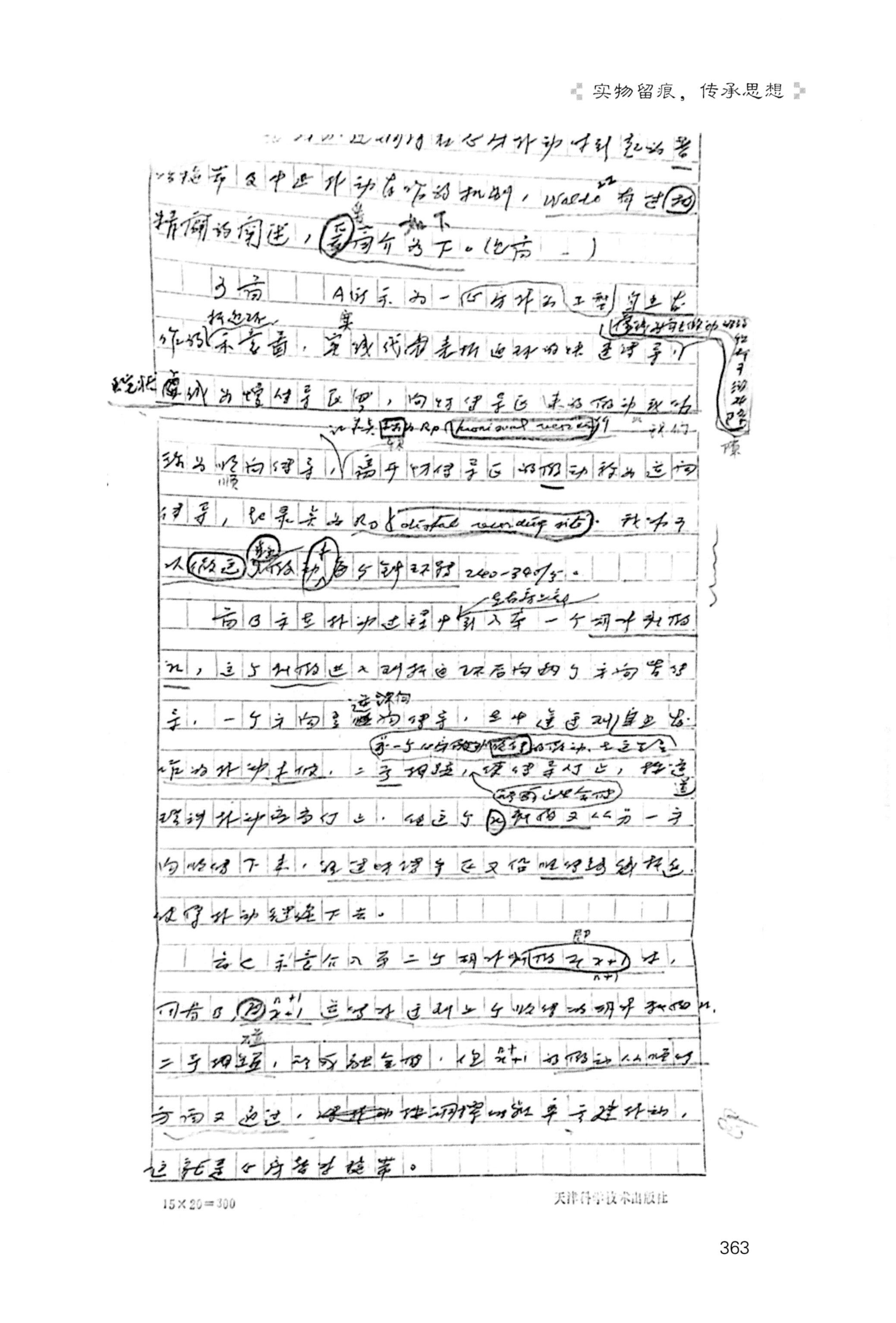

[illegible]

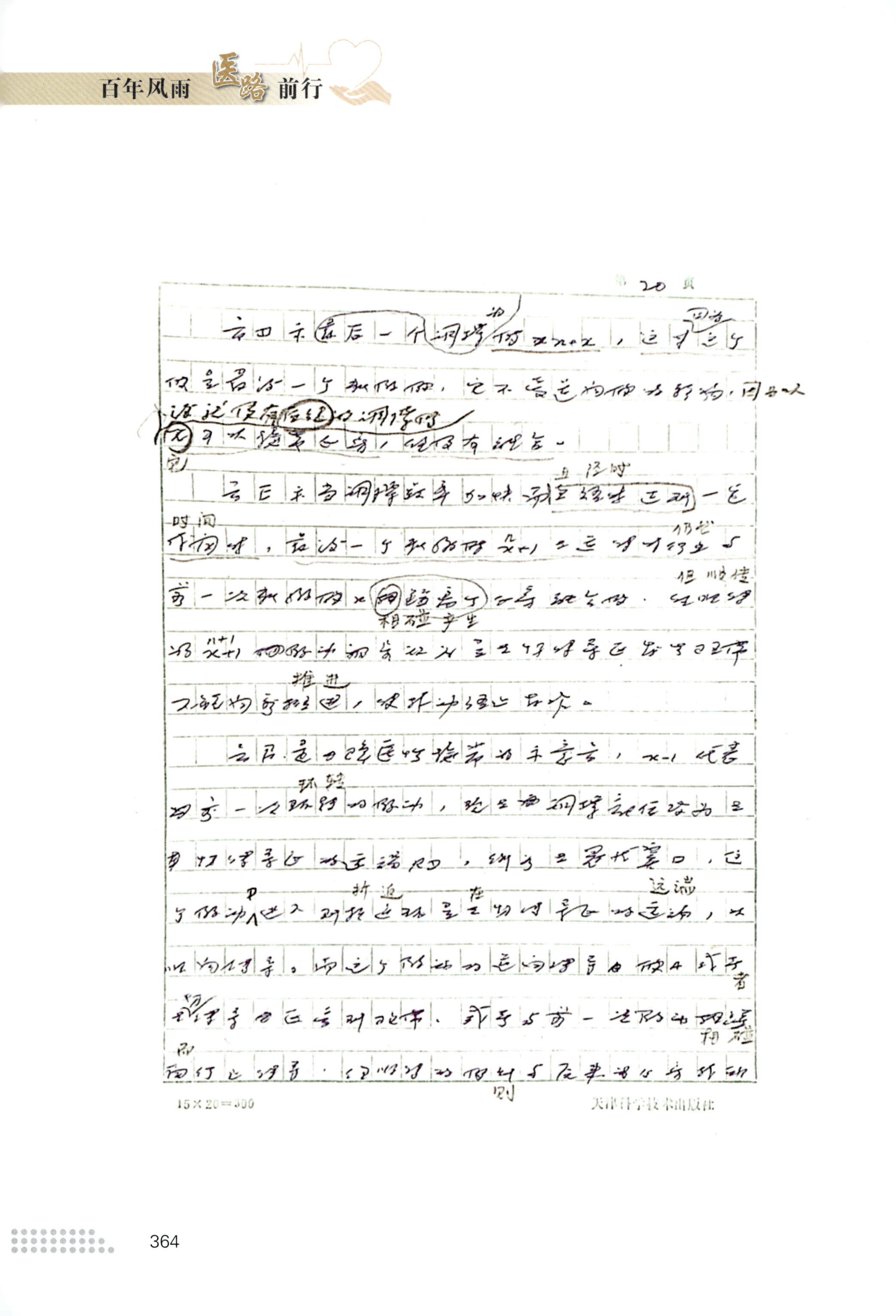

第 20 页

[illegible]

15×20=300

天津科学技术出版社

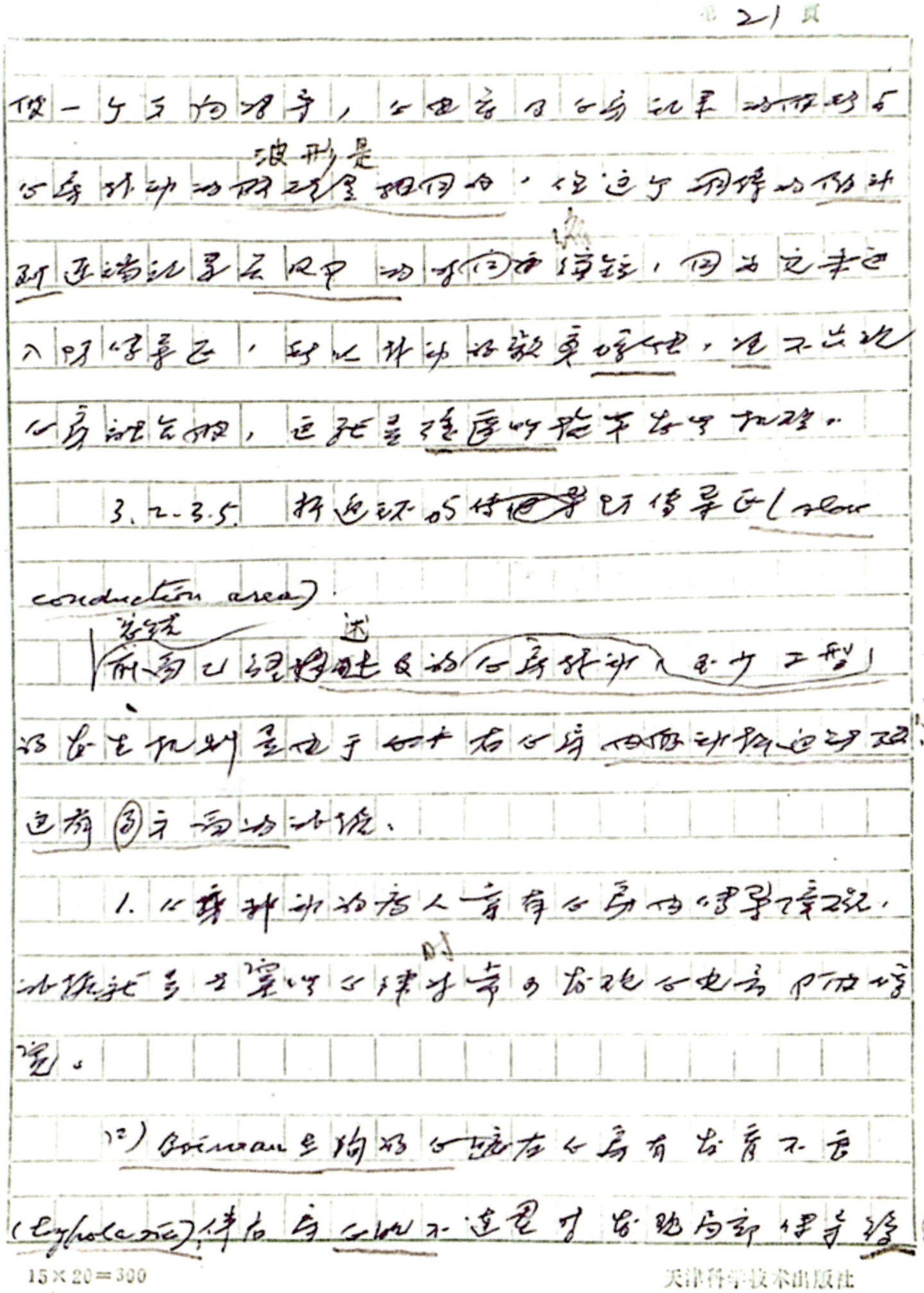

第 21 頁
使一个方向传导，心电图上心房记录的波形与
心房扑动的波形是相同的。但这个同样的假说
对区域记录不到P波的双向传导，因为它未进
入附传导区，所以扑动的频率变慢，但不出现
心房颤动，这就是治疗心房扑动的机理。
3.2.3.5. 折返环的传导延迟区（slow
conduction area）
前面已经描述的心房扑动Ⅰ型和Ⅱ型
的发生机制是由于右心房存在折返环，这
已有不同的论证。
1. 心房扑动的病人常有心房传导障碍，
心房扑动有时发生于窦性心律或有心电图P波增
宽。
(2) Boineau等发现心脏在心房有发育不良
（hypoplastic）的右心房，心房内缓慢传导
15×20=300
天津科学技术出版社

第 22 页

[illegible]

[illegible]

动脉。

3. [illegible]

[illegible]

4. Waldo [illegible]

[illegible]

[illegible]

[illegible]（[illegible] goal）。[illegible]

[illegible]

[illegible]

[illegible]

[illegible]

5. [illegible]

[illegible]

15×20=300　　天津科学技术出版社

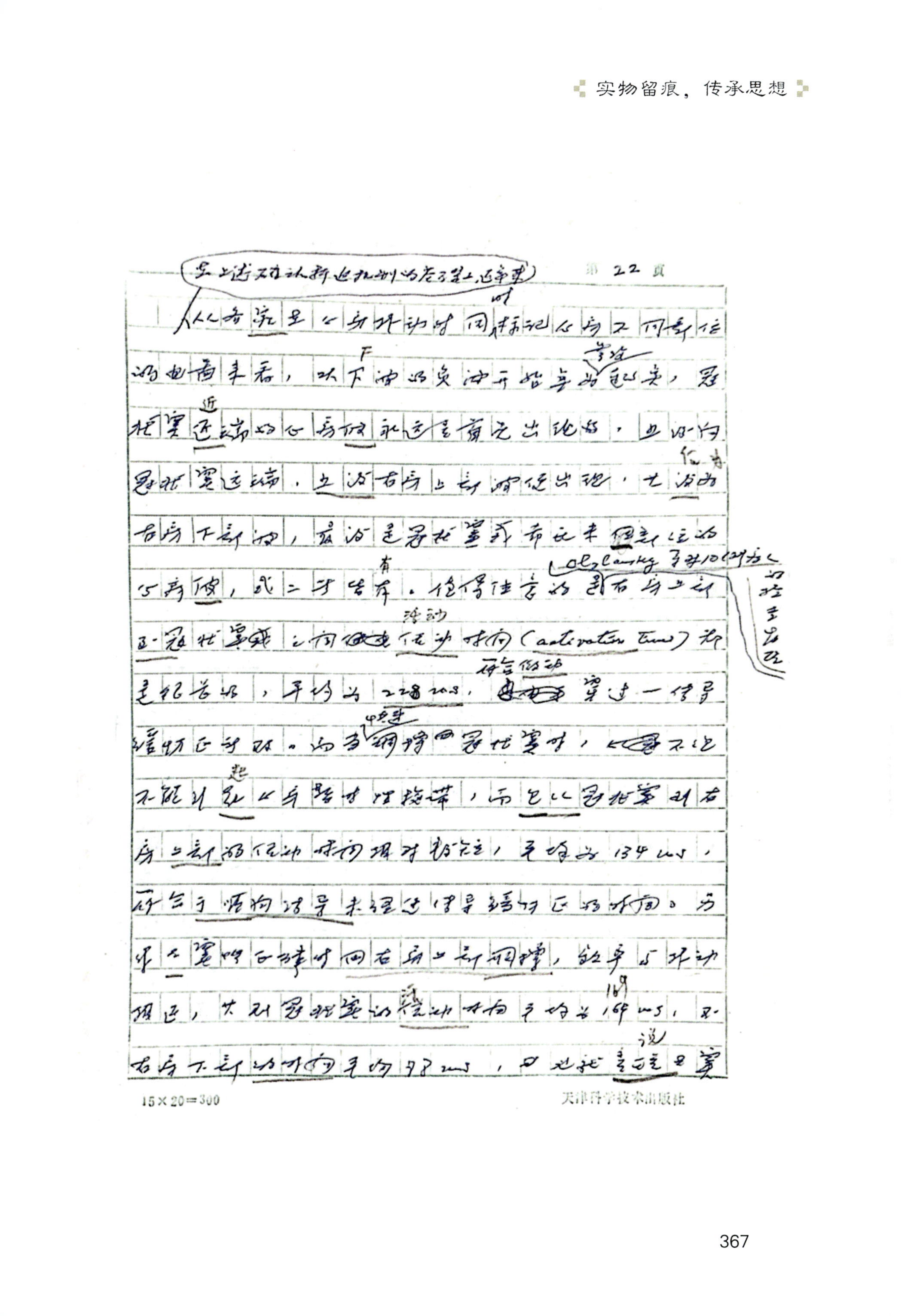

第 22 頁

[illegible]

15×20=300

天津科学技术出版社

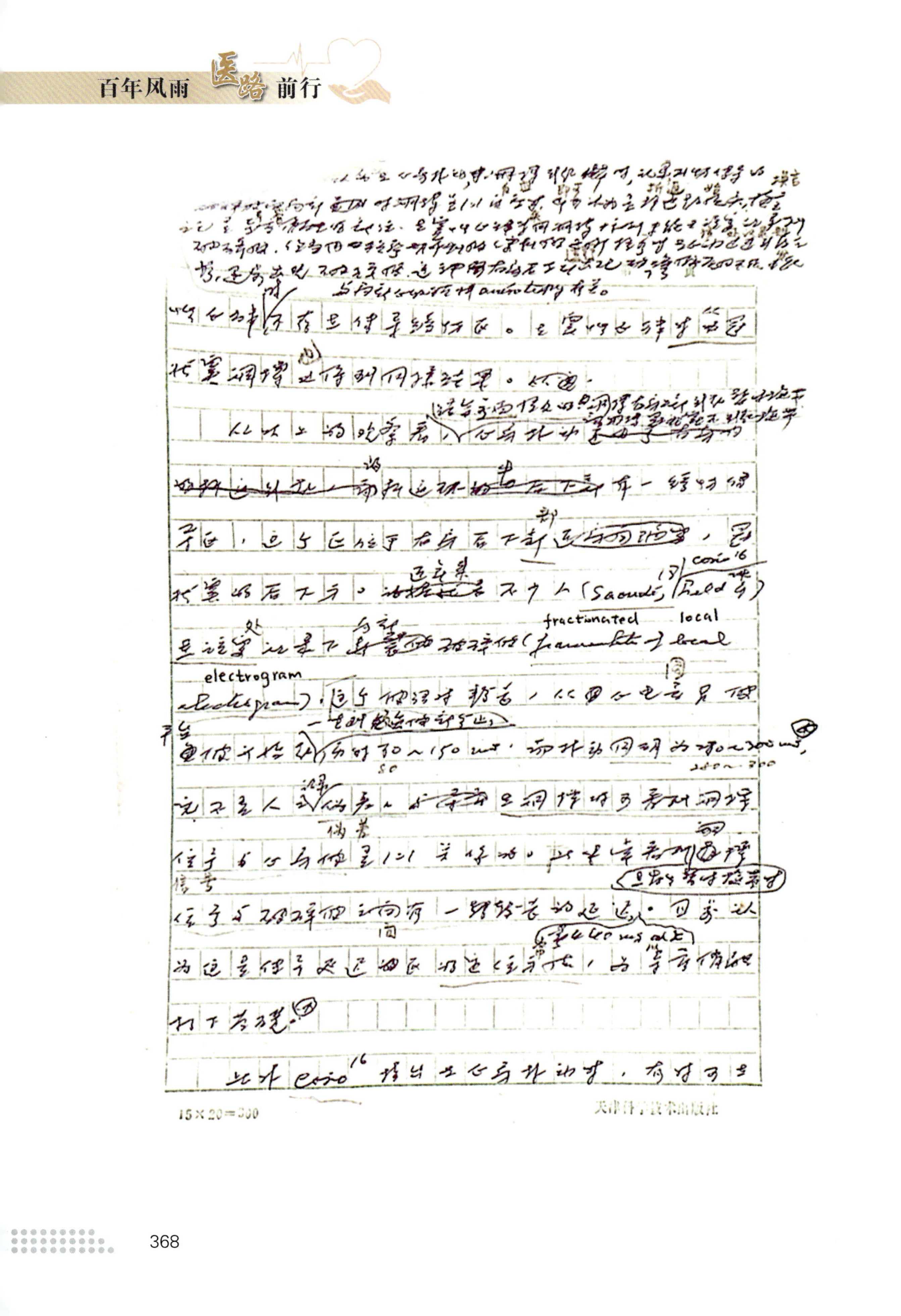

[illegible]

从以上的观察看，心房扑动 [illegible] 下部 [illegible]（Saoudi, Field 等）[16] [illegible]（fractionated local electrogram）[illegible] 80~150 ms [illegible] 200~300 ms [illegible]

此外 Cosio[16] 指出在心房扑动时，[illegible]

15×20=300

天津科学技术出版社

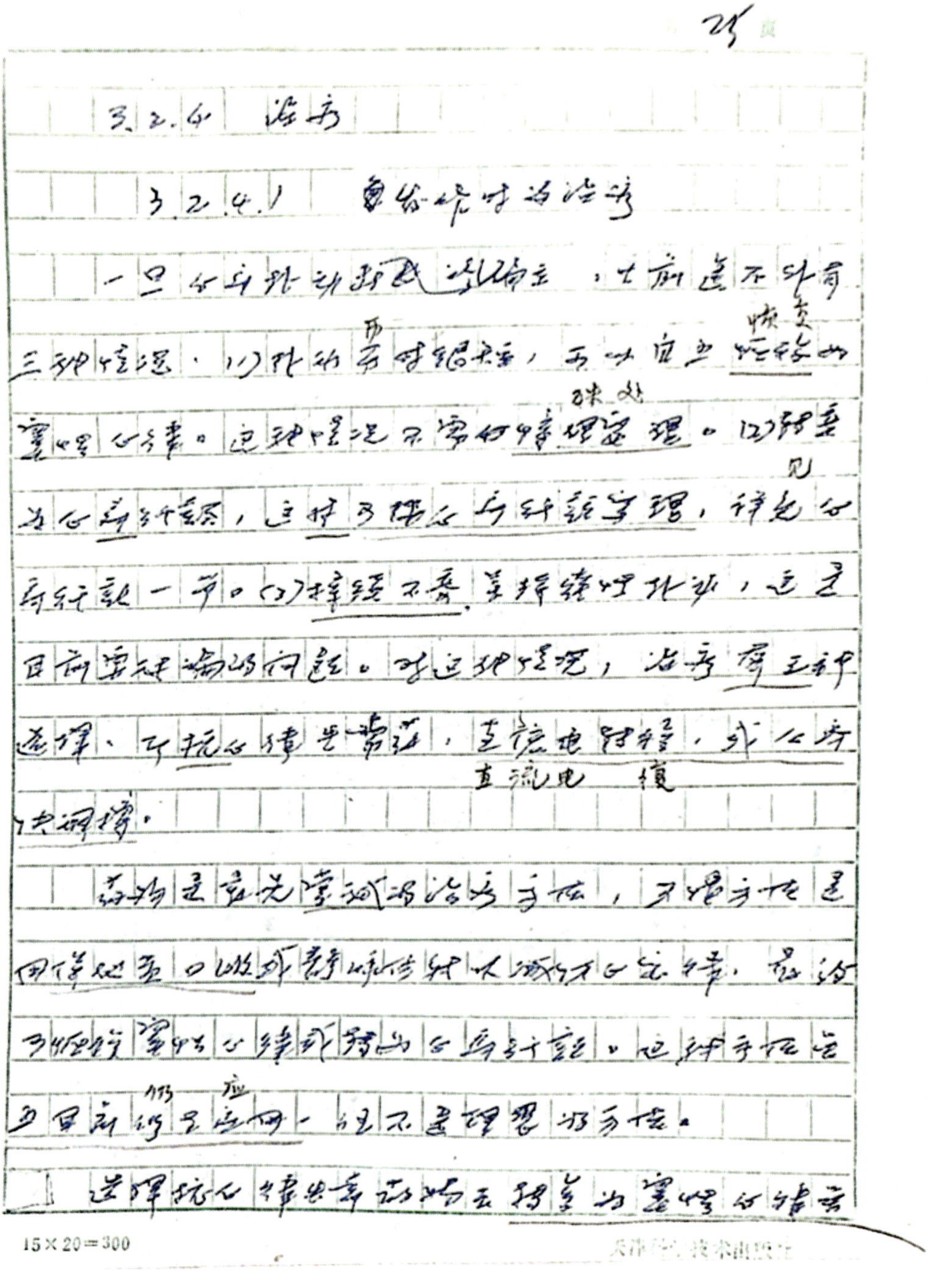

25

3.2.4 治疗

3.2.4.1 急性发作时的治疗

一旦心房扑动诊断确立，大致不外有三种情况：(1)非持续的阵发性扑动，可以自然恢复窦性心律。这种情况不需特殊处理。(2)转变为心房纤颤，这就不属于本节讨论范围，详见心房纤颤一节。(3)持续不变的心房扑动，这是目前需讨论的问题。对这种情况，治疗有三种选择：即抗心律失常药物，直流电复律，或心房调搏。

药物是首先考虑的治疗方法，其缺点是往往效果不佳，或需较大剂量才能使心房扑动转变，或使之转为心房纤颤。这种方法是目前仍然应用，但不是理想的方法。

选择抗心律失常药物的目的是转复为窦性心律

15×20=300

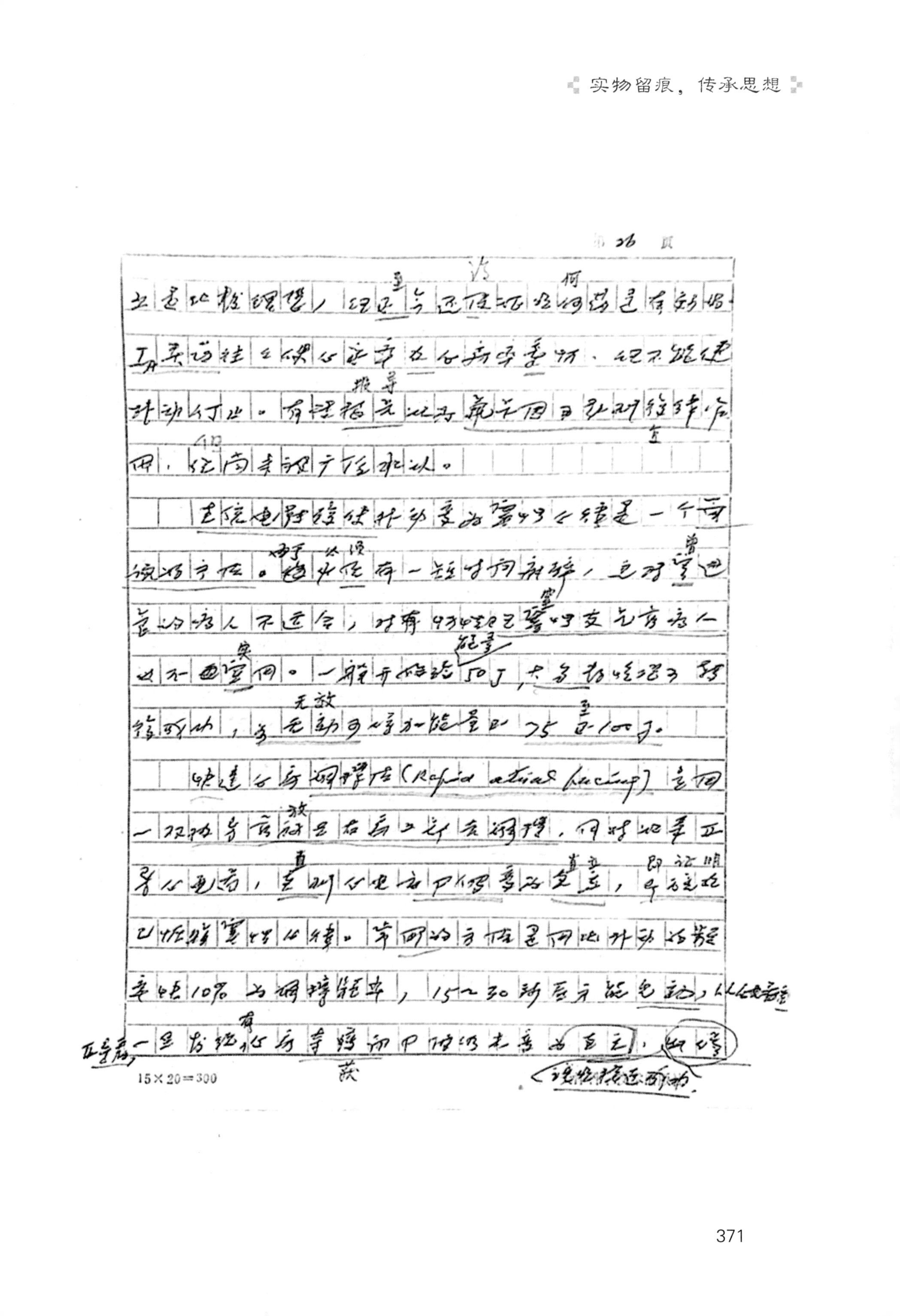

第 26 页

[illegible]

[illegible]（Rapid atrial pacing）[illegible]

[illegible]

15×20=300

第 27 页

增加调搏频率5~10次/分，观察心电图变化，直到P波完全消失，此说明心房已被调搏完全控制，这时可逐步减少调搏或降低调搏频率至所需的调搏频率（例如80次/分），然后观察心电图变化。

另一种方法开始调搏时的频率可稍高于心房自动频率的120%~130%，调搏时间也是15~30秒或者到P波完全消失为止，然后逐步减少调搏或减少到所需要的频率。如不成功时，可增加调搏频率5~10次/分，继续调搏直到成功。

在用快速调搏时，如发生心房扑动而扑动未止时应立即停止调搏观察。继之扑动不止而扑动的持续，只需增加调搏频率5~10次/分，可以成功地终止扑动。在实际情况上述调搏频率及时间只是大致估计，有时需酌情增加。

食道调搏也不会有用，但也仅限于房扑中经

15×20=300　天津科学技术出版社

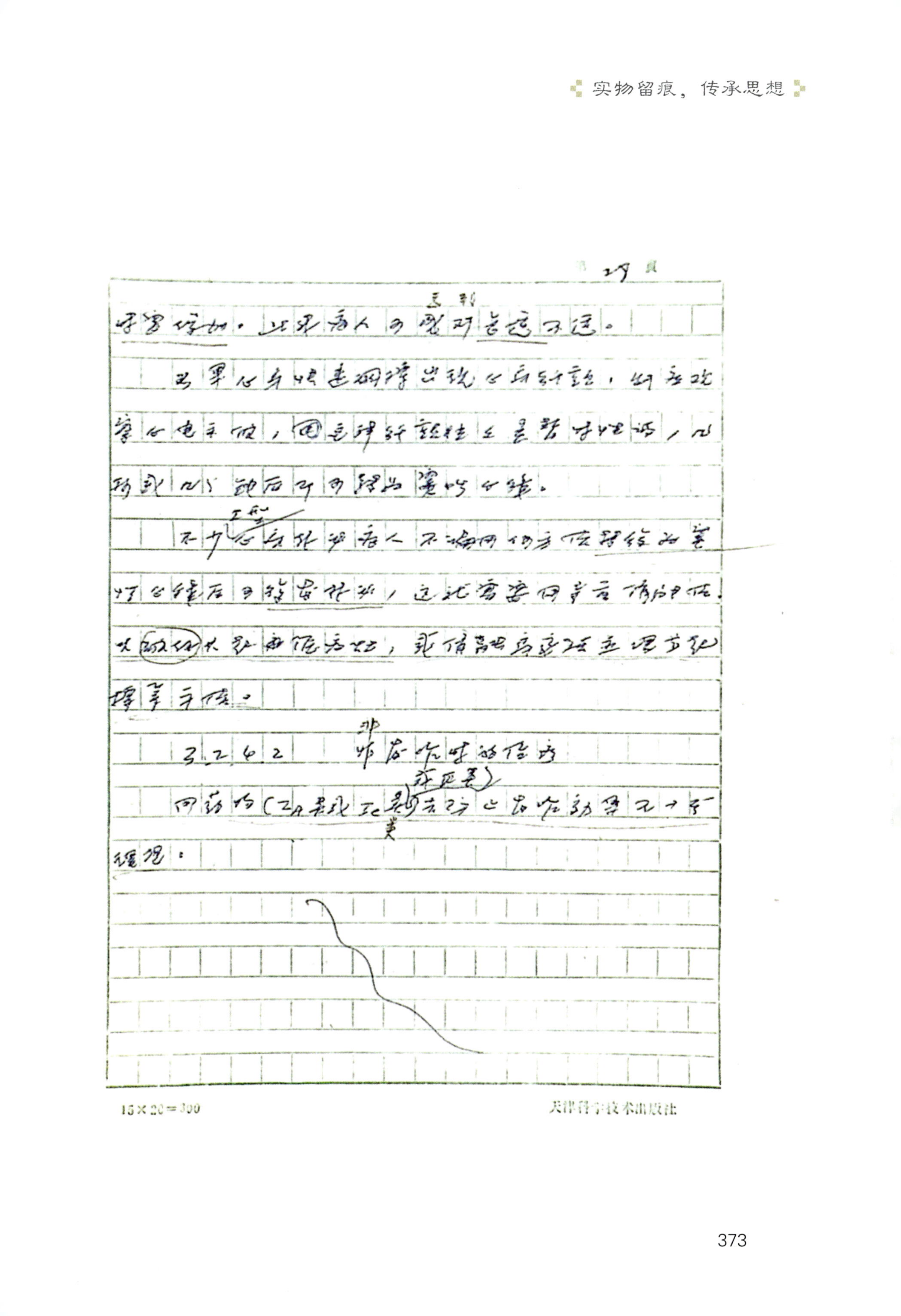

第 29 页

[illegible]

[illegible]

[illegible]

3.2.6.2 非[illegible]作者的信函

[illegible]

29页

近来开展起来的可称为正式方法的是人工起搏的方法，针对回旋运动环不能破坏它的患者，用直流电导管消融房室系统，使之成为高度或完全性房室传导阻滞，然后埋藏一VVIR起搏器，病人可完全免受阵发性室上性心动过速之苦，但需永久起搏。

另一种方法是用改良房室结（modification）使室上性心动过速的折返环下传导路径的传导能力减少。这种方法是在保持房室结功能的同时达到预防室上性心动过速，但效果可靠。

最近我们尝试直接消融在心房折返的起始点以阻止消融折返的发生，根据Saoudi对多例病人用直流电消融及Reld[23]于10例病人用射频消融（Radiofrequency ablation）都取得初步效果，此法有广阔前途。

15×20=300　天津科学技术出版社

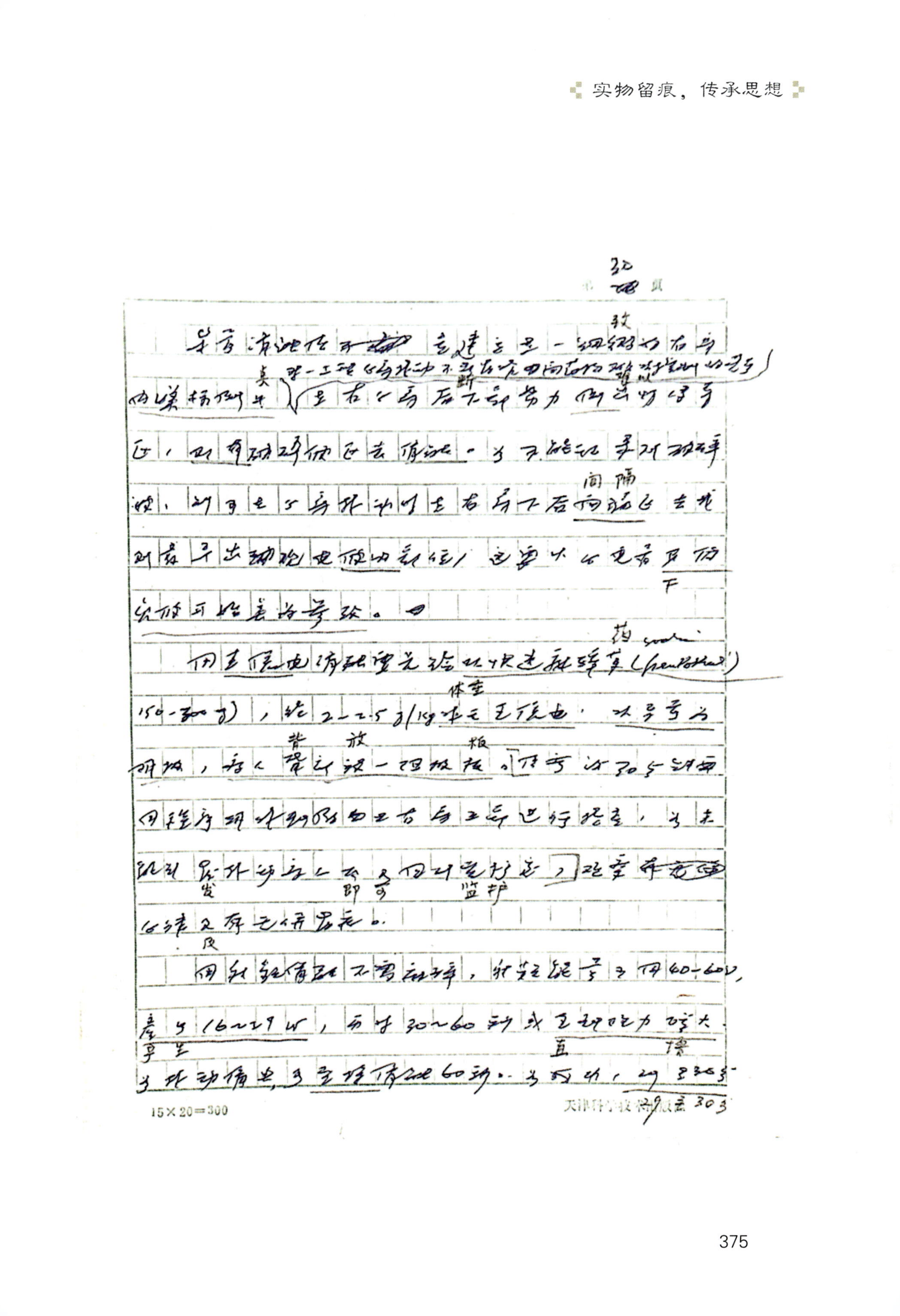

15×20=300

天津科

第 21 页

钟再修复一次，[illegible]进行对于[illegible]的观察，至于是否能到最后为止。

这方法能给予病人一个新的治疗途径，它不会由于病例尚少，而使得观察效果不够，因此仍值得探索。

15×20=300 [illegible]

实物资料类照片

◇ 会议光碟

◇ 石毓澍使用过的投影仪、打字机和幻灯机等

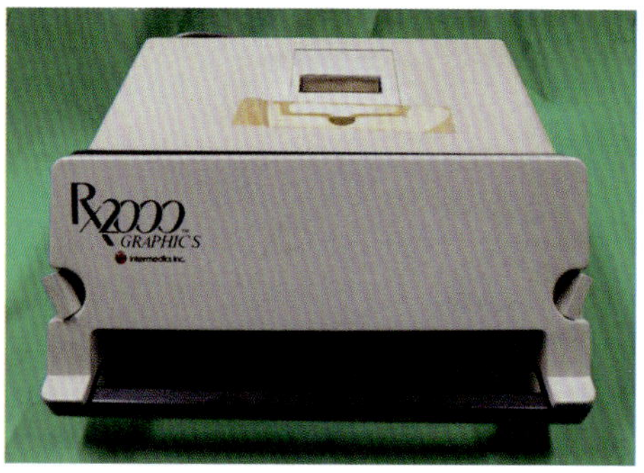

◇ 石毓澍使用过的冠脉造影阅片机和心脏起搏器测试程控仪

◇ 石毓澍讲课用过的幻灯片

◇ 海河之滨心脏病学会议学术特别贡献奖（2014 年）

◇ 天津市心律失常学功勋奖（2011 年）

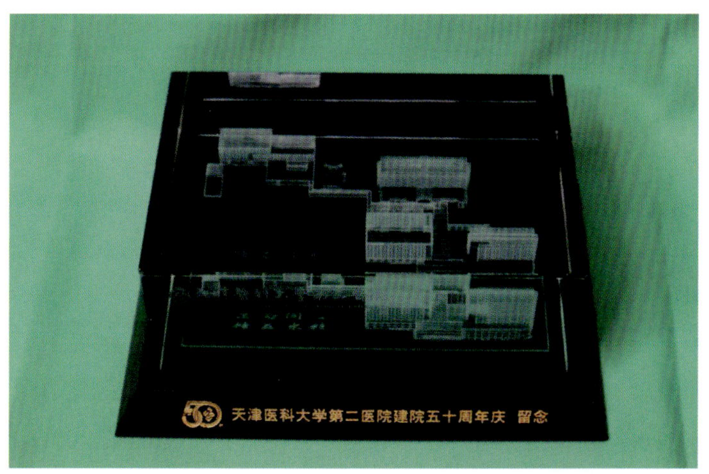

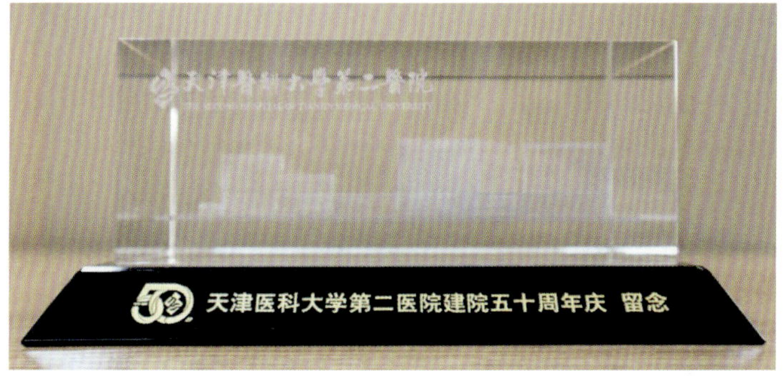

◇ 天津医科大学第二医院建院五十周年庆

◇ 天津心脏病学研究所（2012年）

◇ 天津医科大学第二医院心脏科

结束语

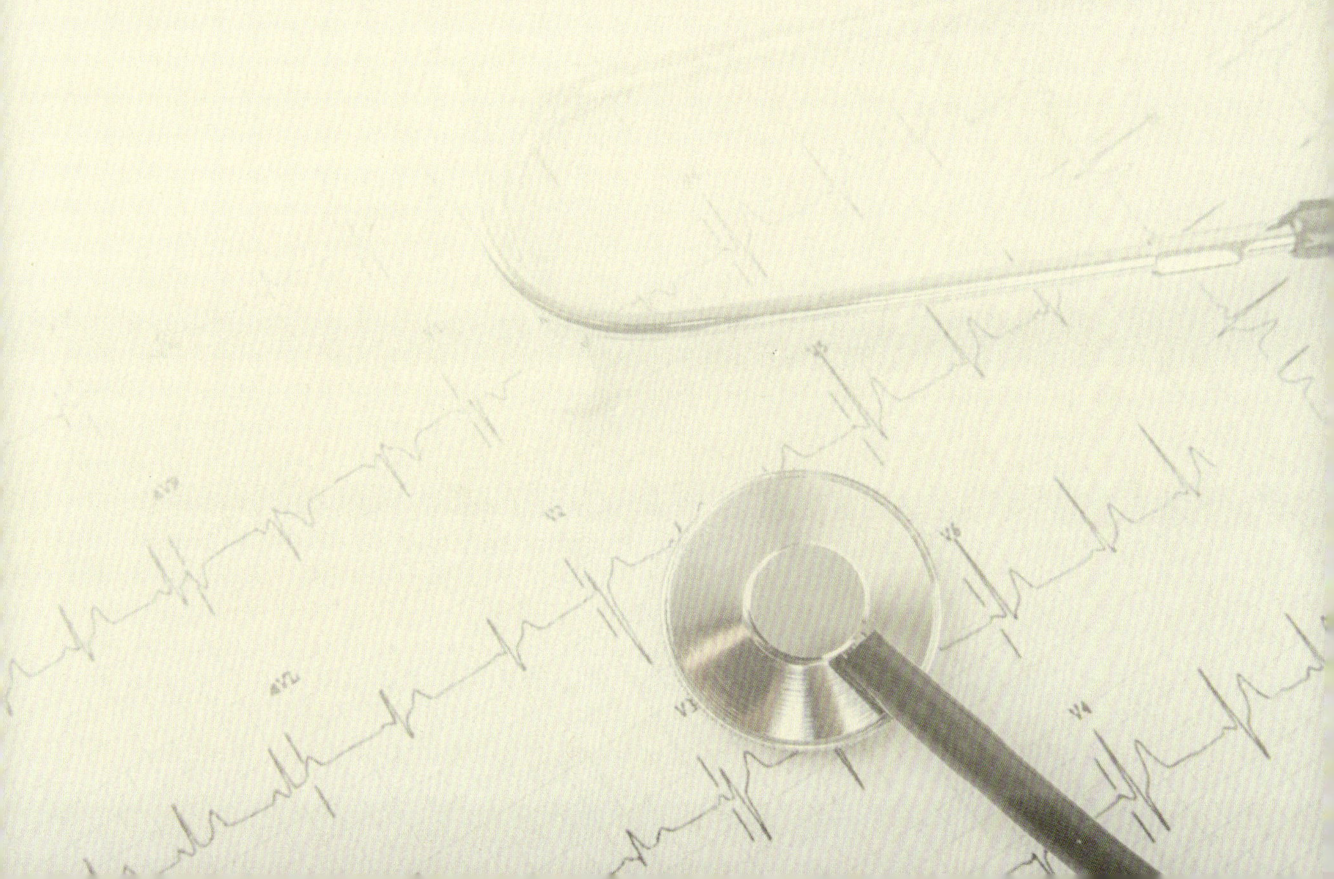

重视医学人文与传承，
坚持学术技术与人才培养并重的理念

医学人文、现代医学和中国传统文化，是太难以书写的命题。

中国传统文化是医学人文的重要基础，现代医学、中国传统文化和医学人文的结合对于医生做好临床工作非常有帮助。医生是救死扶伤职业的从业者，对于其职业素养、专业知识和专业技能有着很高的要求。

但医生是一个与人打交道的职业，那就不可避免地要接触各种人，主要是病人。有人，就有思想，就有不同的脾气秉性，就有不同的社会阶层、不同的世界观和人生观，就有不同的经济状况和收入。医生在执业过程中一定会遇到豁达、知理、包容与高素质的高层次阶层，也会遇到某些不可理喻的达官显贵，会见到原本光鲜的“名人”的庸俗不堪和其无异于市井小人的一面。当然，你同样会看到所谓最普通的或最底层人的善良一面，会见到原本看似蓬头邋遢和猥琐之人心灵闪光的一面。当然，人没有高低贵贱之分，“人应该是生来平等的”这句话虽有点苍白，但不管遇到什么样的人，只要他是病人，你都要也必须尽到医生的职责，慰其心灵，医其伤病，此乃职业所规，而非好恶之所择。

大千世界，无所不有。当医生时间长了，看多了世间的喜怒哀乐、爱恨亲（情）仇（愁）、生离死别，看够了各种情景剧和各色人等的表演。只要你还是医生，你就脱离不了社会和人。医生是人，不是“天使”，更不是“白衣狼”和“魔鬼”，他们只是一个从业者，他们也是有血有肉的一群人，也有妻儿老小和七情六欲，也是生活在这个社会中的普通一分子，当然也必然会有人性中脆弱的一面。

医生不是神，既然不是神，就也会有面对疾病和生死的诸多无奈。医生需要了解社会，了解可为与不可为。既然医生不是神，不是上帝，不掌握生杀大权，

所以面对病人，医生常常是帮助，总是去安慰，偶尔去治愈。医生不是圣人，社会对医生不能要求过于苛刻，不能期望值太高，医生也会有失误，所以需要被理解和包容，因为他们也具有人性的缺点和弱点。当医院、餐馆、酒店和其他公共场所“禁止吸烟”的标识牌下总有三五成群者吞云吐雾的时候，当“禁止随地吐痰”和“请勿大声喧哗”的告示牌还醒目地放在公共场所里的时候，当社会的公序良俗还偶被践踏得满目疮痍的时候，你能要求医生是“圣人”或“天使”吗？医学人文是离不开社会人文的，医学离不开社会。

医生需要了解人文，学习医学人文。什么是人文？我很难下个准确的定义，我也不想也无法搞清楚，因为我只是一个医生。但是作为医生应该了解社会，了解社会中的人，了解病人的想法和诉求并表达关切还是非常必要的。当你充满种种无奈的时候，需要静下来好好思索……医生要学习和了解一点中国传统文化，了解一点中国传统艺术，这会对你了解人文有较大的帮助。当你了解了一点儿中国画大写意的点睛之笔的神妙，也了解一点儿西方油画的美妙绝伦之精细，你或许能从中理解中西方文化的差异与思维逻辑的异同，也或许能增加你对人文与现实的理解。

有孝顺的儿女，一定因为有个开明和豁达的老人，而不论或不完全是因为这个老人有没有钱。作为老年群体的一分子，我深深体会到老年人的开明与豁达是一个家庭的和谐快乐之源，这就是人们说的“家有一老是一宝”。我们在医院里见到过太多儿女绕膝的温馨一幕，儿女对老人关心孝顺、悉心照顾，反观老人一定是非常通情理、豁达和体贴儿女的；相反，如果老人不明事理，让儿女很难受、很无奈，那就真的是“久病床前无孝子”了。儿女不孝，一半责任在老人，且不用说言传身教如何。

我们应该加强对大学生的思想教育，培养医学生的职业道德和执业精神，教育医学生和年轻医生要有同情心，对病人要有爱心，要关爱病人和了解病人疾苦，要全心全意为病人治好病，救死扶伤。这是医生应该做的事情，因为医生的职业道德、执业精神、社会爱心和全心全意是建立在社会整体道德观的基础上的，脱离了社会的教育是不可能的。教育要从娃娃抓起，家庭教育和社会教育的畸形和缺失，是无法在大学和职业阶段完全矫正过来的。树立正确的世界观、人生观、价值观及理想信念（执业与敬业），不仅对医生，对社会的每一分子都是必要的。

“不差钱”“不是钱的事儿”是当今社会上和医院里听到的很多有钱人和不

太有钱人的口头禅。但是我们仔细看一看、想一想就会发现，社会评判体系几乎全是以金钱作为最后的标尺，我们在社会生活中的行为几乎都是标着价格的，如劳动仲裁、离婚财产和遗产的分割、交通事故的了结、医疗纠纷的解决，包括精神损失的赔偿（精神损失费）也都是以金钱来衡量的。不管你做某件事的目的或口头上是不是为了钱，也不管你内心是怎么想的，结果几乎都是一样的。这就带来了一个问题，人文和医学人文都离不开与价值观的碰撞。但是医者应仁心仁术，医德是做一个好医生的前提，我们既要尊重医者作为社会分子的属性，又要对医德医术有执业的规范，这是对医者的特殊要求，实际上对所有从业者都有一个职业规范和职业道德的要求，这是医学人文不可缺少的。医生需要有奉献精神，需要有更大的敬业精神、更大的同情心、更大的爱心，同时需要有充满正能量的人文精神。救死扶伤是医生的职责，关爱病人也是医学人文的重要体现。

待所有的病患都能够康复，期所有的家庭都能团圆，也冀所有的医生敬业守规，望所有的人能够互相理解包容，更愿社会对医学和生命保有敬畏。

李广平

2024-02-24，甲辰龙年元宵节于天津心脏病学研究所

参考阅读材料

- 《石毓澍教授学术论文集》
- 《医峰玉树》
- 《石毓澍教授学术思想研讨会——庆祝石毓澍教授百岁华诞（会议资料）》
- 《我与二院共成长》
- 《心脏病学讲义》
- 《世纪回眸——石毓澍自传》